UTB **3114**

Eine Arbeitsgemeinschaft der Verlage

Böhlau Verlag · Köln · Weimar · Wien
Verlag Barbara Budrich · Opladen · Farmington Hills
facultas.wuv · Wien
Wilhelm Fink · München
A. Francke Verlag · Tübingen und Basel
Haupt Verlag Bern · Stuttgart · Wien
Julius Klinkhardt Verlagsbuchhandlung · Bad Heilbrunn
Lucius & Lucius Verlagsgesellschaft · Stuttgart
Mohr Siebeck · Tübingen
C. F. Müller Verlag · Heidelberg
Orell Füssli Verlag · Zürich
Verlag Recht und Wirtschaft · Frankfurt am Main
Ernst Reinhardt Verlag · München · Basel
Ferdinand Schöningh · Paderborn · München · Wien · Zürich
Eugen Ulmer Verlag · Stuttgart
UVK Verlagsgesellschaft · Konstanz
Vandenhoeck & Ruprecht · Göttingen
vdf Hochschulverlag AG an der ETH Zürich

Georg Römpp

Hegel leicht gemacht

Eine Einführung in seine Philosophie

BÖHLAU VERLAG KÖLN WEIMAR WIEN · 2008

Georg Römpp hat Philosophie, Politikwissenschaft und Volkswirtschaftslehre studiert und wurde in Philosophie promoviert. Seine Veröffentlichungen umfassen neben zahlreichen Fachaufsätzen Bücher über Platon, Kant, Husserl, Heidegger und Ethik des Selbstbewußtseins.

Bibliografische Information der Deutschen Bibliothek:

Die Deutsche Nationalbibliothek verzeichnet diese Publikation in der Deutschen Nationalbibliografie; detaillierte bibliografische Daten sind im Internet über http://dnb.ddb.de abrufbar.

ISBN 978-3-8252-3114-9 (UTB)
ISBN 978-3-412-20179-1 (Böhlau)

Umschlagabbildung:
Jakob Schlesinger: G.W.F. Hegel (1831). Öl auf Leinwand. Berlin, SMPK, Nationalgalerie. Foto: akg-images.

© 2008 by Böhlau Verlag GmbH & Cie, Köln Weimar Wien
Ursulaplatz 1, D-50668 Köln, www.boehlau.de
Alle Rechte vorbehalten. Dieses Werk ist urheberrechtlich geschützt. Jede Verwertung außerhalb der engen Grenzen des Urheberrechtsgesetzes ist unzulässig.

Einbandgestaltung: Atelier Reichert, Stuttgart
Satz: Satzpunkt Bayreuth, Bayreuth
Druck und Bindung: AALEXX Druck GmbH, Großburgwedel
Gedruckt auf chlor- und säurefreiem Papier
Printed in Germany

ISBN 978-3-8252-3114-9

Inhaltsverzeichnis

Vorwort 7

1. Von Kant zu Hegel 11

2. Die Phänomenologie des Geistes 23
   2.1 Der Grundgedanke der ‚Phänomenologie des Geistes' 23
   2.1 Das Bewusstseinskapitel 33
      2.1.1 Sinnliche Gewissheit............................... 33
      2.1.2 Die Wahrnehmung oder das Ding und die Täuschung...... 36
      2.1.3 Kraft und Verstand, Erscheinung und übersinnliche Welt 45
      2.1.4 Bewusstsein und Selbstbewusstsein 65
   2.2 Das Selbstbewusstsein 68
      2.2.1 Selbstbewusstsein und Anerkennung 68
      2.2.2 Die interne Dynamik des Selbstbewusstseins 70
      2.2.3 Das praktische Verhältnis der Anerkennung........... 75
      2.2.4 Die Freiheit des Selbstbewusstseins 79
      2.2.5 Das Verhältnis von ‚Herr' und ‚Knecht'.............. 82
      2.2.6 Von der Anerkennung zum absoluten Wissen 87
   2.3 Der weitere Gedankengang der ‚Phänomenologie'............. 92
      2.3.1 Vom Selbstbewusstsein zur Vernunft................. 92
      2.3.2 Von der Vernunft zum Geist......................... 97
      2.3.3 Vom Geist zum absoluten Wissen 109
      2.3.4 Der absolute Geist 120

3. Die Wissenschaft der Logik 127
   3.1 Von der ‚Phänomenologie' zur ‚Wissenschaft der Logik'...... 127
   3.2 Der Grundgedanke der ‚Wissenschaft der Logik' 130
   3.3 Das Wahre und sein Anfang 138
      3.3.1 Die Sprache des philosophischen Anfangens 138
      3.3.2 Die Rekonstruktion des ursprünglichen Verstehens 146
   3.4 Der weitere Gedankengang der ‚Wissenschaft der Logik'........ 154

    3.4.1 Die Entwicklung der Seins-Logik 154
    3.4.2 Die Wesens-Logik 161
    3.4.3 Die Begriffs-Logik 180
    3.4.4 Idee und absolute Idee 189

4. Praktische Philosophie 199
  4.1 Ethik als Sittlichkeit 199
  4.2 Sittlichkeit und Staat 210
  4.3 Das Recht im System (‚Enzyklopädie') 217
    4.3.1 Die Bestimmung der Freiheit 217
    4.3.2 Hegel und das Recht 222
    4.3.3 Das Recht und die Manifestation des Geistes 227
    4.3.4 Die Situierung des Rechts in der ‚Enzyklopädie' 234
    4.3.5 Die Entwicklung des Denkens und das Recht 240
    4.3.6 Die Philosophie des Rechts und ihr ‚Gegenstand' 248
    4.3.7 Das Recht als Gedankenbestimmung 259
    4.3.8 Vernunft und Wirklichkeit des Rechts 268

5. Hegel und das ‚Zusammenfassen' 281

Literaturhinweise 287

Register 293

Vorwort

Dass Hegel ein schwierig zu verstehender philosophischer Autor ist, ist *auch* ein Vorurteil – aber nicht nur. Hegel spricht selbst von der „Arbeit des Begriffes", in der allein „wahre Gedanken und wissenschaftliche Einsicht" zu gewinnen sind (P 52). Wenn man dann noch lesen muss, dass der Anfang der Philosophie zur Voraussetzung mache, das Bewusstsein müsse sich bereits im ‚Elemente' des „reinen Selbsterkennens im absoluten Anderssein" (P 19) befinden, so möchte man wohl geneigt sein, das Hegel-Studium doch besser zu lassen und sich mit für jeden leicht zu verstehenden Denkern wie Platon, Kant oder Heidegger zu befassen, denn wer kann von sich schon sagen, er befinde sich in diesem ‚Elemente'? Wer eines der Hauptwerke Hegels an einer beliebigen Stelle aufschlägt, der wird nahezu immer auf kaum zu verstehende Sätze stoßen, die auch nach mehrmaligem Lesen das Geheimnis ihrer Bedeutung partout nicht preisgeben wollen. Wenn man dann noch erfährt, dass es bei Hegel um das ‚Absolute' in der Form eines ‚absoluten Wissens' und sogar noch um den Geist nicht als Esprit, sondern in seiner absoluten Gestalt geht, dann kann auch der geduldige ‚Liebhaber der Weisheit' versucht sein, sich doch lieber mit so einfachen Begriffen wie Kants ‚Ich der transzendentalen Apperzeption' zu beschäftigen und mit Einsichten wie ‚die Bedingungen der Möglichkeit der Erfahrung sind gleichzeitig die Bedingungen der Möglichkeit der Gegenstände der Erfahrung', die heute jedem Menschen ganz selbstverständlich erscheinen.

Aber diese Schwierigkeit des Hegelschen Denkens ist eben *auch* ein Vorurteil. Es geht zum großen Teil auf Hegels merkwürdige Ausdrucksweise zurück. Seine Sprache macht in der Tat in manchen Passagen den Eindruck, der Autor müsse unter Drogeneinfluss geschrieben haben. Aber wenn man sich an seine Eigentümlichkeiten gewöhnt hat, dann zeigt sich, dass er sich eigentlich einfach und verständlich ausdrückt. Im Unterschied zu vielen anderen Autoren muss man sich allerdings an einen besonderen ‚Slang' gewöhnen, der vielleicht nicht hätte sein müssen. Auf der anderen Seite muss man berücksichtigen, dass Hegel dem interessierten Leser das Verständnis insofern leicht macht, als er immer für den *Anfänger* geschrieben hat – jedenfalls hat er in seinen Hauptwerken immer versucht, ohne Voraussetzungen anzufangen und den Leser Schritt für Schritt auf seinem Denken mitzunehmen. Das beruht allerdings nicht auf einer angeborenen Menschenfreundlichkeit des Autors, sondern geht gerade auf den großen Anspruch seines Denkens zurück. Es geht immer um das *Anfangen* – der philosophische Anfänger aber sollte sich immer mit den großen Anfängern in der Philosophie beschäftigen, nicht mit den Epigonen. Da Hegel immer mit dem *Anfang* beginnt, deshalb ist es relativ einfach, dem Gedankengang seiner Hauptwerke zu folgen.

Weil Hegel den Leser stets an der Hand nimmt und ihn wie ein Fremdenführer durch sein Werk leitet, deshalb machen die sonderbaren Gedanken, die er dabei entwickelt, keine so unüberwindlichen Schwierigkeiten. Sie sind in den Hauptwerken stets das *Ergebnis* eines Gedankenganges, auf dem Hegel den Leser mitnehmen will. Ein Begriff wie ‚absolutes Wissen' mag zunächst ebenso abschreckend wie altmodisch wirken. Dass das Wissen ‚absolut' sein könnte, mag man vielleicht zunächst kaum zu denken wagen. Aber was damit gemeint ist, wird bei Hegel ziemlich genau entwickelt, so dass am Ende eines Werkes der Sinn solcher Begriffe einfacher einleuchtet, als man dies am Anfang zu hoffen gewagt hatte. Das wird durch manche Ausdrücke, die die Philosophiegeschichte für Hegels Denken gefunden hat, auf fatale Weise verdeckt. Es wird noch deutlich werden, was es wirklich mit einem Ausdruck wie ‚objektiver Idealismus' auf sich hat, aber es sei versprochen, dass es nichts Unanständiges ist und vor allem nichts, was keiner vernünftigen Diskussion zugänglich wäre.

Hegel ‚leicht' zu machen, ist deshalb kein aussichtsloses Unternehmen. Die Strategie dafür hat Hegel im Grunde selbst angegeben. Wenn er vom Leser fordert, er möge sich in den Status des oben erwähnten ‚reinen Selbsterkennens im absoluten Anderssein' begeben, so kennt er doch auch das Recht des Individuums zu fordern, „dass die Wissenschaft ihm die Leiter wenigstens zu diesem Standpunkte reiche." (P 20) Dies ist Hegels Unternehmen in der ‚Phänomenologie des Geistes'. Der Autor des jetzt dem Leser vorliegenden Buches muss sich mit dem Bereitstellen einer solchen Leiter also nicht mehr beschäftigen, da Hegel sie selbst zur Verfügung stellt. Er kann sich darauf beschränken, dem Leser die Einsicht leicht zu machen, wie die Leiter zu finden und richtig zu benutzen ist (ein wenig komplizierter als eine Haushaltsleiter ist sie nämlich schon …). Deshalb beginnt dieses Buch mit der Erläuterung der ‚Phänomenologie des Geistes' und ihrer Grundgedanken und Entwicklung. Allerdings ist die Leiter zu *Hegels* Gedankengebäude wesentlich leichter zu erkennen, wenn der Leser wenigstens mit den Grundgedanken der *Kantischen* theoretischen Philosophie vertraut ist. Zwar ist Hegel *auch* als Kritiker Kants bekannt geworden, aber der Anschluss an dessen ‚Kritik der reinen Vernunft' ist von größerem Gewicht als die Kritik daran.

Die ‚Phänomenologie des Geistes' wird deshalb erst im 2. Hauptkapitel erläutert, nachdem der Leser die theoretische Philosophie Kants kurz rekapitulieren konnte. Zunächst wird der Grundgedanke eingeführt, dann werden die Anfangskapitel eingehend und detailliert erklärt. Der Leser wird dann so weit in Hegels Denken eingeübt sein, dass er den weiteren Gedankengang ohne Schwierigkeiten und mit Hilfe einer diagonalen Lektüre von Hegels Text verstehen wird. Falls nicht, so wird die ‚Phänomenologie des Geistes' doch noch bis zu ihrem Abschluss im ‚absoluten Wissen' nach den Grundzügen des Gedankengangs erklärt – nur zur Vorsicht. Das gleiche Verfahren wird im Prinzip für die ‚Wissenschaft der Logik' eingesetzt. Es wird zunächst der Grundgedanke dieses Werkes leicht gemacht. Dann wird der *Anfang* dieses Buches gründlich untersucht. Hegel erhebt hier den Anspruch, den ‚Anfang in der Wissenschaft' – d.h. in der Philosophie – so denken zu können, dass sich daraus alles Wissen ableiten lässt, das überhaupt mit philosophischem Anspruch auftreten kann. Im Anfang der Hegelschen ‚Wissenschaft der Logik' ist deshalb im Grunde das ganze Werk enthalten. Dies wird dann aber noch ausführlich erläutert, indem der weitere Gedankengang vom ‚Sein' über das ‚Wesen' und den ‚Begriff' bis zur ‚absoluten Idee' in den Grundlinien dargestellt wird.

Es ist eine schwierige Frage, welche spezielleren Themen in einer Einführung in Hegels Philosophie über die Grundlagen in der ‚Phänomenologie des Geistes' und der ‚Wissenschaft der Logik' noch leicht gemacht werden sollten. Der Autor dieses Buches hat sich für die *praktische Philosophie* entschieden, obwohl auch die Geschichtsphilosophie, die Ästhetik oder die Naturphilosophie von Interesse sein könnten. Das hat verschiedene Gründe. Zum einen ist die praktische Philosophie in der gegenwärtigen Diskussion von besonderer Bedeutung. Zum anderen vertritt Hegel hier einen so ungewöhnlichen Standpunkt, dass sich daraus ein provokativer Anstoß ergeben kann, der auch moderne Entwürfe in einem neuen Licht erscheinen lässt. Darüber hinaus aber bietet gerade die praktische Philosophie die Möglichkeit, einen leicht gemachten Zugang mit einem kleinen Schritt über das ganz Leichte hinaus zu verbinden. In den ersten beiden Unterkapiteln wird hier das Thema in einem sehr leichten Überblick dargestellt. Das dritte Kapitel versucht dagegen ein Defizit zu beseitigen, das eine ‚leicht gemachte' Einführung in Hegel notwendig akzeptieren musste: es gibt über die im einzelnen dargestellten und erläuterten Werke hinaus noch einen Text, der vielleicht sogar als Hegels Hauptwerk angesehen werden könnte. Er enthält die Darstellung von Hegels *System* unter dem Titel einer ‚Enzyklopädie der philosophischen Wissenschaften'. Dieses Werk ist allerdings wesentlich komplizierter und für den Anfänger weit schwieriger nachzuvollziehen als die in diesem Buch detailliert erläuterten beiden Werke. Es enthält jedoch auch eine Erörterung über das Recht als Teil der praktischen Philosophie. Dieser Teil des Systems (‚Enzyklopädie') wird deshalb abschließend eingehend untersucht, um dem Leser zumindest einen Eindruck von der Komplexität und Verschlungenheit der Hegelschen Gedankenwelt in diesem Werk zu geben.

Im Text wird aus den folgenden Werken **Hegels** mit bloßer
Seitenangabe zitiert: Zitierweise:

‚Phänomenologie des Geistes', Ausgabe der
Philosophischen Bibliothek im Meiner Verlag (P …)

‚Wissenschaft der Logik', Band I, Ausgabe der
Philosophischen Bibliothek im Meiner Verlag (L …)

‚Wissenschaft der Logik', Band II, Ausgabe der
Philosophischen Bibliothek im Meiner Verlag (L II …)

‚Grundlinien der Philosophie des Rechts', Ausgabe
der Philosophischen Bibliothek im Meiner Verlag (R § …)

‚Enzyklopädie der philosophischen Wissenschaften'
Band 20 der ‚Gesammelten Werke', hg. von
Bonsiepen, W./Lucas, H.-Chr., Meiner Verlag (E § …, …)
(hier werden § *und* Seite angegeben)

Von **Kant** wird die ‚Kritik der reinen Vernunft' wie üblich (A …)
nach den Ausgaben von 1781 (A) bzw. 1787 (B) zitiert (B …)

Kants ‚Metaphysik der Sitten' wird nach dem Text in
der Akademieausgabe zitiert (MdS …)

Zu Zwecken der Verdeutlichung wurden in den Zitaten Fettdruck und andere Schriftattribute von **Hegel** durchweg aufgehoben und durch **eigene** Hervorhebungen ersetzt.

1. Von Kant zu Hegel

Um Kant und Hegel verstehen zu können, muss man sich zunächst vergegenwärtigen, worum es in deren Gedankengängen grundsätzlich geht, wenn die theoretische Philosophie tangiert wird. Kants Anliegen war eine ‚**Kritik**' der Vernunft und ihrer Ansprüche auf ein Wissen von der Welt. Damit wird nicht nach einer Übereinkunft darüber gesucht, wie wir so sprechen können, dass wir Konflikte mit anderen Menschen und deren Ansichten vermeiden. Es geht nicht um ‚Weltanschauungen' und um die Vereinbarkeit zwischen verschiedenen ‚Weltbildern'. Es wird aber auch nicht nach einem technischen Wissen gesucht, das uns hilft, die Welt zu beherrschen und sie so umzugestalten, dass sie unseren Interessen entspricht. Wir setzen heute den Begriff des Wissens sehr leicht mit dem Wissen gleich, das technisch einsetzbar ist. Damit folgen wir dem Wesen der Naturwissenschaft, die in erster Linie am Problemlösen und an der Einsetzbarkeit ihres Wissens ausgerichtet ist. Ein Wissen, das zu einer funktionsfähigen Innovation in der Güterproduktion führt, oder ein Wissen, das ein bisher ungelöstes Problem zufriedenstellend auflösen kann, erfüllt nach diesem Denken den Begriff des Wissens vollständig.

Hätte **Kant** diese Auffassung geteilt, so wäre er nicht um eine ‚Kritik' der Vernunft bemüht gewesen. Er hätte durchaus mit **Humes** Auffassung zufrieden sein können, wonach etwa der **Begriff** der ‚**Ursache**' nur besagt, dass wir uns an ein in der Zeit aufeinander folgendes Vorkommen zweier Ereignisse gewöhnt haben. Wenn es regnet, dann wird die Straße nass, aber können wir aus dieser Wahrnehmung erkennen, dass der Regen die *Ursache* für die Nässe auf der Straße ist? Unsere **Wahrnehmung** erlaubt uns im Grunde nur, von einem regelmäßigen Zusammenvorkommen zweier Ereignisse zu sprechen. Der Begriff der Ursache dagegen kommt in unserer Wahrnehmung nicht vor. Aber das Wahrnehmungswissen reicht durchaus aus, um auf seiner Grundlage technische Vorkehrungen zu erfinden, die den Regen von solchen Straßen fernhalten, die aus irgendwelchen Gründen nicht nass werden sollen. Es ist auch ausreichend, um in der Konversation zu einer Einigung darüber zu gelangen, dass zwischen dem Nasswerden der Straße und dem Regen ein Zusammenhang besteht.

Kant war mit einem solchen Wissen jedoch nicht zufrieden und suchte nach einer Möglichkeit, wie man denken müsse, um von einem Wissen sprechen zu können, das **apriorisch** und **synthetisch** ist. Damit wird im Grunde die Frage nach einem Wissen von der Welt gestellt, das **notwendig** und **allgemein** gilt, also nicht in bestimmten Fällen und für technische Zwecke oder zur Einigung unter Menschen mit verschiedenen Auffassungen. Notwendig und allgemein kann ein Wissen, das auf der **Erfahrung** beruht, offenbar nicht sein. Auf der Grundlage der Erfahrung können wir immer nur sagen, dass ein bestimmter Zusammenhang *bis jetzt* und *so weit unsere Erfahrung reicht* gilt; wir können aber nicht behaupten, es sei auch **notwendig und immer** so. Der Zusammenhang kann morgen schon anders sein, und neue Erfahrungen können uns dazu bringen, ihn ganz anders zu sehen. Ein Wissen, das notwendig und allgemein sein soll, muss also **apriorisch** gelten, d.h. ‚vor' bzw. ‚**unabhängig**' **von der Erfahrung**. Ein solches Wissen steht uns zunächst auf ganz einfache Weise zur Verfügung. Wir können einen Begriff analysieren und auf diese Weise seine Bestandteile erkennen. Etwa können wir durch eine Begriffsanalyse wissen, dass es sich bei einem Schimmel um ein weißes Pferd handelt. Aber damit erweitern wir nicht unser Wissen von der Welt. Ein solches Wissen darf also **nicht bloß** ‚**analytisch**' sein, sondern es muss auch ‚**synthetisch**' sein. Das ist es dann, wenn wir zwei Erfahrungen über die Welt so verbinden (‚synthetisieren'), dass daraus eine Erkenntnis über einen Zusammenhang entsteht; etwa: der Regen ist die Ursache für die Nässe auf der Straße.

Kants Ziel in seiner theoretischen Philosophie war es, die Vernunft zu ‚kritisieren', was hier einfach heißt: ihre **Möglichkeiten** und damit ihre **Grenzen** in der Erkenntnis zu bestimmen. Diese Grenzziehung ist identisch mit der Umgrenzung eines Wissens, das im genannten Sinne **apriorisch und synthetisch** ist. Was wir also ‚**vernünftig**' wissen können, d.h. mit dem Status der Notwendigkeit und mit allgemeiner Bedeutung, kann weder auf einer Begriffserklärung noch auf der Erfahrung beruhen. Aber gesucht ist nichtsdestoweniger ein Wissen von der Welt, nicht von Phantasien oder Erzählungen aus dem Bereich der Weltanschauungen. Kant fand für dieses Problem eine geniale Lösung. Wir sollten aber zunächst klären, was mit dieser Lösung eigentlich behauptet wird. Sie gibt uns keine Auskunft darüber, wie es sich in der Wirklichkeit verhält, d.h. sie ist selbst keine Beschreibung der Welt, wie sie an sich ist. Würde sie dies beanspruchen, so hätte sie das gestellte Problem im Grunde schon als gelöst ansehen müssen. Der Gedanke, den Kant uns zur Lösung dieses Problems anbietet, kann **selbst nicht auf Erfahrung beruhen** und kann nicht auf analytischem Wege aus Begriffen abgeleitet werden.

Kants Lösung hat deshalb den Status eines Gedankens, den wir denken **müssen**, wenn wir einen anderen Gedanken beibehalten wollen, nämlich denjenigen von einem Wissen, das allgemein und notwendig ist und das sich nicht auf das im Funktionieren technischer Vorrichtungen oder der Herstellung v... Harmonie in der Konversation eingeschlossene Wissen beschränkt. Kant brachte diesen Status des in der ‚Kritik der reinen Vernunft' gewonnenen Wissens als **Bedingung der Möglichkeit** der Gültigkeit eines allgemeinen und notwendigen Wissens so zum Ausdruck: „Auf solche Weise sind synthetische Urteile a priori möglich, wenn wir …, … sagen: die Bedingungen der Möglichkeit der Erfahrung überhaupt sind zugleich Bedingungen der Möglichkeit der Gegenstände der Erfahrung, und haben darum objektive Gültigkeit in einem synthetischen Urteile a priori." (B 197) Wir können statt von einem allgemeinen und notwendigen Wissen auch von der ‚**objektiven Gültigkeit**' eines Wissens sprechen. Dann soll das von Kant ausgearbeitete Wissen also die **Möglichkeitsbedingung** einer Erkenntnis darlegen, die objektiv gültig ist, die sich also nicht nur auf unsere Wahrnehmungen bezieht, sondern von der wir sagen können, sie sagt uns, was wirklich gilt. Genau diesen Bereich des objektiv gültigen Wissens soll die ‚Kritik der reinen Vernunft' umgrenzen.

Kants Grundgedanke in dieser ‚Kritik' war so einfach wie revolutionär: „Bisher nahm man an, alle unsere Erkenntnis müsse sich nach den Gegenständen richten; aber alle Versuche über sie a priori etwas durch Begriffe auszumachen, wodurch unsere Erkenntnis erweitert würde, gingen unter dieser Voraussetzung zunichte. Man versuche es daher einmal, ob wir nicht in den Aufgaben der Metaphysik damit besser fortkommen, dass wir annehmen, die Gegenstände müssen sich nach unserem Erkenntnis richten". (B XVI) Das ist vermutlich einer der radikalsten Gedanken, die in der Philosophie jemals gedacht wurden. Es kommt aber darauf an, diesen Gedanken genauer zu verstehen. Erst auf dieser Grundlage kann später deutlich werden, wie **Hegel an Kant anschließt und wie er sich kritisch von dessen Denken abwendet**. Der Gedanke, der auch unter dem Titel der ‚kopernikanischen Wende' in der Philosophie bekannt wurde, besteht eigentlich aus zwei Teilen, die sich aus den Bestandteilen der Erkenntnis ergeben. Diese Teile werden bei Kant ‚**Anschauung**' und ‚**Begriffe**' genannt. Nur wenn beides zusammenkommt, kann von einer Erkenntnis über die wirkliche Welt gesprochen werden. Kant drückte sich so aus: „Gedanken ohne Inhalt sind leer, Anschauungen ohne Begriffe sind blind." (B 75)

Dass sich die Gegenstände der Erkenntnis ‚nach unserem Erkenntnis richten', wie Kant sich ausdrückte, hat demnach zwei Seiten: sie müssen sich in Bezug auf die **Anschauungen**, durch die sie gegeben werden, und ebenso in Bezug auf die **Gedanken**, in denen sie gedacht werden, ‚nach unserem Erkenntnis richten'. Kant formulierte die erste Seite so: „Wenn die Anschauung sich nach der Beschaffenheit der Gegenstände richten müsste, so sehe ich nicht ein, wie man a priori von ihr etwas wissen könne; richtet sich aber der Gegenstand (als Obder Beschaffenheit unseres Anschauungsvermögens, so ... öglichkeit ganz wohl vorstellen." Die zweite Seite brachte ... wir müssen annehmen, „die Gegenstände oder, welches ... ung, in welcher sie allein (als gegebene Gegenstände) er- ... ich nach diesen Begriffen". (B XVII) Nach beiden Seiten muss es Kant also gelingen, es einleuchtend zu machen, dass sich die ‚Gegenstände der Erkenntnis' **nach unserer Erkenntnis richten** und nicht umgekehrt, wie es im üblichen Verständnis der Fall ist. Nach diesem Verständnis ist eine Erkenntnis dann gelungen, d.h. sie ist wahr, wenn sich die Aussagen nach dem richten, wovon ausgesagt wird. Dann kann man von einer ‚Entsprechung' bzw. von einer ‚adaequatio' von Erkenntnis und Gegenstand sprechen; diese Entsprechung wird meist als das verstanden, was eine Erkenntnis ‚wahr' macht.

Dass sich die Gegenstände nach unserer Erkenntnis richten, erscheint nach diesem Verständnis als eine völlig widersinnige Behauptung. Verständlich wird dieser Gedanke nur, wenn wir berücksichtigen, dass die Frage nach **der Möglichkeit apriorisch-synthetischer Urteile** steht, nicht nach der Möglichkeit aposteriorisch-synthetischer (empirischer) Urteile. Deshalb kann es bei der Behauptung, die ‚Gegenstände' müssten sich nach ‚unserem' Erkenntnisvermögen richten, nicht um die Gegenstände gehen, wie wir sie in unserem alltäglichen Leben erfahren. Wir hatten oben gesehen, dass es bei der Frage nach der Möglichkeit reiner Vernunft und Metaphysik gerade um die Möglichkeit einer objektiven und allgemeingültigen Erkenntnis geht. Deshalb sind es auch nicht ‚wir' als ‚Menschen' im Sinne einer besonderen Spezies von Lebewesen, nach denen sich die Gegenstände ‚richten', sondern sie richten sich **nach den Strukturbedingungen des erkennenden Bewusstseins,** das nicht individuell ist und das nicht mit dem Begriff des ‚Menschen' als einer besonderen Spezies identifiziert werden darf. Außerdem ‚richten' sich die Gegenstände nicht nach ‚uns' und auch nicht nach dem erkennenden Bewusstsein, soweit es ihre **‚Materie'** angeht, sondern nur im Hinblick auf die **Formen**, in denen sie **angeschaut** und **begriffen** werden können.

Die Erkenntnis, nach der sich die Gegenstände unserer Erkenntnis richten, umfasst also nur eine Erkenntnis **der Formen der Anschauung und des Denkens.** Nach diesen Formen müssen sich die Gegenstände unserer Erkenntnis richten, weil sie sonst überhaupt nicht angeschaut oder gedacht werden könnten. Können sie dies nicht, so sind sie eben **für uns nichts**, d.h. sie sind **keine Gegenstände einer möglichen Erkenntnis.** Damit sind die Grundlagen für den Begriff einer **transzendentalen Erkenntnis** vorhanden, wie Kant das Ziel des in der ‚Kritik der reinen Vernunft' unternommenen Denken bezeichnet. Kant nennt alle Erkenntnis **transzendental,** „die sich nicht sowohl mit Gegenständen, sondern mit unserer Erkenntnisart von Gegenständen, insofern diese a priori möglich sein soll, überhaupt beschäftigt." (B 25) Transzendental heißt also nicht eine jede Erkenntnis a priori, „sondern nur die, dadurch wir erkennen, dass und wie gewisse Vorstellungen (Anschauungen oder Begriffe) lediglich a priori angewandt werden, oder möglich sind." Transzendental heißt also **die Möglichkeit der Erkenntnis a priori betreffend** (B 80). Der Ausdruck transzendental kann sich aber auch auf die einzige Möglichkeit für eine Erkenntnis a priori beziehen, die Kant auffinden kann. Der zentrale Gedanke Kants ist hier in der folgenden Behauptung zu finden: „Die Bedingungen a priori einer möglichen Erfahrung [von Gegenständen] überhaupt sind zugleich Bedingungen der Möglichkeit der Gegenstände der Erfahrung." (A 111)

Die **Bedingungen der Möglichkeit der *Erfahrung* sind zugleich die Bedingungen der Möglichkeit der *Gegenstände* der Erfahrung** – darin findet sich Kants Gedanke einer Umgrenzung der Erkenntnismöglichkeit aus der Vernunft und damit einer notwendigen und allgemeinen Erkenntnis in einem Satz zusammengefasst. Wir können in einem notwendigen und allgemeinen Sinne etwas über die Gegenstände der Erfahrung wissen, obwohl die Erfahrung selbst uns kein solches Wissen erlaubt, sondern nur eine Kenntnis aus der ‚Gewohnheit', bestimmte Wahrnehmungen zusammenzubringen, was ‚brauchbar' sein kann, aber keine objektive Erkenntnis garantiert. Wir können dies, weil wir apriorisch – unabhängig von der Erfahrung – zwar nichts über das wissen, was wir erfahren, aber doch über die **Formen**, in denen wir erfahren können. Wenn alle Gegenstände der Erfahrung diesen Formen unterstehen, so wissen wir dann, wenn wir diese Formen erkennen, auch etwas darüber, wie uns die **Gegenstände** der Erfahrung gegeben werden können. Außerhalb dieser Formen können wir sie eben nicht erkennen. Gelingt es uns also, diese Formen zu erkennen, dann erkennen wir, welchen notwendigen und allgemeinen ‚**Form-Gesetzlichkeiten**' die Gegenstände unterstehen, die Gegenstände unserer Erfahrung werden können, also überhaupt etwas **für uns** sein können.

Diese Formen erklärt Kant in der ‚Kritik der reinen Vernunft' zum einen in der ‚**Transzendentalen Ästhetik**' und zum anderen in der ‚**Transzendentalen Logik**'. Diese Einteilung nimmt den Gedanken auf, dass wir im Wissen stets **Gedanken** und **Anschauungen** brauchen, wenn es zu einem Wissen kommen soll: „Alles Denken aber muss sich, es sei geradezu (direkte) oder im Umschweife (indirekte), vermittelst gewisser Merkmale, zuletzt auf Anschauungen, mithin, bei uns, auf Sinnlichkeit beziehen, weil uns auf andere Weise kein Gegenstand gegeben werden kann." (B 33) Wenn Kant seine Philosophie von der **Transzendentalität unserer Erkenntnis** also durchführen will, so muss er über den Gedanken von den Leistungen des Verstandes in der Konstitution der Gegenstände der Erfahrung hinaus also auch einen Gedanken entwickeln, demzufolge die Gegenstände zwar **gegeben** sind, dies aber so, dass in dieser Gegebenheit die Konstitution der Gegenstände durch die Struktur der Verstandeserkenntnis möglich wird. Die **transzendentale Ästhetik** ist der Teil der ‚Kritik der reinen Vernunft', in der Kant diese Aufgabe zu lösen versucht. Was uns die Sinne in der Anschauung geben, können wir apriorisch nicht erkennen; hier sind wir abhängig von dem, wie unsere Sinne ‚**affiziert**' werden. Apriorisch aber können wir **die Formen der Anschauung** erkennen, in denen uns alles gegeben wird, was wir überhaupt durch die Sinne auffassen können.

Anschauung bedeutet zunächst in erster Linie einen Gegenbegriff gegen ‚Denken', und mit Hilfe des ersteren Begriffs soll dasjenige Element in der Erkenntnis bezeichnet werden, wodurch uns Gegenstände **unmittelbar** gegeben sind, also über unsere Gedankenkonstruktionen hinaus als unmittelbar wirklich erlebt werden. Allerdings kennen wir als Menschen keine solche unmittelbare Gegebenheit als **mittels der Sinne** – und zwar grundsätzlich aller Sinne, nicht nur mittels des Gesichtssinns. Deshalb muss sich alles Denken „bei uns" **auf Sinnlichkeit beziehen**. Wenn Kant die Sinnlichkeit als **Rezeptivität** bezeichnet, so ist sie zwar eine Fähigkeit, aber keine ‚Leistung', d.h. wir ‚konstituieren' in ihr und mit ihr den Gegenstand nicht, sondern in dieser Rezeptivität werden wir von Gegenständen **affiziert**. Hier liegt also eine Beziehung zum Gegenstand vor, die rezeptiv und nicht aktiv, d.h. in Kants Ausdrucksweise: **nicht ‚spontan'**, ist. In der Kantischen theoretischen Philosophie ist das **Verhältnis von Sinnlichkeit und Verstand** also ein Verhältnis von **Gegebensein** und **Gedachtwerden** der Gegenstände: „Vermittelst der Sinnlichkeit also werden uns Gegenstände gegeben, und sie allein liefert uns Anschauungen; durch den Verstand aber werden sie gedacht, und von ihm entspringen Begriffe." (B 33)

Eine notwendige und allgemeine Erkenntnis über die Möglichkeitsbedingungen der Gegenstände der Erfahrung können wir also nur erhalten, wenn wir diese Bedingungen **im Zusammenwirken von Spontaneität und Rezeptivität** finden. Es muss die Rezeptivität und damit die **empirische Anschauung**, in der wir uns durch Empfindungen auf den Gegenstand beziehen, einer bestimmten **Bedingung** genügen: sie muss es erlauben, den Gegenstand einer möglichen Erfahrung so zu denken, dass er durch die Bedingungen einer möglichen Erfahrung gerade in seiner ‚Gegenständlichkeit' strukturiert wird. Anders gesagt: die Rezeptivität muss so gedacht werden, dass dieser Gedanke es erlaubt, den Gegenstand, auf den wir uns in ihr durch die Empfindung beziehen, als ebenso durch **reine Verstandesbegriffe** – durch Denken – **konstituiert** zu denken, die wir nicht durch Rezeptivität ‚empfangen', sondern die **Strukturen eines Bewusstseins** sind, das wir als fähig auffassen können, Erfahrungen von Gegenständen zu haben und auf dieser Grundlage zu gesicherten Erkenntnissen kommen zu können. Nur wenn Kant die Formen der Anschauung nicht in den Gegenständen selbst findet, sondern in den Bedingungen der Erfahrung, die wir apriorisch kennen können, kann der Gedanke von den Bedingungen der Möglichkeit der Erfahrung, die zugleich Bedingungen der Möglichkeit der Gegenstände der Erfahrung sind, durchgeführt werden.

Diese **reinen Formen der Anschauung** sind nach Kant der **Raum** und die **Zeit**. Indem wir die Materie von der Form der Anschauung unterscheiden, können wir dann von einer reinen Anschauung sprechen, in der ‚das Mannigfaltige der Erscheinung' bzw. die uns affizierenden Empfindungen in gewissen Verhältnissen **geordnet** werden. Wir haben also damit eine zur Anschauung gehörige Seite gefunden, „worinnen sich die Empfindungen allein ordnen, und in gewisse Form gestellt werden können" (B 34). Die Form, in der eine solche Ordnung möglich wird, ist nicht in der Welt, die uns durch Empfindungen gegeben wird, sie wird uns auch nicht durch die Gegenstände vorgegeben, die wir innerhalb dieser Ordnung erkennen können, sondern sie ist „im Gemüte" (B 35). Kants Anspruch, eine ‚**Sinnlichkeit a priori**' analysieren und in dieser Analyse einen **zweiten notwendigen Teil der transzendentalen Argumentation** für eine Möglichkeit gesicherter Erkenntnis jenseits gewohnheitsmäßiger Verbindungen und jenseits der Annahme einer prästabilierten Harmonie darstellen zu können, gehört sicherlich zu den gewagtesten Unternehmungen in der Philosophiegeschichte. Im Grunde widerspricht der Begriff einer ‚Sinnlichkeit a priori' auch heute noch unseren fundamentalen Intuitionen über das, was die Sinnlichkeit ist und welche Funktionen ihr zukommen. Daran ändert auch nichts, dass wir gewohnt sind, unserem Sinnesapparat einen wichtigen Anteil an der sinnlichen Darstellung der Welt in unserem Bewusstsein zuzuschreiben.

Wir können und müssen für die Grundlegung eines Verständnisses von **Hegels** Denken jedoch nicht näher auf diese Lehre eingehen. Es muss allerdings deutlich sein, dass Kant von Raum und Zeit als von reinen Formen der Anschauung spricht, die nicht zur wahrnehmbaren Welt gehören, sondern zu den Bedingungen der Möglichkeit der Erfahrung, um Kants Philosophie der reinen Verstandesformen verstehen zu können, also die Lehre seiner ‚Transzendentalen Logik'. Wenn Kant hier von einer ‚**Logik**' spricht, so handelt es sich nicht um eine Ausarbeitung zur formalen Logik, also zu den Regeln des Schließens. Es geht vielmehr um eine **„Wissenschaft von den Verstandesregeln überhaupt"** (B 76). Sie soll nicht das tatsächliche Funktionieren des Verstandes beschreiben, sondern uns eine Erkenntnis geben, „dadurch wir erkennen, dass und wie gewisse Vorstellungen (Anschauungen oder Begriffe) lediglich a priori angewandt werden, oder möglich sind". (B 80) Es handelt sich deshalb nicht um eine Lehre von formalen Denkregeln, sondern **diese ‚Logik' muss sich auch auf Inhalte beziehen**. Damit sind allerdings nicht die empirischen Inhalte unserer Erkenntnis gemeint, sondern nur deren ‚Gegenständlichkeit' als solche.

Wir müssen hier auf den Grundsatz der kantischen Transzendentalphilosophie zurückgreifen: eine notwendige und allgemeine Erkenntnis, die objektive Gültigkeit beanspruchen kann, können wir nur dann gewinnen, wenn die Bedingungen der Möglichkeit der *Erfahrung* gleichzeitig die Bedingungen der Möglichkeit der *Gegenstände* der Erfahrung sind. Aber Kant will keineswegs sagen, dass wir die Gegenstände in ihrer empirischen Gestalt in den Strukturen unserer Erfahrung konstruieren. Es geht vielmehr nur um die **Form der Gegenständlichkeit**, die durch die Möglichkeitsbedingungen unserer Erfahrung vorgegeben ist. Wie uns ein Gegenstand in seiner empirischen Realität begegnet und von uns aufgefasst wird, dies ist keineswegs apriorisch und damit notwendig vorgegeben. Dass er uns aber überhaupt **als Gegenstand** und damit unabhängig von uns und unseren Wahrnehmungen begegnet, dies ist durch **die Bedingungen unserer Erfahrung geformt**. Wenn Kant also sagt, dass die ‚Transzendentale Logik' sich auf den „Ursprung unserer Erkenntnisse von Gegenständen" (B 80) bezieht, so behauptet er nur, dass eine ‚Logik' von Verstandesregeln bestimmt, dass uns eine Welt in der Form von Gegenständen begegnet; er behauptet aber nicht, dass sie darüber bestimmt, wie diese Gegenstände im einzelnen wahrgenommen werden.

Es geht in der ‚Transzendentalen Logik' also um **Verstandesregeln**, mit deren Hilfe wir eine Unterscheidung machen zwischen den **Wahrnehmungen**, die Bestandteil unserer Sinnlichkeit sind, und den von uns und unserer Sinnlichkeit unabhängigen **Objekten** in der Welt. Wenn wir etwas in der Welt auffassen, so haben wir ja zunächst nur Sinnesempfindungen, d.h. Ereignisse im Gesichtssinn, im Gehörsinn, im Tastsinn und vielleicht auch im Schmecken und Riechen. Die Frage einer ‚Transzendentalen Logik' ist nun, wie aus diesen nur in unserer Sinnlichkeit stattfindenden Ereignissen das **Bewusstsein** von solchen Gegenständen entsteht, die von uns **unabhängig** sind und außer uns im Raum sind und in der Zeit verharren, auch wenn wir sie nicht wahrnehmen und keine Sinnesempfindungen davon haben. Die Verstandesregeln, die Kant in seiner ‚Transzendentalen Logik' ausarbeitet, sind genau die Regeln, mit deren Hilfe unser Verstand die Sinnesempfindungen so zusammensetzt und verbindet, dass daraus **das Bewusstsein einer von uns unabhängigen Welt** in Raum und Zeit entsteht.

Eine solche Logik soll also Begriffe ausarbeiten, „die sich a priori auf Gegenstände beziehen mögen, … als Handlungen des reinen Denkens," so dass eine „Wissenschaft des reinen Verstandes und Vernunfterkenntnisses, dadurch wir

Gegenstände völlig a priori denken", entsteht kann (B 81). **A priori** aber können wir Gegenstände natürlich nicht nach ihrer empirischen Erscheinung denken, sondern nur die Bedingungen der Möglichkeit dafür, dass wir sie überhaupt als Gegenstände unserer Erfahrung auffassen können. Die gesuchten Begriffe sind also **Gesetzmäßigkeiten unserer Erfahrung**, so dass alle Gegenstände, die von uns erfahren werden können, eben diesen Gesetzmäßigkeiten unterstehen müssen, weil sie sonst überhaupt nichts **für unsere Erfahrung** werden könnten. Es sind Begriffe, ohne die überhaupt kein Gegenstand als solcher gedacht werden könnte. Eine **transzendentale Logik** hat es also mit den Gegenständen unserer Erfahrung nur in einer sehr eingeschränkten Bedeutung zu tun und handelt vom Verstand und seinen Denkregeln nur in einem sehr eingeschränkten Bereich, d.h. nur insoweit er Prinzipien enthält, „ohne welche überall kein Gegenstand gedacht werden kann" (B 87).

Solche Verstandesregeln als Bedingungen der Möglichkeit von Gegenständlichkeit überhaupt, die angeben, wie durch Denken das Mannigfaltige der Wahrnehmung so zusammengesetzt und verbunden wird, dass daraus das Bewusstsein einer objektiven Welt in Raum und Zeit entsteht, arbeitet Kant nun in zwei Schritten aus. Zunächst führt er die ‚**Handlungen**' **des Verstandes** auf, mit denen wir Wahrnehmungen so zusammensetzen, dass wir damit einen Geltungsanspruch über bloße Sinneswahrnehmungen hinaus erheben. Es sind die ‚Handlungen', mit denen wir von Sinneseindrücken wie ‚jetzt weiß' oder ‚jetzt schwarz' zu der Behauptung kommen ‚Der Ball ist schwarz-weiß'. Damit ist offensichtlich etwas Entscheidendes geschehen: wir sprechen nicht mehr unsere Sinneswahrnehmungen aus, sondern wir behaupten etwas über den Ball, **wie er in der Welt ist**. Damit können wir auch anderen widersprechen, die dem gleichen Ball andere Farbprädikate zuschreiben. Diesen Übergang machen wir **mit Hilfe von** *Urteilen*. Allerdings können wir nicht sagen, dass damit alle Urteile a priori wären und sich auf die Gegenständlichkeit überhaupt statt auf konkrete Gegenstände beziehen müssten.

Kant beschränkt sich deshalb auf die **Formen der Urteile** und findet auf diese Weise eine **Tafel der Urteile, d.h. der reinen Urteilsformen**. Von diesen Urteilsformen her kann er dann eine **Tafel der reinen Verstandesbegriffe (Kategorien)** ableiten. Dieser Schritt ist relativ leicht nachvollziehbar. Die **Verstandesbegriffe** bringen die reinen **Urteilsformen** zum Ausdruck und können deshalb an ihrer Stelle stehen (es gibt zwar einen Unterschied, aber wir können ihn hier auf sich beruhen lassen). Kant kommt auf dieser Grundlage zu dem Ergebnis: „Die Funktionen des Verstandes können also insgesamt gefunden werden, wenn man die Funktionen der Einheit in den Urteilen vollständig darstellen kann." (B 94) Diese **Funktionen** sind die **Einheitsleistungen**, mit deren Hilfe wir diejenige Einheit unter den Vorstellungen erzeugen, die uns das **Bewusstsein einer objektiven Welt** verschaffen. Hier entsteht nun ein bestimmtes Problem: wenn wir **alle** reinen Verstandesbegriffe bzw. Urteilsformen finden wollen, so müssen wir uns an das Prinzip halten, dass diese genau die Begriffe bzw. Urteilsformen sein müssen, die wir benötigen, um aus Vorstellungen das Bewusstsein objektiver Gegenstände zu machen. Die übereinstimmende Meinung der meisten Kantforscher ist, dass ihm dies nicht gelungen ist; dieser Meinung war auch **Hegel**.

Kant hat jedoch über die Theorie von den Urteilsformen bzw. den reinen Verstandesbegriffen hinaus noch einen Versuch gemacht, die apriorischen Bedingungen der Möglichkeit der Erfahrung, die zugleich Bedingungen der Möglichkeit der Gegenstände der Erfahrung sind, **aus den Strukturbedingungen des die Welt auffassenden Bewusstseins zu begründen**. Die Kategorien sind ‚subjektiv', obwohl sie gerade dazu dienen, eine objektive Welt von Gegenständen aus dem Chaos bloßer Vorstellungen zu gestalten. Diese ‚Subjektivität' der reinen Verstandesbegriffe führt auf ihre **Begründbarkeit aus dem Ich**, das Kant als ‚**Ich der transzendentalen Apperzeption**' bezeichnet. Man könnte hier auch von dem Ich unter der Perspektive der **Leistung** sprechen, die das Bewusstsein einer objektiven Welt aus bloßen Sinneswahrnehmungen – d.h. aus dem ‚Mannigfaltigen' – herstellt. Es ‚perzipiert' also nicht bloß, d.h. es nimmt nicht bloß wahr, sondern ‚**ad-perzipiert**', d.h. es nimmt wahr, indem es etwas ‚hinzufügt', nämlich die reinen Verstandesbegriffe. Dieses Ich ist **Ausdruck eines Selbstbewusstseins**, d.h. eines Bewusstseins von mir als identisch in der Zeit. Wenn die gegenstandskonstituierenden Verstandesbegriffe aus diesem Ich abgeleitet werden können, so sind sie nicht nur als Bedingungen der Möglichkeit der objektiven Welt, sondern auch als Bedingungen der Möglichkeit eines bleibenden und identischen Ichs aufzufassen.

Kant hat diese Theorie nicht so ausgearbeitet, dass tatsächlich die Ableitbarkeit aller reinen Verstandesbegriffe aus der Identität des Ich verständlich werden könnte. Die Intention war es aber sicher, aus der **Reflexion**, d.h. der ‚Zurückbeugung' auf uns selbst, diejenigen Begriffe in ihrer Vollständigkeit begründen zu können, die zusammen die Bedingungen der Möglichkeit der Erfahrung darstellen, welche identisch sind mit den Bedingungen der Möglichkeit der Gegenstände der Erfahrung. Nur deshalb können wir Kants Denken als ‚**Bewusstseinsphilosophie**' verstehen. Kant knüpft hier im Grunde an den zentralen Gedanken von **Descartes** an, demzufolge die einzige sichere Gewissheit im Wissen das ‚**ego cogito, sum**' darstellt, d.h. die bewusste Selbstbeziehung. Allerdings hatte Descartes diese Selbstbeziehung nicht mit Hilfe von reinen Verstandesbegriffen zu denken versucht. Eine Begründung des Wissens konnte er daraus nur mit Hilfe eines Gottesbeweises erreichen. Nach Kant ist dieses **unmit-**

telbar gewisse **Selbstbewusstsein des Ich** dagegen so zu denken, dass es nur durch die Unterscheidung einer Vorstellungswelt von einer objektiven Welt gelingen kann. Genau diese Unterscheidung wird nach der ‚Transzendentalen Logik' mit Hilfe von reinen Verstandesbegriffen durch eine Leistung des Verstandes vorgenommen. Also kann man auch sagen, dass die Bedingungen der Möglichkeit der Erfahrung, die gleichzeitig Bedingungen der Möglichkeit der Gegenstände der Erfahrung sind, darüber hinaus gleichzeitig **die Bedingungen des bewussten Selbstbezugs des Selbstbewusstseins** sind.

Wir können hier den kurzen Durchgang durch Kants theoretische Philosophie abbrechen. Es ist deutlich geworden, dass Kant jenes Wissen, das von der objektiven Welt mit Notwendigkeit und Allgemeingültigkeit ausgesagt werden kann, nur durch eine **Verbindung von Spontaneität und Rezeptivität** erklären kann. Die **Rezeptivität** ist eine Angelegenheit der Sinnlichkeit, die uns ein ‚Mannigfaltiges' von Vorstellungen gibt, d.h. das Bewusstsein ist daran nicht beteiligt. Allerdings ist das Bewusstsein auch in der Rezeptivität **nicht ganz passiv**, da alle Wahrnehmungen nur in den Formen von Raum und Zeit gegeben werden können, die selbst nicht aus dem Wahrgenommenen stammen, sondern aus dem wahrnehmenden Bewusstsein, das sie als reine Formen der Anschauung in sich enthält. Nichtsdestoweniger bleibt doch die Behauptung, dass das erkennende Bewusstsein nichts erkennt, wenn es nicht ‚**affiziert**' wird von einer Welt, die dem Denken nicht zugänglich ist. Wir werden bei der Erörterung der ‚Phänomenologie des Geistes' sehen, dass **Hegel** dieser Unterscheidung durchaus **nicht zustimmen** kann.

Durch die Rezeptivität alleine gelingt jedoch noch keine Erkenntnis. Zwar hat „die transzendentale Logik ein Mannigfaltiges der Sinnlichkeit a priori vor sich liegen, welches die transzendentale Ästhetik ihr darbietet, um zu den reinen Verstandesbegriffen einen Stoff zu geben, ohne den sie ohne allen Inhalt, mithin völlig leer sein würden" (B 102), aber damit kann noch nicht von einem Wissen gesprochen werden. Erst die ‚**Spontaneität**' – ‚**Selbsttätigkeit**' – des **Verstandes** führt dazu, dass eine objektive Welt der Gegenstände von einer rein subjektiven Welt der Sinneseindrücke unterschieden werden kann. **Kants ‚Transzendentale Logik'** arbeitet die Begriffe aus, mit denen diese Unterscheidung gelingen soll. Die reinen **Verstandesbegriffe** gelten apriorisch von allem, was in der Form von Gegenständen erfahren werden kann, weil sie die Bedingungen der Möglichkeit unserer Erfahrung sind – der Erfahrung also, in der wir subjektive Sinneseindrücke von Objekten in der Welt unterscheiden, so dass die ersteren als Eigenschaften den letzteren zugeschrieben werden können. Bei der Erörterung von **Hegels ‚Logik'** – die er nicht als eine ‚transzendentale' bezeichnet – werden wir sehen, dass auch hier eine **Folge von reinen Begriffen** entwickelt wird, mit denen wir die objektive Welt begreifen. Diese Begriffe werden allerdings **aus sich selbst entwickelt**, so dass sie einen **inneren Begründungszusammenhang** aufweisen, und es sind **nicht** die Begriffe, mit denen ein rezeptiv gegebenes Mannigfaltiges der Sinnlichkeit strukturiert und zu Gegenständen geformt wird.

Auf dieser Grundlage **verwandelt** sich bei Hegel auch der Gedanke eines Ichs der transzendentalen Apperzeption in folgenreicher Weise. Dies geht schon darauf zurück, dass diese Philosophie **nicht mehr von der Rezeptivität ausgeht**, durch die ein Mannigfaltiges gegeben wird, das **dann** erst vom Verstand zu Objekten geformt wird. Aber auch bei Kant war schon der Gedanke vorhanden, dass die reinen Begriffe, mit denen wir die Unterscheidung zwischen Vorstellungen und objektiven Gegenständen machen, gleichzeitig die Begriffe sind, mit denen wir jene Selbstunterscheidung in der Reflexion herstellen, die sinnvoll von einem **Selbstbewusstsein** sprechen lässt. Man könnte hier sagen, dass die Objektivität der Welt und die Subjektivität des Bewusstseins in einer identischen Struktur geschehen, nämlich in der Anwendung der Verstandesbegriffe, die zum einen eine objektive Welt und zum anderen die Identität des Selbstbewusstseins ermöglichen. **Diese Identität nutzt Hegel radikal aus**, um eine Philosophie zu entwickeln, welche die Trennung zwischen Subjektivem und Objektivem zwar noch **kennt**, sie aber selbst explizit **als einen Gedanken** auffasst, der sich in einer Entwicklung von Gedankenbegriffen rechtfertigen muss. Damit sind wir im Grunde schon bei der Konzeption eines ‚**absoluten Wissens**', die nunmehr in der ‚Phänomenologie des Geistes' zunächst in deren Ansatz und dann an einigen Schritten der Durchführung verfolgt werden soll.

2. Die Phänomenologie des Geistes

2.1 Der Grundgedanke der ‚Phänomenologie des Geistes'

Das Thema der ‚Phänomenologie des Geistes' ist **„das erscheinende Wissen"** (P 60). Damit will Hegel keineswegs Kant zustimmen und alles Wissen als auf Erscheinungen bezogen bezeichnen. Es wird vielmehr behauptet, dass das Wissen **in einer geschichtlichen Entwicklung erscheint**, also nicht einfach ‚da' ist und nur entdeckt werden muss. Der Gedanke von einer Entwicklung des Wissens erscheint uns zunächst vertraut. Die Physik etwa hat seit ihren naturphilosophischen Anfängen bedeutende Fortschritte gemacht und ist heute weiter entwickelt als früher. Aber damit wird gesagt, dass nur ‚wir' – die Wissenschaft treibenden Menschen – uns in unserem Denken weiter entwickelt haben. Von der **Natur** als dem Gegenstand der Physik dagegen behaupten wir, sie habe sich nicht verändert und habe auch schon vor Urzeiten den gleichen Gesetzen gehorcht, die wir erst heute gefunden haben. Diese Behauptung impliziert, dass unser Wissen durch eine **direkte Beziehung** auf den Gegenstand des Wissens bestimmt ist. Was wir wissen, beziehen wir aus der Beziehung auf das, wovon wir wissen. Die Natur sagt uns, wie sie ist, und wir müssen unser Erkenntnisvermögen nur besser **ausbilden**, um zu hören, was sie uns sagt.

Wenn wir dies auf das **philosophische Denken** anwenden, so muss das Ziel darin bestehen, die Erkenntnisfähigkeit zu verbessern, um die ‚Sache' des Denkens immer besser erfassen zu können. Diese ‚Sache' können wir zunächst **wie bei Kant** in der Frage nach den Möglichkeiten des Wissens und Erkennens sehen. Ob und wie weit wir etwas wissen können, dies können wir dann aufklären, wenn wir das philosophische Erkennen verbessern. Wir müssen uns also zunächst dem Erkennen selbst zuwenden, um dann mit seiner Hilfe eine bessere philosophische Erkenntnis zu gewinnen. Hegel drückt dies so aus: „Es ist eine natürliche Vorstellung, dass, eh in der Philosophie an die Sache selbst, nämlich an das wirkliche Erkennen dessen, was in Wahrheit ist, gegangen wird, es notwendig sei, vorher über das Erkennen sich zu verständigen, das als das Werkzeug, wodurch man des Absoluten sich bemächtige, oder als das Mittel, durch welches hindurch man es erblicke, betrachtet wird." (P 57) Wenn hier von dem ‚**Absoluten**' die Rede ist, so können wir dies übersetzen mit einem **Wissen**, das seinen Begriff vollständig erfüllt, d. h. das nicht nur technisch-praktischen Zwecken dient, sondern gewiss und wahr ist. Kant hatte auf die Frage nach eben diesem Wissen die Antwort gegeben, es könne sich nur auf unsere **Erkenntnisstrukturen** beziehen, die apriorisch von den Gegenständen gelten, welche in diesen Strukturen erkannt werden können.

 Eine solche ‚Kritik' der Erkenntnis ist nach Hegel ein unsinniger Gedanke. Sie setzt voraus, dass man die Tätigkeit des Erkennens vom Erkannten säuberlich **unterscheiden** kann. Im Grunde müssen wir dann aber annehmen, dass man das Erkannte auch ohne Erkennen – **erkennen** kann, denn wie sollten wir sonst wissen, was die Tätigkeit des Erkennens zur Erkenntnis beigetragen hat? Ist das Erkennen ein ‚**Werkzeug**', so verändert und ‚formiert' es die ‚Sache', die erkannt werden soll. Ist das Erkennen nur ein ‚**passives Medium**', so wird uns die ‚Sache' eben nur so bekannt, „wie sie durch und in diesem Medium ist." (P 57) Die Konsequenz ist, dass wir die Tätigkeit des Erkennens nicht vom Erkennen und vom Erkannten ‚**abziehen**' können. Jedenfalls gilt dies für das philosophische Erkennen, das es mit **dem ‚Absoluten'** zu tun hat. Es ist „das Absolute allein wahr oder das Wahre allein absolut" (P 59). Deshalb kann die Philosophie nicht denken, „dass das Absolute auf einer Seite stehe, und das Erkennen auf der anderen Seite." (P 58) Damit kann die ‚**Vermittlung**' nicht vom ‚Absoluten' getrennt werden. ‚Vermittlung' heißt ganz allgemein, dass ein Wissen **durch eine ‚Mitte'** geht, durch die es nicht unverändert bleibt. Es kommt ‚auf der anderen Seite' mit einer Bestimmtheit an, die auf diese ‚Mitte' zurückgeht. Etwa kann jedes Wissen nur **sprachlich** dargestellt werden. Also gelangt es von der ‚Sache' durch die ‚Mitte' der Sprache weiter zum Bewusstsein, in dem es ein Wissen wird. Die Sprache ist aber kein durchsichtiger Schleier, durch den die nackte Wahrheit hindurch scheint. Die Sprache hat eine **geschichtliche Entwicklung** durchgemacht, in der ihre Ausdrücke und Formen mit Bedeutungen aufgeladen wurden, durch die sie ein eigenes Gewicht im Erkennen gewinnt. Also ist die Sprache eine ‚Vermittlung', die nicht mehr vom Wissen über die ‚Sache' abgezogen werden kann.

 Wenn Hegel in der ‚Phänomenologie des Geistes' also das ‚**erscheinende Wissen**' darstellen will, so ist damit ein Programm des philosophischen Erkennens formuliert, das sich grundsätzlich von einer solchen ‚erkenntniskritischen' Auffassung der Philosophie unterscheidet. Nichtsdestoweniger geht es in diesem Werk doch um das **Erkennen**. Der philosophische Zugang zu dieser Frage ist jedoch anders als der in einer ‚Kritik' der Erkenntnis. Sie soll beantwortet werden durch eine **„Darstellung des erscheinenden Wissens."** (P 60) Deshalb nannte Hegel das Werk ‚Phänomenologie des Geistes'. Intendiert ist damit, den ‚**Logos**' – die Begründung, die Vernunft – **über das Erscheinen des ‚Geistes'** zu geben. Der Ausdruck ‚**Geist**' gehört allerdings schon einer weit fortgeschrittenen Stufe dieses Erscheinens an und wird uns in den Erläuterungen zur ‚Phänomenologie' noch beschäftigen. Zunächst jedoch ist deutlich: wenn das Wissen ‚**erscheint**', so ist es fürs erste noch nicht in seiner vollständigen und wahren Gestalt vorhanden. Es wird aber auch behauptet, es könne **dargestellt** werden, wie es sich **entwickelt**, d.h. ‚erscheint', also zu seiner Wirklichkeit kommt. Diese Darstellung ist in Hegels ‚Phänomenologie des Geistes' die Antwort auf die Frage nach dem ‚**Absoluten**', d.h. nach dem Wissen, das nicht nur technisch-praktisch ‚funktioniert', sondern im vollständigen Sinne als ein Wissen gelten kann.

Wenn das Wissen ‚erscheint', so muss es sich im **Bewusstsein** darstellen. Was sich darin darstellt, kann aber nicht ein nacktes Wissen sein, sondern ein ‚**vermitteltes**'. Das ist jetzt in einem **doppelten Sinn** zu verstehen. Zunächst ist es durch eine ‚Mitte' gegangen, indem es erkannt wurde und das Erkennen nicht von ihm abgezogen werden kann. Diese ‚Mitte' hat sich aber selbst **entwickelt**. Dies ist oben am Beispiel der Sprache deutlich geworden. Die Sprache hat in ihrer geschichtlichen Entwicklung Bedeutungen aufgenommen, mit denen wir heute das zum Ausdruck bringen, was wir für das Wahre halten. Damit ist die Darstellung des Wissens im Bewusstsein durch ein Erkennen vermittelt, das selbst vermittelt ist, weil es durch die ‚Mitte' der **geschichtlichen Entwicklung** gegangen ist. Eine Darstellung des erscheinenden Wissens hat es also mit der **Geschichte** zu tun, in der sich die Tätigkeit des Erkennens selbst entwickelt hat. Diese Entwicklung ist von dem Erkennen, das wir philosophisch begründet als ‚wahr' bezeichnen können, **nicht zu subtrahieren**. Es ergibt sich also, dass die philosophische Begründung in sich eine **geschichtliche Bedingtheit** aufweist, von der es sich nicht lösen kann.

Wenn sich das philosophische Erkennen selbst begreifen soll, so bleibt nur eine einzige Möglichkeit offen: es muss die ganze geschichtliche Entwicklung, die zu ihm geführt hat, so ‚**rekonstruieren**', dass es für sich selbst ganz durchsichtig werden kann, weil es die ‚Mitte' begriffen hat, durch die es so geworden ist, wie es ist. Die Wahrheit ist dann das, was in dieser Entwicklung geworden ist und als Entwicklung verstanden wurde. Hegel sagt deshalb von der **Wahrheit**, sie sei „**die Bewegung ihrer an ihr selbst**" (P 36). In dieser Bewegung kann zwischen dem Erkennen und dem Erkannten nicht mehr unterschieden werden, sonst müsste eben das Erkennen vom Erkannten getrennt werden können, was nur möglich wäre, wenn das Erkannte ohne Erkennen erkannt werden könnte. Die **Darstellung des erscheinenden Wissens** ist deshalb so zu verstehen, dass darin das Erkennen zusammen mit seinem Erkannten in einer **Entwicklung** begriffen aufgefasst wird. Man könnte dann auch sagen, diese Darstellung kann sich auf das beschränken, wie das Erkannte **aufgefasst** wird, d.h. wie **sein Status**

als Erkanntes bestimmt wird. Etwa kann es als erkannt durch sinnliche Wahrnehmung aufgefasst werden, oder im Sinne einer Wesenserkenntnis erkannt, oder durch Verstandesbegriffe erkannt, oder … .

In allen diesen Auffassungsweisen hält sich aber eine wichtige **Unterscheidung** durch. Wir können davon ausgehen, dass jedes Erkennen in einem **Bewusstsein** stattfindet. Die Erkenntnis ist nicht irgendwo in der Welt, sondern sie wird gewusst in einem Bewusstsein. Das Bewusstsein macht aber eine Unterscheidung **zwischen sich und dem, was es weiß**. Es kann sich etwa ausdrücken in einem Satz wie ‚ich nehme wahr'. Dann unterscheidet es sich (‚ich') von dem, was es wahrnimmt. In dieser Unterscheidung **bezieht** es sich aber **auf sich** (es bezeichnet sich als ‚ich'). Es ist also ebenso **Selbstbewusstsein** wie **Bewusstsein**. In seinem Wissen versteht es sich aber nur als Bewusstsein, d.h. es unterscheidet etwas anderes von sich und bezieht sich darauf. Beansprucht es nun, rein erkennen zu können, was die ‚Sache' (das andere) ist, so sieht es von sich selbst ab und richtet sich rein auf sein anderes. Es **behauptet** damit, im Prozess der Auffassung eines Bewusstseinsgegenstandes sei nichts aus seinem Bewusstsein beteiligt, d.h. der Gegenstand stelle sich ihm einfach dar, so wie er **selbst** ist.

Wenn Hegel in der ‚Phänomenologie des Geistes' die Entwicklung des erscheinenden Wissens rekonstruieren will, so muss der Ansatzpunkt dafür also das **Bewusstsein** und **seine Behauptungen von einem Wissen** sein. Hegel bezeichnet sein Unternehmen deshalb auch als „Weg des natürlichen Bewusstseins, das zum wahren Wissen dringt", oder als Weg der „Seele" – was wir hier mit Bewusstsein gleichsetzen können – „zur Kenntnis desjenigen …, was sie an sich selbst ist", was durch die „vollständige Erfahrung ihrer selbst" geschehen soll (P 60). Das ‚natürliche' Bewusstsein ist nicht das Bewusstsein, wie es von Natur aus ist, sondern das Bewusstsein, das in der ruhigen **Gewissheit** lebt, es habe einen erkennenden Zugang zum Gegenstand seines Bewusstseins, der ihm ein Wissen von ihm gibt, wie er selbst ist. Wenn dieses Bewusstsein im ‚**Erscheinen**' **des Wissens** erst zu einem ‚**wahren Wissen**' dringt, dann nimmt Hegel an, eine solche Sicherheit könne nicht als Wahrheit über das Wissen gelten. Der **Standpunkt des Philosophen** unterscheidet sich also von dem des Bewusstseins. Die ‚Phänomenologie' enthält aber nun keine Belehrung des Bewusstseins durch das bessere Wissen des Philosophen, sondern das Vordringen zum wahren Wissen soll **durch eine ‚Selbsterfahrung' des Bewusstseins** geschehen, in der es erkennt, was es an ihm selbst ist.

Hegel beansprucht diesen Weg so darstellen zu können, dass „die Reihe seiner Gestaltungen, welche das Bewusstsein auf diesem Wege durchläuft", eine „ausführliche Geschichte der Bildung des Bewusstseins selbst zur Wissenschaft" ergibt (P 61). Das Bewusstsein kann seine **Selbstaufklärung** also nicht dadurch erhalten, dass der Philosoph ihm erklärt, was es ist und was es mit seinem vermeintlichen Wissen auf sich hat, sondern es muss die Wahrheit über sein Wissen **selbst erfahren**. Hegel hatte die ‚Phänomenologie' übrigens zeitweise im Untertitel eine ‚Wissenschaft der Erfahrung des Bewusstseins' genannt, womit nicht gemeint war eine Wissenschaft von der Art und Weise, wie das Bewusstsein erfahren wird, sondern eine Wissenschaft von dem, **was das Bewusstsein selbst erfährt**. Das **Kriterium** für die Richtigkeit dessen, was in der ‚Phänomenologie' expliziert wird, liegt demnach **im Bewusstsein selbst**. Das Bewusstsein entscheidet über die Wahrheit des Weges, der zum wahren Wissen führt. Der Philosoph kann ihm nur **zu dieser Selbsterkenntnis verhelfen**, sie aber nicht an der Stelle des Bewusstseins leisten. Damit ist auch eine Beschränkung des Gedankengangs der ‚Phänomenologie' angegeben, auf den schon hier hingewiesen sei. Die ‚Phänomenologie' ist nicht selbst „die freie, in ihrer eigentümlichen Gestalt sich bewegende Wissenschaft." (P 60) Die **Wissenschaft in der Gestalt der Wissenschaft** kann Hegel erst in der ‚**Wissenschaft der Logik**' darstellen.

Nichtsdestoweniger muss doch ein **Problem im Selbstverständnis des ‚natürlichen' Bewusstseins** bestehen, denn anders würde es nicht in einen ‚**Bildungsprozess**' eintreten müssen, in dem es eine **Erfahrung** macht, durch welche es eine **bessere Einsicht über sich und sein Wissen** gewinnt. Ganz allgemein ist dieses Problem eine **Differenz zwischen ‚Begriff' und ‚Gegenstand'**. Wenn der Gegenstand nicht dem Begriff, oder der Begriff nicht dem Gegenstand entspricht, so kann das ‚natürliche' Bewusstsein nicht bei seiner gegebenen Behauptung über das, was ihm das Wahre ist, bleiben. Dies kann in der ‚Phänomenologie' gerade nicht dadurch eingesehen werden, dass der Philosoph dem ‚natürlichen' Bewusstsein erklärt, wie sich die Sache mit dem Wissen und der Wahrheit ‚in Wahrheit' verhält. Damit stünde eine **Behauptung** gegen eine andere und der Philosoph könnte nicht ausweisen, warum gerade seine Behauptung ‚wahrer' ist als die des ‚natürlichen' Bewusstseins. Gerade dagegen wendet sich der Gedanke von einem ‚**erscheinenden Wissen**', der in der ‚Phänomenologie' durchgeführt werden soll. Die Ausweisung eines ‚wahreren' Wissens des Philosophen muss vielmehr gerade erst **im Argumentationsgang** der ‚Phänomenologie' geleistet werden können. Zuvor gibt es kein ausgewiesenes Wissen des Philosophen: „Aber hier, wo die Wissenschaft erst auftritt, hat weder sie selbst, noch was es sei, sich als das Wesen oder als das an sich gerechtfertigt; und ohne ein solches scheint keine Prüfung statt finden zu können." (P 64)

Wenn das Wissen des Philosophen sich also erst in der ‚Phänomenologie' **ausweisen** kann, so muss **das Bewusstsein selbst** eine solche **Bewegung** in sich angelegt haben, in der das Wissen **geprüft** wird und, so es nicht mit dem Gegenstand übereinstimmt, so verworfen wird, dass daraus ein **besseres Wissen** entstehen kann. Dies ist im Grunde der **Ausgangspunkt** der ‚Phänomenologie' und ihrer gedanklichen Entwicklung. Das Bewusstsein hat in sich einen **Maßstab zur Prüfung der Wahrheit**, und die Aufgabe des Philosophen kann es deshalb nur sein, ‚zuzusehen', wie das Bewusstsein **sich selbst prüft**. Diese Selbstprüfung des Bewusstseins hat ihren Grund in seiner **Unterscheidung zwischen ‚Wissen' und ‚Wahrheit'**. Das Bewusstsein **unterscheidet** etwas von sich, worauf es sich zugleich **bezieht**, d.h. etwas ist **‚für das Bewusstsein'**. ‚Wissen' heißt dann diese Seite „des Seins von Etwas für ein Bewusstsein". Damit wäre das Bewusstsein aber nicht ein Bewusstsein, das ein Wissen von etwas ‚anderem' ist, als es selbst ist. Zum Bewusstsein gehört also auch **die Seite des ‚an sich Sein'**, d.h. „das auf das Wissen Bezogene wird eben so von ihm unterschieden, und gesetzt als seiend auch außer dieser Beziehung." (P 64) Neben dem **‚für das Bewusstsein'** („Sein für ein anderes") gehört zum Bewusstsein also auch **‚das an sich Sein'**, und dieses kann als **‚Wahrheit'** bezeichnet werden. Wir müssen hier Hegels Terminologie folgen und sollten dagegen nicht vorbringen, dass mit ‚Wahrheit' doch das in Sätzen ausgedrückte Wissen gemeint sei. Auch bei einer solchen Verwendung des Ausdrucks bestünde im übrigen die Unterscheidung zwischen einem ‚Sein für ein anderes' und dem ‚an sich Sein' fort.

Damit gibt das Bewusstsein „seinen Maßstab an ihm selbst, und die Untersuchung wird dadurch eine Vergleichung seiner mit sich selbst sein." (P 64) Wenn Hegel damit behauptet, die Entwicklung in der ‚Phänomenologie' sei eine ‚Vergleichung des Bewusstseins mit sich selbst', so ist damit gemeint, dass die Unterscheidung zwischen Wissen und Wahrheit **durch das Bewusstsein selbst gemacht** wird. Wenn es eine Prüfung seines Wissens („Sein für das Bewusstsein) durch das ‚an sich Sein' vornimmt, so ist dies eine **‚Selbst-Prüfung'** des Bewusstseins, denn es prüft mit Hilfe seiner eigenen Unterscheidung. Diesen **Maßstab** des Bewusstseins können wir – die Philosophen – also nun aufnehmen, ohne damit dem Bewusstsein etwas Fremdes anzutun oder ihm unser Wissen aufdrängen zu müssen. Das Ergebnis ist: „An dem also, was das Bewusstsein innerhalb seiner für das an sich oder das Wahre erklärt, haben wir den Maßstab, den es selbst aufstellt, sein Wissen daran zu messen." (P 65) Wir – die Philosophen – können uns also darauf beschränken, „zuzusehen, ob der Begriff dem Gegenstande entspricht", bzw. „ob der Gegenstand seinem Begriff entspricht". (P 65) Es wird also beansprucht, die ‚Phänomenologie' könne das **‚erscheinende' Wissen** durch die **‚Erfahrung des Bewusstseins' rekonstruieren**, **ohne** dass der Philosoph eigene Maßstäbe oder Einfälle oder Gedanken herantragen müsste.

Im Grunde wird damit beansprucht, dass die ‚Phänomenologie' überhaupt kein Argumentieren des Philosophen ist, sondern dessen Aufgabe kann sich auf ein **„reines Zusehen"** beschränken. Wir untersuchen ein Wissen, das sich aufgrund seiner eigenen Struktur **selbst prüft**. Das „Bewusstsein ist einerseits Bewusstsein des Gegenstandes [Wahrheit], anderseits Bewusstsein seiner selbst [Wissen]; Bewusstsein dessen, was ihm das Wahre ist, und Bewusstsein seines Wissens davon." Es ist deshalb selbst ihre „Vergleichung" (P 65) Entscheidend ist jedoch nun der darin implizierte Gedanke, dass das **Ergebnis** dieser Prüfung für das Bewusstsein nicht gleichgültig sein kann. Wenn in dieser Vergleichung ein Problem auftritt, dann kann das Bewusstsein sich nicht darauf zurückziehen, nur sein Wissen zu ändern. Es ist ja beides: **Wissen *und* Wahrheit** im Sinne von ‚Bewusstsein des Gegenstandes'. Wenn sich also in der Prüfung von Begriff und Gegenstand herausstellt, dass der Begriff nicht dem Gegenstand entspricht, so ist eine **neue Gestalt des Bewusstseins** erreicht. Hegel nennt dies übrigens eine „dialektische Bewegung" (P 66), und es lässt sich daraus schon ersehen, dass ‚**Dialektik**' bei Hegel nur sehr wenig mit dem zu tun hat, was bisweilen als ‚Dreischritt' von Thesis, Antithesis und Synthesis bezeichnet wird.

Natürlich ist dies nicht bei jeder einzelnen Aussage der Fall, mit der ein Bewusstsein beansprucht, etwas Wahres gesagt zu haben. Es geht in der ‚Phänomenologie' nicht um solche einzelnen ‚Bewusstseinsakte', sondern um **Grundstrukturen der Haltung des Bewusstseins** zu dem, was für es Gegenstand und Wissen sein soll. Dies drückt Hegel damit aus, dass er von ‚**Gestalten**' **des Bewusstseins** bzw. ‚**Bewusstseinsgestalten**' spricht. Entsprechend wird im weiteren Verlauf der ‚Phänomenologie' dann von ‚**Gestalten**' **des Geistes** die Rede sein. Eine solche Gestalt kann etwa in dem Bewusstsein vorliegen, dass das Wahre nur der in der sinnlichen Wahrnehmung zur Geltung kommende Gegenstand ist. Eine andere Gestalt des Bewusstseins wird darin bestehen, dass der Begriff der Kraft eine entscheidende Rolle für das spielt, was das Bewusstsein für das Wahre hält. Später wird das Bewusstsein dadurch gekennzeichnet sein, dass es auf verschiedene Weise die Vernunft für den ausgezeichneten Zugang zum Wahren ansieht.

Wenn ein solches Bewusstsein **sich prüft** und feststellt, dass sein Begriff nach der grundsätzlichen Struktur seines Wissens nicht seinem Gegenstand entspricht, das ‚**Sein an sich**' nicht mit dem ‚**Sein für das Bewusstsein**' identisch ist, dann kann es dies also nicht als eine harmlose Unpässlichkeit abtun, sondern muss **sich selbst** anders auffassen, als es dies zuvor konnte. Eigentlich ist es mit diesem ‚anders' auffassen aber nicht getan. Und hier kommt das **Prinzip** von Hegels Entwicklung von Gedankenbestimmungen in der ‚Phänomenologie' ins Spiel. Wenn es sich um eine **Entwicklung** handelt, so muss es ja ein Prinzip geben, das tatsächlich **eine Entwicklung in Gang bringt**, in der sich die neue Gestalt des Bewusstseins aus der vorher geltenden **ergibt**, so dass nicht zwei zufällige Gestalten aufeinander folgen. Entwicklung heißt hier nicht einfach ‚Veränderung', es geht nicht um eine zufällige Aneinanderreihung von Bewusstseinsgestalten, sondern die Abfolge von Gestalten **folgt einem Entwicklungsprinzip**, das Hegel in der Struktur der **Prüfung des Bewusstseins selbst** angelegt sieht.

Dieses **Entwicklungsprinzip** ist sehr einfach. Es ergibt sich im Grunde schon daraus, dass es sich um **eine Entwicklung des** *Bewusstseins* handelt, das seine neue Gestalt nicht von irgendwoher aufnehmen kann, sondern nur **aus sich selbst**. Im Vergehen einer Bewusstseinsgestalt bleibt es ja **Bewusstsein** und gewinnt ein **neues Bewusstsein** aus seiner **Selbstkritik**, in der es die frühere Bewusstseinsgestalt überwunden hat. Deshalb sind diese Selbstkritik und damit die frühere Bewusstseinsgestalt in gewisser Weise auch noch in ihm **enthalten**. Hegel kann deshalb darauf hinweisen, dass „die Darstellung des nicht wahrhaften Bewusstseins in seiner Unwahrheit nicht eine bloß negative Bewegung ist." (P 62) Dem ‚natürlichen' Bewusstsein erscheint dies zwar so, aber in Wahrheit geschieht ihm etwas anderes. Das Ergebnis einer **Selbstprüfung** des Bewusstseins ist nie ein ‚reines Nichts', sondern es gilt, „dass dies Nichts, bestimmt, das Nichts dessen ist, woraus es resultiert. Das Nichts ist aber nur, genommen als das Nichts dessen, woraus es herkömmt, in der Tat das wahrhafte Resultat; es ist hiemit selbst ein bestimmtes und hat einen Inhalt." (P 62) Das **Resultat der Selbstprüfung** des Bewusstseins ist in Wahrheit also eine „**bestimmte Negation**, so ist damit unmittelbar eine neue Form entsprungen, und in der Negation der Übergang gemacht, wodurch sich der Fortgang durch die vollständige Reihe der Gestalten von selbst ergibt." (P 62)

Wenn wir im Alltag oder in der Wissenschaft eine Aussage als falsch erkennen, so können wir in der Regel eine andere an ihre Stelle setzen, die sich nicht unmittelbar durch Negation auf die erste bezieht. Wer sagt ‚Dieses Tier ist kein Hase', der muss deshalb noch nicht sagen ‚Dieses Tier ist ein Kaninchen'. In der Geschichte des philosophischen Denkens verhält es sich damit bereits etwas anders. Eine **neue Position** ist in der Regel durch die kritische Haltung gegenüber einer anderen Position entstanden und ist deshalb zumindest teilweise auch **durch sie bestimmt**. Was kritisiert wird, entscheidet auch darüber, was in der Kritik entsteht. Wer eine Philosophie in einer Kritik der Kantischen Transzendentalphilosophie entwickelt, der wird anders denken als jemand, der seine Philosophie durch eine Negation von Fichtes subjektivem Idealismus gewonnen hat. Für das **Bewusstsein** in seinen Gestalten gilt dies in einem radikalen Sinn. **Die neue Gestalt ist genau die Negation der vorher geltenden Gestalt**. Dies geht einfach darauf zurück, dass das Bewusstsein eben Bewusstsein bleibt, d.h. **keine fremden Inhalte** aufnehmen kann, wenn es seine Auffassung vom Wissen und Wahren revidieren muss. Deshalb kann es nur die ‚**bestimmte Negation**' seiner vorherigen Gestalt zum **Prinzip seiner neuen Gestalt** machen, und d.h. seine neue Gestalt hat sich ihm **durch seine Selbstkritik** in der Vergleichung von Wissen und Wahrheit ergeben.

Auf diese Weise kann Hegel auch behaupten, dass der ‚**Fortgang**' in der ‚Phänomenologie' nicht ein Gedanke ist, den der Philosoph **von außen her** an die Reihe der Gestalten des Bewusstseins heranträgt, sondern er ergibt sich ‚**von selbst**'. Jede Gestalt des Bewusstseins, die in der Wissenschaft vom ‚erscheinenden Wissen' zum Thema wird, hat sich aus der vorherigen **durch die ‚Selbst-Negation'** in der ‚**Selbst-Prüfung'** des Bewusstseins ergeben. Sie ist dadurch entstanden, dass Wissen und Wahrheit, ‚für das Bewusstsein' und ‚an sich Sein' nicht übereinstimmten. Indem dem Bewusstsein eben dies bewusst wird, so nimmt es **eine neue Gestalt an**, d.h. seine **Grundstellung zur Wahrheit** ändert sich nicht willkürlich, sondern so, dass die **Negation** der kritisierten Grundstellung **die neue Stellung** zur Wahrheit wird. Wenn etwa von der ‚sinnlichen Gewissheit' zur ‚Wahrnehmung' übergegangen wird, so ist dies kein zufälliges Aufraffen einer neuen Gestalt, sondern die ‚Wahrnehmung' hat sich als Bewusstseinsgestalt daraus **ergeben**, dass das Bewusstsein erkennen musste, dass es nicht bei der Behauptung der ‚sinnlichen Gewissheit' bleiben kann. Die **Folge** der Gestalten des Bewusstseins besitzt also eine **innere Notwendigkeit**, die sich aus der **Bewegung des Bewusstseins** selbst ergibt: „dass, indem das, was zuerst als der Gegenstand erschien, dem Bewusstsein zu einem Wissen von ihm herabsinkt, und das an sich, zu einem: für das Bewusstsein sein des an sich wird, dies der neue Gegenstand ist, womit auch eine neue Gestalt des Bewusstseins auftritt, welcher etwas anderes das Wesen ist, als der vorhergehenden." (P 67)

Hegel beansprucht nun, dass sich in der ‚Phänomenologie' diese Gestalten in einer ‚**vollständigen Reihe**' darstellen (P 62). Die Entwicklung hat also ein **Ziel**, das aber wiederum kein von außen aufgenommenes Ziel sein darf, wenn das Erkenntnisziel der ‚Phänomenologie' erreicht werden soll, in der sich das philosophische Wissen ja erst seiner selbst vergewissern soll, so dass es am Anfang also überhaupt kein Wissen beanspruchen kann. Der Punkt, an dem diese Entwicklung **ein Ende erreicht**, d.h. an einem ‚Ziel' ankommt, ist ebenso **durch die Struktur des Bewusstseins gesetzt** wie die Fortentwicklung in einer Selbst-Prüfung des Bewusstseins: „Das Ziel aber ist dem Wissen ebenso notwendig, als die Reihe des Fortgangs gesteckt: es ist da, wo es nicht mehr über sich selbst hinaus zu gehen nötig hat, wo es sich selbst findet, und der Begriff dem Gegenstande, der Gegenstand dem Begriff entspricht." (P 62) Wie das Bewusstsein zu denken ist, in dem eine solche Situation eintritt, ist hier noch nicht anzugeben, denn gerade dies ist erst aufgrund der **ganzen** Entwicklung der ‚Phänomenologie' zu begreifen. Vorweg kann Hegel also nur die **allgemeine Struktur** dieses abschließenden Wissens angeben, in dem das **Wissen vom Wissen**, das die ‚Phänomenologie' ausarbeiten kann, schließlich erreicht wird.

Wenn das **Entwicklungsprinzip** der Gestalten der ‚Phänomenologie' aber die ‚**bestimmte Negation**' ist, so kann schon jetzt eingesehen werden, dass das **Ziel** des Gedankengangs **nicht ohne die Entwicklung** verstanden werden kann. Im Grunde kann es auch keine Geltung beanspruchen außer **zusammen mit der ganzen Entwicklung**. Diese Entwicklung nennt Hegel auch die ‚**Erfahrung**' **des Bewusstseins**: „Diese dialektische Bewegung, welche das Bewusstsein an ihm selbst, sowohl an seinem Wissen, als an seinem Gegenstande ausübt, insofern ihm der neue wahre Gegenstand daraus entspringt, ist eigentlich dasjenige, was Erfahrung genannt wird." (P 66) Der jeweils **neue Gegenstand** des Bewusstseins ist die über den früheren Gegenstand gemachte ‚Erfahrung' (P 67). Die Wissenschaft vom ‚erscheinenden Wissen' ist deshalb auch die ‚Wissenschaft von der Erfahrung des Bewusstseins'. Das ‚**Ergebnis**' wird damit nicht eine neue Gestalt sein, sondern wird diese ganze Erfahrung **in sich enthalten**. Hegel kann deshalb beanspruchen, dass diese Erfahrungsgeschichte „ihrem Begriffe nach nichts weniger in sich begreifen [kann], als das ganze System desselben [d.h. des Bewusstseins], oder das ganze Reich der Wahrheit des Geistes." Diesen **Endpunkt** nennt Hegel die Einsicht in „die Natur des absoluten Wissens selbst" (P 68).

Weil diese Einsicht nur wahr ist **mit dem ganzen Gang der Erfahrung des Bewusstseins**, deshalb wird das Wahre der Philosophie nicht in einem Satz bestehen können, „der ein festes Resultat oder auch der unmittelbar gewusst wird" (P 30). Durch den von Hegel in der ‚Phänomenologie' angegebenen Weg zu einer philosophischen Einsicht ist schon vorweg anzunehmen, dass diese Einsicht von einer ungewöhnlichen Gestalt sein wird. Es wird sich von diesem Wahren her auch ergeben, dass die Gestalten des Bewusstseins und des Geistes, die auf diesem Weg **erreicht wurden und sich selbst überwunden haben**, doch nicht so **ganz falsch** gewesen sein können. Das Prinzip der ‚**bestimmten Negation**' impliziert auch, dass das Überwundene im neuen Denken **aufbewahrt** ist. Damit kann es aber nicht vollständig falsch gewesen sein, denn sonst könnte das Ergebnis nicht als ein Wahres bezeichnet werden. Vom Ergebnis her werden sich die einzelnen Gestalten also auch als eine **unvollkommene Wahrheit** zeigen. Darin wird der Gedanke deutlich werden, der weiter in die ‚**Wissenschaft der Logik**' führt, und dem zufolge das Wahre „nur **als System** wirklich" ist: „Das Wahre ist das Ganze. Das Ganze aber ist nur das durch seine Entwicklung sich vollendende Wesen. Es ist von dem Absoluten zu sagen, dass es wesentlich Resultat, dass es erst am Ende das ist, was es in Wahrheit ist; und hierin eben besteht seine Natur, Wirkliches, Subjekt, oder sich selbst Werden zu sein." (P 15)

2.1 Das Bewusstseinskapitel

2.1.1 Sinnliche Gewissheit

Unser Gegenstand soll das **Wissen** sein. Wenn wir über Wissen nachdenken, müssen wir eine Vorstellung davon haben. Dieser noch nicht gedachte **Vorbegriff** von Wissen stellt es als **sinnliche Gewissheit** vor. Diese ist aber zugleich **unmittelbares Wissen**. Wenn über Wissen gehandelt werden soll, so ergibt sich also eine zweifache **Unmittelbarkeit**: wir beginnen mit unserer unmittelbaren Vorstellung von Wissen, dieses aber ist selbst unmittelbar auf den Gegenstand gerichtet. So unmittelbar zu beginnen vermag nur das **Ich**, nicht das Wir. Ich habe also den Gegenstand vor mir, der mir durch **Sinneseindrücke** gegeben ist. Die so gewonnene Erkenntnis erscheint mir als die reichste; die Gegenstände meiner Sinne sind unerschöpflich, jede Wegbiegung erneuert den Vorrat. Sie erscheint mir auch als die wahrste; die Rose vor mir ist vollständig als Gegenstand meiner Sinne.

Aber indem ich **schreibe** ‚die Rose', ist sie nicht mehr Gegenstand **meines** Wissens, sondern **unseres** Wissens. Ich spreche das Wort ‚Rose', intendiere damit das Wir, sage das **Allgemeine**: ‚die Rose'. Wenn ich mich jedoch auf **meinen** Gegenstand auch im Gespräch als den von der sinnlichen Gewissheit gemeinten beziehen will, kann ich **nichts** von ihm aussagen als: ‚**er ist**'. Jede nähere Bestimmung würde nicht den gemeinten Gegenstand wiedergeben, sondern ein **Allgemeines**; die **allgemeine** Rose jedoch ist nicht **meine** Rose. Will ich beim Gegenstand der sinnlichen Gewissheit bleiben, sage ich also nur: ‚er ist'. Dies ist offensichtlich nicht viel. Im **Ich** war die sinnliche Gewissheit die reichste und wahrste Erkenntnis, im **Wir** wird sie zur **abstraktesten** und **ärmsten** Wahrheit. Wird sie auf **Gewissheit** befragt, ist sie unerschütterlich: die Rose vor mir ist mir völlig gewiss. Wird sie aber auf **Wahrheit** befragt, muss sie **sprechen**, denn Wahrheit ist nie Sache eines **einzelnen** Bewusstseins; für dieses stellt sich die Wahrheitsfrage nicht. Dazu sind mindestens zwei Bewusstseine nötig und ein **Mittel**, sich gegenseitig ihr Wissen mitzuteilen: **Sprache**. **Mitteilen** kann die sinnliche Gewissheit allerdings nur das **Sein** der Sache, damit enthält ihre Wahrheit eben nur dieses.

Damit hat sich schon ergeben, dass der Gegenstand der **sinnlichen Gewissheit** keine Beziehung und kein Verhalten sein kann und dass dieser Gegenstand das **Einzelne** ist. Er ist auch nicht mannigfaltig beschaffen, sondern ist **Einfachheit (einfache Unmittelbarkeit)**. Ebenso ist das Bewusstsein der sinnlichen Gewissheit nur „**reiner Dieser**", „**reines Ich**" (P 69), es ist **einzeln** und **einfach**. Insgesamt ergibt sich: **der Einzelne weiß das Einzelne**.

Wir – die Philosophen – sehen: die sinnliche Gewissheit sagt die **allgemeinste Allgemeinheit**, macht aber in ihr schon **Unterschiede**: ihr Wesen ist **reine Unmittelbarkeit**, sie **meint** aber immer ein Beispiel für diese, also **ein Einzelnes**, das gegen diese reine Unmittelbarkeit abgesetzt ist. **Damit ist das Einzelne vermittelt. Wir** finden also: zur **Gewissheit** kommt das Ich auf dem Weg durch die Sache, und die Sache kommt in die Gewissheit auf dem Weg durch das Ich. **Gegenstand und Ich** sind schon in der sinnlichen Gewissheit, dem unmittelbaren Wissen, **miteinander vermittelt**. Um dies an der sinnlichen Gewissheit **selbst** zu zeigen, wird betrachtet, wie sie den Gegenstand hat. Sie setzt **als Wesen** den Gegenstand (das einfache **Unmittelbarseiende**), das Wissen von ihm dagegen als **unwesentlich**. Ist der Gegenstand aber tatsächlich als Wesen in ihr vorhanden? In diesem Sinne wird sie gefragt „Was ist das Diese?" (P 71). Wenn sie **Antwort** geben will, muss sie das **Gemeinte** in den Bereich des **Wir** bringen. Wir erhalten als Antwort: **das Hier** und **das Jetzt**. Das Jetzt aber ist **vermittelt** durch das **Nicht-Jetzt**, ebenso das Hier durch das **Nicht-Hier**. Das Jetzt und Hier ist bleibend im Verschwinden der Gegenstände, die mit ‚Dieses' gemeint waren. Es wird vom Diesen nur gesagt: Hier und Jetzt, damit aber **ein Allgemeines**: „ein solches Einfaches, das durch Negation ist, weder dieses noch jenes, ein nicht dieses, und eben so gleichgültig, auch dieses wie jenes zu sein." (P 71) Die **gemeinte** Einfachheit ist also in Wahrheit **vermittelt**.

Somit ist **das Wahre** der sinnlichen Gewissheit das **Allgemeine**. Wir können alles mögliche **meinen**, aber wir können es nicht **aussprechen**. **Wahrheit** aber ist ein Vorgang zwischen Bewusstseinen, deshalb zeigt sich: „Die Sprache aber ist, wie wir sehen, das Wahrhaftere; in ihr widerlegen wir selbst unmittelbar unsere Meinung" (P 71/72). Also sagt die sinnliche Gewissheit zwar das **Sein** (‚es ist'), aber als **Allgemeines**, als **Vermittlung**, und damit ist auch **Negation** schon an ihr, d.h. als **Abstraktes**. Im **Sagen** hat die sinnliche Gewissheit den Gegenstand **als den ihren verloren**; er ist **ein Allgemeines** geworden, damit für sie nicht mehr **wesentlich**. Das Allgemeine ist nicht das Sinnliche. Nicht mehr der Gegenstand ist so das Wesen, vielleicht kann es aber **die andere Seite des Unterschiedes** sein, das **Wissen**.

Die sinnliche Gewissheit hat das **Dieses** verloren, vielleicht kann sie das **Meinen** behalten. Ich behaupte also: gewiss, die Rose verschwindet im Sagen als sinnlich gewisse, aber ich sehe, rieche, fühle sie, und setze so meine **Meinung** gegen die leeren **Abstraktionen** des **Hier** und **Jetzt**. Aber auch dies hält **im Sagen** nicht aus: ich sage die Rose, ein anderer die Narzisse, auf Befragen ziehe ich mich auf mein **bloßes Sein** zurück. Den Gegenstand kann ich **als Diesen** nicht **sagen**, ich kann aber auch nicht **mich** als je besonderes, meinendes **Subjekt** sagen. Ich **sage** nur: ich sehe die Rose, damit aber sage ich **das Gleiche** wie der andere: ich sehe die Narzisse usw. Auch der Rückzug auf das Ich, das **Meinen**, kann die sinnliche Gewissheit nicht vor **ihrem Verschwinden in der Mitteilung** bewahren, es bleibt nur **das Ich als Allgemeines**; Ich ist Jeder. Also gilt: „Ich ist nur Allgemeines, wie Jetzt, Hier oder Dieses überhaupt, ich meine wohl einen einzelnen Ich, aber sowenig ich das, was ich bei Jetzt, Hier meine, sagen kann, so wenig bei Ich." (P 73). Sobald das Wissen bzw. Meinen **mitgeteilt** wird, sind sowohl **Gegenstand** als auch **Ich Allgemeinheiten**.

Bis hierher wurden nacheinander **Gegenstand** und **Ich** als Wesen der sinnlichen Gewissheit untersucht. Nunmehr soll ihr **Ganzes** als **Wesen** betrachtet werden. Ich behaupte: es ist der Fall, dass ich hier und jetzt die Rose sehe. Das Entscheidende erscheint nun als **die Beziehung als solche**; ich versuche bei mir als **reiner Anschauung** zu bleiben. Gegenstand und Ich, Dieses und Meinen, sind als Wesen abgetan, aber **ihre Beziehung nehme ich nun als Wesen**. Der ‚Tatbestand' als solcher scheint unumstößlich zu sein. Wenn wir jedoch nun wieder die Ebene des **Wir** aufnehmen, d.h. das nun **behauptete Ganze der sinnlichen Gewissheit** in den Bereich der **Wahrheits**fähigkeit heben, so erweist sich der Tatbestand als **private** Wahrheit, damit, wie oben gezeigt, als **Unding**.

Die einzige Möglichkeit, den Tatbestand in den Bereich wahrheitsfähiger Aussagen zu bringen und damit seiner **Wahrheit** den **privaten** Charakter zu nehmen, wäre ein Sich-Hineinversetzen in seinen Raum-Zeit-Punkt. Das aber würde bedeuten, „uns zu demselben diesen Ich, welches das Gewisswissende ist, machen lassen" (P 74). Wir müssten also das Wir, die Zeit und den Raum aufheben, mit dem **Wir** aber würden wir auch die Dimension der **Wahrheit** aufheben. Ich kann das **Jetzt** nur als **Gewesenes** aufzeigen, damit als **Nicht-Sein**, ebenso das **Hier** nur als **Nicht-Dort**. Ich zeige also **kein Unmittelbares**, sondern ein **Allgemeines**, ein **Vermitteltes**: die **Bewegung** geht vom Jetzt zum Gewesenen, das nicht ist, durch dessen **Negation** komme ich wieder zum Jetzt, nun aber **nicht unmittelbar**, sondern **vermittelt**. Ich muss vom Diesen zum Anderen gehen und dann erst zurück zum Diesen. Will sich die sinnliche Gewissheit so als **Ganzes** zeigen, und zeigen heißt **mitteilen**, so kann sie dennoch nicht **bei sich selbst** bleiben; sie kann nicht das Unmittelbare zeigen, sondern nur ein **Insichreflektiertes** (P 75), ein **Allgemeines**.

Die **Dialektik der sinnlichen Gewissheit** wurde an ihren **drei Momenten** aufgezeigt: **Gegenstand, Ich, Ganzes der Beziehung**. Jedes Mal **verging** die sinnliche Gewissheit als solche, sobald sie zu **reden** begann, und das heißt: sobald sie mitgeteilt werden sollte. Ihre **Wahrheit** ist dann das **Allgemeine**, das aber nicht mehr der Gegenstand der sinnlichen Gewissheit ist. Die Dialektik der sinnlichen Gewissheit ist so „die einfache Geschichte ihrer Bewegung oder ihrer Erfahrung" (P 76). Das **Wahre** an ihr weiß auch das natürliche Bewusstsein, es **vergisst** sie jedoch immer wieder. Die sinnlichen Gegenstände sind also an sich **nicht real**, der Philosoph sieht sie **untergehen**, indem er der **Dialektik** der sinnlichen Gewissheit **zusieht**. Realität wird so eine Sache der **allgemeinen Erfahrung**, das Wirkliche ist nicht das **privat** Gemeinte, sondern die **Gedankenbestimmung**, die notwendig **allgemein** ist. Die **allgemeine** Erfahrung ist nicht das sinnliche Diese, das je nur für ein **einzelnes** Bewusstsein ist. Für die **allgemeine** Erfahrung kann die sinnliche Gewissheit nur **Allgemeines** sagen, d.h. sie muss ihren Gegenstand als den ihr eigenen **verlieren**. Damit kann die allgemeine Erfahrung auch nicht auf sinnlicher Gewissheit aufgebaut werden.

Das Wissen, das sich uns **unmittelbar** und **als unmittelbares** darbot, kann als solches keinen Weg zur weiteren Untersuchung des Wissens abgeben. Will der Philosoph die Möglichkeit seines eigenen Wissens aus der Untersuchung des Wissens bestimmen, kann ihm die sinnliche Gewissheit nicht weiterhelfen: sie ist **nicht mitteilbar, nicht wahrheitsfähig**, sie ist in diesem Sinne überhaupt **kein Wissen**. Das sinnliche Diese ist der Sprache **unerreichbar**, denn diese gehört dem Bewusstsein, dem an sich **Allgemeinen** an (P 77). Unter dem Versuch, die Rose zu beschreiben, würde sie verwelken. Der Kreis schließt sich: die sinnliche Gewissheit kann nicht **gesagt** werden, gerade weil sie die **reichste** ist. Gesagt werden kann nur das **Allgemeine**, der Gegenstand aber ist **ein Ding von unendlich vielen Allgemeinheiten**: „Daher, was das Unaussprechliche genannt wird, nichts anderes ist, als das Unwahre, Unvernünftige, bloß Gemeinte" (P 78). Will ich die Rose aufzeigen, muss ich in die Allgemeinheit eintreten und damit „… statt ein Unmittelbares zu wissen, **nehme ich wahr**" (P 78).

2.1.2 Die Wahrnehmung oder das Ding und die Täuschung

Prinzip der **Wahrnehmung** ist die **Allgemeinheit**; **Ich** und **Gegenstand** sind ihr **allgemein** und damit bewegt sie sich schon immer in der **Sprache**. Dieses Prinzip ging notwendig aus der Untersuchung der **unmittelbaren** Wissensweise hervor. Die Wahrnehmung und ihr Gegenstand sind in der Untersuchung der sinnlichen Gewissheit **als deren Wahrheit** geworden, was auch hieß: als deren **Gesagtes**. Die **neue** Wissensweise ist also für den Philosophen **vermittelt**, sie ist auch ein **vermitteltes Wissen** des Gegenstandes und damit ist ihr **Gegenstand** ein **vermittelter**, der damit immer auch **mitgeteilter** ist. Der Gegenstand ist nun die **Bewegung des Aufzeigens** als **Einfaches** (P 79). Diese Bewegung gibt das Allgemeine als **In-sich-Reflektiertes**. Damit stellt sich schon das **Problem** der Wahrnehmung vor: wie kann ich den **allgemeinen** Gegenstand als **einzelnen** sagen ? Wie kann ich **die** Rose sagen ('die' – nicht mehr 'diese'), wenn ich doch auf Befragen nur ihre **Eigenschaften** sagen kann ? Sage ich damit eine **Wahrheit** oder muss auch **die** Rose zugrunde gehen wie schon **diese** Rose ? **Diese** Rose war nicht **sagbar**, wird es **die** Rose sein ?

Wir wissen: **Wahrnehmendes** und **Wahrgenommenes** sind das **Allgemeine**, das Allgemeine aber ist das Wesen der Wahrnehmung, so sind sie beide **wesentlich**. Da sie sich aber entgegensetzen, muss für das wahrnehmende Bewusstsein **eines** von beiden als Wesen bestimmt werden. Der **Gegenstand** wird zunächst **als Wesen aufgefasst** und näher betrachtet.

a. positive Allgemeinheit
Da das **Allgemeine** stets **vermittelt** ist, muss das Ding selbst **vermittelte Einfachheit** sein: „das Ding von vielen Eigenschaften" (P 80). Das **Sinnliche** ist darin **aufbewahrt** und **aufgehoben** (tollere, conservare, elevare), das **gemeinte Diese** wird **bestimmt negiert**, damit wird das Allgemeine „ein Nichts von einem Inhalte, nämlich dem Diesen" (P 80). Die **Eigenschaft**, als Nichts des Diesen, ist damit **allgemeine Unmittelbarkeit**. Die Rose als unmittelbares Dieses ist verschwunden, sie ist als **allgemeine** geworden und wird durch **Eigenschaften** näher ausgesagt, die eine **neue Unmittelbarkeit** darstellen. Die Bewegung des Aufzeigens sagt **allgemeine Eigenschaften**, das Problem aber ist jetzt die 'Einfachheit' dieser Bewegung, denn wie kann so noch von einem **einheitlichen Gegenstand** gesprochen werden. Wie kann ich von **der** Rose **sprechen** ? Im Kapitel über sinnliche Gewissheit war das Allgemeine **vermittelte Einfachheit** (P 71), nun ist es als Nichts des Diesen **allgemeine Unmittelbarkeit**. Was zuerst **vermittelt** war, ist nun **unmittelbar**. Es hat sich also entwickelt:

- Auf der **Ebene der sinnlichen Gewissheit** ist die **einfache Einzelheit** Prinzip. Das **Allgemeine** ist damit **vermittelt**; um zu ihm zu kommen, muss der 'Weg' durch die vielen einfachen Einzelnen genommen werden.
- Auf der **Ebene der Wahrnehmung** ist dagegen die **Allgemeinheit** Prinzip, hier muss **kein** 'Weg' durch Anderes mehr genommen werden, er ist schon zurückgelegt. Für das **Bewusstsein der Wahrnehmung** (diese ist ja notwendige Entwicklung aus der sinnlichen Gewissheit) ist **das Allgemeine** damit **unmittelbar**.

Das Allgemeine hat die **Vermittlung** in sich, wie das Bewusstsein der Wahrnehmung das Bewusstsein der sinnlichen Gewissheit in sich **aufgehoben** hat; der Grund ist noch in der Entwicklung enthalten, als dreifach aufgehobener. Es ist also zu unterscheiden zwischen **einfacher** und **allgemeiner** Unmittelbarkeit. Die

Wahrnehmung hat nunmehr **viele** bestimmte Eigenschaften vor sich. Sie beziehen sich nur **auf sich selbst**, sind also „gleichgültig gegen einander" (P 80). Die Eigenschaften aber sind immer nur **zusammen** in einem Ding. Von ihnen ist die „einfache sich selbst gleiche Allgemeinheit" (P 80) zu unterscheiden, deren **Bestimmtheiten** sie sind. Das Sein der Rose ist so **die Vereinigung von Eigenschaften**. Das „abstrakte allgemeine Medium" der Bestimmtheiten ist damit die Dingheit, das „reine Wesen" (P 80). Hegel spricht hier vom ‚**Auch**': die Rose ist rot, auch duftend, auch blühend usw. Zusammengefasst ergibt sich also: die **Dingheit** ist **einfache sich selbst gleiche Allgemeinheit, abstraktes allgemeines Medium, reines Wesen, das Auch.**

b. Negation in der Allgemeinheit
Die Eigenschaften sind aber **bestimmt** und Bestimmtheit heißt **Nicht-anderes-Sein**, die Eigenschaften müssen sich also immer auch **entgegensetzen**. Die Rose kann nicht rot und weiß, blühend und welkend sein. Damit ist das „einfache Medium" (P 81) (das Ding) also auch „Eins, ausschließende Einheit" (P 81). Die **Dingheit** bestimmt sich im Ding durch die **Entgegensetzung** der Eigenschaften; weil das einfache Medium auch **Eins** ist und somit „Moment der **Negation**" (P 81). Für das **Bestehen** der Dinge ist also die in die Welt des Allgemeinen eingebaute **Negation** wesentlich. Es hat sich damit ergeben:
- die Eigenschaften sind **einfaches Sichaufsichbeziehen** (P 80), die Dingheit ist so **gleichgültige Einheit**, sie kann rot und blühend und duftend usw. sein.
- viele Eigenschaften sind aber sich gegenseitig im Ding **ausschließend**, das Ding ist so ausschließende Einheit, es kann nicht rot und weiß, blühend und welkend sein, dadurch gerade wird es zum Ding.

Das Ding der Wahrnehmung ist nun entwickelt, es hat **drei Momente: passive Allgemeinheit (Auch), Negation (Eins)**, und die **Eigenschaften selbst**. Letztere sind erst damit aus der sinnlichen Allgemeinheit geworden: ‚**Eigenschaftlichkeit**' ist immer **Beziehung** von **passiver Allgemeinheit** und **Negation**. Die Eigenschaften gehen mit anderen zusammen und stehen wieder zu anderen in ausschließendem Verhältnis. Das Ding der Wahrnehmung ist also jetzt **entwickelt**, es ist als **Auch** bestimmt und zugleich als **Eins**, durch die letztere Bestimmung ist es **von der reinen Allgemeinheit unterschieden**. Auch und Eins stehen dabei auf **zwei Ebenen**: Das Auch als reines Allgemeines ist das **abstrakte allgemeine Medium**, die Dingheit, d.h. durch das bloße Auch kommt noch kein Ding zustande. Für das Ding ist vielmehr die **Negation** wesentlich, die **ausschließende** Einheit, die das Ding erst zum Ding **zusammenschließt**. Um die Rose sagen zu können, brauche ich die Eigenschaften; wenn ich aber keine von ihr ausschließen kann, werde ich nichts sagen können.

Das Bewusstsein, das den Gegenstand so auffasst, kann sich **täuschen**. Die **sinnliche Gewissheit** dagegen kannte keine Irrtumsmöglichkeit, ihr Gegenstand war einfach, damit gab es ihn oder nicht, aber er konnte nicht gegeben sein und dann falsch aufgefasst. Der Gegenstand der **Wahrnehmung** ist jedoch das Ding von vielen Eigenschaften, damit kann er für das wahrnehmende Bewusstsein vorhanden sein und dennoch in manchen Eigenschaften **falsch** aufgefasst sein. Es kann also in der Auffassung der vielen Eigenschaften dem Bewusstsein unterlaufen, dass es den Gegenstand als verschiedenes Zusammengehen von Eigenschaften hat. Der Gegenstand aber ist das Wahre und das **Kriterium** seiner Wahrheit ist **Sichselbstgleichheit** (P 82). Die Rose (als allgemeine) ist z.B. doppelt vorhanden: als Rose mit Dornen und ohne Dornen, sie ist sich nicht selbst gleich; da der Gegenstand aber das Wesen ist, liegt die Täuschung **im wahrnehmenden Bewusstsein**.

Der **Gegenstand der Wahrnehmung** ist nun bestimmt. Jetzt muss die **Erfahrung des Bewusstseins** mit ihm betrachtet werden. Das **Grundproblem** ist hier, wie ich von einem Ding sprechen kann, wenn ich **Eigenschaften**, d.h. Allgemeinheiten habe, in denen Gleichgültigkeit **und** Entgegensetzung vorhanden sind, das Ding also **Auch und Eins** sein muss. Damit kann ich den Gegenstand nicht als **Einen** auffassen (die Eigenschaften sind allgemein), nicht als **Gemeinschaft** (die Eigenschaften sind als bestimmte sich entgegensetzend), nicht als **ausschließendes Eins** (viele Eigenschaften sind gleichgültig gegeneinander). Will ich jemandem die Rose als Eine sagen, werde ich von Eigenschaften sprechen, von Duft, Farbe und Formen. Er wird antworten: gut, aber wo ist die Rose? Will ich sie ihm als Gemeinschaft von Eigenschaften sagen, wird er antworten: also ist sie **auch** kubisch, sauer und flüssig. Nun versuche ich sie als Ausschließende zu sagen. Wie, wird er mich fragen, also ist sie nicht rot **und** duftend und dornig?

Ich kann das Ding also nur bewahren als „allgemeines gemeinschaftliches Medium, worin viele Eigenschaften als sinnliche Allgemeinheiten, jede für sich ist, und als bestimmte die andern ausschließt" (P 83). Mein Gesprächspartner aber wird insistieren: wo bleibt nun die Rose? Denn dies **nehme ich nicht wahr**, sondern nur die einzelne Eigenschaft, die aber so ein Unding ist: Eigenschaft sollte **Eigenschaft-von** sein, das Objekt aber ist verschwunden; auch bestimmt ist sie so nicht, Bestimmung wäre **Bezug**. Oben hatte sich in der Explikation der Eigenschaftlichkeit gezeigt, dass diese nur **im Bezug von Auch und Eins** ist. Was bleibt also? Womit begonnen wurde: ein **sinnliches Sein**, weil die **Negativität** verlorengegangen ist. Dabei aber **kann** man nicht bleiben, wie im Kapitel über die sinnliche Gewissheit gezeigt wurde, diese muss vielmehr eben zur **Wahrnehmung** weitergehen.

Es scheint ein Kreislauf zu sein, aber das Bewusstsein ist nunmehr nicht das der sinnlichen Gewissheit, es ist vielmehr durch sie und **durch die Wahrnehmung hindurchgegangen** und hat in dieser Bewegung erfahren, dass das **Wahre** des Wahrnehmens „die Reflexion in sich selbst aus dem Wahren ist" (P 84). Es erkennt also: Wahrnehmen ist nicht bloßer Bezug auf den Gegenstand, sondern im **Gegenstandsbezug** ist **Selbstbezug** enthalten („Rückkehr des Bewusstseins in sich selbst" (P 84)). Damit scheint der Gegenstand aufs neue gerettet zu sein. Seine Auflösung in der Widersprüchlichkeit nimmt das **Bewusstsein** auf sich. Dazu muss es allerdings „sein Auffassen des Wahren von der Unwahrheit seines Wahrnehmens" unterscheiden (P 84), damit es die zweite verbessern kann.

Dem Bewusstsein ist nunmehr also **die Reflexion in sich** bekannt. Die Verschiedenheit der Eigenschaften, die dem Einssein widerspricht, nimmt das Bewusstsein als **seine** Einmischung auf sich. Auf diese Weise kann jetzt das Ding **Eines** bleiben, m.a.W.: die **sekundären Qualitäten** werden als **unsere Zutat** verstanden. Damit ist das allgemeine Medium der Eigenschaften nicht mehr die Dingheit, sondern unsere **reflexive Wahrnehmungstätigkeit**. Auch damit aber gerät das Bewusstsein in Schwierigkeiten. Die Eigenschaften sind, wie gezeigt, **bestimmte** und damit entgegengesetzte, ebenso ist das Ding bestimmt **durch Entgegensetzung**. Wodurch werden die Dinge und Eigenschaften bestimmt, wenn die Eigenschaften nur **unsere Zutat** sind und das Ding als Eines von uns **unabhängig** ist? Insofern das Ding bloß Eins ist, schließt es Anderes nicht aus. Das Bewusstsein sagt aber das **Ding** aus, indem es Eigenschaften sagt, diese sind nur bestimmt **in Entgegensetzung** zu anderen. Wo kann also das Ding in seiner Einheit **unabhängig** vom wahrnehmenden Bewusstsein bleiben, wenn es eben nur Eines ist, und dies ist das „allgemeine auf sich selbst Beziehen" (P 85), sich also **nicht durch Bestimmung** absetzt von anderen? Denn das Ding ist „Eins gerade dadurch, dass es andern sich entgegensetzt" (P 85). Offensichtlich muss doch die Eigenschaft die „**eigene** Eigenschaft des Dinges" sein (P 85), denn die Dinge unterscheiden sich **durch Eigenschaften** von anderen. Wir finden deshalb, dass das Ding doch **das allgemeine Medium** sein muss, das Auch, die Eigenschaften sind also **an ihm**.

Nun ist das Bewusstsein jedoch schon **in sich reflektiert**, deshalb kann es nun, umgekehrt zum vorigen Gedanken, die Einheit **auf sich** nehmen und das Ding als „Bestehen der vielen verschiedenen und unabhängigen Eigenschaften" (P 86) nehmen. Wir könnten dies mit **Kant** auch so ausdrücken: das Chaos der vielen durch die Sinne gegebenen Eigenschaften (Anschauungen) wird durch die **Tätigkeit** der transzendentalen Apperzeption **zum Begriff formiert**. Die Eigenschaften werden so als „freie Materien" vorgestellt. Das Ding ist nun eine „Sammlung von Materien", eine „bloß umschließende Oberfläche" (P 86), es ist

das Auch. Was von uns unabhängig ist, ist die „freie Materie" (P 86): Röte, Duft usw.; deren Zusammenfassen zur Rose ist **Tätigkeit** des in sich reflektierten **Bewusstseins**. Dies ist der Sinn der Rede vom ‚Insofern': insofern sie rot ist, duftet sie nicht usw. Wenn das Bewusstsein nun diesen **Erfahrungsweg** durchlaufen hat, findet es als **Ergebnis**: das Ding hat „an ihm selbst eine entgegengesetzte Wahrheit" (P 87).

Es ist sicherlich hilfreich, den in diesem Zusammenhang entscheidenden Satz etwas eingehender zu interpretieren: „Es ist hiermit die Erfahrung vorhanden, dass das Ding sich für das auffassende Bewusstsein auf eine bestimmte Weise darstellt, aber zugleich aus der Weise, in der es sich darbietet, heraus und in sich reflektiert ist, oder an ihm selbst eine entgegengesetzte Wahrheit hat" (P 86/87). Die **erste Wahrheit** lautet nun: Das Ding ist **bestimmt**. Sage ich die Rose (als allgemeine), habe ich das **Nicht** der Rose **ausgeschlossen**. Die Bestimmung geschieht damit als **Abgrenzung** gegen anderes; da das Ding so **von einem anderen her** bestimmt wird, kann auch gesagt werden, es sei **für ein Anderes**. Dies genügt aber dem Wahrnehmungsbewusstsein nicht, und diese erste Wahrheit zeigt, wie sich der Gegenstand „für das auffassende Bewusstsein .... darstellt." Es fordert: das Ding muss auch **Fürsich** sein. Von der Rose will es also nicht bloß reden als vom **Nicht alles anderen**, sondern es will die Rose als **fürsichseiende** haben. Sie soll also noch etwas anderes sein als **nur Nicht** des anderen, als das sie voll und ganz **aus dem anderen** bestimmt wäre. Damit ist sie als Ding: „ein anderes für sich, als es für anderes ist" (P 87), womit sie ein „gedoppeltes verschiedenes Sein" (P 87) ist. Das Ding kann so als **das Auch** gefasst werden. Also: dies ist die Rose, nicht die Narzisse. Warum ? Die Narzisse ist dornenlos, ihre Blätter sind anders geformt usw. Ich bestimme mittels **allgemeiner Eigenschaften**, rede also von der Rose als von „einem in selbständige Materien aufgelösten Auch" (P 86).

Die zweite Wahrheit lautet jedoch: Das Ding ist zugleich **in sich reflektiert**, damit ist es „Einfaches, welches im Anderssein bleibt, was es ist" (P 75), es ist das **einfache Allgemeine**, m.a.W. es ist **das Eins**. Das Ding der **Wahrnehmung** ist also **zugleich Eins und gedoppeltes Sein**, was auf die Dauer nicht durchgehalten werden kann. Der entgegengesetzten Wahrheit des Dinges entspricht die **gedoppelte** Weise des **Bewusstseins**. Auch dieses hat sich jetzt **zugleich** als **Auch und Eins** gezeigt, es hat **abwechselnd** das Auch und das Eins **auf sich genommen**. Das Bewusstsein ist damit selbst **in sich reflektiert**, es in sich zurückgekehrt, indem es sich im Anderen erfahren hat. Es hat also **erst** das Auch, **dann** das Eins als **seine Zutat** auf sich genommen. Deshalb kann Hegel sagen: das Bewusstsein hat sich selbst „zum reinen vielheitslosen Eins" gemacht, wie auch „zu einem in selbständige Materien aufgelösten Auch" (P 86). Es ist aber auch

bloßes Auffassen, in dem es sich **keine** Tätigkeit zuschreibt. Zum einen wird **das Eins** bloß aufgefasst (die sekundären Qualitäten nimmt es auf sich), zum anderen aber **das Auch** (jetzt nimmt es die Einheit auf sich). Die Beziehung ergibt sich also folgendermaßen:

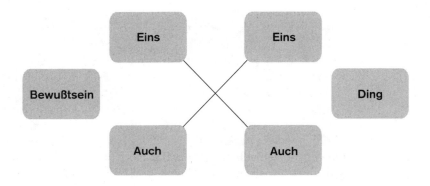

Diese Relationen werden dem Bewusstsein zwar **nacheinander**, da es nach diesem Weg jedoch bemerkt, dass es beide isoliert nicht aushalten kann, werden sie ihm **als zugleich** und der **Widerspruch** gerät ins Ding **und** ins Bewusstsein. Die an ihm **entgegengesetzte Wahrheit** ist also: das Ding ist für sich, und für Anderes, zugleich aber ist es Eines, und „das Einssein aber widerspricht dieser seiner Verschiedenheit" (P 87). Das Bewusstsein hat aber jetzt schon erfahren, dass dem Dinge **selbst** das Einssein zukommt und kann die Ineinssetzung auf dieser Stufe nicht mehr übernehmen. Das Auch **und** das Eins fallen zusammen in das **Ding**. Der Lösungsversuch des Bewusstseins besteht zunächst darin, zu behaupten, das Ding ist Eines, aber es ist **auch** unter anderen Dingen. Die **Bestimmtheit** wird gegen die **Verschiedenheit** ausgespielt. Den wesentlichen Charakter des Dinges soll die **einfache Bestimmtheit** ausmachen. Dadurch ist die Unterscheidung von anderen Dingen durch einen **absoluten Unterschied** gesetzt, nicht durch die Unterschiede der Eigenschaften, diese wären in diesem Verständnis das **Un-wesentliche**, wohl aber notwendige. Das „gedoppelte verschiedene Sein" (P 87) wird also vom Widerspruch zur Einheit zu **bewahren** versucht, indem die Bestimmtheit **nur als Fürsichsein** gefasst wird, dieses als Wesen, und das Füranderessein als wohl **notwendig**, aber **nicht wesentlich**.

Hegel fasst dies so zusammen: „Diese Bestimmtheit, welche den wesentlichen Charakter des Dings ausmacht und es von allen andern unterscheidet, ist nun so bestimmt, dass das Ding dadurch in Gegensatze mit andern ist, aber sich darin für sich erhalten soll." (P 88). Auch bei diesem Gedanken kann man aber nicht bleiben. Die Unterscheidung von **Wesentlichem** und **Unwesentlichem**, das aber doch **notwendig** sein soll, „ist eine Unterscheidung, welche nur noch in den Worten liegt" (P 89). Deshalb kann dieser Lösungsversuch des Bewusstseins der **eigenen Forderung** an ein Ding **nicht genügen**, das ein „für sich seiendes Eins" sein soll, was es aber in der Bestimmung durch **Relation** nicht ist (die, weil notwendig, auch wesentlich ist): „das Verhältnis aber ist die Negation seiner Selbständigkeit" (P 88). Das **Ding der Wahrnehmung** geht nun endgültig zugrunde, gerade **weil** es **bestimmt** wird. Die Bestimmtheit aber sollte sein **Wesen** sein. Das **Ding** muss dem Wahrnehmungsbewusstsein entgleiten, weil sein Wesen von ihm **falsch gedacht** wird. Der Rettungsversuch hält also nicht aus, das „letzte Insofern" (P 89) fällt weg.

Der Gegenstand der Wahrnehmung sollte Fürsichsein **und** Verschiedenheit sein, damit ist er „in einer und derselben Rücksicht das Gegenteil seiner selbst, für sich, insofern er für Anderes, und für Anderes, insofern er für sich ist" (P 89). Am **Ende der Wahrnehmung** ist deren Gegenstand **aufgehoben**. Der Grund dafür ist die Herkunft der **Allgemeinheit** der Wahrnehmung aus der **sinnlichen Gewissheit**, sie ist **nur sinnliche** Allgemeinheit, darin ist der **Widerspruch** gegeben: die Sinnlichkeit war das **Wissen des Einzelnen**, dies eben sperrt sich gegen die **Allgemeinheit**. Der Gegenstand der Wahrnehmung war als allgemeiner „die Bewegung des Aufzeigens …. als Einfaches" (P 79). Darin ist schon sein Untergang angelegt, der in der Erfahrung des Bewusstseins nur noch **entwickelt** werden musste. Die Bewegung des Aufzeigens nämlich war das Zeigen des **Diesen**, als das Ganze der sinnlichen Gewissheit als ihr Wesen gesetzt war. Es war aber immer das Zeigen des **Nicht-Diesen** (des Gewesenen z. B.), das wieder aufgehoben wurde, wodurch das **vermittelte, allgemeine Diese** erreicht wurde. Es war das **in sich reflektierte** Diese („Einfaches, welches im Anderssein bleibt, was es ist" (P 75)), als das es dann Gegenstand der **Wahrnehmung** wurde.

Die **Einheit** des Dinges ist also sein Charakter der **In-sich-Reflektiertheit**. In dieser lässt sich aber die **Verschiedenheit** nicht aufrechterhalten, die doch ebenso wesentlich zum Ding gehört. Die Bestimmtheit ‚**Fürsichsein bei Füranderessein**' kann mit der Allgemeinheit, wie sie **bis jetzt** gefunden wurde, nicht gedacht werden. Wie zuvor schon die **sinnliche Gewissheit** ihr Prinzip, die einfache Unmittelbarkeit, nicht aufrechterhalten konnte, so also auch nicht die **Wahrnehmung** das ihre: die **allgemeine Unmittelbarkeit**. Die sinnliche Gewissheit hatte ihren Gegenstand im Sagen verloren, weil sie dabei **allgemein** werden musste, d.h. **vermitteln** musste, was ihrer Forderung nach Unmittelbarkeit widersprach. Die Wahrnehmung verliert ihren Gegenstand, weil sie ihn mit Hilfe eben dieser aus der sinnlichen Gewissheit gewordenen **vermittelten Allgemeinheit** sagen wollte. Diese vermittelte Allgemeinheit war im Durchgang durch die Einzelheit gewonnen worden, die Gegenstand der Sinnlichkeit war. Damit ist diese in ihr **bewahrt**, die **Allgemeinheit** aber widerspricht der **Sinnlichkeit**. Es handelte sich also um **sinnliche Allgemeinheit** und diese ist „überhaupt nicht wahrhaft sich selbst gleiche, sondern mit einem Gegensatze affizierte Allgemeinheit." (P 89)

Mit dem Untergang der sinnlichen Allgemeinheit entsteht aber die „unbedingte absolute Allgemeinheit" (P 89), die nicht mehr durch die sinnliche Gewissheit vermittelt ist. Diese ist das **Reich des Verstandes**. Erst dort gehen **Fürsichsein** und **Füranderessein** in die Einheit zusammen. Das Bewusstsein der Wahrnehmung ist also auch nicht fähig, die **ganze Wahrheit** des Gegenstandes zu fassen, obwohl die Wahrnehmung schon **eine** Wahrheit gefunden hat: sie nimmt den Gegenstand „wie er an sich ist oder als Allgemeines überhaupt" (P 90). Auch die Einzelheit ist richtig gefasst, nämlich als „Reflektiertsein in sich selbst" (P 90). Aber dem **Fürsichsein der Einzelheit** steht noch gegenüber das **Fürsichsein der Allgemeinheit**, das durch erstere bedingt ist. Im Fürsichsein ist dadurch der **Gegensatz**, es ist nicht nur solches, sondern auch Füranderessein, also sein Nicht. Jedes Ding soll **einzeln und allgemein** sein, da die Allgemeinheit aber noch nicht absolut und unbedingt ist, geht es daran zugrunde. Das **Bewusstsein der Wahrnehmung** bleibt also bei den „leeren Abstraktionen der Einzelheit, und der ihr entgegengesetzten Allgemeinheit" (P 90). Es ist das Bewusstsein des ‚gesunden Menschenverstandes', der die Dinge trennt, nach Bestimmtheiten verlangt und nicht einsehen will, dass das Eine das Andere ist, das Endliche das Unendliche.

Die **Philosophie** dagegen erkennt die **Gedankendinge**, der der gesunde Menschenverstand gering schätzt, „für die reinen Wesen, für die absoluten Elemente und Mächte" (P 90). Das **wahrnehmende** Bewusstsein aber sucht nach Bestimmtheiten, weil es dieses absolute Wissen nicht besitzt, die Wahrheit der Welt also nicht weiß. Gerade aber weil die Bestimmtheiten als solche nicht die Wahrheit sind, gerät es in ständige Schwierigkeiten und muss zur Sophisterei greifen, zum Insofern oder zum Aufsichnehmen des Auch, dann des Eins, um seine Unterscheidungen aufrechterhalten zu können. In den Abstraktionen aber ist ihre eigene **Aufhebung** angelegt, dem Wahrnehmungsbewusstsein hilft kein Sträuben: die nähere Betrachtung seines Gegenstandes im vorliegenden Kapitel zeigte seinen notwendigen **Untergang** und den **Übergang** zu einer Wissensweise, **in der Allgemeinheit und Einzelheit, Auch und Eins zusammengedacht** werden.

2.1.3 Kraft und Verstand, Erscheinung und übersinnliche Welt

Nachdem dem Bewusstsein erst „Hören und Sehen usw." (P 93) vergangen ist, hat es jetzt Gedanken, in denen der **absolute Gegensatz** ist: Fürsichsein **und** Füranderessein. Schuld am Untergang des Wahrnehmungsgegenstandes war der **sinnliche** und **bedingte** Charakter der **Allgemeinheit**. Sollen die Gedanken bleiben und zusammengebracht werden, muss zu einer **anderen** Allgemeinheit übergegangen werden: zum **Unbedingtallgemeinen**. Dies war das **Resultat** der Entwicklung des Wahrnehmungsgegenstandes. Neuer und wahrer Gegenstand des Bewusstseins ist also jetzt **das unbedingte Allgemeine**. Dieses kann nicht „ruhiges einfaches Wesen" sein als „Extrem des für sich Seins" (P 93), denn so wäre es für die Dinge ein **Anderes**, das ihnen gegenübertritt, d.h. der **Widerspruch** von Fürsichsein und Füranderessein wäre nicht aufgehoben, es gäbe hie Fürsichsein, dort Füranderessein und nicht beides in einem. Das **Unbedingtallgemeine** muss also das Allgemeine und **zugleich** das Einzelne sein, jedes Einzelne. Das ist die **eine Seite**.

Wenn Fürsichsein und Füranderessein aber ‚aufgehoben' werden sollen, so dass ihr Widerspruch getilgt ist, so muss die **Wahrheit** des Wahrgenommenen **im Fürsichsein** *und* **Füranderessein** liegen. Was es für andere ist, muss es für sich sein, was es für sich ist, muss es auch für andere sein. Das gleiche muss für das Wahrnehmende gelten, es muss **sein Fürsichsein** mit seinem **Füranderessein** verbinden und vereinen. Da es schon durch die Wahrnehmung gegangen ist, weiß das **Bewusstsein**, dass etwas am Ding **seine** Zutat ist. Andererseits schreibt es dem Ding auch ein **eigenes** Sein zu. Im **Ding** ist also Für-das-Dingsein **und** Für-das-Bewusstsein-sein. Damit ist auch im **Bewusstsein** Für-das-Be-

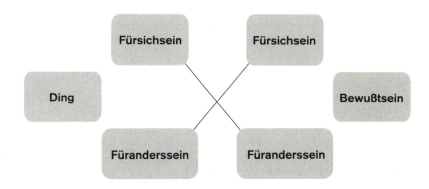

wusstsein-sein **und** Für-das-Ding-sein. Fürsichsein und Füranderessein aber sind im Ding und im Bewusstsein spiegelbildlich, seitenverkehrt.

Was im **Bewusstsein** Fürsichsein ist, ist dem **Ding** in ihm selbst das Andere. Das **Ding** ist auf diese Weise Füranderes, **weil** es Fürsichsein des **Bewusstseins** ist. Was im Bewusstsein Füranderessein ist, ist dem Ding in ihm selbst das Fürsich. Das Ding ist auf diese Weise Fürsich, **weil** es für das Bewusstsein das andere ist, also von ihm losgelassen ist. Deshalb bedeutet die **Einheit** von Fürsichsein und Füranderessein jeweils im Wahrgenommenen und im Bewusstsein auch die **Einheit** von Wahrgenommenem und Wahrnehmendem. Dies ist die **zweite Seite** der Forderung an die Allgemeinheit, die nun betrachtet wird. Das **Wahrnehmungs**bewusstsein hatte sich gerade deswegen aufgeben müssen, weil es die festen Entgegensetzungen behalten wollte, das Eine durfte so nicht das Andere sein, das Einzelne sollte noch etwas anderes sein als das Allgemeine. Das **Unbedingtallgemeine** aber ist nun also ‚in sich zurückgegangenes', aus dem ‚bedingten Fürsichsein' heraus, damit ist es **wahres Allgemeines**; der Widerspruch, der das sinnliche Allgemeine der Wahrnehmung zugrunde richtete, ist **nicht** an ihm.

Aber noch ist es **Gegenstand**: das **Bewusstsein** hat sich noch nicht selbst darin erkannt und ihn als Gegenüber damit aufgehoben, denn das Bewusstsein hat sich **noch nicht als Begriff erfasst**, es weiß damit noch nicht, dass der Gegenstand **sein Begriff** ist. Es hat also die oben gezeigte **Bewegung** der ‚Aufhebung' des Widerspruchs von Fürsichsein und Füranderessein noch nicht durchgeführt. Dem **Philosophen** aber ist jetzt bewusst, dass der Gegenstand der Gegenstand **des Bewusstseins** ist; Bewusstsein und Gegenstand sind in einer **unauflöslichen** Bewegungseinheit entstanden. Es ist in „das Werden desselben verflochten, und die Reflexion auf beiden Seiten dieselbe." (P 93) Das **Bewusstsein** aber weiß dies noch nicht: der Gegenstand ist nur an sich (für uns) schon Begriff, aber noch nicht **für es**. Es glaubt im Gegenstand noch etwas anderes zu haben als sich selbst und in sich selbst noch etwas anderes als den Gegenstand. Es hat also noch nicht **sich selbst** zum Inhalte, es weiß noch nicht **sich** im Gegenstand. Dahin aber muss der Weg gehen. Das Wahre entbehrt bis dahin noch „des für sich Seins des Bewusstseins" (P 93).

Unsere Aufgabe ist nun: „Wir haben hiermit noch fürs erste an seine Stelle zu treten, und der Begriff zu sein, welcher das ausbildet, was in dem Resultate enthalten ist; an diesem ausgebildeten Gegenstande, der dem Bewusstsein als ein Seiendes sich darbietet, wird es sich erst zum begreifenden Bewusstsein" (P 94). **Wir** entwickeln also den Gegenstand, zeigen ihn dem Bewusstsein damit **als Begriff**, als **Gedankending**, als Sich-selbst-gegenüberstehen des **Bewusstseins**. An diesem Gegenstand wird es zum „begreifenden Bewusstsein" (P 94).

Allein dieses ‚Vortun' des **Philosophen** geschieht nur „**fürs erste**" (P 94). Das **Bewusstsein** wird also **selbst** diesen Weg gehen und den Gegenstand so ausbilden, wie wir ihn ihm zeigen. Im philosophischen Bewusstsein ist es diesen Weg ja schon gegangen. Was also ist die Aufgabe des Philosophen? **Vor-zeichnen** (nicht vorschreiben im Sinne einer Festlegung), was das **Bewusstsein** ohnehin tut, aber ohne es zu wissen, also: dem Gang der Sache **zusehen**, auch wenn diese Sache **für das natürliche Bewusstsein** noch nicht zu sehen ist. Sie wird bald zu sehen sein, denn die Entwicklung zum **begreifenden Bewusstsein** ist der **notwendige** Fortgang, das Ansich muss Fürsich werden. Für uns bedeutet also jetzt das **Unbedingtallgemeine** im **negativen** Verständnis: Aufgeben der einseitigen Begriffe (Einzelnes contra Allgemeines), und im **positiven** Verständnis: Einheit des Fürsichseins und des Füreinanderseins, damit auch Einheit von Wahrgenommenem und Wahrnehmendem.

Die **Wahrnehmung** wollte einen **Inhalt** gegen die **Form** behalten, daran ging ihr Gegenstand zugrunde. Ihr galten die Aussageweisen als Form, dahinter suchte sie noch einen Inhalt. Am Ende der Wahrnehmung aber war der Inhalt nichts und nur als Form zu sagen, dies aber **widersprüchlich**: als Fürsichsein und Füranderessein. Im **Unbedingtallgemeinen** ist nun schon die **Einheit** von Form und Inhalt gegeben: der ausgesagte Gegenstand ist Fürsichsein **und** Füranderessein und **sonst nichts**, kein Inhalt steht dahinter, oder anders gesagt: Fürsichsein und Füranderessein sind der **Inhalt**. Das Ding als solches ist also nicht in Form und Inhalt zu dividieren, die Dingheit ist **Form und Inhalt zugleich**. Damit ist dies Unbedingtallgemeine nun **Einheit** von Fürsichsein und Füranderessein, und diese Einheit ist Form **und** Inhalt. Der **Gegenstand** ist nichts anderes als der „absolute Gegensatz unmittelbar als dasselbe Wesen" und „Dieser Inhalt ist zugleich allgemein" (P 94). Es kann keinen anderen geben, denn dieser würde genau derselben **Bewegung** unterliegen wie der Wahrnehmungsgegenstand und sich im Unbedingtallgemeinen auflösen.

Das Unbedingtallgemeine ist aber nicht nur **unser** Gegenstand, sondern auch der des **Bewusstseins**, das noch nicht begreifendes ist. Deshalb erscheinen Form und Inhalt doch noch als **Trennungen** dieses Bewusstseins, dessen Weg ja verfolgt werden soll. Somit ist dieser Inhalt **zunächst** wieder doppelt gestaltet: „allgemeines Medium" (P 95) und in sich reflektiertes Eins (P 96/97), bzw. Füranderessein **und** Fürsichsein. Natürlich sind sie aber eigentlich schon nicht mehr getrennt, sie sind in ihrer Selbständigkeit **aufgehoben** und als Untrennbare **dialektisch** zu verstehen, so dass „nur das Übergehen derselben in einander gesetzt ist" (P 95). Das **allgemeine Medium** (die Dingheit) aber ist nichts getrenntes oder für sich bestehendes außerhalb der selbständigen Materien, deren Auch es ist. Es ist vielmehr nichts anderes als eben die „**Selbständigkeit dieser Mate-**

rien" (P 95). Auf diese Weise ist die **Dingheit** nichts eigenes, sondern nur „**Vielheit** solcher verschiedenen Allgemeinen" (P 95). Die Untersuchung des Allgemeinen zeigt also zunächst: es ist „an ihm selbst in ungetrennter Einheit mit dieser Vielheit" (P 95). In der Dingheit ist damit auch nicht eine **freie Materie** neben der anderen gesetzt (auf diese Weise käme nie ein Ding als Auch von Eigenschaften zustande), sondern sie **durchdringen sich** gegenseitig, was erst das Dingsein (im Moment des Auch) ermöglicht.

Durchdringung heißt: jede Materie ist, wo die andere ist. Denn das Allgemeine hat sich als **Vielheit** von Allgemeinen gezeigt, **jede** Materie ist damit zugleich das **Allgemeine**. Auch die verschiedenen Allgemeinen sind eben allgemein, als allgemeine sind sie jede an der Stelle der anderen, jede ist allgemein wie die andere: sie durchdringen sich. Sie sind in der Dingheit zusammen, die sie als solche bilden, so sind sie die **Einheit**. Gleichzeitig aber bleiben sie **selbständige Materien**, jede ist zwar die andere, aber ist doch für sich eine eigene. Die ‚Materialität' ist also in der Einheit **und** gleichzeitig der Verschiedenheit gegeben. Welt wurde als **Eigenschaftlichkeit** bestimmt, diese aber existiert in der **Vielheit**. Einheit heißt: die Materien sind nicht mehr füreinander, sondern die „Materialität" ist gegeben als reines Fürsich: „Reduktion der Verschiedenheit zum reinen für sich Sein" (P 95). **Selbständigkeit** der einzelnen Materien und ihre **Einheit** sind also in der unmittelbaren Einheit.

Diese „Bewegung" bezeichnet Hegel als **Kraft**. Ihre beiden Momente entsprechen den Momenten der vielen Materien und dem in sich reflektierten Eins. Erstere werden so als die vielen **Äußerungen der Kraft** gefasst, letzteres als „zurückgedrängte, oder die eigentliche Kraft" (P 95). In der Kraft aber sind die Momente **in einem**. Was sich äußert, ist **selbst** Kraft, und dies ganz **in sich selbst seiende** Kraft, gleichzeitig ist, was Kraft ist, immer **Äußerung**. Wenn Kraft sie selbst ist, ist sie Äußerung; äußert sie sich, ist sie in sich selbst. Kraft ist ihre **Wirkung**. Man kann keine ‚fürsichseiende' Kraft von der Äußerung ablösen, unter einen Glassturz stellen und zur Besichtigung auffordern. Auch kann ich nicht Teile der Kraft ablösen, sie ist immer **ganz sie selbst**. Der Windhauch, der die Rose neigt, ist die Kraft als solche ebenso wie der Erdstoß, der sie erzittern lässt, und wie die physikalisch-chemischen Prozesse, die ihren Widerstand bewirken.

Wenn wir **Kraft** also nur als **Einheit** betrachten, so ist damit „nur erst der Begriff der Kraft, nicht ihre Realität gesetzt worden" (P 95). In Wirklichkeit aber hat die Kraft den **Unterschied** (das Füreinandersein) an ihr selbst, aber **nicht getrennt** als verschiedene Momente, sondern in eins fallend, sie ist **zugleich** Fürsichsein **und** Füranderessein, sie ist selbst „die Substanz dieser Unterschiede" (P 96). In der Kraft als **Unbedingtallgemeinem** sind die Widersprüche **vereint**. Sie hat zwei selbständige Seiten: sie ist **Unterschiedenheit** und sie ist **an und für-**

sich bleibend. Sie kann hiermit leisten, was die sinnliche Allgemeinheit der Wahrnehmung nicht konnte: Fürsichsein und Füranderessein **in einem Ganzen vereinigen.** Die Kraft existiert auf **entgegengesetzte** Weise: sie muss sich ständig entgegensetzen und ist in dieser Entgegensetzung die **eine** Kraft. Beide Momente (Entfaltung und Insichzurückgedrängtsein) sind also zugleich selbständig **und** „oberflächliche verschwindende Momente" (P 96). Damit kann gesagt werden: „Diese Bewegung des Sichbeständigverselbständigens der beiden Momente und ihres Sichwiederaufhebens ist es also, was zu betrachten ist." (P 96). Eben diese **Bewegung** hatte den Gegenstand der **Wahrnehmung** zerstört und das Wahrnehmungsbewusstsein untergehen lassen.

Fasse ich auf, bin ich der Gegenstand, ich füge keine Tätigkeit hinzu und bin bloß **passiv**. Geschieht dies aber **unvermittelt**, so weiß ich meine **Einheit** nicht und kann sie nicht sagen, weshalb ich auch über den **Gegenstand** nichts sagen kann außer: ‚er ist'. Wahrnehmendes **und** Wahrgenommenes sind also so „eins und ununterschieden" (P 96). Wahrnehmung aber ist **Auffassen und Reflektieren**. Reflektiere ich, so bin ich für mich, ich setze meine **Tätigkeit** als Seite des Gegenstandes (nehme die Einheit oder die Vielheit auf mich), dem ich damit auch sein Fürsich lasse, das außer dieser meiner Tätigkeit liegt. Da Wahrnehmung aber eben beides ist, ist **Einheit** von Wahrnehmendem und Wahrgenommenem ebenso gegeben wie deren **Unterschiedenheit**. Somit ist die **Bewegung der Kraft** auch gleich der Bewegung der Wahrnehmung. Jetzt hat sie aber „die gegenständliche Form" (P 96). Sie ist nun der **Gegenstand**, der sich im **Unbedingtallgemeinen** erhält, wohingegen die Wahrnehmung sich mit ihrer beschränkten, bedingten, sinnlichen Allgemeinheit nicht erhalten konnte. Wir haben also jetzt „das Unbedingtallgemeine als Ungegenständliches, oder als Inneres der Dinge" (P 96), und dies ist **Resultat** der Bewegung der Kraft. Die **Verschiedenheit** der Einzeldinge ist auf dieser Wissensstufe aufgehoben; die Wahrheit der Dinge ist **ihre Aufhebung ins Innere**.

Die Kraft existiert so in zwei substantiierten **Extremen**. **Zum einen** unter der „Bestimmtheit des Eins." (P 97) Die einzelnen **Materien** (also ihre Äußerungen) sind ihr das andere. Aber die Kraft **äußert sich** notwendig. Damit ist ihr selbst das **Bestehen** dieser einzelnen Materien notwendig. **Zum anderen** erscheint ihr substantiiertes Extrem jetzt als das „allgemeine Medium des Bestehens der Momente als Materien" (P 97). Die Kraft ist nicht etwas, das sich äußert **oder** auch nicht, sondern sie hat sich **immer schon** geäußert und ist nichts außer ihrer Äußerung. Sie ist das, was ihr erst das Andere war. Durch das sie sollizitiert (in Bewegung gesetzt, zur Äußerung veranlasst) werden sollte, ist sie nun **selbst**. Jetzt ist also das Einssein ihr das Andere. Ebenso notwendig wie **Äußerung** ist sie aber eben **Eins**. Es muss also das Einssein wieder hinzukommen: es „sollizitiert sie zur Reflexion in sich selbst" (P 97). Kraft ist damit „in sich Reflektiert-Sein" (P 97). Das jeweilige **Andere** also ist immer **selbst Kraft**, das allgemeine Medium **und** das Eins: „Die Kraft ist hiermit dadurch, dass ein Anderes für sie, und sie für ein Anderes ist, überhaupt noch nicht aus ihrem Begriffe herausgetreten" (P 97).

Aber die **Entzweiung** der Kraft geschieht in selbständige **Kräfte**. Die Kraft scheint immer eine zweite zu brauchen, die sie hervorruft, Kraftwirkung ist immer **Wirkung** gegen etwas, also eben **gegen Kraft**. Diese zweite Kraft ist insgesamt „allgemeines Medium" (das Auch, die Dingheit – P 97). Es steht also die **eine** Kraft gegen die Dingheit, die ein Zusammen von **vielen** Kräften ist. Diese zweite Kraft ist aber eben **Kraft, dasselbe** wie die erste, **eine Kraft**. Wenn Kraft also nur durch Kraft hervorgerufen wird, braucht sie selbst die zweite, um „allgemeines Medium" sein zu können, sie muss also selbst dazu bewegt werden. Sie soll also sollizitieren, kann dies aber nur, wenn sie ihrerseits sollizitiert wird. Das Sollizitierende ist also selbst Sollizitiertes. Der **Unterschied** des Sollizitierten und des Sollizitierenden erweist sich als: „dieselbe Austauschung der Bestimmtheiten gegeneinander" (P 98). Die Kräfte sind damit zwar **füreinander**, aber da ihr jeweils anderes sie selbst sind, genauso **für sich**. Das allgemeine Medium, die Dingheit, ist die **Vielheit** der Kraft, die **Äußerungen**. Diese Äußerungen sind aber nur als solche, wenn sie auf eine ‚Gegenkraft' stoßen, die in sich zurückgedrängte Kraft. Deshalb kann gesagt werden: die **zurückgedrängte** Kraft ruft die Äußerungen hervor und macht das allgemeine Medium so zum Medium. Es ist also sollizitierend, insofern es sollizitiert wird. Seine **Bestimmtheit** ist damit das Andere: die in sich zurückgedrängte Kraft. Ebenso umgekehrt: die zurückgedrängte Kraft kann dies nur sein **gegen** ein zurückdrängendes, gegen die Äußerung und ist damit **selbst Äußerung**, d.h. sie ist durch sie bestimmt.

Die **Unterschiede** in der Kraft, im Unbedingtallgemeinen zeigen sich nun als solche **des Inhalts und der Form**, da das Bewusstsein ja noch auf diese Weise trennt. Nach dem **Inhalt**: in sich reflektierte Kraft – Medium der Materien. Nach der **Form**: Sollizitierendes – Sollizitiertes. Das **Bewusstsein** erfährt: „Dass so die Extreme nach diesen beiden Seiten nichts an sich" sind, sondern „unmittelbares Übergehen jeder in die entgegengesetzte." (P 99) Die beiden Momente existieren so, „dass ihr Sein vielmehr ein reines Gesetztsein durch ein anderes ist, d.h. dass ihr Sein vielmehr die reine Bedeutung des Verschwindens hat" (P 99). Die **substantiierten Extreme** sind nichts Festes, „sondern was sie sind, sind sie nur in dieser Mitte und Berührung". Zusammengefasst gesagt: **Fürsichsein** und **Füranderessein** sind so „jede nur durchs andere, und was jede so durchs andere ist, unmittelbar nicht mehr zu sein, indem sie es ist" (P 99). Kraft ist also **Einheit** von Fürsichsein und Füranderessein und in dieser Einheit ist auch ihr Eins (ihr Zurückgedrängtsein) nur **Moment**: „diese Einheit ist ihr Begriff, als Begriff". Dieser ihre Momente aufhebende und aufbewahrende **Begriff** ist ihre **Wahrheit**, und damit: „Die Wahrheit der Kraft bleibt also nur der Gedanke derselben" (P 100). Damit ist auch eine Wahrheit der Welt schon gegeben: ihr **Inneres ist Gedanke**. So ist auch dieser zunächst seltsam anmutende Satz zu verstehen: „Die Realisierung der Kraft ist also zugleich Verlust der Realität" (P 100). In der Realisierung nämlich wird sie die **Verstandesallgemeinheit**. Darin aber setzt sie sich entgegen in substantiierte Extreme. Die **Realität der Kraft** dagegen besitzen wir: als **Gedankending** in der Einheit.

Demzufolge können wir zwischen erstem und zweitem Allgemeinem unterscheiden. Das **erste Allgemeine** ist also der **Verstandesbegriff**, darin ist die Kraft an sich, aber noch nicht für sich. Damit wird noch die Forderung nach einem Unmittelbaren gestellt, „das ein wirklicher Gegenstand für das Bewusstsein sein sollte" (P 100). Dies ist die in sich zurückgedrängte Kraft. Die Kraft ist so „Gegenstand des Verstandes" (P 100), wobei der Genitiv auf das Produzentenverhältnis zu diesem Gegenstand hinweist. Das **zweite Allgemeine** ist die Kraft, wie sie **für uns** geworden ist, sie ist also an und für sich, die Einheit, das **Gedankending**. Gegenüber der Forderung im ersten Allgemeinen ist dies nun „das Negative der sinnlich gegenständlichen Kraft", es ist das Innere der Dinge „als Inneres, welches mit dem Begriff als Begriff dasselbe ist" (P 100). Im Folgenden wird sich allerdings ergeben, dass das **Spiel der Kraft** positiv nur das **Vermittelnde** ist, nicht aber an sich schon die Wahrheit.

Der **Verstand** steht also schon in einem bestimmten Verhältnis zur Wahrheit, diese ist aber **nicht unmittelbar** für ihn, sondern **mittelbar**. Das Verstandesbewusstsein blickt „durch diese Mitte des Spiels der Kräfte in den wahren Hintergrund der Dinge" (P 100). Durch die Explikation der Kraft als unmittelbarer **Einheit** von Fürsichsein und Füranderessein wird dem Bewusstsein das **wahrhafte Wesen** der Dinge gezeigt: als **Gedankending**, wobei Wahrnehmendes und Wahrgenommenes wie das Eine und das Viele in der Einheit sind, indem sie sich entgegensetzen. Es wird ihm aber noch ‚hinter dem Vorhang' gezeigt: durch die **Mitte**, das „entwickelte Sein der Kraft" (P 100). Dies ist die **gegenständliche Form**. Gerade die **Gegenständlichkeit**, in der dem Verstandesbewusstsein die Bewegung der Kraft, das Unbedingtallgemeine erscheint, steht noch als Vorhang vor dem **wahren Inneren**. Wir haben ihm also schon gezeigt, dass dieses „entwickelte Sein der Kraft" in seiner gegenständlichen Form **nicht** das Wahre selbst ist, es ist **für es** schon „Sein, das unmittelbar an ihm selbst ein Nichtsein ist" (P 101): **Erscheinung**. Das **entwickelte Sein der Kraft** wird dem Verstand nun im Fortgang unserer Darlegung und seines Wissens ein Verschwinden (P 101). Das ist doppelt zu verstehen. Es verschwindet für ihn als gegenständliches Sein und wird ihm **Erscheinung**. In diesem Verschwinden als Gegenständlichkeit wird aber das **wahre Innere** gefunden. Der Schleier verschwindet und zeigt im Verschwinden das Dahinterstehende als seine **Wahrheit**.

Kraft ist nicht ein Sein, sondern **Gedankenbestimmung, Begriff**; dass das Sein ein Gedanke ist, weiß das **Verstandesbewusstsein** aber noch nicht. Die **Realisierung** der Kraft wird also zurückgenommen werden müssen, damit wird auch der Verlust der Realität zurückgenommen werden. So wird ihre Wahrheit gewonnen werden, die ihr Gedanke ist. Durch unsere Entwicklung weiß das **Bewusstsein** also jetzt, dass die Kraft in ihrer Realisierung nicht das Wahre ist **als Wahres**, aber es weiß nicht, was die Wahrheit nun wirklich ist. Es blickt in die Wahrheit **durch das Verschwinden des Seins der Kraft**, aber es sieht nichts. Das Innere der Welt ist jetzt **Erscheinung**. Das heißt: das Verstandesbewusstsein sieht eine **Welt von Schein**, das an ihm selbst nichtseiende Sein der Kraft; da es dies als Schein erkennt, wird ihm das Innere der Welt die **Erscheinung**. Die Wesensbestimmung der Welt ist also jetzt **für das Bewusstsein**: Erscheinung-sein. Damit ist auch das Innere schon **für es** geworden, freilich noch leer, und was es damit in Wahrheit hat, ist ihm noch nicht bekannt. Die Wesen der Wahrnehmung hat es in ihrer Wahrheit erfasst, indem es deren Inneres als Kraft bestimmte und die Kraft als Schein. Sie sind also jetzt schon für das Verstandesbewusstsein „unmittelbar in das Gegenteil ohne Ruhe und Sein sich verwandelnde Momente" (P 101).

Es hat das **Innere** als „Ganzes des Scheins", als „Allgemeines" im bestimmten Verschwinden des Seins der Kraft gesehen (P 101). Das **Verstandesbewusstsein** hat das Sinnlichgegenständliche ebenso wie den Wahrnehmungsgegenstand hinter sich gelassen, es hat sich, weil es seinen Gegenstand als Erscheinung erkannt hat, „in sich als in das Wahre reflektiert" (P 101). Sein **Fehler** ist nur, dass ihm noch der Gegenstand **als Gegenstand** verbleibt, dass es sich so noch nicht mit dem Objekt **zusammenschließen** kann. Es macht also das Wahre (das es jetzt schon weiß) „zum gegenständlichen Innern" (P 101). Anders ausgedrückt: es unterscheidet noch die „**Reflexion der Dinge** von seiner **Reflexion in sich selbst**" (101). Zwar ist ihm das Innere das Wahre, weil es darin selbst ist; es selbst ist das Innere, es hat darin „das Moment seines Fürsichseins" (P 101). Es weiß aber noch nicht, dass eben dies der Grund dafür ist, dass ihm das Innere das Wahre ist. Also: „das Innere ist ihm daher wohl **Begriff**, aber es kennt die **Natur des Begriffes** noch nicht" (101). Es weiß wohl, dass das Innere nichts Gegenständliches unabhängig von ihm ist, es weiß, dass es Erscheinung als Verschwinden der Kraft ist, aber es weiß nicht, dass **das Andere es selbst** ist und durch dieses Wissen mit ihm zusammengeschlossen ist.

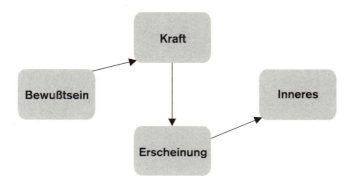

Der **Gegensatz** Allgemeines – Einzelnes ist daraus schon verschwunden, was noch zu tun ist, ist die Aufarbeitung des **Gegensatzes** Wahrnehmendes – Wahrgenommenes. Gleichwohl ist **für den Verstand** nunmehr die ‚**übersinnliche**' Welt geworden, das „bleibende Jenseits" (P 101). Dies ist schon die **erste Erscheinung der Vernunft**. Aber so ist es „nur das reine Element ..., worin die Wahrheit ihr Wesen hat." (P 102). Wir müssen nun dieses „Verhältnis des Zusammengeschlossenseins" (P 102) (den Schluss: **Verstand – Mitte der Erscheinung – Inneres** der Dinge) betrachten und erkennen, was der Verstand im Innern sieht und seine Erfahrung damit. Das Innere ist für das **Bewusstsein** leer, es sieht noch nicht sich **selbst** darin, das Innere ist nur der leere Raum der Wahrheit, das „Nichts der Erscheinung" (P 102), letzteres verstanden im Sinne eines genitivus possessivus: das **Nichts**, das der **Erscheinung** angehört, das sie ist als „Sein, das an ihm selbst ein Nichtsein ist." (P 101) Natürlich ist dieses Innere nicht zu **erkennen**, denn im Leeren gibt es nichts zu erkennen. Es ist zwar nicht zu erkennen, aber nicht aus einem Mangel unseres Erkenntnisvermögens, sondern weil es bislang **nur als Nichts bestimmt** ist.

Damit wehrt Hegel auch die **Kantische** Auffassung ab: Erscheinung ist nicht das, was sinnlich gewusst wird, sondern das **Innere**, Erscheinung ist nicht die sinnliche Welt, eben deshalb kann **Hegel** sagen: das Innere ist Erscheinung. Positiv kann bisher nur gesagt werden: es ist das „einfache Allgemeine" (P 102). Aber das übersinnliche Jenseits ist ein **vermitteltes**. Es ist **entstanden**, als das Bewusstsein erfuhr, dass das Spiel der Kräfte nur Erscheinung, ein Verschwindendes ist. Das **Bewusstsein** kommt zu ihm als zu einer **im Verschwinden** des Kräftespiels **erscheinenden** Erscheinung, dadurch aber ist das Jenseits auch durch diesen Weg **bestimmt**, anders gesagt: „die Erscheinung ist sein Wesen" oder „Das Übersinnliche ist also die Erscheinung, als Erscheinung" (P 103), dies eben, weil es als solches **geworden** ist. Deshalb kann Hegel nun sagen: „Das Übersinnliche ist das Sinnliche und Wahrgenommene gesetzt, wie es in Wahrheit ist; die Wahrheit des Sinnlichen und Wahrgenommenen aber ist, Erscheinung zu sein" (P 103). Was macht der **Verstand**, den wir jetzt betrachten, nun mit dem Inneren, das jetzt also „unerfülltes Ansich" (P 103) ist? Hegels Antwort lautet: „Seine Beziehung auf das Innere durch die Vermittlung aber ist seine Bewegung, durch welche es sich ihm erfüllen wird" (P 103). Die **Vermittlung** ist eben das Spiel der Kräfte, es muss deshalb zugesehen werden, was damit geschieht.

Der **Verstand** weiß nun, dass das Wahre das „einfache Innere" ist; soll das Unbedingtallgemeine, die Kraft, also teilhaben an der Wahrheit, so muss es auch als **Einfaches** gesehen werden (P 103). Aus der obigen Explikation der Kraft ergab sich: die **Unterschiede** nach Form und Inhalt (Sollizitiertes – Sollizitierendes, passives Medium – Eins) waren sich selbst **aufhebend**. Die Kraft muss sich **entgegensetzen** und ist in der Entgegensetzung die **eine** Kraft. Was bleibt, ist **der Unterschied als solcher**. Kraft tritt als entgegengesetzte auf, in der Unterscheidung von Kräften. Dieser Wechsel als allgemeiner wird als **Gesetz der Kraft** bezeichnet (P 104), womit das **Einfache der Kraft** gefunden ist. Das Innere wird als **einfach** gedacht, da ich zu ihm aber im Gang durch die Kraft („die absolut wechselnde Erscheinung" (P 104)) komme, muss auch die **Bewegung** der Kraft **einfach** sein, wenn sie etwas Wahres sein soll. Dies ist gleichbedeutend damit: weil der **Verstand** einfach gedacht wird, muss das Spiel der **Kraft** ebenso einfach sein, denn Verstand und Inneres sind nur zwei substantiierte **Extreme**.

Da das **Innere** das Nichts des Spiels der Kräfte ist, kann erst jetzt gesagt werden, dass dieses Innere in Wahrheit **Einfaches** ist, nachdem gefunden wurde, dass die **Wahrheit der Bewegung der Kraft** ein Einfaches ist: das **Gesetz der Kraft**, der Unterschied als solcher. Das Einfache ist also der Unterschied. Die Wahrheit aber wurde schon als Inneres erkannt. Das Innere ist Einfaches, aber als solches jetzt **zugleich** und in eins **allgemeiner Unterschied** (P 105). Da man zum Inneren eben auf dem Weg durch dies Spiel der Kraft kommt, muss das Innere selbst der allgemeine Unterschied sein: „der Wechsel ist sein Wesen", aber als „absolut allgemeiner beruhigter sich gleich bleibender Unterschied aufgenommen" (P 104), nur so ist im Inneren die Wahrheit, als Einheit **und** Wechsel. Damit ist die **Negation** wesentliches Moment des **Allgemeinen** (P 104). Es ergibt sich: „Die übersinnliche Welt ist hiermit ein ruhiges Reich von Gesetzen" (P 105).

Aber dies **Reich der Gesetze** ist nur die **erste** Wahrheit des Verstandes. In der Erscheinung (d.h. hier: im Sein der Kraft) ist immer noch etwas, das der Einfachheit des übersinnlichen Jenseits **entgegensteht** und das heißt: die Wahrheit des Inneren ist noch nicht ganz vollendet, denn das **Innere** soll ja „Nichts der Erscheinung" sein, aber **einfaches Allgemeines**; das geht aber nicht, wenn das Sein der Kraft noch nicht „aufgehobenes für sich Sein" (P 105) ist. Sonst hätte die Kraft nämlich noch etwas Eigenes **gegen** ihre Wahrheit, **nur Erscheinung als solche** zu sein, und eben das Erscheinung-sein wurde als das **Innere** bestimmt und das Innere als das **Einfache**, womit die Wahrheit also noch nicht erreicht wäre. Das **Sein der Kraft** hat noch etwas für sich, was seiner **Wahrheit** entgegen ist, damit kann das Innere nicht das „Nichts der Erscheinung" sein, sonst würde das, was sich im Sein der Kraft nicht in das **einfache Gesetz** auflösen lässt, damit auch ins Innere kommen, das Innere wäre nicht mehr Einfaches, das **Fürsichsein** des Spiels der Kräfte wäre so nicht **Erscheinung**, und das Innere wäre nicht Erscheinung-sein. Das **entwickelte** Sein der Kraft wäre in Wahrheit noch nicht Erscheinung, denn diese ist „aufgehobenes für sich Sein" (P 105). Die Kraft darf nichts **gegen** ihre Wahrheit behalten. Keine Wahrheit darf an der Kraft sein, die nicht im **Inneren** ist, denn das Innere und Einfache wurde als die Wahrheit eingesehen. Also **entweder** muss das, was dem Wahren in der Kraft entgegensteht, als unwahr gezeigt werden, **oder** das Wahre in der Kraft kommt auch ins Innere.

Was jetzt **aufgelöst** werden muss, ist also, dass das Gesetz „unter immer andern Umständen eine immer andere Wirklichkeit" hat (P 105). Eine **Tatsache** kann nicht durch nur **ein** Gesetz erklärt werden. Dass es aber **viele** Gesetze gibt, widerspricht dem **Verstandesprinzip** der **Einheit**. Der allgemeine Unterschied als **Einfaches** wird noch in einer **Vielzahl** von **Gesetzen** ausgesprochen. Um das Einfache als allgemeiner Unterschied zu erhalten und so der Kraft ihre Wahrheit zu geben, muss diese **Mannigfaltigkeit** der vielen Gesetze **aufgehoben** werden und das heißt: die Gesetze müssen als Momente des **einen** Gesetzes gezeigt werden. Die Lösung ist die Rückführung der vielen Gesetze auf ein Gesetz, „ein ihre Bestimmtheit weglassendes Gesetz" (P 105), und dieses ist: „die allgemeine **Attraktion**" (P 105).

Es muss nun unterschieden werden zwischen dem, was der **Verstand** an ihr zu haben glaubt, und was dies **wirklich** darstellt. Für den Verstand ist sie ein allgemeines Gesetz, das „die allgemeine Wirklichkeit als solche ausdrücke" (P 106). Wir wissen aber: sie ist nur der **Begriff** des Gesetzes (P 106). Gerade dadurch ist dem Verstand schon die ‚**Begriffhaftigkeit**' alles Wirklichen gegeben, wenn er auch das, was der Fund wirklich bedeutet, noch nicht wissen kann, da er ja immer noch **gegenständlich** denkt und so bei der „allgemeinen Wirklichkeit" als gegenüberstehender Wirklichkeit bleibt. Aber es ist jedenfalls ein großer Fortschritt gegenüber dem **Wahrnehmungsbewusstsein** erreicht, für das „die Bestimmtheit die Form der sinnlichen Selbständigkeit" (P 106) hatte.

Fasst das **Verstandesbewusstsein** nun die allgemeine **Attraktion** als wahres **Inneres** auf, so verbleiben die bestimmten Gesetze doch noch **jenseits** des Inneren, denn die allgemeine Attraktion stellt nicht „die Einheit dieser bestimmten Gesetze" (P 105) dar, sondern ist eben **bloßer Begriff** des Gesetzes **für uns**. Sie sagt nichts als „dass Alles einen beständigen Unterschied zu anderem hat" (P 106). So wäre die Erscheinung immer noch nicht Erscheinung als **aufgehobenes** Fürsichsein, sie wäre noch nicht vollendet, die Bestimmtheit der Gesetze würde noch dem Fürsich der Erscheinung angehören.

Es wird nun unterschieden: das **bestimmte** Gesetz (die jeweilige Ausprägung) – das Gesetz **als solches** (die Gesetze) – der **reine Begriff** des Gesetzes. Allerdings braucht von ersterem nicht mehr die Rede zu sein, denn das Wahre wurde bereits als Reich der Gesetze gezeigt. Das Entscheidende aber ist: „der Begriff des Gesetzes ist gegen das Gesetz selbst gekehrt." (P 106) Er ist also nicht nur die **Vereinigung** aller Gesetze, ihre „Gattung", sondern als **Begriff** ist er anderes. Denn: zum Gesetz als solchem gehört der **Unterschied**, d.h. „ein Bestehen der Momente, deren Beziehung es ausdrückt, als gleichgültiger und an sich seiender Wesenheiten" (P 106). Dies Bestehen der Momente wird aber von der **Attraktion** nicht umfasst, die ja nur den **Unterschied** ausdrückt. Das **Verhältnis Attraktion zu Gesetz** als solchem muss also so gefasst werden. Der reine Begriff des Gesetzes (die Attraktion) ist das **Absoluteinfache** (P 106), deshalb müssen diese Unterschiede (das Bestehen der Momente) **aufgehoben** werden, sie müssen „in das Innere als einfache Einheit zurückgehen." (P 106)

Dieser reine Begriff des Gesetzes ist so offensichtlich nichts anderes als die **Kraft**, so wie sie bestimmt wurde, als „**Kraft überhaupt** oder als der **Begriff der Kraft**" (P 107), darin ist das Attrahierte das Attrahierende und umgekehrt, es ist die **Einheit** im Gegensatz, wodurch die Gegensatze wieder bloß substantiierte Extreme sind. Darin bleibt das Gesetz als solches, das die Unterschiede als solche festhält und es wird zugleich in die **Einfachheit** aufgehoben.

Am Beispiel der **Elektrizität** zeigt sich dies so: als **einfache** ist sie Kraft; werden aber **Elektrizitätsgesetze** aufgestellt, wird an ihr **positive** und **negative** unterschieden. Diese Unterscheidung hat sie aber nicht **an sich**, sie ist die eine Kraft, obwohl die Unterscheidung ihr notwendig ist (sie existiert in **Entgegensetzung**), nicht aber ist diese Unterscheidung ‚an sich' notwendig. Sie ist als Unterscheidung notwendig, aber nicht in den je vorkommenden **Formen** (als positive bzw. negative Elektrizität), gegen diese ist die Kraft **gleichgültig**. Kraft existiert als Eine in Unterschieden, die eine Kraft setzt sich entgegen, aber es kann der **Begriff** der Kraft von ihrem **Sein** unterschieden werden: als „einfache Kraft" (die aber in der Entgegensetzung ist) ist die Elektrizität zu trennen von ihrem **Gesetz**, das ihr Sein angibt, womit „ihr Begriff gleichgültig gegen ihr Sein" ist (P 107). Das in sich selbst unterschiedene **Einfache** ist **gleichgültig** gegen das herausgesetzte **Unterscheiden** und dessen Material, an dem die Unterschiede auftauchen. Also: der **Begriff des Gesetzes** ist gegen das **Gesetz** gekehrt (P 106), weil ersteres Kraft ist, ein Einfaches in der Unterschiedenheit, letzteres aber nur die **Unterschiede** in den je verschiedenen Formen festhält.

An einem anderen Beispiele und auf eine andere Weise kann das Gesagte so verdeutlicht werden: die **Bewegung** ist notwendig als **Teilung** in verschiedene Momente zu verstehen, aber ihre Teilungsbestimmungen sind in der jeweiligen Bestimmung nicht notwendig **füreinander**, sie beziehen sich „nicht durch ihr Wesen auf einander" (P 108). Die „Teile" des Gesetzes sind also **gleichgültig** gegeneinander. Auch damit ist die je bestimmte Teilung **nicht an sich selbst** gegeben. Zusammengefasst gilt also: „entweder ist das Allgemeine, die Kraft, gleichgültig gegen die Teilung, welche im Gesetze ist, oder die Unterschiede, Teile des Gesetzes, sind es gegeneinander" (P 108). Die **gedoppelte Weise** des Vorhandenseins des Gesetzes ist also nicht als bleibende Zweiheit auf einer Ebene zu verstehen. Die **Selbständigkeit** der Bestimmtheit wird gegen das bisher gezeigte Innere als unwesentliches Moment aufgefasst, demgegenüber die Wahrheit des Begriffes des Gesetzes (Kraft) gleichgültig ist. Es ist dem **Inneren** das unwesentliche Moment, „die oberflächliche Beziehung" (P 108), das nicht ins Innere gehört. Der Unterschied ist ja „kein Unterschied an sich selbst" (P 108).

Wie das Innere bis jetzt aufgefasst wurde, wird der **Wechsel**, die bestimmte Unterschiedlichkeit der Erscheinung, also **aus dem Inneren ausgeschlossen**. Damit ist dieses immer noch nicht als Wahres vollendet. Wir müssen nun sehen, auf welche Weise der **absolute Wechsel** in die Wahrheit des Inneren aufgenommen werden kann. Das **Verstandesbewusstsein** hat diesen Unterschied, es hält am Bestehen der Momente fest. Aber in seiner ihm spezifischen Tätigkeit hebt der Verstand gerade diesen Unterschied der je bestimmten Momente auf und führt ihn auf den **allgemeinen** Unterschied als solchen zurück. Der Verstand **erklärt**, d.h. er **abstrahiert vom Einzelfall** durch Rückführung auf **Allgemeines**. Damit sagt er selbst, dass diese je vorhandenen Momente als ansichseiende Wesenheiten unmöglich sind. Die vorkommenden Formen der Unterscheidung sind nicht die Wahrheit, der Verstand sagt es selbst, sondern die **Unterscheidung** als allgemeine, und dieser Unterschied ist im Innern, weil das Gesetz als **Begriff** des Gesetzes ist, d.h. es ist „einfache Kraft" und als solche in sich unterschiedenes Einfaches. Der einzelne Blitz wird etwa als **Wirkung** der Entgegensetzung positiver und negativer Elektrizität verstanden. Diese beiden werden vom Verstand als bestimmte Momente genommen, als **ansichseiende** Wesenheiten. Genau dies aber hebt er im Erklären auf. Es wird auf Kraft **zurückgeführt**, in dieser ist wohl der Unterschied, aber als solcher und im Inneren, und die **bestimmten** Unterschiede erweisen sich als nicht der Wahrheit angehörig. Der Verstand **setzt** also die bestimmten Unterschiede und **hebt** sie wieder gegen das einfache Innere **auf**, das als Unterschied nur den Unterschied als solchen kennt, d.h. ihn als Einfachen jenseits aller Bestimmtheit und allen Wechsels.

Für uns ist nunmehr das Problem gelöst. Bislang fehlte noch der **absolute Wechsel** im Inneren. Das Innere zeigte sich als Unveränderliches, ruhiges Einfaches, der Unterschied war ihm nur als solcher, damit als einfacher. Wir müssen jetzt nur vor der entwickelten Gestalt zurücktreten, so finden wir die **Wahrheit** des Inneren **vollendet**. Dazu muss der **letzte Schritt** betrachtet werden: die **Verstandesbewegung**, die für den absoluten Wechsel verantwortlich war, der in dieser Bewegung für das bislang gesehene Innere unwesentlich wurde, indem der Verstand ihn je zurückführte auf den Unterschied als solchen und damit die bestimmten Unterschiede ihrer Wahrheit beraubte. Wir sehen nun **den Verstand *und* das Innere**. Damit ist für uns der Wechsel in seiner Wahrheit geworden, nämlich als **Tun des Verstandes**.

Wir erkennen an der Verstandesbewegung „den absoluten Wechsel selbst" (P 110), denn, wie gezeigt, setzt die Bewegung des Erklärens einen „Unterschied, welcher nicht nur für uns kein Unterschied ist, sondern welchen sie selbst als Unterschied aufhebt" (P 110). In der **Verstandesbewegung** erkennen wir den **absoluten Wechsel**, der am Gesetze vermisst wurde. Der Verstand bringt beides zusammen in seinem **Tun** (das er allerdings nicht weiß): im **Erklären** geht er von der **Verschiedenheit** auf die **Einheit** (Kraft) zurück, das ist genau die Aufhebung des gemachten Unterschiedes. Mit der Kraft ist der Wechsel an der Erscheinung, aber nicht im Inneren, er war also im Sein der Kraft, durch das hindurch der Verstand ins Innere blickt. Das Innere aber sollte einfach sein, deswegen musste auch das Sein der Kraft einfach sein, wenn es Wahrheit sein sollte. Dazu wurde zunächst das „Gesetz der Kraft" bestimmt, der Unterschied als solcher. Somit war das Gesetz das ruhige Innere. Aber es gab noch viele Gesetze, die wurden reduziert auf den **Begriff des Gesetzes**, das das einfache Sein der Kraft war. Auf der Suche nach dem Einfachen in der Erscheinung kam also die Trennung Kraft – Gesetz als solches. Auf diese Weise versuchte der Verstand dem Inneren die Einfachheit zu erhalten. Er **erklärt** nun aber, indem er das Verschiedene auf das Einfache **zurückführt**, die Gesetze auf ihren **Grund**, auf die Kraft. Das geht nur, indem er die Verschiedenheit ständig **aufhebt** zur Einfachheit; aber dies kann er nur, wenn er zugleich die Kraft als **unterschiedene** denkt, denn aus der absoluten Einfachheit könnte nicht der Wechsel kommen. Er muss die Wahrheit also auch als **Unterscheidung** in die **Vielen** denken. Der Verstand **sagt** also etwas, was er so noch nicht weiß: er setzt den Unterschied und hebt ihn auf, weil er keiner war.

Damit geschieht der Wandel und Wechsel im Übersinnlichen durch die **Bewegung des Erklärens**. Mit diesem Schritt ist aber etwas Entscheidendes geschehen. Das Bewusstsein hatte das Innere ja als Gegenstand genommen, nun aber ist **der Wechsel am Innern**, und dieser Wechsel ist die **Verstandesbewegung**. Wenn das Bewusstsein nun in das Innere sieht, sieht es auch **seine** Verstandesbewegung, es sieht also das Innere nicht mehr gegenständlich, sondern **als sich selbst**. Dies muss schließlich auch der Verstand erfahren: „so wird dieser Wechsel als Gesetz des Inneren für ihn" (P 110). Was er erfährt, ist dies: „dass es Gesetz der Erscheinung selbst ist, dass Unterschiede werden, die keine Unterschiede sind" (P 110). Zur Wahrheit des Inneren der Welt müssen wir also auch den **Verstand** zählen, also **die Bewegung des Erklärens**: „unser Bewusstsein ist aber aus dem Innern als Gegenstande auf die andere Seite in den Verstand herübergegangen, und hat in ihm den Wechsel" (P 110). Das Bewusstsein ist so **in sich gegangen**: der Verstand in den Verstand.

Erst so kann das Innere als Erscheinung **vollendet** sein. Es ist nicht nur ein Einfaches, das in sich den Unterschied bloß als einfachen hat, der sich so gleich bleibt, sondern es gehört auch dazu, „dass Unterschiede werden, die keine Unterschiede sind; oder dass das Gleichnamige sich von sich selbst abstößt" (P 110). Zur Wahrheit gehört ebenso dieses zweite: was bislang als Inneres bestimmt war, als Sichgleiches, muss in **den Wechsel und Wandel** eintreten. Dadurch verliert es aber nicht seine Wahrheit. Nur, was gleich war, wird nun ungleich, und was ungleich ist, muss auch gleich werden können. Die Verstandesbewegung **erklärt**, nimmt also Bestimmtheiten, die sie in der Entgegensetzung gewinnt, und bewegt sich so in einer Welt des **Vielen**, das sie aber immer selbst als nur **Eines** behandelt, eben indem sie **erklärt**, also **auf die Einheit zurückführt**. Dieser Wechsel ist aber derselbe wie der, der das **Spiel der Kräfte** war. Es ist **dieselbe** Bewegung, „dass allerdings ein Unterschied gemacht, aber weil er keiner ist, wieder aufgehoben wird" (P 110). Wir erkennen also: **Verstandesbewegung** und **Bewegung der Kraft** sind **dasselbe**.

Es war erst das **Gesetz der Kraft** gefunden worden als der „Unterschied als allgemeiner", das „Einfache an dem Spiele der Kraft selbst" (P 104), „sich gleichbleibender Unterschied" (P 110). Der Unterschied behielt darin seine Identität, er war Unterschied und hielt sich als solcher durch. Jetzt haben wir ein **zweites Gesetz**: „das Ungleichwerden des Gleichen, und das Gleichwerden des Ungleichen" (P 111), das Gesetz der **Nichtidentität**, das sich selbst gleich nur in der **Ungleichheit** ist. Was im ersten Gesetz die Gleichheit war, wird nun ungleich: der **Verstand** bewegt sich im Ungleichen. Was im ersteren ungleich war (der Unterschied als solcher), ist ungleich: für die Verstandesbewegung ist die bloße Unterschiedenheit nichts, er setzt die bestimmten Unterschiede, der Unter-

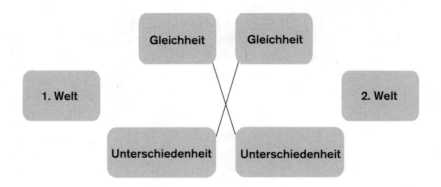

schied als solcher ist ihm ein gleicher. Damit ist das, was sich früher nur als Spiel der Kraft gezeigt hatte, nämlich **Identität und zugleich Nicht-Identität**, ganz und gar im Inneren. Der Schleier, den dies Spiel der Kraft bildete, wird bald weggezogen werden können.

Der sich gleichbleibende Unterschied hatte ein **ruhiges Reich von Gesetzen** ergeben (P 105). Dies wird nun eine **erste übersinnliche Welt** genannt (P 111). Jetzt ist aber eine **zweite** entstanden. Diese hat sich aus dem Prinzip des Wechsels ergeben, also aus der Verstandesbewegung, als „Beständigkeit der Unbeständigkeit" (P 111). Das erste war sich gleichbleibender Unterschied; das zweite ist **sich ungleich werdende Gleichheit**. Damit ist der innere Unterschied gefunden, er ist „indem das Gleiche sich ungleich, das Ungleiche sich gleich ist" (P 111) Die **zweite übersinnliche Welt** ist auch die **verkehrte** der ersten, denn in der ersten war das Gleiche gleichbleibend, die Unterschiede unterschieden, jetzt dagegen ist das Gleiche ungleich und die Unterschiede sind ununterschieden.

Auch der **Wechsel** musste also als Teil der übersinnlichen Welt werden, wie das ruhige Reich der Gesetze. Er ist eben das **Gegen-Teil**. Mit diesen beiden Teilen (die aber im gezeigten „verkehrten" Verhältnis zueinander stehen) ist das Innere als Erscheinung **vollendet** (P 111). Von **uns** wird gewusst: **zum einen** ist das Innere als Einfaches Erscheinung, das Wahre übersinnlich, jenseits des Wahrgenommenen, es ist Gedanke; **zum anderen** ist das Innere als Unterschiedenes, als Wechsel die Verstandesbewegung, also auch jenseits des Wahrgenommenen; auch dies ist **Gedanke**. Vom Wahren wird also gefordert: einfach **und** unterschieden zugleich zu sein, **Sichgleichbleiben und Wechsel**. Das Prinzip des Wechsels ist nicht mehr, wie in der ersten übersinnlichen Welt, das Prinzip der wahrgenommenen Welt, der das Jenseits als Einfachheit gegenübersteht. Eben dies war das Ungenügen der ersten Welt. In gewissem Sinne war in der **ersten** Welt aber schon die **zweite** angelegt: das Prinzip der letzteren war in ihr als verkehrte Welt, damit zwar als falsche, aber doch in ihr enthalten.

Für das Denken der **ersten übersinnlichen Welt** muss der Wechsel, die Verstandesbewegung, tatsächlich als das **Verkehrte** im Sinne des Falschen erscheinen. Wenn die **zweite** so für die erste die falsche ist, so kann in ihr doch schon von der zweiten geredet werden, und das heißt, sie ist in ihr schon enthalten. Bei der ersten übersinnlichen Welt war nur das Einfache gegeben, das **Prinzip des Wechsels** aber war ihr noch in der **wahrgenommenen** Welt, also ihr gegenüber in der Unwahrheit. Jetzt in der zweiten ist aber **alle Gleichheit aufgelöst**, alles ist seiner selbst ungleich, alles ist nicht das, was es in der ersten Welt war, und ist so **es selbst**. Der Wechsel kann nicht aus der Wahrheit ausgeklammert werden, auch er muss sich als übersinnliches Inneres zeigen, als **Gedanke**, dies wird erkannt, indem wir ihn **als Prinzip der Verstandesbewegung** ansehen.

Wird so die Entgegensetzung als solche, das Ungleiche, als **Identität** bzw. Gleichheit gedacht und das Gleiche als Ungleiches, so ist jedes Entgegengesetzte „das Entgegengesetzte eines Entgegengesetzten; oder das andere ist in ihm unmittelbar selbst vorhanden" (P 114). Es ist also jetzt von uns gefunden: der „absolute Begriff" des **Unterschiedes** (P 114), der wirkliche, letzte, über den hinaus es keinen gibt. Dieser absolute Begriff ist: „Abstoßen des Gleichnamigen als Gleichnamigen von sich selbst, und Gleichsein des Ungleichen als Ungleichen" (P 114). Das Eine hat das Andere an ihm selbst, also: **es ist das Gegenteil seiner selbst und darin es selbst**. Die übersinnliche Welt ist sich in ihrer zweiten Gestalt selbst ungleich, weil sie Wechsel und Vieles ist, während sie doch zugleich Eines und Beständiges ist.

Damit ist die übersinnliche Welt als ‚**Unendlichkeit**'. Das Eine ist sich selbst ungleich, so ist es sich gleich, also ist es das Andere, indem es das Eine ist. Das Andere ist ihm nicht das Gegenüberstehende, sondern es selbst, indem es nicht es selbst ist. Der Verstand **setzt** die Bestimmtheiten ja so, dass er sie ständig wieder **aufhebt** und zurückführt auf Einfaches. Insofern eben ist das Eine das Andere: in der identischen Zurückführung. So können auch die Beispiele verstanden werden: das Süße ist das Saure, das Weiße das Schwarze (P 112), dies nicht weil eine Trennung in **Erscheinung** (im kantischen Sinne) und **Ansich** statthaft wäre, sondern weil der Verstand aus seinem Inneren zurückführt auf das Innere der ruhigen Gesetzlichkeit des Einfachen.

Die Wahrheit aber ist nur im Zusammenbringen der Gedanken. Die Sichselbstgleichheit ist als **Identität von Identität und Nichtidentität** vorhanden. Dies ist das Entscheidende: die Wahrheit ist nicht **verteilt** an die übersinnlichen Welten, sie stehen sich auch nicht als Wahrheit und Unwahrheit gegenüber, sondern **ihre unauflösliche Einheit** ist die Wahrheit. Die Unterscheidung in erste und zweite übersinnliche Welt kann nur eine ‚Hilfskonstruktion' darstellen, die dem Bewusstsein das Verständnis erleichtert. Wie die Hilfslinie der Geometrie aber muss die Verteilung des Wahren an zwei Welten ‚wegradiert' werden, wenn die Unendlichkeit vor uns steht. Zugleich und in einem ist **Sichgleichheit** und **Ungleichheit**. Also: „Es ist der reine Wechsel, oder die Entgegensetzung in sich selbst, der Widerspruch zu denken." (P 114). Der Unterschied ist so als Unendlichkeit, als „Unterschied an sich selbst" (P 114).

Es unterscheidet sich alles **un-endlich** vom anderen: ohne Ende, alles ist das andere, somit un-endlich, wenn unendlich heißt: dass etwas gegen ein anderes steht, das es nicht ist, aber indem es dieses ist. Die Vereinigung von Verstandesbewegung und einfachem Inneren zeigte: das Andere ist das Eine, deswegen ist dieses **ohne Ende** zum Anderen, aber es unterscheidet sich in dieser Un-Endlichkeit. Damit ist **Unterschiedenheit in der Ununterschiedenheit** gegeben. Jetzt sind „alle Momente der Erscheinung in das Innere aufgenommen" (P 114). Also: „Das Einfache des Gesetzes ist die Unendlichkeit." (P 114) Das heißt:
a. „Sichselbstgleiches, welches aber der Unterschied an sich ist" (P 114).
b. die Teile stellen sich als Bestehendes dar,
c. durch den Begriff des inneren Unterschiedes ist der Unterschied einer, der keiner ist.
Hegel drückt dies so aus: die Teile „sind als Positives und Negatives gegeneinander **begeistet**, und ihr Sein ist dieses vielmehr, sich als Nichtsein zu setzen, und in der Einheit aufzuheben." (P 115). Die Teile sind also nur gegeneinander, nicht gegen die Einheit, eines hat sein Sein im anderen: sie sind gegeneinander begeistet. Damit heben sie sich stets auf, ihr ‚Geist', ihre Wahrheit ist die **Einheit**. Ungleichsein ist also Entgegengesetztsein, damit ist das je Ungleiche das Andere, bzw. in der Einheit. Ebenso ist es mit den Unterschieden, auch diese sind in Entgegensetzung gegen das Andere, sind damit also ebenso **Nicht-Unterschied**. Damit ist die Wahrheit erreicht: „Diese **einfache Unendlichkeit**, oder der **absolute Begriff** ist das einfache Wesen des Lebens, die Seele der Welt, das allgemeine Blut zu nennen" (P 115).

Die **Unterschiede** entstehen, weil dieses einfache Wesen **sich auf sich selbst bezieht**, in diesem Bezug ist das Entzweien, der innere Unterschied. Er wird gesetzt durch die **Verstandesbewegung**, die ihn ebenso wieder aufhebt und auf das Einfache zurückführt. Aber es ist eben „jedes ein Gegenteil – eines andern, so ist darin schon das Andere mit ihm zugleich ausgesprochen; oder es ist nicht das Gegenteil eines andern, sondern nur das reine Gegenteil; so ist es also an ihm selbst das Gegenteil seiner" (P 115). Ebenso ist es mit Einheit -Unterschied. Auch dies sind nur **zwei Momente**, die sich entgegensetzen. Also ist die Einheit die Entzweiung und die Entzweiung die Einheit. Die **Einheit ist das Nicht des Entgegengesetzten**, damit hat sie dies schon an ihr. Denn eben alles, was bestimmt ist, d.h. unterschieden ist, ist im Bestimmen schon das Gegenteil dieser Bestimmtheit, weil es als Nicht des Anderen bestimmt ist. Das Festhalten der einen Seite, Einheit als Einheit oder Entgegensetzung als Entgegensetzung ist so die **Abstraktion**. Hegel drückt dies in folgendem Satz aus: „Das sichselbstgleich Werden ist ebenso ein Entzweien; was sichselbstgleich wird, tritt damit der Entzweiung gegenüber; d.h. es stellt selbst sich damit auf die Seite, oder es wird vielmehr ein Entzweites." (P 116)

Dies ist also jetzt geworden und frei hervorgetreten. Der Weg ist damit zu Ende. Das **Bewusstsein ist Selbstbewusstsein**; sein Gegenstand ist **es selbst**, die Verstandestätigkeit, die die Unterschiede setzt und aufhebt, weil sie keine sind; sein Gegenstand ist **Gedanke**. Es wird sich als solches wissen, sobald es sich als seinen Gegenstand erkannt hat. Damit hat es **sich selbst erkannt**. Das Bewusstsein ist das Andere, sein vorher vermeintlich zu ihm selbständiger Gegenstand, und das Andere ist das Bewusstsein und es erkennt sich darin als es selbst. Da das Bewusstsein dann weiß, dass das Innere Unendlichkeit in der Bestimmtheit ist, kann es auch sich selbst nicht mehr als bestimmtes in naiver Entgegensetzung aushalten. Das **Unendliche** greift über sich als Gegenstand hinaus und bezieht das Bewusstsein ein: es kann sich nicht mehr verschlossen gegen einen Gegenstand behaupten, wenn dieser Gegenstand das Unendliche ist und als solcher ist er als Inneres geworden. Das **Spiel der Kräfte** stellte bereits die Unendlichkeit dar. Das Eine war das Andere in der Bewegung der Kraft, eine **Entgegensetzung in sich**, die sich als solche stets wieder aufhob. Die Bewegung der **Erklärung** setzte die Unendlichkeit frei, denn diese Bewegung war tautologisch und bewegte sich nur in sich selbst. Sie war so die „Beschreibung dessen, was das Selbstbewusstsein ist" (P 116). Diese Bewegung des Verstandes war so: Setzen und im Erklären Aufheben der Unterschiede. Aber nicht diese Bewegung selbst war der Gegenstand des Verstandes, sondern er **übte sie aus**; er konnte noch nicht vor der Bewegung zurücktreten und sie als die seine erkennen. Seine Gegenstände waren noch die einzelnen Bestimmtheiten. Die **Wahrheit des Erklärens** aber ist: das Bewusstsein befindet sich „in unmittelbarem Selbstgespräche mit sich", worin es „aber in der Tat sich nur mit sich selbst herumtreibt" (P 117).

Für uns ist die Unendlichkeit als solche in ihrer Wahrheit geworden. Dem **Selbstbewusstsein** aber ist „dieser Begriff der Unendlichkeit Gegenstand" (P 117), so ist er ihm **nicht reiner Begriff**, es hat ihn unmittelbar, es weiß sich aber noch nicht, d.h. es hat sich noch nicht in der gegenständlichen Form, es tritt also nicht vor sich selbst zurück. Es bleibt so Selbstbewusstsein; hätte es sich als Selbstbewusstsein zum Gegenstande, wäre es schon über seine Gestalt hinaus. Das Bewusstsein hat den Begriff unmittelbar (P 117), eben deswegen aber **nicht als Begriff**, es ist noch nicht **begreifender Begriff**. Das Unendliche als reiner Begriff ist bislang nur für uns. Es ist aber nun die **neue Gestalt des Bewusstseins.** Insofern ist es auch für sich selbst, denn es weiß den Unterschied als aufgehobenen wie es natürlich ebenso „Unterscheiden des Ununterschiedenen" ist: „Ich unterscheide mich von mir selbst, und es ist darin unmittelbar für mich, dass dies Unterschiedene nicht unterschieden ist" (P 118). Dies aber eben unmittelbar, damit ist dies seine Tätigkeit, in der es sich aufhält, vor der es so nicht zurücktreten kann, um sie zu überblicken und sie als solche zu vergegenwärtigen. Es ist also „Bewusstsein seiner selbst in seinem Anderssein" (P 118). Dies hat es eben erfahren in der ‚Vergegenständlichung' der Verstandesbewegung, indem es vor ihr zurückgetreten ist, wie wir dies vorgeführt haben.

Aber „das Selbstbewusstsein ist erst für sich geworden, noch nicht als Einheit mit dem Bewusstsein überhaupt" (P 118). Wir wissen, dass **Bewusstsein** in seiner bis jetzt gefundenen Wahrheit **Selbstbewusstsein** ist. Wir wissen, dass jedes Bewusstsein vom Ding als Selbstbewusstsein ist, dass es somit die Wahrheit aller Gestalten ist, die glaubten, ein Anderes als sich als Gegenstand zu haben. Das Selbstbewusstsein als **Gestalt** aber weiß dies noch nicht. Es weiß nur, dass das Andere nichts wirklich von ihm Getrenntes ist, es weiß den Unterschied als aufgehobenen, aber es weiß nicht, dass es das weiß. Eben deshalb kommt es als „**Begierde**" auf den Weg, in dem Bestreben, die Aufhebung des Unterschiedes zu **realisieren** in der konkreten Aneignung und Assimilierung des Anderen. Das Selbstbewusstsein weiß sich, aber es weiß noch nicht, **was es damit weiß**. Es weiß noch nicht, dass das Bewusstsein eines Anderen notwendig und immer „Bewusstsein seiner selbst in seinem Anderssein" ist (P 118), Es ist die **Wahrheit** aller vorhergehenden **Bewusstseinsgestalten**, aber das weiß es eben noch nicht. Um die absolute Wahrheit über sich zu erfahren, muss es noch einen weiten **Weg** zurücklegen. Es wird sich vergegenständlichen müssen und wieder diese Vergegenständlichung vergegenständlichen, bis es unseren Standpunkt erreicht haben wird.

Das **Selbstbewusstsein** beginnt **geschichtlich** und damit beginnt erst **Geschichte**, indem es sich als seinen eigenen Gegenstand dem Gegenstand der sinnlichen Gewissheit und der Wahrheit **entgegensetzt** (P 122). Es hat sich in **zwei Gegenständen**: im Gegenstand als dem Anderen, von dem es weiß, dass er kein anderer ist, und als Bewusstsein selbst. Da es aber den Gegenstand als den seinen hat, auch ihn also als sich ansieht, will es die Einheit mit ihm herstellen und damit beginnt es als **Begierde**. Es fasst ihn also in seiner Selbständigkeit als das **Negative**, das aufgehoben werden muss (P 122). Deshalb ist das Selbstbewusstsein die **Bewegung**, „worin dieser Gegensatz aufgehoben, und ihm die Gleichheit seiner selbst mit sich wird" (P 122). Für sich wird das Selbstbewusstsein aber nur sein können, wenn es den Gegenstand aufhebt **und** lässt, sonst hebt es mit dem Gegenstand auch sein Fürsichsein auf (P 124).

Wenn es das Andere als Anderes aufhebt und dennoch in seiner Selbständigkeit bestehen lassen will (und nur so kann es sein Fürsich erhalten), so muss es seine Befriedigung **in einem anderen Selbstbewusstsein** suchen (P 126). In dieser Bewegung aber wird das Selbstbewusstsein sich als solches vergegenwärtigen und es wird den ‚Geist' erfahren. Wir aber wissen jetzt: die Wahrheit alles Wissens ist **Sichselbstwissen**. Das Ergebnis des Weges ist also: Die Mitte der Erscheinung zwischen Innerem und jenem Inneren, das durch die Mitte hindurchsieht, ist verschwunden: „Dieser Vorhang ist also vor dem Inneren weggezogen, und das Schauen des Inneren in das Innere vorhanden" (P 118). Aber nur wir können davor zurücktreten, dass im Innern der Erscheinung der Verstand „in der Tat nur sich selbst erfährt" (P 118), das **Selbstbewusstsein** weiß dies unmittelbar. Die Extreme sind zusammengefallen, die Mitte ist verschwunden, der Schleier fortgezogen. Was sehen wir nun in diesem Inneren? – Uns. Oder: Nichts, „wenn wir nicht selbst dahintergehen" (P 118).

2.1.4 Bewusstsein und Selbstbewusstsein

Was sind wir aber, die vor und hinter diesem weggezogenen Vorhang stehen und dies auch explizit wissen, also selbst über dem Schauspiel im Ganzen stehen? Zur **Wahrheit des Wissens** als **Selbstbewusstsein** sind wir im Verschwinden von sinnlicher Gewissheit, Wahrnehmung und Verstand gekommen. Diese Wahrheit ist uns eine **vermittelte**, gewordene. Ebenso steht die Wahrheit des Wissens erst am Ende eines Prozesses vor uns. Die jetzt (für den Hegelschen Philosophen) vorliegende Wahrheit des Wissenden und des Wissens ist das **Resultat** eines langen Weges. Sie kann deshalb nicht einfach vorgestellt, sondern muss als Resultat gezeigt werden. Dies wurde bis zum Selbstbewusstsein jetzt schon durchgeführt. Was das ‚wir' aber in Wahrheit ist, kann erst gezeigt werden, **wenn der Weg zu Ende ist**. Bis dahin ist das ‚wir' die **Antizipation** des beendeten Weges. Nur zusammen mit dem Weg zum jetzigen Wissen kann vorgeführt werden, was das Bewusstsein weiß, indem es sich selbst weiß. Wir haben gefunden, dass Wissen **Sichwissen** ist. Bis das Bewusstsein dies als Wissen finden wird, ja, bis es erst nur zur Kraft kommen wird, bis es seine Verstandestätigkeit als Teil des Inneren explizit erkennen wird, wird noch ein langer Weg zurückzulegen sein.

Für uns aber legt es diesen Weg jetzt als Bewusstsein von sich zurück: als **Sichwissen**, Unterscheiden des Ununterschiedenen. Erst wenn wir es als **Selbstbewusstsein** erkannt haben, können wir seinen Prozess des Sichzusammenschließens mit dem Anderen verfolgen, den es in der **historischen Welt** beginnen wird. Es ist **Begierde**, d.h. es will die Selbständigkeit des Anderen aufheben, das den reinen Selbstbezug stört. So beginnt es den eigentlich menschlichen, **geschichtlichen Prozess**. Hegel führt dies so aus: „Das Bewusstsein hat erst in dem Selbstbewusstsein, als dem Begriff des Geistes, seinen Wendungspunkt, auf dem es aus dem farbigten Scheine des sinnlichen Diesseits, und aus der leeren Nacht des übersinnlichen Jenseits in den geistigen Tag der Gegenwart einschreitet" (P 127). Um Selbstbewusstsein zu sein, muss das Bewusstsein nicht erst sinnliche Gewissheit, Wahrnehmung und Verstandesbewusstsein durchlaufen haben. Bewusstsein von einem Anderen ist **immer** nur als Selbstbewusstsein möglich (P 118), aber es wird **für sich** in einem **geschichtlichen Prozess**. Aber um eben diese Wahrheit zu wissen, müssen die **Gestalten durchlaufen** sein. Damit wir (die Hegelschen Philosophen) möglich sind, muss die Vergegenständlichung der sinnlichen Gewissheit die **Notwendigkeit** zum Fortgang zur Wahrnehmung ergeben haben, die Vergegenständlichung der Wahrnehmung muss **notwendig** ihren Weitergang zum Verstand gezeigt haben und die Vergegenständlichung des Verstandes muss in der **notwendigen** Einmündung in das **Selbstbewusstsein** vor uns stehen.

Für uns zeigt sich so, **dass Bewusstsein immer schon Selbstbewusstsein ist**. Das Selbstbewusstsein weiß dies überhaupt nicht, es hat sich bloß **unmittelbar**, nicht als gewordenes aus der Vergegenständlichung (und damit Aufhebung) der vorigen Stufen. Es ist schon die **Geschichte des Selbstbewusstseins**, in der ein Wissen von sinnlicher Gewissheit, dann von Wahrnehmung, dann von Verstand und schließlich von Selbstbewusstsein selbst entstehen wird. Das Selbstbewusstsein enthüllt sich stufenweise in seiner eigenen **Geschichte**. Es schält sich aus seiner Versunkenheit in sich heraus, indem es ein Wissen von und über sinnliche Gewissheit, Wahrnehmung und Verstand gewinnt. Die **Geschichtlichkeit** der Gestalten ist nicht die des Auftretens in ihrer Unmittelbarkeit, sondern die ihrer **Vergegenständlichungen**. Der Weg in der Geschichte beginnt bereits als **Selbstbewusstsein**, dies aber ist als solches noch nicht gewusst, **gewusstes** Selbstbewusstsein wird es erst **im Verlauf der Geschichte**.

Was auseinander folgt, ist nicht sinnliche Gewissheit, Wahrnehmung, Verstand, Selbstbewusstsein, sondern **Wissen** von Gewissheit, Wissen von Wahrnehmung, Wissen von Verstand und Wissen von Selbstbewusstsein. Sinnliche Gewissheit, Wahrnehmung, Verstand sind nicht als solche **Gestalten des Bewusstseins**, sondern nur als **Wissen** von ihnen. Das natürliche Bewusstsein durchläuft sie, sobald es über Wissen nachdenkt, **historisch** wie **intellektuell**. Diese Gestalten des Wissens-von gehen notwendig auseinander hervor. Am **Ende** erst wird also erkannt, was der **Anfang** der Geschichte und ihr Fortgang in Wahrheit ist. Als Selbstbewusstsein war das Bewusstsein immer auch schon **auf explizites Sichselbstwissen hin** angelegt. Dazu kommt es aber erst auf dem **geschichtlichen** Wege seiner Erfahrung in der Auseinandersetzung mit den ihm gegenüber stehenden Dingen, die es ‚unbewusst' als die seinen weiß.

Es ist auf Sich-verstehen hin angelegt, dies ist eben in seinem Sein als Selbstbewusstsein impliziert. Beginnt es sich jedoch schließlich zu verstehen, versteht es sich **zunächst** als sinnliche Gewissheit. Dies entspricht genau dem, was das naive Bewusstsein heute antwortet, wenn es nach seinem Wissen befragt wird, also in der Antwort ein Wissen über sein Wissen offenbaren soll. Dabei aber kann es nicht bleiben. Als sinnliche Gewissheit kann man sich nicht verstehen, wenn man **Selbstbewusstsein** ist. Man muss sein Wissen von sich revidieren: mein Wissen ist Wahrnehmung, antwortet es jetzt. Aber auch dieses Wissen von sich kann nicht aufrechterhalten werden; in der Vergegenständlichung, also in der Antwort ist die Aufhebung **impliziert**, ebenso wie die sinnliche Gewissheit sich aufgeben musste, sobald sie über sich **reden** wollte. Man muss weitergehen und sich als **Verstand** verstehen. Man erkennt dann aber auch die Unmöglichkeit, Wissen als Verstandeswissen zu verstehen und erkennt sich als **Selbstbewusstsein**.

Die ‚Phänomenologie' ist so die notwendige **Entwicklungsgeschichte des reflexiven Wissens**, des Wissens von Wissen, nicht die Geschichte des Wissens von Gegenständen außerhalb des Wissens. Auf ihrem Wege wird gerade die Wahrheit des Wissens von Gegenständen erkannt: als **Wissen von Wissen**. Darzulegen war, dass die Wahrheit des Wissens das Selbstbewusstsein ist. Dies musste sich der Hegelsche Philosoph vergegenwärtigen: „Der notwendige Fortgang von den bisherigen Gestalten des Bewusstseins, welchen ihr Wahres ein Ding, ein anderes war, als sie selbst, drückt eben dies aus, dass nicht allein das Bewusstsein vom Dinge nur für ein Selbstbewusstsein möglich ist, sondern dass dies allein die Wahrheit jener Gestalten ist." (P 118) Die Möglichkeit seiner Erkenntnis des Selbstbewusstseins durch den Weg der Untersuchung des Wissens ist ihm in **der Geschichte des Selbstbewusstseins** geworden. Die sinnliche Gewissheit, die Wahrnehmung, die Verstandestätigkeit sind **Stufen** auf dem Weg zur Erkenntnis des ganzen Prozesses durch den Philosophen. Wenn er dieses Wissen hat, also weiß, dass das Wissen immer **Sichselbstwissen** ist, kann er darangehen, den **historischen Weg** des Selbstbewusstseins und der folgenden Stufen des Wissens-von nachzuzeichnen und damit den Weg zu sich zu erfassen. Das Bewusstseinskapitel vergegenwärtigt somit dem Philosophen sein

Wissen vom Wissen, also damit sein Wissen von sich. Er weiß nun, dass **am Anfang seiner Geschichte** das **Selbstbewusstsein** stand, dass dies seine vorläufige Wahrheit ist und immer war.

Wie es dazu kommt, dass dieses **Selbstbewusstsein** schließlich in ihm zum **absoluten Wissen** seiner selbst kommt, muss im weiteren Verlauf dargelegt werden. Das Bewusstseinskapitel ist so der Beginn der ‚Erkenntnistheorie', **die die Geschichte des Wissens** selbst ist. Das ‚erkenntnistheoretische' Wissen, das am Ende steht, ist selbst insofern eine **Gestalt** der **Geschichte** des Wissens, insofern ihm sich die Wahrheit des Wissens dann endgültig herausgeschält haben wird. Es ist das **Resultat**, das **Gewordene** der vorhergehenden **Wissensgeschichte**, und somit eigentlich nicht vom Weg zu trennen, es ist **der Weg als vollendeter**. Der Leser des Bewusstseinskapitels hat nunmehr schon ein Wissen vom Anfang seines Wissens, er weiß, dass er, sobald er etwas wusste, immer schon **sich selbst** wusste. Im Fortgang wird er dieses Wissen erweitern, indem in der Wissensgeschichte weitergegangen wird, bis er deren Ende, das **absolute Wissen** erreicht haben wird. Dann weiß er, was das Wissen wirklich ist, kann somit in seinen Anfang zurückkehren in einem wirklichen Sinne: er weiß nun alles über ihn, damit hat er ihn erst eigentlich für sich, er ist erst dann sein ihm eigener.

2.2 Das Selbstbewusstsein

2.2.1 Selbstbewusstsein und Anerkennung

Hegel kann nun das Unternehmen in Angriff nehmen, **das Wissen von sich selbst** verständlich zu machen durch eine Explikation, die direkt aus seiner **Struktur** ein Verhältnis entwickelt, die er als ‚**ein Selbstbewusstsein für ein Selbstbewusstsein**' bezeichnet. Dass ein Selbstbewusstsein für ein Selbstbewusstsein sei, dies ist bei Hegel eine Forderung, die sich unmittelbar **als Explikation des Wissens von sich selbst** ergibt, und die deshalb ohne begrifflich-explikative Vermittlung die Struktur darstellt, aufgrund derer das **Selbstbewusstsein** verständlich werden kann. Damit wird die absolute **Bestimmungslosigkeit** des Selbstbewusstseins so in eine **Bestimmtheit** überführt, dass das Konzept verständlich und zu einem Thema philosophischer Arbeit werden kann, ohne es jedoch als solches zu dementieren und Verzicht auf seine Fähigkeit zu leisten, aus ihm **die Verständlichkeit der Welt einsehen** zu können.

Auch mit dieser Lösung wird jedoch nicht das **Ende** der Entwicklung der **Selbstbewusstseinsstruktur** erreicht, von dem her erst alle einzelnen Konzepte ihre Auszeichnung als solche erhalten, die allein in der Lage sind, das Wissen von sich selbst als ein sinnvolles und verständliches Konzept zu verdeutlichen und damit seine **Leistungsfähigkeit** einer Aufklärung der Verständlichkeit der Welt zu beglaubigen. Hegel führt den Gedanken ‚ein Selbstbewusstsein für ein Selbstbewusstsein' weiter bis zum Gedanken des ‚**absoluten Wissens**', mit dem die ‚Phänomenologie' endet und die ‚Wissenschaft der Logik' beginnt. Erst das absolute Wissen ist also jene Konzeption, mit der die Strukturexplikation des Selbstbewusstseins endet, und von dem her damit auch der Gedanke ‚ein Selbstbewusstsein für ein Selbstbewusstsein' seine **Legitimation** und seinen **Status** innerhalb des **Entwicklungsgangs** der ‚Phänomenologie' erhält. Dies dementiert aber natürlich nicht die Bedeutung des Übergangs vom Selbstbewusstsein zu jenem Gedanken – gerade nur dann, wenn dieser Übergang auch für sich einsichtig ist, kann er die Entwicklung so weiterführen, dass er vom Resultat im ‚absoluten Wissen' her seine **Rechtfertigung** erhält.

Im Grunde ist mit Hegels Konzeption die **theoretische** Explikation des Selbstbewusstseins bzw. der besonderen Weise seiner **Selbstbestimmung** verlassen. Das Selbstbewusstsein, das ein anderes Selbstbewusstsein als das andere seiner selbst benötigt, um es selbst zu sein, hat keinen theoretisch beschreibbaren Gegenstand ‚fremdes Selbstbewusstsein' vor sich. Es findet ihn nur im **Handeln** als sein Gegenüber, und dieses Handeln kann keine Poiesis sein, sondern muss notwendig als **Praxis** gedacht werden, soll das fremde Selbstbewusstsein nicht gerade in dem Status dementiert werden, in dem es dem Selbstbewusstsein erlaubt, eben ein solches zu sein. Wäre das fremde Selbstbewusstsein im poietischen Verhältnis für das Selbstbewusstsein, so würde das letztere hypothetisch auf es handeln und es damit gerade nicht **als Selbstbewusstsein**, sondern als Gegenstand behandeln. Nur im **praktischen Verhältnis** kann die Relation ‚ein Selbstbewusstsein für ein Selbstbewusstsein' überhaupt als realisiert gedacht werden. Insofern ist im Gedanken ‚ein Selbstbewusstsein für ein Selbstbewusstsein' ein praktisches Verhältnis impliziert.

Welche **Bedeutung** dieses genuin praktische Verhältnis ‚ein Selbstbewusstsein für ein Selbstbewusstsein' für die Hegelsche Explikation – und Transformation – der **Selbstbewusstseinsrelation** besitzt, lässt sich schon daraus ersehen, dass mit ihm der ‚**Begriff des Geistes**' erreicht ist. Jenes Verhältnis wird also in der weiteren Entwicklung der ‚Phänomenologie' **bewahrt** bleiben und – erläutert durch diese Entwicklung – **an ihrem Ende wiederkehren**. Es wird deshalb auch noch im ‚absoluten Wissen' enthalten sein, das den Übergang zur ‚Wissenschaft der Logik' bereitet. Daraus ergibt sich aber, dass auch in der ‚Überwindung' der Selbstbewusstseinsphilosophie in der Konzeption des ‚**Geistes**' als sich in ein begriffliches System auseinanderlegende **Einheit von Wissen und Sein** jenes genuin praktische Verhältnis eines Selbstbewusstseins zu einem

Selbstbewusstsein noch wirksam ist, das Hegel als unmittelbare Explikation der Selbstbewusstseinsstruktur ausgearbeitet hatte.

2.2.2 Die interne Dynamik des Selbstbewusstseins

Dass ein Selbstbewusstsein für ein Selbstbewusstsein sein könne, erscheint zunächst **paradox**. Wenn das Wissen von sich selbst jenes ausgezeichnete Wissen darstellt, in dem **Subjekt und Objekt** absolut vereinigt sind, so kann es durch keine externe und unabhängige **Gegenständlichkeit** bestimmt sein. Sein Sein besteht deshalb nur in seinem **Sich-Wissen** und entzieht sich insofern jeder Fixierung. Als unbestimmtes Fürsichsein kann es folglich kein **intersubjektiv** gemeinsamer Referent sein. Deshalb ist jene Paradoxie auf doppelte Weise zu verstehen. Zum einen kann das Selbstbewusstsein wegen seines beständigen Entstehens aus dem bloßen Wissen von sich selbst keinen Bestand darstellen, der von anderem Bewusstsein gewusst werden könnte. Zum anderen kann ein Selbstbewusstsein als solches schon per definitionem nichts außer sich selbst wissen.

Jene **absolute Vereinigung von Subjekt und Objekt** im Wissen von sich selbst sollte aber schon vor Hegel im idealistischen Denkzusammenhang die Möglichkeit bieten, den vorausgesetzten Begriff des Wissens als Übereinstimmung eines Objektiven mit einem Subjektiven deshalb als möglich zu erweisen, weil **im absoluten Akt des Selbstbewusstseins** Sein und Vorstellen **eins** sind und somit, indem identisch geurteilt wird, im gleichen Akt synthetisch geurteilt wird. Deshalb ist jene Paradoxie aufs engste mit der Begründungskapazität des Wissens von sich selbst verbunden, um derentwillen die Selbstbewusstseinsrelation zur Grundlage idealistischen Argumentierens wurde. Nun wird von Hegel in der Rede vom Selbstbewusstsein, das für ein Selbstbewusstsein ist, ganz selbstverständlich Gebrauch gemacht von der Struktur des ausgezeichneten **Wissens des Sich-Wissens**. Aus der Konstellation des Problems lässt sich auch bereits die Bahn angeben, der ein solches Argumentieren zu folgen haben wird. Wenn gerade der Titel **Selbstbewusstsein** für etwas in Anspruch genommen wird, das für ein anderes sein können soll, so lässt sich eine solche **Relation** nicht anders rechtfertigen denn aus dem Selbstbewusstsein und seiner Struktur selbst. Ein solches Argumentationsprojekt wird also nur in **selbstbewusstseinstheoretischen Erörterungen** zeigen können, dass es notwendig und sinnvoll ist zu sagen: „Es ist ein Selbstbewusstsein für ein Selbstbewusstsein".

Hegel formuliert diese offensichtlich problematische Behauptung in Kapitel IV der ‚Phänomenologie des Geistes', das überschrieben ist mit **„Die Wahrheit**

der Gewissheit seiner selbst". Jener Satz steht deshalb im Zusammenhang der Diskussion des Resultats der vorangegangenen dialektischen Argumentationen. Darin wurde ein **Wissen** entwickelt, das formal „eine Gewissheit, welche ihrer Wahrheit gleich ist" darstellt. Wegen dieser **Form** ist es identisch mit seinem **Inhalt**, „denn die Gewissheit ist sich selbst ihr Gegenstand, und das Bewusstsein ist sich selbst das Wahre" (P 120), anders formuliert: „Ich ist der Inhalt der Beziehung, und das Beziehen selbst; es ist es selbst gegen ein anderes, und greift zugleich über dies andre über, das für es ebenso nur es selbst ist" (P 120). Offensichtlich misst Hegel dieser **Struktur des Wissens** eine ausgezeichnete Bedeutung zu, durch die es sich von allen zuvor diskutierten Formen unterscheidet. Gerade mit dem jetzt erreichten Selbstbewusstsein nämlich sollen wir in „das **einheimische Reich der Wahrheit**" eingetreten sein (P 120). Betrachten wir diese Struktur nun isoliert für sich, so wird uns nur eine neue Formulierung der grundlegenden Einsicht Fichtes und Schellings geboten, der zufolge Wissen seinem genuinen Sinn nach nur zu begründen ist, sofern eine Struktur als wirklich aufgewiesen werden kann, die **Form** und **Inhalt** des Wissens in **Identität** vereinigt und analytisch *und* synthetisch in einem ist. Diese Forderung ist nur im **Ich** erfüllt, das ist, indem es für sich ist, m. a. W.: das **ist, indem es von sich weiß**, und von sich weiß, indem es ist. Wenn dem so ist, so kann jedes andere Wissen seine Dignität nur aus seinem Bezug auf jene in Form und Inhalt identische **Ichstruktur** herleiten.

Nun unterscheidet sich die Hegelsche Konzeption des Selbstbewusstseins als Basis alles Wissens von der idealistischen zunächst durch ihren **Resultatcharakter**. Anders als im idealistischen Systemaufbau wird die **Struktur des Ich** nicht eingeführt aus Überlegungen, die die notwendige Form eines wissensbegründenden Wissens als solche betreffen, sondern erscheint als **Ergebnis** einer argumentativen Entwicklung, die ihren Anfang in einer Form des Wissens nahm, die Hegel gerade wegen ihrer Einfachheit geeignet schien, als allgemein akzeptable Ausgangsbasis einer Diskussion des Wissensproblems zu dienen. Hegels Anspruch lautet also, das **Gegenstandsbewusstsein** durch seine **immanente argumentative Entwicklung** in das **Selbstbewusstsein** übergeführt zu haben, das damit zum **Ergebnis** geworden ist und somit die Gegenständlichkeit als aufgehobene in sich enthält. Gerade deshalb ist die Differenz von Selbstbewusstsein und Gegenstandsbewusstsein nun in das erstere integriert. Wir können diese Integration somit sowohl als **Resultat** als auch als **Anfang** der weiteren Entwicklung auffassen. Zum anderen nimmt Hegel das Selbstbewusstsein auch zum **Ausgang** einer Entwicklung. Dies wird bereits in den ersten Schritten deutlich, mit denen das Selbstverhältnis des Ich sich aus sich **entwickelt**. Die interne Bewegung des wissensbegründenden Wissens führt nicht zu einer systemischen Deduktion des Nicht-Ich und seiner kategorialen Verfasstheit, sondern zu einer **Theorie der Interpersonalität**, die zum einen für sich Interesse beanspruchen kann, und zum anderen von entscheidender Bedeutung **für die weitere Entwicklung** der „Wissenschaft der Erfahrung des Bewusstseins" sein wird. Diese Theorie wird deshalb nun durch eine eingehende Interpretation der Grundlagen und des Aufbaus **der Dialektik von Herrschaft und Knechtschaft** untersucht.

Von der idealistischen Systemidee her gedacht scheint es zunächst merkwürdig, dass sich die **Entwicklung** des Selbstverhältnisses in Begriffen bewegt, die die **Selbständigkeit** und **Unselbständigkeit** des **Selbstbewusstseins** als **Herrschaft und Knechtschaft** thematisieren. Um die Folgerichtigkeit dieser Diskussion zu verstehen, ist zunächst an den **Resultatcharakter** der Ich-Struktur zu erinnern. Weil das Selbstbewusstsein bereits das **Ergebnis** primitiverer Wissensformen ist, aus denen es durch deren eigene **Dialektik** entwickelt wurde, sind die vorangegangenen Stufen in ihm **aufbewahrt**. Indem das Selbstbewusstsein nur als solches Resultat seinen Charakter und seine Begründung als Struktur wahren und gewissen Wissens erhält, sind ihm keine dem Argumentationsgang der ‚Phänomenologie des Geistes' externen Momente zuzuschreiben. Insofern ist das Selbstbewusstsein nichts anderes als seine **Entwicklung**. Deshalb ist auch die charakteristische Grundstruktur des vorangegangenen Wissens, nämlich „Wissen von einem Andern" (P 121) zu sein, als **Moment** aufbewahrt.

Indem das Selbstbewusstsein nun „Reflexion" aus jenem Wissen ist, ist es „Rückkehr aus dem Anderssein" und damit „Bewegung" (P 121). Mit dieser **Bewegungsstruktur** formuliert Hegel den **Doppelcharakter von Selbstbewusstsein**: zum einen ist es **Bewusstsein** und als solches ist ihm sein eigenes Anderssein ein Sein; zum anderen ist auch die **Einheit** seiner selbst mit diesem Unterschied für es. Als Selbstbewusstsein muss es nun in jedem dieser Momente die **ganze Struktur** beschlossen haben. Eben deshalb erfüllt die entwickelte Struktur des Selbstbewusstseins den Begriff der **Bewegung** in seiner Paradoxalität. Wie die Bewegung nur anfangen kann, wenn sie schon angefangen hat, so kann Selbstbewusstsein nur werden, indem es **immer schon** ist; es ist aber nur, indem es wird. Diesen **paradoxalen** Charakter der **Bewegungsstruktur** des **Selbstbewusstseins** drückt Hegel positiv mit dem Begriff „**Begierde**" aus (P 121). „Begierde" in diesem **strukturellen** Sinn erscheint als geeigneter Terminus, weil damit sowohl die **interne Andersheit** als auch die **Identität** des Bewusstseins mit sich in eins gefasst sind. Insofern können wir in dem Begriff der „Begierde" bereits eine Form der grundlegenden Hegelschen Denkfigur der **Identität von Identität und Nicht-Identität** sehen. Im Gegensatz zu diesem statischen Begriff drückt „Begierde" jedoch den **dynamischen** Charakter des Selbstverhältnisses aus, der sich aus dessen **Entwicklung** ergeben hat.

Mit dem **Strukturbegriff** der „Begierde" ist bereits ein erster Schritt in die Explikation der Hegelschen **Interpersonalitätstheorie** getan, wie sie im Kapitel „Herrschaft und Knechtschaft" entwickelt wird. Insofern das Selbstbewusstsein nämlich als solches **Resultat** einer internen argumentativen Entwicklung aus der einfachsten Form des Wissens ist, ist auch seine **interne Andersheit** nicht bestimmungslos **vorgegeben**, sondern **selbst Resultat** und somit **bestimmt**. Diese Bestimmtheit charakterisiert deshalb auch die Struktur der „Begierde" näher. Weil das Selbstbewusstsein **Reflexion** ist aus dem, was zuvor dem Bewusstsein als Wahrheit galt (vgl. P 121), deshalb ist auch das ihm interne „Negative" „in sich zurückgegangen" und damit eine „Reflexion in sich" (P 122). Es mutet zunächst überraschend an, dass Hegel den so entwickelten Gegenstand des Selbstbewusstseins, der als dessen **Negatives** das interne Andere ist, als „**Leben**" bezeichnet und den **Gegenstand der unmittelbaren Begierde** als ein „**Lebendiges**" (P 122). Um die Einführung dieser Begriffe in die Selbstbewusstseinsstruktur zu verstehen, müssen wir in der Entwicklung einen Schritt zurücktreten.

Hegel bezeichnete das allgemeine Resultat der vorangegangenen **Dialektik** von „Kraft und Verstand, Erscheinung und übersinnlicher Welt" als „das Unterscheiden des Nichtzuunterscheidenden, oder die Einheit des Unterschiednen" (P 122). Wir haben die Argumentation, die Hegel zu diesem **Resultat** führte, in den vorangegangenen Kapiteln im einzelnen rekonstruiert. Es dürfte deshalb nun deutlich sein, dass jene Struktur ein „Abstoßen von sich selbst" (P 122) in sich birgt. Indem darin eine **Entzweiung** liegt, die **sich von sich selbst** abstößt, **differenziert** sich diese Struktur in eine Einheit, für welche eben diese Einheit ist, und in diese Einheit selbst, die nur dadurch von der ersteren unterschieden ist, dass sie nicht zugleich für sich selbst ist (P 122). Diese letztere **Einheit** bezeichnet Hegel nun als „**Leben**". Daraus ergibt sich für die Charakterisierung dieses Begriffes zweierlei. Zunächst können wir paradox formulieren: „Leben" ist jene Seite des Selbstbewusstseins, auf der es **nicht für sich ist**. Da Selbstbewusstsein aber sich von sich unterscheidet und darin eine rein interne Andersheit gewinnt, stellt „Leben" in dieser Charakterisierung gerade jenes **Andere** dar, von dem her das Selbstbewusstsein **Bewusstsein** sein kann. Leben als „unendliche Einheit der Unterschiede" (P 122) ohne Fürsichsein ist somit integratives Moment der **Selbstbewusstseinsstruktur** als solcher.

Wenn nun das Selbstbewusstsein als „**Begierde**" die „Erfahrung" der **Selbständigkeit** seines internen Gegenstandes machen muss (P 122), so stellt sich dies der bisherigen Entwicklung zufolge als **Erfahrung des „Lebens"** dar. Es ist jedoch offensichtlich, dass der Begriff des „Lebens" bisher undeutlich geblieben ist. Nichtsdestoweniger beansprucht Hegel, diesen Begriff für die in Gang befindliche Diskussion aus seiner Entwicklung hinreichend bezeichnet zu haben (P 122). Diese Bezeichnung ist mit der „**unendlichen Einheit der Unterschiede**", die nicht für sich ist, zunächst erschöpft. Hegel versucht jedoch im Anschluss daran, den Kreis der Momente dieser Bestimmung näher zu explizieren. Wir werden daraus entnehmen können, aufgrund welcher Inhalte Hegel gerade den **Begriff des Lebens** als geeignet ansieht, um den **internen Gegenstand des Selbstbewusstseins** zu charakterisieren. Die Bestimmung des „Lebens", wie sie sich aus der Entwicklung ergeben hat, wird in folgendem Satz zusammengefasst: „Dieser ganze Kreislauf macht das Leben aus, weder das, was zuerst ausgesprochen wird, die unmittelbare Kontinuität und Gediegenheit seines Wesens, noch die bestehende Gestalt und das für sich seiende Diskrete, noch der reine Prozess derselben, noch auch das einfache Zusammenfassen dieser Momente, sondern das sich entwickelnde, und seine Entwicklung auflösende und in dieser Bewegung sich einfach erhaltende Ganze." (P 125) Wir müssten darin die **Struktur** des Selbstbewusstseins wiederfinden können, der nur an der Stelle ihres internen Gegenstandes das Fürsichsein fehlt. Diese Struktur war zuvor in ihrer **Dynamik** als „Begierde" bezeichnet worden. Als „Begierde" ist das Selbstbewusstsein stets in einer prekären Situation, in der es gerade durch die **Tendenz zu seiner eigenen Auflösung** im Zusammenfallen seiner selbst mit seiner internen Gegenständlichkeit gekennzeichnet ist. Deshalb muss ein Begriff gefunden werden, der es als mit und **trotz dieser Tendenz sich erhaltend** denken lässt. Darin muss die „Begierde" in ihrem Verschwinden in Erfüllung stets neu entstehen. Als dieses **Verschwinden und Entstehen** in Permanenz stellt sich das „Leben" nun als **begriffliche Fortentwicklung** jener Kennzeichnung der **Struktur** von Selbstbewusstsein dar, die Hegel unter dem Titel „Begierde" eingeführt hatte.

Nun war der Begriff des „**Lebens**" zunächst verwendet worden als Bezeichnung für den entwickelten **internen Gegenstand** des Selbstbewusstseins. Deshalb bestätigt sich diese Interpretation nur dann, wenn dieser Begriff ebenso die **andere** Seite des Selbstbewusstseins kennzeichnet. In der Tat nennt Hegel das **Ich als Subjekt**, für das sein eigener **interner** Gegenstand ist, „Dies andere Leben" (P 125). Von da her erscheint das „**Leben**" als interner Gegenstand nun als „**Gattung**". Folgerichtig ist damit aber das **Selbstbewusstsein** als Fürsichsein **selbst** als „Gattung" bezeichnet und Hegel kann die nun entwickelte Struktur des Selbstbewusstseins zusammenfassen als „Dies andere Leben aber, für welches die Gattung als solche und welches für sich selbst Gattung ist" (P 125). Ein solches Selbstverständnis des Bewusstseins ist aber bisher nur „für uns oder an sich" entwickelt (P 122). Insofern „Gegenstand" unserer Reflexionen aber das Selbstbewusstsein ist und wir eben damit in das „**einheimische Reich der Wahrheit**" (P 120) eingetreten sind, so kann in den entwickelten Strukturbestimmungen des Selbstbewusstseins nur dann Wahrheit liegen, wenn gezeigt werden kann, dass und wie in seiner **rein internen Entwicklung** ihm die Begriffe von „Leben" und „Gattung" zu seinen **immanenten** Bestimmungen werden. Deshalb muss dem Selbstbewusstsein **in seiner „Erfahrung"** der „abstrakte Gegenstand" reines Ich sich bereichern „und die Entfaltung erhalten, welche wir an dem Leben gesehen haben" (P 125).

Indem es sich als „Begierde" versteht, ist es seiner selbst nur gewiss durch das **Aufheben** seines internen Gegenstandes als eines **selbständigen** Momentes, d. h. durch das Aufheben des selbständigen Lebens als seines **internen Anderen** (vgl. P 125). Auf diese Weise aber hebt es sich selbst **als Selbstbewusstsein** in der Struktur der „Begierde" auf. Damit gerät es in eine **widersprüchliche** Situation, in der es sein bisheriges Selbstverständnis nicht beibehalten kann. Das Problem lässt sich kurz gefasst so beschreiben: das Selbstbewusstsein in der Struktur der „Begierde" muss seinen internen Gegenstand so aufheben, **dass es ihn damit gerade nicht aufhebt**. Gerade durch die **negative** Beziehung darf und kann es seinen Gegenstand nicht aufheben; mit Hegels Worten: „es erzeugt ihn darum vielmehr wieder, so wie die Begierde" (P 126). Damit zeigt sich aber, dass das Selbstbewusstsein, gerade indem es sich als „Begierde" versteht, zu einem gewandelten Selbstverständnis kommen muss, das nach einem **neuen Begriff** seines **internen Gegenstandes** verlangt.

2.2.3 Das praktische Verhältnis der Anerkennung

Für das entwickelte **Problem** einer Aufhebung des internen Gegenstandes, die dadurch Aufhebung ist, dass sie gerade als solche den Gegenstand nicht aufhebt, findet Hegel nun eine bemerkenswerte **Lösung**. Die Situation, zu der die Selbstbewusstseinsstruktur sich entwickelt hat, ist nur denkbar, wenn der Gegenstand **selbst** die **Negation** an sich **vollzieht** und sie vollziehen muss, weil er genau durch diese Negation charakterisiert ist: „er ist **an sich das Negative**, und muss für das andre sein, was er ist" (P 126). Eine solche selbständige Negation kann aber nur als **Bewusstsein** gedacht werden. Dass das Bewusstsein aufgrund seiner eigenen Entwicklung seine Wahrheit im Selbstbewusstsein hat, ist bereits als **Resultat** der vorangegangenen Erörterungen verfügbar und kann deshalb hier aufgenommen werden. Des weiteren ist das Selbstbewusstsein auf dem jetzt erreichten Stand als **Gattung** charakterisiert, „an der die Negation als absolute ist" (P 126). Deshalb kann der jetzt gewonnene Gegenstand als **lebendiges Selbstbewusstsein** (P 127) bezeichnet werden. Mit dem Selbstbewusstsein als Gegenstand ist folglich jene Situation möglich, die durch die Entwicklung der Selbstbewusstseinsstruktur gefordert war: „Es ist ein Gegenstand für das Bewusstsein, welcher an sich selbst sein Anderssein oder den Unterschied als einen nichtigen setzt, und darin selbständig ist." (P 126/127)

Das **Ergebnis** der durchgeführten Entwicklung der internen Gegenständlichkeit eines Selbstbewusstseins lautet also nun: „**Das Selbstbewusstsein erreicht seine Befriedigung nur in einem andern Selbstbewusstsein.**" (P 126) Darin findet die Struktur jenes Selbstverhältnisses seine – vorläufige – Aufklärung, das als Selbstbewusstsein **Resultat** der vorangegangenen Dialektik des Bewusstseins ist und selbst Grundlage des **Fortgangs** zu Vernunft, Geist, Religion und absolutem Wissen sein wird. Hegel erklärt an dieser Stelle mit der Struktur ‚Selbstbewusstsein für ein Selbstbewusstsein' den **Begriff des Geistes** als bereits für uns vorhanden. Deshalb wird der Fortgang in einer Entwicklung liegen, die diese Struktur zu ihrem besseren Selbstverständnis bringt. Wenn der **Geist** als „**Ich, das Wir, und Wir, das Ich ist,**" (P 127) aber in seinem **Begriff** die jetzt entwickelte Struktur von Selbstbewusstsein darstellt, so gewinnt diese Interpretation auch von da her ihre Legitimation gegen andere Verstehensmöglichkeiten: mit dem Ausdruck ‚ein Selbstbewusstsein für ein Selbstbewusstsein' muss eine Struktur begriffen sein, die gerade als Entwicklung des Selbstbewusstseins in seiner Struktur doch zu einem **Verhältnis** von Selbstbewusstsein und Selbstbewusstsein führt.

Wir können die gewonnene Aufklärung über das Selbstbewusstsein nun so zusammenfassen. Jener **interne Gegenstand**, in dem das Bewusstsein sich als sich selbst wissen und somit Selbstbewusstsein sein kann, muss in der **Negativität** seiner selbst ebenso **selbständig** sein. Nur in einem solchen Verhältnis kann es das Selbstbewusstsein geben, „denn erst hierin wird für es die Einheit seiner selbst in seinem Anderssein" (P 127). Die Struktur „Selbstbewusstsein für ein Selbstbewusstsein" stellt deshalb die vorläufige **Lösung** Hegels für das Grundproblem des Bewusstseinsverhältnisses zu sich selbst dar: das Selbst, in dem das Bewusstsein seiner bewusst sein kann, ist in diesem Ergebnis **ebenso Ich wie Gegenstand** (vgl. P 127). Damit hat sich der **interne** Gegenstand der Selbstbewusstseinsrelation in einem gewissen Sinne als **externer** erwiesen: als Negation an sich selbst ist er **selbständig**. Gerade als solcher ist er der **adäquate interne Gegenstand**, in dem das Selbstbewusstsein sich erfüllt. Es ist deshalb das Selbstbewusstsein selbst, das nun „außer sich gekommen" (P 128) ist.

Diese **intern-externe Gegenständlichkeit** des Selbstbewusstseins ist nun der Entwicklungsstand, auf dem die Diskussion um „**Selbständigkeit** und **Unselbständigkeit** des Selbstbewusstseins; **Herrschaft und Knechtschaft**" einsetzt. Für das „Wesen" des Selbstbewusstseins, nämlich „unendlich, oder unmittelbar das Gegenteil der Bestimmtheit, in der es gesetzt ist, zu sein", ist auf diesem Stand der Begriff einer „geistigen Einheit in ihrer Verdopplung" (P 128) gefunden. Das Thema „Herrschaft und Knechtschaft" wird nun erreicht auf dem Weg der Auseinanderlegung dieses Begriffs. Daraus ergibt sich bereits, dass die **„Gestalten"** von **Herr** und **Knecht** ihre Bedeutung nur erhalten aus der weitergehenden **Entwicklung der Selbstbewusstseinsrelation** in der Näherbestimmung der jetzt gefundenen Struktur „Selbstbewusstsein für ein Selbstbewusstsein". Es ist diese Auseinanderlegung, die Hegel als **„Bewegung des *Anerkennens*"** (P 128) bezeichnet. Die Einheit in der „Verdopplung", die als charakteristisch für die Selbstbewusstseinsstruktur entwickelt wurde, führt in ihrer auseinandergelegten Gestalt entsprechend zur Formulierung: das Selbstbewusstsein „ist nur als ein Anerkanntes" (P 127). Dies ist gleichbedeutend mit: es ist *„an* und *für sich*, indem, und dadurch, dass es für ein anderes an und für sich ist" (P 127). Die **Bewegung des Anerkennens** beschreibt deshalb die Explikation jenes Verhältnisses, in dem einem Selbstbewusstsein sein einzig **adäquater Gegenstand** wird.

Indem das Selbstbewusstsein aufgrund der Entwicklung seiner Struktur **„außer sich"** gekommen ist, findet es sich zum einen als **ein *anderes* Wesen**; ebenso aber hat es darin „das Andere aufgehoben, denn es sieht auch nicht das andere als Wesen, sondern **sich selbst im andern**" (P 128). Offensichtlich ist bereits hier eine **Dialektik** angelegt, die die Entwicklung der **Selbstbewusstseinsrelation** auch über den jetzt erreichten Stand hinaus forttreiben wird. Zunächst aber wird dem Selbstbewusstsein aufgrund jener Struktur eine merkwürdige Leistung zugemutet. Als Bewusstsein nur von sich selbst muss es die Andersheit seines Wesens aufheben; eben dadurch hebt es auch sich selbst auf, indem es den ihm einzig adäquaten Gegenstand wieder verliert. Die darin liegende **Rückkehr zu sich selbst** ist aber selbst doppelsinnig, denn es erhält durch das Aufheben nicht nur sich selbst zurück, sondern gibt **auch das andere Selbstbewusstsein ihm zurück**: „es war sich im andern, es hebt dies *sein* Sein im andern auf, entlässt also das andere wieder frei" (P 128). Dieses Ergebnis erscheint zunächst paradox. Hegel denkt keineswegs daran, dass das andere Selbstbewusstsein als vorhandenes aus dem Nichts auftauchen und sich dem ersten **gegenüberstellen** könnte, sondern versucht, es aus der **internen Entwicklung der Selbstbewusstseinsrelation** zu denken, die in ihrer immanenten Logik zur **Exteriorität** eines anderen Selbstbewusstseins führt. Nun soll die Rückkehr zu sich aber den anderen **als frei entlassen**. Also hebt das Selbstbewusstsein im Aufheben des anderen selbständigen Wesens dieses andere Wesen gerade **nicht** auf. Mit dieser Situation kehrt jenes Problem wieder, das als Entwicklung der Struktur des Selbstbewusstseins den Ausgangspunkt der Erörterungen bildete: die Selbstbewusstseinsrelation kommt nur dann in eine – wenigstens vorläufig – haltbare

Verfassung, wenn die **Aufhebung** des internen Gegenstandes **so** geschieht, dass er dadurch gerade **nicht** aufgehoben wird. Offensichtlich ist es noch nicht gelungen, diese paradoxe Lage zu überwinden.

Möglicherweise geht es Hegel nun überhaupt nicht um die Beseitigung dieser **Antinomie**. Das Argumentationsziel fordert zunächst nur, die Selbstbewusstseinsrelation so weit zu entwickeln, dass die Widersprüchlichkeit ihrer Vereinigung von **subjektiver Objektivität** und **objektiver Subjektivität** auf einen Begriff gebracht werden kann, der sie auszuhalten erlaubt. In diesem Sinne haben wir es jetzt zwar wohl mit einer Wiederkehr des Ausgangsproblems zu tun, aber in entwickelter Form und in einer **Begrifflichkeit**, der Hegel offenbar die Kapazität zutraut, mit der **Selbstbewusstseinsrelation** und ihrer internen Problematik umgehen zu können. Der Preis dieses Ergebnisses scheint jedoch gerade das **Paradoxon** zu sein, das uns jetzt begegnet ist: in der Struktur „Selbstbewusstsein für ein Selbstbewusstsein" stellt sich das notwendige **Aufheben** des anderen selbständigen Wesens als ebenso notwendiges **Freilassen** in seine Selbständigkeit dar. Wir können dieses Paradoxon noch einen Schritt fortführen, um es deutlicher hervortreten zu lassen. Gerade weil in der Bewegung der Struktur „Selbstbewusstsein für ein Selbstbewusstsein" ein Freilassen des anderen liegt, kann es sich nicht nur um ein **„Tun des Einen"** handeln, sondern „dieses Tun des einen hat selbst die gedoppelte Bedeutung, ebenso wohl sein Tun als das **Tun des Andern** zu sein" (P 128). Die Begründung dafür ist bereits mit dem Charakter des anderen als eines Selbstbewusstseins gegeben: „es ist nichts in ihm, was nicht durch es selbst ist"; es ist „in sich beschlossen" (P 128). Daraus folgt: das Selbstbewusstsein hat das andere Selbstbewusstsein, das es durch sein Aufheben freilässt, dann nicht als einen für sich seienden selbständigen Gegenstand, „über welchen es darum nichts für sich vermag, **wenn er nicht an sich selbst dies tut, was es an ihm tut**" (P 128/129). Die Bewegung kann deshalb nur **durch beide** zustande kommen; sie ist „schlechthin die gedoppelte beider Selbstbewusstsein" (P 129). Die Paradoxalität nimmt deshalb nun den Charakter einer Bewegung an, in der zwei *für sich* und für nichts außer ihnen seiende Selbstbewusstseine in ein **Verhältnis** geraten, das „ungetrennt" (P 129) **Tun des Einen und Tun des Anderen** ist.

Da zu Beginn des Kapitels das Selbstbewusstsein als ein „**Anerkanntes**" bezeichnet wurde – wodurch zum Ausdruck kam, dass es nur an und für sich ist, indem es für ein anderes an und für sich ist –, so kann Hegel die nun erreichte Form der Struktur „Selbstbewusstsein für ein Selbstbewusstsein" so charakterisieren: „Sie anerkennen sich, als *gegenseitig sich anerkennend*" (P 129). Insofern gibt diese Formulierung den jetzt erreichten Entwicklungsstand der internen Problematik der Selbstbewusstseinsrelation wieder. „**Anerkennen**" nennt Hegel also die Form eines möglichen „Verhältnisses" zweier Wesen, deren Sein nur in ihrem Fürsichsein liegt, weshalb zunächst ein „Verhältnis" zueinander grundsätzlich ausgeschlossen scheint. Dass von einem solchen „Verhältnis" jedoch die Rede sein muss, war Ergebnis der Diskussion über die Strukturbedingungen eines Fürsichseins. Deshalb ist mit „Anerkennen" die Form bezeichnet, in der jenes Ergebnis seine Möglichkeit findet.

2.2.4 Die Freiheit des Selbstbewusstseins

Wir haben bisher noch nicht erörtert, warum Hegel die beiden Seiten der Struktur „Selbstbewusstsein für ein Selbstbewusstsein" in der **Bewegung des Anerkennens** in einen „**Kampf auf Leben und Tod**" geraten sieht, in dem sie sich zu den Gestalten von **Herr** und **Knecht** entwickeln. Ohne die bis jetzt durchgeführte Interpretation von Hegels Diskussion der internen Problematik der Selbstbewusstseinsrelation war dies auch nicht möglich. Mit der Thematik von **Herrschaft** und **Knechtschaft** wird nämlich nichts anderes expliziert als die bisher argumentativ entwickelte **Selbstbewusstseinsproblematik**. Der entscheidende neue Charakter der jetzt folgenden Entwicklung liegt in jener die Argumentationsform der ‚Phänomenologie des Geistes' kennzeichnenden Wendung von der Explikation einer Struktur in ihrer Logik **an sich oder für uns** zur Betrachtung, wie die entwickelten Momente und Prozesse sich **für das Selbstbewusstsein** darstellen. Diese Wendung geschieht für den Begriff des Anerkennens, der in der ‚Phänomenologie des Geistes' auf unserem Stand die höchstentwickelte Strukturbestimmung der Selbstbewusstseinsrelation ausdrückt (vgl. P 135), mit Hilfe der **Thematik von Herrschaft und Knechtschaft**. Allerdings leistet jene Thematik dies nicht für die ganze ausgearbeitete Struktur, sondern nur für die Seite der „**Ungleichheit**" der beiden Selbstbewusstseine, in der, in Hegels Ausdrucksweise, die **Mitte** des Anerkennens als gegenseitig sich anerkennend „heraustritt" in die „**Extreme**", die sich als nur Anerkennendes und nur Anerkanntes entgegensetzen (vgl. P 129). Nichtsdestoweniger findet damit die Einführung der Gestalten von Herr und Knecht ihren Ort in jener **Strukturbestimmung** der **Selbstbewusstseinsrelation**, die nun betrachtet wird, wie sie für das Selbstbewusstsein erscheint. Ein solches Vorgehen entspricht gerade der Wahrheit des Selbstbewusstseins, dem alles, was es ist, nur für es sein kann.

Was nun von einem Selbstbewusstsein gefordert wird, damit für es ein anderes sein kann – und so es selbst denkbar ist gemäß der bisher zur Struktur „Selbstbewusstsein für ein Selbstbewusstsein" entwickelten Selbstbewusstseinsrelation –, ist im Grunde etwas sehr einfaches. Wenn die **Gewissheit** des Selbstbewusstseins nur so zur **Wahrheit** wird, dass sein eigenes Fürsichsein sich ihm als **selbständiger Gegenstand** darstellt, so muss es ihm gelingen, einen „Gegenstand" zu finden, der sich zu ihm so in ein Verhältnis setzt, dass sie **für einander** die „Bewegung der absoluten Abstraktion, alles unmittelbare Sein zu vertilgen" (P 130), vollbringen können. Ein Wissen von sich selbst gelingt darin aber nur, wenn beide **je für sich** diese Bewegung leisten, so dass „wie der andere für ihn, so er für den andern, jeder an sich selbst durch sein eigenes Tun, und wieder durch das Tun des andern, diese reine Abstraktion des Fürsichseins vollbringt" (P 130). Auf dem erreichten Niveau einer Entwicklung der Struktur „Selbstbewusstsein für ein Selbstbewusstsein" muss diese Abstraktion aber füreinander **dargestellt** werden.

Diese **Darstellung** besteht nun darin, „sich als reine Negation seiner gegenständlichen Weise zu zeigen, oder es zu zeigen, an kein bestimmtes Dasein geknüpft" zu sein. Auf der jetzigen Entwicklungsstufe der Selbstbewusstseinsstruktur erfordert dies näher den Erweis, **„nicht an das Leben geknüpft zu sein"** (P 130). Damit haben wir jenes Thema des Kapitels „Die Wahrheit der Gewissheit seiner selbst" erreicht, das besonders leicht zu Missverständnissen Anlass gibt und nur als Resultat der bisherigen Entwicklung der Selbstbewusstseinsrelation in ihrer Wendung zur Erscheinung für das Selbstbewusstsein angemessen zu verstehen ist: den **„Kampf auf Leben und Tod"**. Um sich als **Fürsichsein** zu zeigen, muss jedes auf den Tod des anderen gehen; in diesem Sinne ist die Darstellung „Tun des Anderen". Insofern die **Bewährung** des Selbstbewusstseins in seinem Fürsichsein aber nur durch **ein anderes Fürsichsein** geschehen kann, muss dieses andere so negiert werden, dass es sich darin gerade **als Fürsichsein bewährt**, damit das Verhältnis nicht auf die überwundene Stufe der Begierde zurückfällt. Um den Anforderungen der jetzt entwickelten Verfassung der Selbstbewusstseinsrelation Genüge zu tun, muss diese Darstellung also ebenso **„Tun durch sich selbst"** sein, d.h. das Daransetzen des eigenen Lebens muss auf **beiden Seiten** geschehen (P 130). Deshalb handelt es sich um eine **einheitliche Struktur**, in der das Tun des Anderen und das Tun durch sich selbst in einem **wechselseitigen Bedingungsverhältnis** stehen.

Wir stehen vor dem merkwürdigen Ergebnis, dass eine rein theoretische Entwicklung der immanenten Problematik der Selbstbewusstseinsrelation in eine Situation führt, in der **zwei Leben** eingesetzt werden müssen, um die **angemessene Gegenständlichkeit** eines **Fürsichseins** zu erreichen. Dass dieser „Kampf" kein zufälliges Tun ist, sondern **notwendiges Implikat der Selbstbewusstseinsstruktur** in ihrer Wahrheit, drückt Hegel unmissverständlich aus: „Sie müssen in diesen Kampf gehen, denn sie müssen die Gewissheit ihrer selbst, *für sich zu sein*, zur Wahrheit an dem andern, und an ihnen selbst erheben." (P 130) Zunächst hat sich deutlich ergeben, dass es sich nicht um zwei „Selbstbewusstseine" handeln kann, die **in** diesen Kampf gehen; seine Wahrheit als Selbstbewusstsein gewinnt jedes vielmehr erst *in* und *durch* diesen Kampf. Es kann sich jedoch auch nicht um eine bloß interne Relation eines Selbstbewusstseins handeln. Dass auf dem Boden der reinen Interiorität seiner Gegenständlichkeit keine haltbare Selbstbewusstseinsrelation gedacht werden kann, war **Ergebnis** der Entwicklung dieser Relation für uns. Die **interne Exteriorität**, die als Bedingung eines Bewusstseins von sich selbst entwickelt wurde, wird zur **Wahrheit** erst in jenem Verhältnis, das Hegel als „Kampf auf Leben und Tod" bezeichnet und das wir wegen seiner selbstbewusstseinsermöglichenden Bedeutung ein **absolutes** nennen dürfen.

Aus der argumentativen Entwicklung der Selbstbewusstseinsproblematik, die Hegel zu der jetzt erreichten Situation führte, ergibt sich jedoch auch, dass der entscheidende **Grundgedanke** darin das **Daransetzen des eigenen Lebens füreinander** ist, das zur **wechselseitigen Darstellung der Freiheit des Fürsichseins** führt (P vgl. 130). Daraus können wir die Legitimation ableiten, den Kampf auf Leben und Tod als **paradigmatische** Formulierung jenes **absoluten Verhältnisses** zu betrachten, das wir auch in weniger martialischen Situationen verwirklicht sehen können. Das Paradigma eines solchen ‚Kampfes' können wir bereits dort als erfüllt ansehen, wo es einem Lebewesen gelingt, sich als nicht **vollständig** mit seinem **sinnlichen Dasein** verbunden zu zeigen; d.h. wo es ihm gelingt zu zeigen, dass es aufgrund seines Selbstverständnisses mehr ist als sein **bloßes Für-Andere-Sein**. Die Grundstruktur einer solchen Selbstdarstellung ist schon dort gegeben, wo Lebewesen eine ‚soziale' Beziehung konstituieren, indem sie das Leben einsetzen nicht um des Lebens sondern um eines darüber hinausgehenden Gutes willen. Insofern ist der **Grundgedanke** jenes Verhältnisses, das Hegel **paradigmatisch** als „Kampf auf Leben und Tod" formuliert, auch zu beschreiben durch die Bereitschaft eines Wesens, sein Leben **nicht um jeden Preis erhalten** zu wollen.

In diesem wechselseitigen Daransetzen des Lebens – paradigmatisch formuliert als „Kampf auf Leben und Tod" – geschieht jenes **Verhältnis**, das Hegel als „Anerkennen" bezeichnet und das nun die Struktur „Selbstbewusstsein für ein Selbstbewusstsein" bestimmt. Deshalb kann es im übrigen keinen ‚Kampf um Anerkennung' geben, wenn damit das **Motiv** jenes Kampfes bezeichnet sein soll. **Warum** das Daransetzen des Lebens stattfindet, kann und muss nicht Thema der selbstbewusstseinstheoretischen Erörterungen sein. Mit „Anerkennung" als Bezeichnung des Verhältnisses „Selbstbewusstsein für ein Selbstbewusstsein" ist vielmehr das **Resultat** jenes Daransetzens des Lebens genannt. Insofern drückt dieser Begriff auch die **Faktizität** jenes selbstbewusstseinsermöglichenden Geschehens aus, in dem ein Fürsichsein für ein Fürsichsein wird.

Wenn wir nun für einen Augenblick wieder auf die paradigmatische Formulierung der entwickelten Selbstbewusstseinsstruktur in ihrer Wendung zur **Erfahrung des Selbstbewusstseins** als „Kampf auf Leben und Tod" zurückgehen, so wird bereits aus dem Rückblick auf die bisherige Entwicklung deutlich, dass es mit dieser Lösung nicht sein Bewenden haben kann. Mit der **bloßen Negation** des Lebens fiele die Selbstbewusstseinsstruktur hinter ihre bereits ausgearbeiteten Momente zurück und würde deshalb durch ihre interne Dynamik **erneut** den soeben als nicht haltbar erkannten Zustand erreichen müssen. Dieses Wissen muss auch **für das Selbstbewusstsein** werden als **Erfahrung**, „dass ihm das Leben so wesentlich als das reine Selbstbewusstsein ist" (P 132). In der **bloßen Negation ohne Affirmation** jener Selbständigkeit, die sich als Leben zeigt, wäre die geforderte Bedeutung des Anerkennens **nicht** zu erreichen. Allerdings würde die Auffassung, dass ein totes Selbstbewusstsein niemanden mehr anerkennen kann, Hegels argumentativen Aufwand unterbieten. Die **Notwendigkeit** des Lebens für das Selbstbewusstsein ist nicht der **Erfahrung des natürlichen Bewusstseins** entnommen, sondern selbst **argumentativ** aus der **Problematik** der **internen Gegenständlichkeit der Selbstbewusstseinsrelation** entwickelt; dieser Begriff ist deshalb im Gedanken »Ein Selbstbewusstsein für ein Selbstbewusstsein' aufbewahrt. Es handelte sich nicht um eine **Negation** durch das Bewusstsein, „welches so aufhebt, dass es das Aufgehobene *aufbewahrt* und *erhält* und hiemit sein Aufgehobenwerden überlebt" (P 131). Deshalb muss sich die Selbstbewusstseinsrelation wiederum **fortentwickeln** zu einer Struktur, in der **auf beiden Seiten** Leben **und** Daransetzen des Lebens integriert sind. Nur darin können für die Erfahrung des Selbstbewusstseins jene Bedingungen erfüllt sein, die sich aus der Entwicklung seiner Struktur ergeben hatten.

2.2.5 Das Verhältnis von ‚Herr' und ‚Knecht'

Für den ersten Schritt dieser Fortentwicklung findet Hegel nun eine Begrifflichkeit, die ebenso wie die Rede vom „Kampf auf Leben und Tod" im Zusammenhang einer **Strukturdiskussion** der Selbstbewusstseinsrelation nicht ohne weiteres zu erwarten wäre. Das Verhältnis „Selbstbewusstsein für ein Selbstbewusstsein" erscheint nämlich in der Integration des Momentes des **Lebens** in das **sich darstellende Fürsichsein** als **Verhältnis von Herr und Knecht**. Wiederum können wir den bisherigen Interpretationen entnehmen, dass damit nicht eine **vorhandene** soziale Konstellation beschrieben sein kann. Ebenso kann nicht eine kontingente soziale Urhandlung am Anfang der Geschichte gemeint sein. Herr und Knecht sind vielmehr Begriffe, die die **Selbstbewusstseinsrelation** auf der Stufe der internen Exteriorität ihrer Gegenständlichkeit **weiter explizieren** sollen. Deshalb sind wir auch hier wieder legitimiert, die Hegelschen Begriffe als **paradigmatischen Ausdruck** einer **Struktur** zu nehmen, ohne in wörtlichem Sinne eine bestimmte Konstellation damit zu verbinden. Müssen wir aufgrund der bisherigen argumentativen Entwicklung das „Leben" mit jenem „Gegenstand" verbinden, in dem allein ein Selbstbewusstsein adäquat sich auf sich beziehen kann, so haben wir als **neue Gegenständlichkeit** des Bewusstseins von sich selbst ein solches Selbstbewusstsein, „welches nicht rein für sich, sondern für ein anderes, das heißt, als *seiendes* Bewusstsein oder Bewusstsein **in der Gestalt der *Dingheit*** ist" (P 132). Genau durch einen solchen „Gegenstand" – den Hegel als „**Knecht**" bezeichnet – ist nun das Selbstbewusstsein mit sich **vermittelt**, das deshalb von der anderen Seite her als **Herr** erscheint. Weil seine Entwicklung sich aber bereits auf der Stufe „Selbstbewusstsein für ein Selbstbewusstsein" befindet, so treten die beiden Seiten **auseinander** in die Gestalten von Herr und Knecht, bzw. eines **selbständigen und eines unselbständigen Selbstbewusstseins**.

Als Herr ist das Selbstbewusstsein nun durch ein Bewusstsein mit sich vermittelt, das **mit der Dingheit synthetisiert** ist (P 132). Genau dies war erforderlich, um die Relation des Fürsichseins aus der problematischen Situation, in die sie erneut geraten war, herausführen zu können. Der „Knecht" scheint nun als Bezeichnung für die **neue Gegenständlichkeit der Selbstbewusstseinsrelation** besonders gut geeignet, da er sich auf doppelte Weise **an das dingliche Sein** gebunden hält. **Einerseits** ist ihm sein eigenes Dingliches wesentlich; dies hat er gezeigt, indem er im Kampfe nicht den Tod vorgezogen hat, bzw. nach unserem Interpretationsvorschlag, indem er keinen Preis kannte, für den er das Leben zur Disposition zu stellen bereit gewesen wäre. **Andererseits** ist er als Knecht gerade definiert durch seinen **Bezug** zu fremdem dinglichen Sein; dies zeigt er, indem er es für andere **bearbeitet** und es so zwar **negiert**, aber nicht bis zur Vernichtung **mit ihm fertig werden** kann (vgl. P 132). Wenn es mit der Begrifflichkeit von „Herr und Knecht" um die Darstellung der für uns oder an sich entwickelten Struktur der Selbstbewusstseinsrelation **für das Selbstbewusstsein selbst** geht, so können wir nun auch dieses Verhältnis als **Strukturbegriff** auffassen und die gleichnamige soziale Relation nur als deren **paradigmatischen** oder extremen Ausdruck verstehen. Im Anschluss an den Versuch, für das „Daransetzen des Lebens" einen etwas weniger martialischen Ausdruck zu finden, könnten wir nun sagen: die Struktur „Selbstbewusstsein für ein Selbstbewusstsein" in der Form „Herr und Knecht" ist überall dort erfahrbar, wo ein solches **Hinausgehen über das bloße Leben** stattfindet, das zur Bedingung gerade die **Bewahrung** des Lebens hat und darin ein **soziales Unterordnungsverhältnis** in der Auseinandersetzung mit der **Natur** konstituiert. Im Rahmen der bisherigen Interpretationen ist ein solches Verhältnis relativ leicht zu rekonstruieren. Es genügt dazu, eine winzige **Differenz** zwischen den beiden Parteien einzuführen. Jener, der überhaupt keinen Preis kennt, für den er **das Leben einzusetzen** bereit wäre, ist jenem, der im Bewusstsein der Bereitschaft lebt, für einen – beliebig hoch anzusetzenden – Preis **sein Leben zu wagen**, **strukturell** unterlegen. Eo ipso ist damit der Grundstein zu einem Verhältnis sozialer Über- und Unterordnung gelegt.

Da mit dem Paradigma von „Herr und Knecht" eine neue Charakterisierung der **Relation** „Bewusstsein von sich selbst" entwickelt sein sollte, so ist es aus unmittelbar einzusehenden Gründen **unvollständig** und kann nicht Bestand haben. Wohl wird für den Herrn sein Anerkanntsein durch ein anderes Bewusstsein (P 133). Aber indem dies einseitig ist, kann darin das Bewusstsein von sich selbst **nicht zu seiner adäquaten Gegenständlichkeit kommen**, in der es sich selbst als **Subjekt und Objekt** wissen muss. Deshalb fehlt zum **eigentlichen Anerkennen** das Moment, „dass was der Herr gegen den andern tut, er auch gegen sich selbst, und was der Knecht gegen sich, er auch gegen den andern tue" (P 133). Indem der Herr seine Gewissheit in einem unselbständigen Bewusstsein hat, kann er darin **nicht** seine Wahrheit finden. Nach den bisherigen Interpretationen ergibt sich bereits aus einer einfachen Überlegung, von welcher Seite der Fortgang beginnen muss. Der **Herr** hat die für die adäquate Selbstbewusstseinsstruktur nötige Einheit von Fürsichsein und Leben in Gestalt des Knechtes bereits für sich. Er kann darin aber **nicht für sich** werden, da er sich selbst nicht als **Leben** versteht. Ein solches Verständnis aber ist aufgrund der Entwicklung der Selbstbewusstseinsproblematik für ein adäquates Sich-Wissen unabdingbar. Dem Herrn ist jedoch per definitionem das **dingliche** Sein nur **im Anderen** wesentlich. Deshalb wird er von sich aus **keinen Weg über sich hinaus** anbieten können – und auch nicht müssen, denn in der Blickrichtung vom Herrn auf den Knecht ist die Relation der entwickelten Selbstbewusstseinsstruktur gemäß. Für den **Knecht** dagegen stellt sich die Lage genau umgekehrt dar. In sich selbst hat er **alle Wahrheit**, denn er ist ebenso **Fürsichsein**, wie er sich als **Leben** versteht und gezeigt hat. In der Blickrichtung auf den Herrn jedoch kann er sich als diese Wahrheit nicht wiederfinden, denn der Herr ist Fürsichsein, dem das Leben gerade nicht wesentlich ist. Aber als Knecht hat er auch bereits das **andere Moment** seiner eigenen Wahrheit, nämlich das **dingliche Sein** für sich. Deshalb muss es nun an ihm liegen, die **beiden Momente** seiner **Wahrheit** so zu einem Gegenstand **zusammenzubringen**, dass er seine Wahrheit darin wiederfinden kann. Damit wäre jene gesuchte Selbstbewusstseinsrelation in der Erfahrung für das Selbstbewusstsein gefunden, die zuvor aus der internen Problematik eines Fürsichseins entwickelt wurde.

Zur Beschreibung dieser **Fortentwicklung** von der Struktur „Selbstbewusstsein für ein Selbstbewusstsein" in der Form „Herr und Knecht" – die sich als **nicht ausreichend** gezeigt hat, um die **Selbstbewusstseinsrelation** auf der nun erreichten Stufe zu charakterisieren – benutzt Hegel nun den Begriff „**Arbeit**". Es ist bereits deutlich geworden, dass es damit möglich sein muss, eine Situation zu erfassen, in der die beiden Momente, die dem Knecht in seinen Gegenständen noch auseinanderfallen, nämlich das **bloße Fürsichsein** und das **dingliche Sein**, zusammenzubringen sind. In der Tat sieht Hegel in der Arbeit die **negative Beziehung** auf den Gegenstand, die das Fürsichsein ausmacht, zur **Form** und damit zu einem Bleibenden werden (P 135). Auf diese Weise kommt gerade das arbeitende Bewusstsein „zur Anschauung des selbständigen Seins, *als seiner selbst*" (P 135). Nun war für den **Knecht** zunächst das selbständige Bewusstsein in der Gestalt des **Herrn** erfahren, der sich ihm als reines Fürsichsein dargestellt hatte. Dass sich in der **Arbeit des Knechtes** dieses Fürsichsein in die **Dingwelt hineinbildet**, muss sich deshalb aus der **Struktur** der Herr-Knecht-Beziehung entnehmen lassen. Indem der Knecht das „**Mittel**" ist, durch das sich der Herr **zu den Dingen verhält**, gestaltet er jenes Fürsichsein des Herrn in das **Produkt** *seiner* Arbeit. Nun arbeitet das knechtische Bewusstsein zwar im Dienste seines Herrn und bildet deshalb **dessen** Fürsichsein in das Sein. Aber indem es dies tut, hebt es auch stets **andere** Formen und damit **andere** Bildungen eines Fürsichseins im Sein auf. Insofern holt es darin in gewissem Sinne das nach, was es zuvor versäumt hat und wodurch es zum Knecht wurde: es **zerstört** das **fremde** Fürsichsein im Elemente der Gegenständlichkeit und **setzt** darin, obwohl im Dienste eines Herrn arbeitend, „sich als ein solches in das Element des Bleibens" (P 135).

Offensichtlich ist es dem knechtischen Bewusstsein gerade durch seine **Arbeit** möglich, jene nun entwickelte Form der Struktur „Selbstbewusstsein für ein Selbstbewusstsein", in der dem **Ich-Subjekt** und dem **Ich-Objekt** ebenso **Fürsichsein** wie **Leben** zukommen, zu einer **für das Selbstbewusstsein erfahrbaren Gestalt** werden zu lassen. Das **Fürsichsein**, in dem das Selbstbewusstsein seine **adäquate Gegenständlichkeit** erreichen kann, hat jedoch nun eine ganz **andere** Gestalt gefunden, als zu Beginn der Entwicklung zu vermuten gewesen war. Nicht in der **unmittelbaren** Beziehung zweier „Menschen" wird die Struktur „Selbstbewusstsein für ein Selbstbewusstsein" erfahrbar, sondern nur in der **Vermittlung** durch die **Arbeit** in Orientierung an **anderem** Fürsichsein, das darin als Fürsichsein **gegenständlich** wird. Zur Erfüllung bzw. Erfahrbarkeit dieser Struktur genügt es also offenbar nicht, dass das Bewusstsein nach seinen eigenen Vorstellungen und Plänen das dingliche Sein verändert; in Hegels Verständnis würde dies **den Begriff der Arbeit nicht** erfüllen, weil ein solches „Formieren" dem Bewusstsein nicht „das Bewusstsein seiner als des Wesens geben" könnte (P 136). Wir können die argumentative Grundlage dieses Arbeitsbegriffes wiederum in **selbstbewusstseinstheoretischen** Erwägungen sehen. Die Form nämlich, die das knechtische Bewusstsein nach seinem eigenen Sinn verwirklichen würde, wäre nicht die **Negativität an sich**. Was es so realisieren würde, wäre deshalb noch von seinem **eigenen** bestimmten Sein, d.h. von seinem eigenen „Leben" affiziert. Wir könnten auch sagen: es würde nicht die **reine Form** realisieren, die mit dem **reinen Fürsichsein** identisch ist. Auf diese Weise würde es nicht **seine spezifische Gegenständlichkeit** gewinnen, in der die Bestimmtheit des **Dinglichen** und die Absolutheit des **Fürsichseins** vereint sein müssen.

Mit diesem Gedanken schließt der Abschnitt A, in dem die „**Wahrheit der Gewissheit seiner selbst**" unter dem Titel „Selbständigkeit und Unselbständigkeit des Selbstbewusstseins" diskutiert wurde. Offensichtlich fußt der Abschnitt B, der die Selbstbewusstseinsstruktur unter dem Titel „**Freiheit des Selbstbewusstseins**" weiter entwickelt, auf jenen argumentativen Resultaten, die jetzt mit dem Begriff der **Arbeit** als Entwicklung der Struktur „Selbstbewusstsein für ein Selbstbewusstsein" ihren Abschluss gefunden haben. Indem so eine Möglichkeit gefunden ist zu begreifen, wie diese entwickelte Struktur für das Selbstbewusstsein erfahrbar werden kann, ist für uns oder an sich eine **neue Gestalt des Selbstbewusstseins** geworden. Es mag zunächst merkwürdig erscheinen, dass dieses Selbstbewusstsein als **freies** und d.h. **denkendes** bezeichnet wird. Auf den ersten Blick mutet der Weg von „**Arbeit**" zu „**Denken**" ziemlich weit an. Wir kommen auch hier nur dann einem Verständnis näher, wenn wir die beiden Begriffe und ihren Zusammenhang rein aus ihrer Funktion der Strukturexplikation der problematischen Selbstbewusstseinsrelation verstehen. Dann wird es auch verständlich, dass „**Denken**" in diesem Zusammenhang das **Selbstverhältnis** bezeichnet, „nicht als abstraktes Ich, sondern als Ich, welches zugleich die Bedeutung des *Ansichseins* hat, sich Gegenstand zu sein, oder zum gegenständlichen Wesen sich so verhalten, dass es die Bedeutung des Fürsichseins des Bewusstseins hat." (P 137). Dies formuliert gerade jenen Entwicklungsstand, der unter der Bezeichnung „Arbeit" argumentatives Ergebnis des Abschnitts A war.

Aufgrund dieses Zusammenhangs von „Arbeit" und „Denken" können wir nun auch das **freie oder denkende Bewusstsein** von der Entwicklung der Struktur „Selbstbewusstsein für ein Selbstbewusstsein" her auffassen. Insofern ist das denkende Selbstbewusstsein zurückbezogen auf jene intern-externe Gegenständlichkeit eines Bewusstseins von sich selbst, die nur als ein **anderes** Selbstbewusstsein adäquat zu denken ist. Dieser Hegelsche Begriff des **Denkens** sowie die gesamte weitere Entwicklung der ‚Phänomenologie des Geistes' ist damit von der Struktur „Selbstbewusstsein für ein Selbstbewusstsein" als argumentativer Entwicklung der problematischen **Selbstbewusstseinsrelation** beeinflusst.

2.2.6 Von der Anerkennung zum absoluten Wissen

Die Problematik, mit der Hegel in der ‚Phänomenologie des Geistes' den Gedankengang beginnt, der zur abschließenden Konzeption des ‚**absoluten Wissens**' führt, die schließlich dazu zwingt, die Verständlichkeit der Welt in einer mit dem bedeutungslosen Wort ‚Sein' anhebenden ‚**Wissenschaft der Logik**' zu explizieren, gleicht in ihrer Grundstruktur immer noch derjenigen, die Hegel gezwungen hatte, den Gedanken des **Selbstbewusstseins** als der ‚Wahrheit der Gewissheit seiner selbst' zunächst zu dem immer noch in sich widersprüchlichen Gedanken eines ‚Selbstbewusstseins für ein Selbstbewusstsein' weiterzuentwickeln. Damit ist schon der ‚**Begriff des Geistes**' für uns vorhanden. Dennoch zwingt dieses Problem Hegel, der internen Konsequenz dieses Gedankens folgend jene Widersprüchlichkeit in immer neuen Problem-Lösung-Problem-Sequenzen so weit zu verfolgen, dass schließlich nur noch die Konzeption der ‚**offenbaren Religion**' sich als der Gedanke zeigen wird, der das Bewusstsein seiner selbst als Grundlage der Verständlichkeit der Welt in einen haltbaren Denkzusammenhang stellt, der dann in das ‚**absolute Wissen**' führt.

Wenn der gedankliche Weg zum ‚absoluten Wissen' jedoch mit einer Situation beginnt, in der der Inhalt des Vorstellens bereits der ‚**absolute Geist**' ist, so scheint nicht mehr viel zu fehlen, um das **Selbstbewusstsein** in seiner genuinen Struktur in einem konsistenten Begriff zum Ausdruck bringen zu können. Und wenn mit dem entscheidenden ersten Schritt in der Entwicklung der Selbstbewusstseinsstruktur, also zum ‚Begriff des Geistes' im Verhältnis ‚ein Selbstbewusstsein für ein Selbstbewusstsein', schon die Richtung angegeben war, in der die einzig mögliche Lösung gefunden werden kann, so muss es gerade die gedankliche Entwicklung der Konzeption des Geistes sein, die nunmehr so weit vorangeschritten ist, dass es nur noch eines letzten Schrittes bedarf, der uns abschließend darüber aufklärt, wie das **Selbstbewusstsein** – in dessen Grundstruktur doch auch Hegel die einzige Möglichkeit angelegt sah, uns konsistent **die Verständlichkeit der Welt erhellen** zu können – angemessen als **Geist** begriffen werden muss.

Jenes wenige, das noch für das Gelingen eines Abschlusses der **Explikation der Selbstbewusstseinsstruktur** nötig erscheint, wird sich als Behebung des Problems zeigen, dass der ‚**absolute Geist**' in der Gestalt der ‚**offenbaren Religion**' noch als „Inhalt des **Vorstellens**" (P 516) gedacht wird. Dies ist gleichbedeutend damit, dass das Selbstbewusstsein noch nicht in seiner **reinen Identität** mit sich *gedacht* werden kann, was Hegel so zum Ausdruck bringt: „sein wirkliches Selbstbewusstsein ist nicht der Gegenstand seines Bewusstseins" (P 516). Jener ‚Geist der offenbaren Religion' fällt also noch in die ‚Form der **Gegenständlichkeit**'. Daraus lässt sich zunächst der innere Zusammenhang zwischen der ersten Explikation der Selbstbewusstseinsstruktur in Kap. IV (‚Die Wahrheit der Gewissheit seiner selbst') und der abschließenden ‚Überwindung' der **Gegenständlichkeit** des Selbstbewusstseins im ‚absoluten Wissen' ersehen – ebenso wie die Bedeutung, die dieser Zusammenhang für das Argumentationsprojekt der ‚Phänomenologie des Geistes' besitzt.

Das Problem, mit dem behaftet das **Selbstbewusstsein** bereits bei seinem Erscheinen im Entwicklungsgang der ‚Phänomenologie des Geistes' auftritt, ist ja unmittelbar das seiner **Gegenständlichkeit**, also das Problem, wie es zum Teil des Bewussten eines Bewusstseins werden kann, ohne seinen **genuinen Charakter als Selbstbewusstsein** in der **Identität** von Bewusstsein und Bewusstem zu verlieren. Das Problem war also, wie das Selbstbewusstsein bewusst und gedacht werden kann, obwohl es doch nichts anderes ist als **die Identität von Bewusstsein und Bewusstem**. Die Form des Denkens widerspricht in diesem Fall also seinem Inhalt. Nun scheint dies zunächst bei jedem Gegenstand des Bewusstseins der Fall zu sein: als Gegenstand erschöpft er sich nicht in der Bestimmung, ‚bewusst' zu sein, sondern tritt mit Gehalten auf, die ihn gerade nicht als ‚Bewusstes' kennzeichnen. Das **Selbstbewusstsein** unterscheidet sich von solchen **Bewusstseinsgegenständen** jedoch nicht durch einen Überschuss an Bestimmtheit gegenüber der bloßen Tatsache, dass sie ‚bewusst' sind, sondern gerade durch einen **Mangel an Bestimmtheit**. Dieser Mangel geht darauf zurück, dass darin die Identität von Bewusstsein und Bewusstem als solche zum Thema werden soll, die durch nichts anderes bestimmt ist als durch eben diese **Identität**.

Dies würde vermutlich solange nicht zu einem unüberwindbaren Problem führen, als das Selbstbewusstsein wie ein anderer Gegenstand in der Welt zum Thema werden soll. Hier ließe sich für die besonderen Schwierigkeiten dieses Gegenstandes wohl ein praktikabler Ausweg finden. In der ‚Phänomenologie des Geistes' geht es jedoch nicht um Selbstbewusstsein als einen **bestimmten Gegenstand** in der Welt, sondern im Zentrum steht Selbstbewusstsein als eine **Denkfigur**, die allein geeignet erscheint, die Verständlichkeit der Welt über

Kant hinaus ‚transzendental' zu erklären – mit Hilfe der Struktur von Selbstbewusstsein soll **Objektivität** über die Identität der Möglichkeitsbedingungen der Erfahrung der Gegenstände mit den Möglichkeitsbedingungen der Gegenstände der Erfahrung verständlich werden. Die ‚Phänomenologie des Geistes' handelt dementsprechend vom Selbstbewusstsein als Gedanken einer Struktur, mit der wir die Welt **hinsichtlich dieser Identität** verstehen können – es wird beansprucht, auf diese Weise die Verständlichkeit der Welt als solche verstehen zu können. Aus dieser Situation ergibt sich nun die Schwierigkeit, einerseits das Selbstbewusstsein gerade dann als **Denkgegenstand** auffassen zu müssen, wenn wir mit seiner Hilfe die Verständlichkeit der Welt verstehen wollen, andererseits aber eben damit diese **Leistungsfähigkeit** zu dementieren, indem diejenige **Struktur** als **Gegenstand** in der Welt aufgefasst wird, die doch erst **aufgrund ihrer besonderen Identität** diese Welt in ihrer Verständlichkeit einsehbar werden lassen kann. Als Bewusstes eines Bewusstseins ist das Selbstbewusstsein also selbst in einem Status unaufgeklärter Verständlichkeit – seine Verständlichkeit ist selbst noch unverstanden. Genau dieser Mangel muss sich aber auf die Aufklärung über die Verständlichkeit der Welt übertragen, die durch die gedankliche Ausnutzung der Selbstbewusstseinsstruktur angestrebt wird.

Die Explikation der Selbstbewusstseinsstruktur zwischen dem ersten Schritt in Kap. IV, der zum ‚**Begriff**' **des Geistes** im Verhältnis ‚ein Selbstbewusstsein für ein Selbstbewusstsein' führte, und der Situation, in der der Inhalt des Vorstellens, aus dem die Verständlichkeit der Welt einsehbar werden soll, bereits als ‚**absoluter Geist**' gedacht wird, war geleitet durch jene Schwierigkeit mit einem angemessenen Denken des Selbstbewusstseins, mit Hilfe dessen eben diese Einsicht gelingen soll. Der ‚Begriff' des Geistes war mit der Struktur ‚ein Selbstbewusstsein für ein Selbstbewusstsein' schon als solcher ausgearbeitet, weil das Selbstbewusstsein darin aus den **Problemen mit seiner internen Gegenständlichkeit** in einem ersten und entscheidenden Schritt ‚über sich hinaus' zu einem ‚Gegenstand' entwickelt worden war, der insofern den Fundamentalbedingungen der Gegenständlichkeit entsprach, als er nicht ‚im' Bewusstsein verblieb, sondern **in das Verhältnis zum Bewusstsein** eine Unabhängigkeit und Differenz einführte, die den Anfang machte auf dem Weg einer Entwicklung, in der das Selbstbewusstsein auf **eine seiner Struktur angemessene Weise** zu einem ‚Gegenstand' werden sollte. Es war damit auch der Anfang gemacht zu einer angemessenen begrifflichen Auffassung von Selbstbewusstsein als **Denkgegenstand**. Mit dem Verhältnis, in dem ‚ein Selbstbewusstsein für ein Selbstbewusstsein' ist, war im Selbstbewusstsein eine interne Andersheit entwickelt worden, die sein reines Für-sich-sein durchbrach in Richtung auf den Gedanken eines Selbstbewusstseins, das Gegenstand eines Bewusstseins sein kann und damit als solches ein Gegenstand begrifflichen Denkens.

Offensichtlich ist nun das Ergebnis dieser Entwicklung, dass ein erfolgreicher Abschluss dieses Gedankenganges nur erreicht werden kann, wenn die **Form des Vorstellens** erst dann aufgehoben wird, sobald der **Inhalt des Vorstellens** der ‚absolute Geist' ist. Dann erst kann das ‚wirkliche Selbstbewusstsein' zum Gegenstand eben des Bewusstseins werden, in dem es in der Tat schon Gegenstand ist – aber nicht in der Form eines ‚wirklichen Selbstbewusstseins'. Im Selbstbewusstseins-Kapitel war zunächst nur die abstrakte Struktur des denkenden Verhältnisses zur Welt erreicht, die Hegel als ‚**Geist**' bezeichnet, als Geist, der die Gewissheit hat, in der **Verdoppelung** seines Selbstbewusstseins und in der Selbständigkeit beider seine **Einheit** mit sich selbst zu haben. Wenn das Bewusstsein den Geist aber schon als absolut weiß, so ist er schon vorgestellt als das Wissen seiner selbst in seiner Entäußerung, als das Wesen, das die Bewegung ist, **in seinem Anderssein die Gleichheit mit sich selbst** zu behalten.

Die Aufhebung der **Form des Vorstellens**, durch welche dann, wenn der Inhalt bereits als ‚absoluter Geist' entwickelt ist, der **Übergang zum ‚absoluten Wissen'** gemacht wird, wird darin bestehen, dass die **Dingheit** vom Bewusstsein als ‚**Entäußerung' des Selbstbewusstseins** gewusst wird. So ist das ‚absolute Wissen' nichts anderes als die ‚**Bewegung des Bewusstseins'**. Als ‚Bewegung' sind Bewusstsein und Selbstbewusstsein nun keine ‚Gegenstände' mehr – das Bewusstsein ist nur noch die ‚**Totalität seiner Momente'**. Hinsichtlich der Selbstunterscheidung des Bewusstseins von der Welt ist das ‚absolute Wissen' erreicht, wenn die Gegenstände dieser Welt in jeder ihrer Bestimmungen – es wäre hinzuzufügen: der **apriorischen Bestimmungen**, durch die sie einer gegenständlichen Welt angehören – von der *Totalität* **der Bestimmungen her** verstanden werden, welche den Gegenständen ihre Gegenständlichkeit im transzendentalen Sinn verschafft, indem sie sie als jene ‚**Entäußerung**' des Bewusstseins für das Bewusstsein auffassbar macht, in der es sich als Gegenstand weiß und sich und seine Gegenständlichkeit darin ebenso erhält, wie es sie in sich zurückgenommen hat. Zum ‚**geistigen Wesen**' wird der Gegenstand demnach durch sein Verstandenwerden von dem System der apriorischen und gegenstandskonstituierenden Begriffe her – durch die Hinzufügung eines Vorzeichens zu jedem begrifflichen Verstehen, das den entsprechenden Begriff als einen aus **jenen** Begriffen kennzeichnet, die in ihrer **Totalität** Gegenständlichkeit **als Anderssein des Bewusstseins** konstituieren.

Nun ist die Wahrheit der Gegenständlichkeit schon vor der abschließenden Weiterentwicklung zum ‚absoluten Wissen' in der Gestalt des ‚absoluten Geistes' durch das Bewusstsein vorgestellt. Der Mangel für ein angemessenes Auffassen der in der Struktur des **Selbstbewusstseins** verstehbaren Welt – und damit des Selbstbewusstseins als dieser Struktur – bestand in der unangemessenen *Form* **des Vorstellens**. ‚In Wahrheit' und ‚für das Bewusstsein' aber wird er zum ‚**geistigen Wesen**' – zum ‚**absoluten Wissen**' – durch die Auffassung einer jeder einzelnen jener Bestimmungen, deren Totalität transzendental Gegenständlichkeit verständlich werden lässt, „als des Selbsts" (P 516), d. h. als ihre Bestimmtheit aus dem Bewusstsein beziehend, das darin eine Welt von sich unterscheidet und so **erst Bewusstsein wird**, weshalb es nicht Begriffe sein können, die das Bewusstsein aus sich produziert, sondern es sich um Begriffe handeln muss, die in ihrer Totalität, aus der allein sich ihre Bestimmtheit verstehen lässt, eben jenen **Vorgang** beschreiben, in dem das Bewusstsein sich von der Welt unterscheidet, weshalb es darin für sich und **die Welt die seine** wird. Der Weg zum ‚absoluten Wissen' ist demnach nichts anderes als das **Begreifen**, dass der ‚absolute Geist' gerade als solcher nicht **als Inhalt des Vorstellens** angemessen aufgefasst ist, sondern erst dann, wenn begriffen wird, dass auch das Vorstellen des absoluten Geistes in Wahrheit nur durch ein Auffassen einer jeden einzelnen Bestimmung aus der gegenstandskonstituierenden Totalität **als Beschreibung jenes Vorgangs**, in dem das **Bewusstsein für sich und die Welt die seine** wird, angemessen gedacht werden kann.

Von ‚**absolutem Wissen**' soll also dann gesprochen werden, wenn alle **Bestimmungen**, mit denen die Verständlichkeit der Welt verständlich werden kann, als die Bestimmungen gewusst werden, mit denen **die Unterscheidung des Wissenden von seiner Welt** gemacht wird und damit die **Grundlagen** für alles Wissen überhaupt erzeugt werden. ‚Absolut' ist das Wissen demzufolge dann, wenn es in einem ein Wissen des Wissens von der Welt *als* Wissen und das Wissen ist, durch das die **Selbstunterscheidung** des Bewusstseins von der Welt geschieht, in welcher Bewusstsein und Selbstbewusstsein in einem ursprünglichen Vorgang der Selbstkonstitution entstehen. ‚Absolutes Wissen' liegt demnach dann vor, wenn jenes Wissen, das die Verständlichkeit der Welt verständlich werden lässt, als Einheit des Wissens, in dem sich **Bewusstsein** und **Selbstbewusstsein** konstituieren, mit dem **objektkonstituierenden Wissen** eingesehen wird und bewusst wird – also mit dem Wissen, mit dem die Welt so für das Bewusstsein wird, dass sie **als apriorische Bewusstseinsleistung** verstehbar wird.

Wir haben damit der weiteren Entwicklung der ‚Phänomenologie des Geistes' **vorgegriffen**, um die Bedeutung der Explikation des Selbstbewusstseins im Rahmen dieses Werkes vollständig deutlich machen zu können. Wir gehen nun wieder auf den Stand der Gedankenbestimmung ‚Selbstbewusstsein' zurück und fassen die weitere Entwicklung der ‚Phänomenologie' **nach den Grundlinien** zusammen.

2.3 Der weitere Gedankengang der ‚Phänomenologie'

2.3.1 Vom Selbstbewusstsein zur Vernunft

Mit dem **Selbstbewusstsein** ist die Einsicht erreicht, dass in jedem Bezug auf einen Gegenstand und in jeder Erkenntnis vom Gegenstande in Wahrheit ein **Selbstbezug** vorgenommen wird, d. h. das Bewusstsein ist sich in seinem **Gegenstandsbewusstsein** seiner **selbst** bewusst. Dies entspricht durchaus der **Kantischen** Theorie, wonach jede **apriorische** Erkenntnis gleichzeitig einen Bezug des Selbstbewusstseins auf sich selbst enthält. Nur eine solche Erkenntnis aber kann als Wahrheit jenseits der bloßen technischen Brauchbarkeit oder der kommunikativen Bedeutsamkeit eines ‚Wissens' aufgefasst werden. Eine **apriorisch-synthetische Erkenntnis** ist eine solche, die uns ein Wissen von den Bedingungen der Möglichkeit der Erfahrung gibt, die gleichzeitig die Bedingungen der Möglichkeit der Gegenstände der Erfahrung darstellen; m.a.W.: es handelt sich eine Erkenntnis von den **Urteilsformen** bzw. **Kategorien**. Die Kategorien sind aber gleichzeitig die Begriffe, mit deren Hilfe sich **die Identität des Bewusstseins** bildet, so dass das **Ich der transzendentalen Apperzeption** gleichzeitig sich selbst **und** die Verstandesformen der Gegenständlichkeit konstituiert.

Es ist aber schon aus der Entwicklung des Selbstbewusstseins bei **Hegel** deutlich geworden, dass die argumentative Stellung nun anders ist und dass dieses Selbstbewusstsein deshalb auch anders gedacht werden muss als bei Kant. Das Selbstbewusstsein ist selbst **eine Gestalt des Wissens**, die **entwickelt** wurde und deshalb diese Entwicklung **in sich enthält**. Seine Wahrheit hat sich gerade nur aus dieser Entwicklung **ergeben** und darüber hinaus hat es keine Wahrheit. Dieser Argumentationsgang hatte bei der sinnlichen Gewissheit angefangen und ist nunmehr bei der Einsicht angelangt, dass alles Wissen seiner Struktur nach **Sich-selbst-wissen** ist. Die Argumentation, die Hegel für diese Behauptung vorlegt, ist identisch mit der Entwicklung des Gedankens von einem Selbstbewusstsein aus den einfacheren Formen eines Wissens des Wissens, die nicht aushalten konnten, wenn sie ausgesprochen und argumentativ verteidigt werden sollten.

Damit muss das **Selbstbewusstsein** nun auch so gedacht werden, wie es sich aus dieser Entwicklung ergeben hat. Es kann nicht von außen als ein selbständiger Gedanke aufgenommen werden, sondern muss in seiner Wahrheit verstanden werden, und seine Wahrheit ist nur seine **Entwicklung** aus den einfachsten Formen des Wissens des Wissens. *Was* das Bewusstsein weiß, indem es sich selbst weiß, ist nur aus der Entwicklung zu entnehmen, die zu ihm geführt hat. Das wichtigste dieser Momente ist, dass ein Selbstbewusstsein nur ist, indem **ein Selbstbewusstsein für ein Selbstbewusstsein** ist. Der **reine Selbstbezug** kann deshalb **nicht** seine Wahrheit sein. Es muss vielmehr der **Bezug auf anderes Selbstbewusstsein** zu dem gehören, was es weiß, indem es sich selbst weiß. Man könnte auch sagen, dass das Selbstbewusstsein damit in sich eine **Entfremdung** trägt, die Kant noch unbekannt war und die sich in der ‚Phänomenologie' aus deren Entwicklung ergeben hat. Wenn die sinnliche Gewissheit im Versuch der Selbsterklärung als Wissen also zum Selbstbewusstsein führt, so führt sie zu einem Selbstbewusstsein, das **in sich** den Bezug auf **fremdes Selbstbewusstsein** enthält.

Anders als bei Kant kann vom Selbstbewusstsein also nicht angemessen die Rede sein, wenn sein Selbstbezug nur solipsistisch als Bezug eines **einzelnen Bewusstseins** auf sich als ebenso einzelnes Bewusstsein aufgefasst wird. Der ‚**Begriff' des Geistes**' ist also zwar nun entwickelt, aber noch ohne die **Entwicklung**, was darin enthalten ist. Damit ist auch noch nicht das angemessene **Wissen des Wissens** gewonnen. Vor allem ist der Begriff des Geistes nur „**für uns**" vorhanden. Er ist also noch nicht **für das Bewusstsein** selbst entwickelt. Nichtsdestoweniger ist der Begriff des Geistes schon in dieser Struktur enthalten: „Indem ein Selbstbewusstsein der Gegenstand ist, ist er ebensowohl Ich, wie Gegenstand." (P 127) Man könnte auch sagen, dass das Problem nun ist, dass das Selbstbewusstsein als ‚**Gegenstand**' aufgefasst wird. Dieser ‚Gegenstand', in dem die Grundstruktur des Wissens verstanden wird, ist zwar weiter entwickelt als **der** Gegenstand, in dem das Wissen etwa nur ‚**Kraft**' sein sollte, aber er ist gerade deshalb noch nicht angemessen verstanden, weil er noch ein **Gegenstand** ist. Auch das Selbstbewusstsein ist ein Wissen, das nun als Wissen verstanden werden muss. Dieser Verstehensprozess ist seine **Entwicklung**, indem es sich so verändert, dass es zu einem Gegenstand wird, der gleichzeitig explizit enthält, dass er ein Wissen ist.

Hegel entwickelt im Kap. IV der Phänomenologie das Selbstbewusstsein als „Die Wahrheit der Gewissheit seiner selbst". Der Anfang dieser Entwicklung war schon mit der Thematik von **Herrschaft** und **Knechtschaft** gemacht. Darin wurde gefunden, dass das Selbstbewusstsein sich nur angemessen mit Hilfe einer Beziehung zum anderen Selbstbewusstsein verstehen kann. Dennoch ist dies noch nicht die vollständige Aufklärung seiner Wahrheit. Hegel führt die Entwicklung der Selbstbewusstseinsstruktur zunächst weiter bis zur **Vernunft**. Die **Stufen** auf diesem Weg sind die ‚**Freiheit des Selbstbewusstseins**' sowie

Stoizismus, Skeptizismus und das ‚**unglückliche Bewusstsein**'. Am Ende dieses argumentativen Weges wird die **Vernunft** als der **angemessene Begriff des Wissens** erreicht sein, so dass deren **Gewissheit** weiter zu ihrer **Wahrheit** entwickelt werden kann. Das Selbstbewusstsein muss also zunächst ‚zur Vernunft kommen', damit dann die Entwicklung innerhalb der Dimension der Vernunft weitergeführt werden kann, bevor dann schließlich die Stufe des ‚**Geistes**' erreicht wird.

Am Ende des Abschnitts ‚Selbständigkeit und Unselbständigkeit des Selbstbewusstseins; Herrschaft und Knechtschaft' ist zwar das **Selbstbewusstsein** als die Wahrheit des Wissens und des Selbstverständnisses erreicht, aber es ist noch sehr unvollkommen an die beiden Elemente verteilt. Für den **Herrn** ist nur er selbst die Wirklichkeit, und das **Ansichsein** sieht er nur in einem Verhältnis zum **Knecht**. Er hat also weder eingesehen, dass er seine Wirklichkeit nur im anderen – im Knecht – findet, noch dass er sich **über dieses Verhältnis** zur Wirklichkeit der Natur bezieht. Der Knecht bezieht sich auf den Herrn als seine Wirklichkeit und hat nur ein unmittelbares Verhältnis zum Ansich, das er ‚bearbeitet', das ihm aber noch nicht in seinem über das intersubjektive Verhältnis vermittelte wahren Verständnis bewusst geworden ist. Sie verstehen sich also **beide** ‚falsch', obwohl sie doch das Wissen besser verstehen als alle Positionen zuvor. Was nun gefunden werden muss, ist also eine **Einheit von Selbstbezug und Gegenstandsbezug**, in der gleichzeitig das **Verhältnis von Selbstbewusstseinen** enthalten ist.

Dem Selbstbewusstsein ist auf dieser Stufe nur eine neue Gewissheit möglich: „ein Bewusstsein, welches sich als die Unendlichkeit, oder reine Bewegung des Bewusstseins das Wesen ist; welches **denkt**, oder **freies Selbstbewusstsein** ist." (P 137) Das Bewusstsein ‚denkt' nun, d. h. es verhält sich zu den Gegenständen so, dass es darin **das Fürsichsein des Bewusstseins** erkennt. Die Wirklichkeit ist ihm nur in **Begriffen** zugänglich. Deshalb ist dieses Selbstbewusstsein ‚frei', denn es bleibt **bei sich selbst** und nimmt im Gegenstand nur **sich selbst** wahr. Es weiß nun auch, dass die Bewegung seines Erkennens die **Bewegung seines Denkens** ist und damit eine Bewegung in sich selbst. Was es auf diese Weise denkt, ist allerdings nur eine **Abstraktion** von der Wirklichkeit, die es auf ihr **Gedachtes** reduziert. Es denkt also gerade nicht ‚**konkret**', sondern ‚**abstrakt**'.

Deshalb kann Hegel diese Position zunächst als ‚**Stoizismus**' bezeichnen, also als eine Position, in der das Bewusstsein sich selbst zu bewahren versucht, indem es durch Denken sich eine Wahrheit schafft, auf die die nicht zu denkende Wirklichkeit keinen Einfluss hat. Der Stoiker beschränkt sich **auf das Denken** und findet sich selbst darin, aber dies gelingt ihm nur durch eine **Abtrennung** der ansichseienden Wirklichkeit von sich – er weiß zwar, dass er im Denken bei sich ist, aber er weiß auch, dass ihm eine ‚undenkbare' Wirklichkeit **gegenüber** bleibt, der gegenüber er sich nur ‚stoisch' in sein **Schicksal** ergeben kann, indem er ihr nicht gestattet, auf sein Denken Einfluss zu nehmen. Für den Stoiker wird alles nur als **ein Gedachtes** wichtig, nicht in der Form von Dingen, Gefühlen oder Begierden. Im Vergleich zum Verhältnis von Herrschaft und Knechtschaft ist dadurch ein **Fortschritt** erreicht: der Herr verhält sich zum Ansich, aber nur soweit es ein **Gedachtes** ist, und der Knecht weiß sich mit dem Ansich nicht mehr unmittelbar verbunden, sondern über das **Denken**.

Beim **reinen Denken** kann der Stoiker aber nicht bleiben. Er kann sich zwar in **Allgemeinheiten** ergehen, aber die **Besonderheiten** der wirklichen Welt bleiben diesem Allgemeinen immer noch gegenüber und sind nicht mit ihm **vermittelt**. Erreicht ist damit nur die folgende Situation: „Dieses denkende Bewusstsein so, wie es sich bestimmt hat, als die abstrakte Freiheit, ist also nur die unvollendete Negation des Andersseins; aus dem Dasein nur in sich zurückgezogen hat es sich nicht als absolute Negation desselben an ihm vollbracht. Der Inhalt gilt ihm zwar nur als Gedanke, aber dabei auch als bestimmter, und die Bestimmtheit als solche zugleich." (P 140) Aus dieser Situation versucht sich das Bewusstsein zu retten, indem es zum ‚**Skeptizismus**' übergeht. Darin erkennt es die Situation an, dass es durch bloßes Denken die Wirklichkeit **nicht vollständig erkennen** und seine eigene Wirklichkeit nicht darin finden kann. Es wendet diese Situation aber ins **Positive**, indem es diese Lage nun als die Wahrheit des Wissens erklärt. Das Bewusstsein gibt zu, mit seinem Denken das Ansich nicht vollständig wissen zu können und fasst dies als die **Wahrheit** seines Denkens auf, d.h. es sieht kein Problem mehr darin, dass es vom Ansich nur beschränkt durch sein Denken weiß, sondern sieht in dieser **Beschränktheit** seine **Freiheit**: „Das skeptische Bewusstsein erfährt also in dem Wandel alles dessen, was sich für es befestigen will, seine eigne Freiheit als durch es selbst sich gegeben und erhalten." (P 142)

Die Wendung seiner Lage ins Positive ändert an ihr jedoch wenig. Das Bewusstsein will die **Wirklichkeit**, die es durch seine Sinne aufnimmt, gering schätzen und als nicht erkennbar auffassen, aber es geht nichtsdestoweniger in seinem **Leben** doch ständig mit eben dieser Wirklichkeit um. Es schätzt dies gering, wovon es lebt. Das Ergebnis ist eine **neue Gestalt des Bewusstseins**, die Hegel als das ‚**unglückliche Bewusstsein**' beschreibt. Dass es ‚unglücklich' ist, wenn es das, wovon es **lebt**, nicht als die **Wirklichkeit**, in der es sich bewegt, **anerkennen** will, ist sehr einfach nachvollziehbar. Wichtiger ist aber, dass darin wiederum ein **positives Moment** liegt, das einen Fortschritt in der Aufklärung des Wissens über sich selbst bedeutet. In seinem Unglück weiß es eben, dass die bestimmten Wirklichkeiten seiner Welt ebenso *seine* Welt und seine Wirklichkeiten sind wie das **Denken**, in dem es diese Wirklichkeit schon gefunden hat. Es kann diese Einsicht aber zunächst nicht ins Positive wenden und einsehen, wie die Bestimmtheiten tatsächlich zu einem Wissen gehören, in dem es als Selbstbewusstsein sich realisiert. Nichtsdestoweniger befindet sich dieses Bewusstsein immer noch **in einem Gegensatz zu sich selbst**.

Die Auflösung dieser Gestalt und ihre Weiterentwicklung sind bei Hegel relativ kompliziert, aber es genügt hier, sie vereinfacht darzustellen. Indem das Bewusstsein auf seine ‚unglückliche' Lage reflektiert und sie **zum Ausdruck** bringt, verwandelt es sie und sich erneut. Dies führt prinzipiell darauf, dass es die Wahrheit der Gewissheit seiner selbst nicht mehr in einem **reinen Denken** findet, dem die Wirklichkeit der Welt unbegriffen gegenüber steht, sondern darin, dass es **sein Denken einsetzt**, um die Wirklichkeit der Welt begreifen zu können. Es sucht sein Denken also nun in der **Wirklichkeit**, indem es diese durch **Vernunft** zu **erkennen** sucht. Die neue Wahrheit wird ihm das **vernünftige Erkennen der Welt**. Es hat allerdings noch nicht das Bewusstsein, dass es in all seinem Erkennen immer schon sich selbst erkennt. Deshalb versucht es diese Selbstbegegnung herzustellen, indem es **nach der Vernunft in der Welt** über die Bemühung um ihre **Erkennbarkeit** strebt. Es erkennt sich also in der Welt als ‚**konkrete Allgemeinheit**', d.h. die **Einzelheiten** der Welt werden verstanden als besondere Fälle, die durch die **allgemeine Vernunft** begriffen werden können.

Das Bewusstsein kann sich darin auch als einzelnes in seinem Anderen begreifen, da es durch das **Tun der Vernunft** als Einzelnes **Anteil hat** an der **vernünftigen Herstellung** eines vernünftigen Einzelnen, d.h. eines **vernünftigen Begreifens** der Einzelheiten und Bestimmtheiten in der Welt. Seine Haltung gegenüber dem Wissen ist nun ebenso **einzeln** (das Bewusstsein kann als einzelnes die Vernunft in der Erkenntnis der Welt anwenden) wie **allgemein** (es wendet alle Bestimmtheiten der Welt ins Allgemeine, indem es sie vernünftig erklärt). Damit hat es einen Gegenstand gefunden, in dem es sein ‚Unglück' aufheben kann: „Aber in diesem Gegenstande, worin ihm sein Tun und Sein als dieses einzelnen Bewusstseins, Sein und Tun an sich ist, ist ihm die Vorstellung der **Vernunft** geworden, der Gewissheit des Bewusstseins, in seiner Einzelnheit absolut an sich, oder alle Realität zu sein." (P 156) Es hat also nun begriffen, dass das *einzelne* Bewusstsein „an sich absolutes Wesen" ist, weil es sich **als einzelnes Bewusstsein allgemein verhalten** kann, d.h. **vernünftig denken** kann und sich im vernünftigen und d.h. allgemeinen Denken auf das ihm gegenüber stehende Gegenständliche der Welt beziehen kann, das darin gleichzeitig einzeln und allgemein ist, d.h. die einzelnen Gegenstände und Ereignisse sind **innerlich vernünftig** und deshalb **vernünftig zu verstehen bzw. zu erklären**. Die vernünftige

Erklärung ist dabei das Allgemeine, denn erklären in diesem Sinne heißt eben, ein einzelnes Ereignis auf etwas Allgemeines zurückführen und aus ihm abzuleiten. Wenn eine solche Ableitung gelingt, so pflegen wir zu sagen, das Ereignis sei erklärt, und wir setzen voraus, dass dies mit Hilfe der **Vernunft** geschehen ist.

2.3.2 Von der Vernunft zum Geist

Hegel erörtert die **Vernunft** nun unter dem Titel ‚Gewissheit und Wahrheit der Vernunft' und stellt dabei verschiedenen **Formen** eines Wissens vor, das von sich behauptet, vernünftig zu sein. Damit wird aber das Resultat des Selbstbewusstseins-Kapitels nicht zurückgenommen. Es gilt weiterhin, dass das Bewusstsein die Wahrheit nur in sich selbst finden und erfassen kann. Da es dieses Erfassen aber nun als Leistung der Vernunft auffasst, könnte man es auch als ‚**Vernunft-Bewusstsein**' bezeichnen. Wenn das Bewusstsein, das zuvor seine Wahrheit schon als Selbstbewusstsein erkannt hatte, nun einsieht, dass es ebenso Vernunft ist, dann ist ihm das andere seiner selbst nichts mehr, dem es sich **entgegensetzen** müsste. Das Vernunftbewusstsein sieht **in der Welt die Vernunft**, die auch **in ihm** ist. Hegel drückt dies so aus: „Damit dass das Selbstbewusstsein Vernunft ist, schlägt sein bisher negatives Verhältnis zu dem Anderssein in ein positives um. […] Aber als Vernunft, seiner selbst versichert, hat es die Ruhe gegen sie [d.h. die Welt und seine eigene Wirklichkeit] empfangen, und kann sie ertragen; denn es ist seiner selbst als der Realität gewiss; oder dass alle Wirklichkeit nichts anders ist als es; sein Denken ist unmittelbar selbst die Wirklichkeit; es verhält sich also als Idealismus zu ihr." (P 157) Die Welt wird ihm nun erst *seine* Welt, „die in ihrem Bleiben Interesse für es hat, wie vorhin nur in ihrem Verschwinden; denn ihr Bestehen wird ihm seine eigne Wahrheit und Gegenwart; es ist gewiss, nur sich darin zu erfahren." (P 158)

Erreicht ist nun ein Entwicklungsstand, in dem die **Vernunft** „die Gewissheit des Bewusstseins, alle Realität zu sein", darstellt (P 158). Allerdings kann damit noch nicht die vollständige Wahrheit erreicht sein. Hegel führt das Vernunft-Bewusstsein in der Tat in verschiedenen Formen vor, die alle für sich nicht den Gedanken erschöpfen können, der nun erreicht wurde. Die Wahrheit der Vernunft bzw. des Vernunft-Bewusstseins wird also erst im ‚**Geist**' gefunden, der wiederum in seiner Fortentwicklung das Bewusstsein der ‚**Religion**' hervorbringt. Erst danach kann das Stadium des ‚**absoluten Wissens**' erreicht werden. Man könnte das grundsätzliche **Problem** mit der Vernunft darin sehen, dass das Vernunft-Bewusstsein die Vernunft nur ‚**hat**'. Dieser Mangel ist es, der die Entwicklung weitertreibt. Nichtsdestoweniger weiß das Bewusstsein nun, dass die Welt **ein Sein nur für das Bewusstsein** hat, denn das Bewusstsein ‚hat' Vernunft, und die Welt lässt sich **vernünftig erkennen**. Das Bewusstsein fasst diese Wahrheit aber als eine **unmittelbare** auf und macht darin den Fehler, der erst in der weiteren Entwicklung korrigiert wird: „Das Bewusstsein, welches diese Wahrheit ist, hat diesen Weg im Rücken und vergessen, indem es unmittelbar als Vernunft auftritt, oder diese unmittelbar auftretende Vernunft tritt nur als die Gewissheit jener Wahrheit auf. Sie **versichert** so nur, alle Realität zu sein, **begreift** dies aber selbst nicht; denn jener vergessene Weg ist das Begreifen dieser unmittelbar ausgedrückten Behauptung. Und ebenso ist dem, der ihn nicht gemacht hat, diese Behauptung, wenn er sie in dieser reinen Form hört, – denn in einer konkreten Gestalt macht er sie wohl selbst, – unbegreiflich." (P 159)

Man könnte dies so verstehen: das **Vernunft-Bewusstsein** sieht die vernünftige Erkennbarkeit der Welt und damit sein Sichfinden als vernünftiges Bewusstsein in der vernünftig erkennbaren Welt als etwas an, das ‚**natürlich**' ist – als ob dieser Zusammenhang vom Himmel gefallen wäre. *Wir*, die wir den Gedankengang der Phänomenologie bis jetzt verfolgt haben, wissen aber, dass dieses Bewusstsein alles andere als eine natürliche Erscheinung ist. Es ist vielmehr ein **Ergebnis** eines Gedankenganges, der sich **in der Geschichte der Welt dargestellt** hat. Nur als solches Ergebnis hat es überhaupt eine **Wahrheit**, nicht als einfach behauptete **Gewissheit**. Es handelt sich selbst um einen **Gedanken**, der in seiner **Wahrheit** nur eingesehen ist, wenn er als solcher erkannt ist. Dies ist am Anfang des Kapitels über die Vernunft noch nicht der Fall. Dem Vernunft-Bewusstsein fehlt also die Einsicht, dass die Auszeichnung, die es nun als Bewusstsein ausmacht – nämlich vernünftig zu sein und die Welt vernünftig erkennen zu können, **ein Gedanke mit einer Entwicklung** ist, der nur wahr ist zusammen mit dieser seiner Entwicklung. Erst dieser „vergessene Weg ist das Begreifen dieser unmittelbar ausgedrückten Behauptung." (P 159) Ohne dieses **Begreifen** kann die Vernunft nur ‚versichern', „alle Realität zu sein". (P 159)

Die Entwicklung zum ‚**Geist**' besteht also darin, den Status des nun erreichten Wissens zu verändern. Es handelt sich für das Bewusstsein noch bloß um eine ‚**unmittelbare Gewissheit**', „welcher andere unmittelbare Gewissheiten gegenüberstehen, die allein auf jenem Wege verloren gegangen sind." (P 159) Es kann die **Notwendigkeit** seiner eigenen Gewissheit nicht begreifen und **zum Ausdruck bringen**. Diese Notwendigkeit ist nichts anderes als der gedankliche Weg der ‚Phänomenologie'. Solange das Bewusstsein diesen **Weg** vergisst und sich die Vernunft und das vernünftige Erkennen als etwas **Unmittelbares** vorstellt, solange hat es nur eine **Gewissheit** für sich, aber kein Begreifen der **Wahrheit** erreicht. Gelingt ihm aber diese Einsicht, dann verliert es auch seine Vernunft – nicht vollständig, aber doch als die einzige und absolute Weise, eine Wahrheit über die Welt zu gewinnen. Wenn es die Vernunft begriffen hat, dann muss es zwar nicht unvernünftig werden, aber es hat eine Position erreicht, von der aus es **die Vernunft in ihrer Begrenztheit** erfassen und begreifen kann.

Hegel kennt nun **drei Hauptformen der Vernunft**, die als Stufen auf dem Weg zu einem solchen Begreifen verstanden werden können. Dies beginnt mit der ‚**beobachtenden Vernunft**' und geht über ‚die **Verwirklichung** des vernünftigen Selbstbewusstseins durch sich selbst' weiter zur ‚**Individualität**, welche sich an und für sich selbst reell ist'. Es würde zu weit führen, diese einzelnen Schritte im Detail zu diskutieren. Wir müssen uns also darauf beschränken, einige wichtige Linien in dieser Entwicklung aufzuzeigen, durch die die **Bewegung** hin zum ‚Geist' verständlich wird.

Wenn Hegel diesen Gedankengang mit der ‚**beobachtenden**' Vernunft beginnt, so handelt es sich nicht um die sinnliche Wahrnehmung der Welt, die am Anfang der ‚Phänomenologie' dem Bewusstsein als die Wahrheit galt. Es mag zunächst verwirren, dass Hegel hier **Beobachtung** und **Vernunft** zusammenbringt, aber dieses Problem löst sich, wenn der Begriff der Beobachtung näher betrachtet wird. Es geht nicht um ein Anstarren der Natur, sondern um den **aktiven Akt**, der im Ausdruck ‚Beobachtung' immer schon mitgemeint ist. Dass darin Vernunft eingesetzt wird, hängt mit der Leistung der Beobachtung zusammen, die die Welt nach Kriterien **einteilt** und sie auf **Begriffe** bringt. Man könnte deshalb auch von einer ‚**definierenden**' Vernunft sprechen. Es handelt sich nun um ein Beobachten, mit dessen Hilfe die Natur durch die menschliche Vernunft und für sie erobert wird. Von hier ist der Weg nicht mehr weit zu der Suche nach ‚**wesentlichen**' Merkmalen der einzuteilenden Natur. Durch die Beobachtung entsteht also durch ihren vernünftigen Charakter eine **begriffliche Ordnung** der Welt, die sich an der Entscheidung orientiert, ob es sich um **wesentliche** Merkmale oder um **unwesentliche** handelt. Dies sagt uns die Natur selbst nicht, sondern wir können solche Entscheidungen nur treffen, wenn wir unsere eigenen Vernunftleistungen einsetzen und darüber entscheiden, was ‚wesentlich' und was nicht wesentlich ist.

Die Vernunft beobachtet aber nicht nur die Welt, sondern wendet sich auch **auf sich selbst** zurück, d.h. das vernünftige Selbstbewusstsein wird sich selbst **zum Gegenstand seiner vernünftigen Beobachtung**. Dies ist ein naheliegender Schritt, denn in der anorganischen Welt konnte die Vernunft sich selbst nur sehr begrenzt wiederfinden. Im Grunde ging es dem Bewusstsein zunächst auch nur um die **organische Welt**, in der es zumindest ein Analogon zu seinem Selbstverhältnis auffinden und beobachten konnte. Die **Organismen** erhalten sich selbst, indem sie sich auf sich selbst beziehen und aus sich selbst heraus leben. Dies entspricht bis zu einem gewissen Grad dem Selbstverhältnis des Selbstbewusstseins, aber dieser Gedanke findet seine Grenze an der anorganischen Welt, die zwar vernünftig zu kategorisieren ist, in der aber kein **Selbstverhältnis** gefunden werden kann.

Dieses Problem kann nun dadurch behoben werden, indem das Bewusstsein sich **selbst** als Selbstverhältnis **vernünftig beobachtet** und logische und psychologische Gesetze sucht, mit deren Hilfe es die Vernunft in sich selbst findet, die es zur Beobachtung einsetzt. Damit geht die Vernunft über den jetzt erreichten Stand hinaus, den Hegel so beschreibt: „Die Naturbeobachtung findet den Begriff in der unorganischen Natur realisiert, Gesetze, deren Momente Dinge sind, welche sich zugleich als Abstraktionen verhalten; aber dieser Begriff ist nicht eine in sich reflektierte Einfachheit. Das Leben der organischen Natur ist dagegen nur diese in sich reflektierte Einfachheit, der Gegensatz seiner selbst, als des Allgemeinen und des Einzelnen, tritt nicht im Wesen dieses Lebens selbst auseinander; das Wesen ist nicht die Gattung, welche in ihrem unterschiedslosen Elemente sich trennte und bewegte, und in ihrer Entgegensetzung für sich selbst zugleich ununterschieden wäre." (P 201)

Das **vernünftige Beobachten** kann den ‚freien Begriff' jedoch dort finden, wo dieser **freie Begriff** seine Wirklichkeit als Begriff hat, nämlich **in sich selbst**. Dies kann etwa gelingen, indem es **Gesetze des Denkens** aufzufinden versucht und sich selbst vernünftig beobachtet und erklärt. Gemeint ist hier eigentlich eine **psychologische Logik**, die nicht etwa eine Lehre vom richtigen Schließen ist, sondern eine Wissenschaft vom **Funktionieren des Denkens**, also eine **empirische** Lehre über das Denken und die Gesetze, die in ihm tatsächlich herrschen. Das Bewusstsein untersucht also seine ‚unorganische Natur, „nämlich die vorgefundenen Umstände, Lage, Gewohnheiten, Sitten, Religion, und so weiter; aus diesen ist die bestimmte Individualität zu begreifen." (P 204) Das Bewusstsein versucht also sich selbst zu begreifen, indem es sich und sein Verhalten **abzuleiten** versucht aus wissenschaftlichen Gesetzen, die es durch **Selbstbeobachtung** gewonnen hat. Das Problem dabei ist, dass **Allgemeinheit** und **Individualität** auf diese Weise nicht ganz zur Deckung kommen, weshalb nicht das erreicht ist, was das vernünftige Bewusstsein zunächst annehmen konnte: „In der Hererzählung dieser verschiedenen Vermögen ist die Beobachtung in der allgemeinen Seite; die Einheit dieser vielfachen Fähigkeiten ist die dieser Allgemeinheit entgegengesetzte Seite, die wirkliche Individualität." (P 204) Das individuelle Bewusstsein findet durch seine beobachtende Vernunft zwar **allgemeine Gesetze**, aus denen es sein Verhalten und sein Denken erklären kann, aber es findet sie nur **als allgemeine**, nicht **als individuelle**. Es bleibt also eine **Entgegensetzung** zwischen dem **Allgemeinen der Vernunft** und der **Individualität des Bewusstseins**, die sich nicht in das Allgemeine auflösen lässt.

Daran ändert sich auch nichts, wenn das Bewusstsein dazu übergeht, seine ‚unmittelbare' Wirklichkeit beobachtend zu untersuchen. Hegel führt hier etwa die **Physiognomik** und die sog. **Schädellehre** an, also eine Auffassung, dass das Wesen eines Menschen durch die Gestalt seines Schädels erkannt werden könnte. Es entsteht wieder das gleiche Problem, dass das **Individuum** in diesen **Allgemeinheiten** nicht aufgefunden werden kann. Die Auffassung eines Menschen aus seiner äußeren Erscheinung wird durch eine Handlung des gleichen Menschen sehr leicht dementiert. Hegel zitiert hier zustimmend Lichtenberg: „wenn jemand sagt, du handelst zwar, wie ein ehrlicher Mann, ich sehe es aber aus deiner Figur, du zwingst dich, und bist ein Schelm im Herzen; fürwahr eine solche Anrede wird bis ans Ende der Welt von jedem braven Kerl mit einer Ohrfeige erwidert werden." (P 215) Dabei ist es gleichgültig, ob die Physiognomie oder die Form des Schädels als **äußeres Zeichen** für ein ungreifbares **inneres** Wesen aufgefasst wird.

Der fundamentale Irrtum solcher Auffassungen besteht darin, dass ein ‚**totes Ding**' als „die äußere und unmittelbare **Wirklichkeit des Geistes**" aufgefasst wird (P 230). Auf diese Weise kann das Selbstbewusstsein sich aber nicht als vernünftiges Bewusstsein in der Welt finden. Es versucht, sich selbst in seiner Vernunft in der Welt zu finden, es gewinnt sich aber selbst nur in einem ‚toten Sein', **nicht in der Lebendigkeit seiner Vernunft**. Man könnte auch sagen: seine Vernunft wird ihm zu etwas Gegenständlichem und verliert sich auf diese Weise in der gegenständlichen Welt. In gewisser Weise ist damit der Anfang der ‚Phänomenologie' wieder erreicht: der Begriff soll als Ding vorhanden sein. Aber die inzwischen durchlaufene Entwicklung hat dazu geführt, dass dieses Ergebnis auf einem ganz anderen Niveau wieder aufgenommen wird, das eben diese **Entwicklung** in sich enthält. Nichtsdestoweniger stellt die Beobachtung den **Begriff** als **Ding** so her, „dass sie die Wirklichkeit des Geistes selbst zu einem Dinge macht, oder umgekehrt ausgedrückt, dem toten Sein die Bedeutung des Geistes gibt." (P 230) Die Gewissheit der Vernunft sucht sich selbst als **gegenständliche Wirklichkeit**. Darin kann aber keine Wahrheit sein, denn sie kann sich nicht als Vernunft finden.

Nichtsdestoweniger ist darin doch auch eine Wahrheit. In der Suche der Vernunft nach sich selbst als einer gegenständlichen Wirklichkeit liegt doch die **Einsicht**, dass **die Vernunft alle Realität** ist. Dies zeigt sich darin, dass die Vernunft sich in Einzelheiten der empirischen Wirklichkeit zu finden versucht. Es handelt sich also um einen unvollkommenen und ungenügenden Versuch, aber er entsteht doch aus der wahren Einsicht, dass **das Bewusstsein Selbstbewusst-**

sein ist, das sich als **Vernunft** verwirklicht. Dem Bewusstsein sind in seinen Versuchen Denken und Sein in der Einheit. Dieses Prinzip ist eine Wahrheit, aber sie wird noch in einer **Vergegenständlichung** ausgesprochen, die unwahr ist und deshalb eine weitere **Entwicklung** anstößt. Diese Entwicklung führt zunächst zu dem Versuch, die Vernunft nicht mehr nur als Beobachtung aufzufassen, sondern als eine **Tätigkeit**, in der das vernünftige Selbstbewusstsein sich durch sich selbst **verwirklicht**. Wenn es sich in der Beobachtung nicht auf eine angemessene Weise finden konnte, dann könnte es ihm vielleicht dadurch gelingen, dass es seine Vernunft in der Welt **zur Wirklichkeit bringt**.

Hegel führt diese Entwicklung in **drei Schritten** vor, die überschrieben sind mit a. ‚Die Lust und die Notwendigkeit', b. ‚Das Gesetz des Herzens, und der Wahnsinn des Eigendünkels', sowie c. ‚Die Tugend und der Weltlauf'. Trotz der merkwürdigen Überschriften geht es darin um die Weiterentwicklung der ursprünglichen Einsicht des vernünftigen Selbstbewusstseins: „Das Selbstbewusstsein fand das Ding als sich, und sich als Ding; d.h. es ist für es, dass es an sich die gegenständliche Wirklichkeit ist. Es ist nicht mehr die unmittelbare Gewissheit, alle Realität zu sein; sondern eine solche, für welche das Unmittelbare überhaupt die Form eines Aufgehobenen hat, so dass seine Gegenständlichkeit nur noch als Oberfläche gilt, deren Inneres und Wesen es selbst ist." (P 233) Das Selbstbewusstsein hat bereits die **Gewissheit des Geistes**, dass der selbständige Gegenstand kein **Fremdes** für es ist. Diese Gewissheit „hat sich ihm nun zur Wahrheit zu erheben; was ihm gilt, dass es an sich und in seiner innern Gewissheit sei, soll in sein Bewusstsein treten, und für es werden." (P 233) Diese weitere Entwicklung beginnt damit, dass die **tätige Vernunft** als Individuum seine Wirklichkeit im andern **hervorbringen** will.

Das Bewusstsein befindet sich damit in einem Zustand, in dem ihm die **Wahrheit** in der Beziehung zu anderen Bewusstseinen gilt. Man könnte auch sagen: es geht ihm nun um seine Wahrheit im sozialen Verhältnis. Wir haben oben schon gesehen, dass der **Begriff des Geistes** erreicht ist, wenn ein Selbstbewusstsein für ein anderes Selbstbewusstsein ist. Erst in diesem Verhältnis ereignet sich nach Hegel das, was wir als Selbstbewusstsein bezeichnen. Ein Selbstbewusstsein ist also nicht allein zu denken. Nunmehr geht es jedoch darum, *wie* das Bewusstsein seine eigene Wirklichkeit in anderen Bewußtseinen finden kann, so dass es als Selbstbewusstsein wirklich sein kann.

Der erste Schritt – ‚**Die Lust und die Notwendigkeit**' – besteht darin, dass das Bewusstsein sich ins **Leben** stürzt und darin bringt es „die reine Individualität, in welcher es auftritt, zur Ausführung." Hegel führt diesen Versuch weiter so aus: „Es macht sich weniger sein Glück, als dass es dasselbige unmittelbar nimmt und genießt. Die Schatten von Wissenschaft, Gesetzen und Grundsätzen, die allein zwischen ihm und seiner eignen Wirklichkeit stehen, verschwinden, als ein lebloser Nebel, der es nicht mit der Gewissheit seiner Realität aufnehmen kann; es nimmt sich das Leben, wie eine reife Frucht gepflückt wird, welche ebenso sehr selbst entgegen kommt, als sie genommen wird." (P 240) Einem solchen Bewusstsein geht es insofern um sein **Glück**, als es allem in der Welt die „Form seines Andersseins oder seiner Selbständigkeit" (P 241) nehmen will, man könnte auch sagen: es will sich in der ganzen Welt zu Hause fühlen.

In dieser **Lust** erfährt es aber gleichzeitig die Wahrheit dieses Zweckes, den es sich selbst gesetzt hat. In der Lust wird das Bewusstsein zwar sich selbst als gegenständliches Selbstbewusstsein, aber gleichzeitig erfährt es, dass es sich darin selbst aufgehoben hat. Es genießt zwar die Welt, aber es wird dabei doch gleichzeitig **abhängig** von der Welt. Es hebt bis zu einem Grade sich selbst auf, weil es sich in der Lust **verliert** und abhängig wird von dem, was es darin genießen kann. Darin tritt ihm die **Notwendigkeit** entgegen, von der es sich durch die Lust abhängig gemacht hat. Sein lebendiges Sein geht in die „leblose Notwendigkeit" über, und dieser Übergang erscheint dem Bewusstsein selbst als eine „Verkehrung, die durch nichts vermittelt ist" (P 243). Eine solche Situation ist einem vernünftigen Selbstbewusstsein nicht angemessen. Sie ist auch nicht auf dem Niveau, das durch die bisherige Entwicklung der ‚Phänomenologie' erreicht wurde. Im Grunde stehen sich die beiden Seiten – Bewusstsein und Bewusstes – wieder **fremd** gegenüber. Gesucht ist also nun eine **Vermittlung** zwischen ‚**Lust**' und ‚**Notwendigkeit**' – zwischen Glück des Individuums und Abhängigkeit von der Notwendigkeit und der Allgemeinheit: „Das Vermittelnde müsste das sein, worin beide Seiten eins wären, das Bewusstsein also das eine Moment im andern erkennte, seinen Zweck und Tun in dem Schicksale, und sein **Schicksal** in seinem Zwecke und Tun, sein eigenes Wesen in dieser Notwendigkeit." (P 243)

Das Bewusstsein macht nach dem **Scheitern** seiner ‚Lust' an der unvermittelten ‚Notwendigkeit' einen zweiten Versuch, **die Vernunft zur Wirklichkeit zu bringen**. Dieses Mal versucht es nicht, sich in der Welt zu finden, sondern die Welt in sich. Es weiß sich als das Allgemeine und versucht dies in seiner Individualität zu realisieren. Das Bewusstsein hat nun die Gewissheit, das **Gesetz** in sich zu haben und zwar auf eine unmittelbare Weise. Dies bringt Hegel mit dem Begriff ‚**Gesetz des Herzens**' zum Ausdruck. Es ist leicht zu verstehen, dass aus diesem Gesetz bald der ‚**Wahnsinn des Eigendünkels**' folgen muss. Wollte das Bewusstsein zunächst sein Fürsichsein zu einem Allgemeinen machen, was daran scheiterte, dass es nur einem unvermittelten Allgemeinen gegenüber stand, so versucht es nun die Gewissheit, **das Allgemeine unmittelbar in sich zu haben**:

„Das Gesetz also, das unmittelbar das eigne des Selbstbewusstseins ist, oder ein Herz, das aber ein Gesetz an ihm hat, ist der Zweck, den es zu verwirklichen geht." (P 244) Das Problem ist nun, dass diesem ‚Gesetz des Herzens' eine **Welt** gegenüber steht, die nichts mit diesem Gesetz zu tun hat und ihm als eine **fremde Wirklichkeit** erscheint. Das Bewusstsein hat das Allgemeine in sich selbst zurück genommen und sieht sich darin als identisch mit dem Allgemeinen. Es kann aber nichts daran ändern, dass seinem ‚Herzen' eine Wirklichkeit gegenüber steht, die sich wenig um das ‚Gesetz des Herzens' kümmert. Wir haben nun **zwei Seiten** der neuen **Wirklichkeit** des Bewusstseins: (1) „ein Gesetz, von dem die einzelne Individualität gedrückt wird, eine gewalttätige Ordnung der Welt, welche dem Gesetze des Herzens widerspricht"; (2) „andererseits eine unter ihr leidende Menschheit, welche nicht dem Gesetze des Herzens folgt, sondern einer fremden Notwendigkeit untertan ist." (P 244)

Die Individualität muss also nun versuchen, die **Notwendigkeit** aufzuheben, die **gegen** sein ‚Gesetz des Herzens' steht. Gerade dadurch aber verändert sich die nun erreichte Gestalt des Bewusstseins erneut. Gelingt ihm diese Notwendigkeit, so hat es eben auch sein Gesetz als ‚Gesetz des Herzens' – als Gesetz im Individuum – **aufgehoben**. Das Gesetz wird dann zur **allgemeinen Macht**, in der das Individuum nicht mehr wiedererkennbar ist. Das Bewusstsein tut im Grunde das **Gegenteil** von dem, was es wollte: „Durch die Verwirklichung seines Gesetzes bringt es daher nicht sein Gesetz, sondern indem sie an sich die seinige, für es aber eine fremde ist, nur dies hervor, in die wirkliche Ordnung sich zu verwickeln; und zwar in sie als eine ihm nicht nur fremde, sondern feindliche Übermacht." (P 246) Man könnte sagen: solange es nur als ‚Gesetz des Herzens' bestehen will, kann es zwar bei sich bleiben, aber genau dies ist wegen der Allgemeinheit dieses Gesetzes nicht möglich; versucht es aber zum ‚**Eigendünkel**' zu werden und seine **individuelle Allgemeinheit** zu verwirklichen, so verliert es zwangsläufig sein ‚Gesetz des Herzens' und erreicht ein ganz anderes Bewusstsein, als es zunächst besaß.

Im ‚Gesetz des Herzens' hat das Bewusstsein zwar aufgegeben, sein individuelles Glück **gegen** die Welt und alle anderen Menschen zu suchen. Es versteht sich nun schon so, dass seine individuelle Allgemeinheit auch das Wohl der Menschheit beinhalten soll. Es verwirklicht sich in seinem Anderen nicht mehr egoistisch, sondern hat das Bewusstsein eines **allgemeinen Zwecks**, der auch für andere Menschen zu deren Verwirklichung beitragen kann. Jedenfalls **glaubt** es, dass sein **eigenes** Gesetz zum **allgemeinen** Gesetz taugen könnte, in dem eine Übereinstimmung zwischen **allen** Menschen erreicht wird. Man kann auch sagen: das Individuum erklärt das Gesetz seines Herzens zum **objektiv Guten**, ohne zu wissen, ob dies wirklich für **alle** Menschen gut ist. Es fehlt also auch hier wieder eine **Vermittlung** zwischen dem Einzelnen und dem Allgemeinen. Das Bewusstsein berücksichtigt nicht die **Realität**, in der Menschen verschiedene Vorstellungen über das Gute haben. Gerade darin liegt sein ‚**Eigendünkel**', der ja nicht als Egoismus zu verstehen ist. Das Bewusstsein versteht sich auf dieser Stufe so weit als ein Allgemeines, dass es in sich als **Individuum** beansprucht, ein **allgemeines** Gesetz zu kennen und verwirklichen zu dürfen. Es ist also keineswegs egoistisch, aber es verfolgt seine allgemeinen Zwecke mit einem Eigendünkel, der **keine Vermittlung mit der Realität** zulässt. Das Individuum findet nun „die Herzen der Menschen selbst seinen vortrefflichen Absichten entgegen" – sie verabscheuen sein Gesetz, weil sie in dessen **Inhalt** nicht das Gesetz ihrer Herzen vollbracht sehen, „und eben nach dem allgemeinen Gesetze, dass in dem, was Gesetz ist, jedes sein Herz finden soll, kehren sie sich ebenso gegen die Wirklichkeit, welche es aufstellte, als es sich gegen die ihrige kehrte." (P 247) Hegel drückt die Lage plastisch so aus, dass „das Herzklopfen für das Wohl der Menschheit" dann in „das Toben des verrückten Eigendünkels" übergeht (P 249). Die fremde Individualität wird dem Menschen des Eigendünkels darin etwas ‚Verrücktes'. Man könnte auch sagen: dem Bewusstsein gehen auf diesem Niveau **Gesetz** und **Wirklichkeit** nicht zusammen.

Eine **Vermittlung** zwischen **Gesetz** und **Wirklichkeit**, zwischen **Individualität**, die in sich **allgemein** ist, und der **Wirklichkeit**, in der auch **andere Individualitäten** allgemein sein wollen, kann nun nur in einer ‚**allgemeinen Ordnung**' zwischen den Menschen liegen. Hegel weist hier darauf hin, dass den meisten Menschen die allgemeine Ordnung lieb und teuer ist: „Die bestehenden Gesetze werden gegen das Gesetz eines Individuums verteidigt, weil sie nicht bewusstlose, leere und tote Notwendigkeit, sondern geistige Allgemeinheit und Substanz sind, worin diejenigen, an denen sie ihre Wirklichkeit hat, als Individuen leben, und ihrer selbst bewusst sind; so dass, wenn sie auch über diese Ordnung, als ob sie dem innern Gesetze zuwiderlaufe, klagen und die Meinungen des Herzens gegen sie halten, in der Tat mit ihrem Herzen an ihr als ihrem Wesen hängen; und wenn diese Ordnung ihnen genommen wird, oder sie selbst sich daraussetzen, sie alles verlieren." (P 250) Nichtsdestoweniger ist die **öffentliche Ordnung** auf dem nun erreichten Niveau des Bewusstseins doch auch eine „allgemeine Befehdung" (P 251). Diese bezeichnet Hegel nun als den ‚**Weltlauf**'. Gemeint ist eine Auseinandersetzung zwischen verschiedenen, nur ‚gemeinten' Allgemeinheiten, die sich ablösen. Der Inhalt dieses ‚Weltlaufs' ist nur „das wesenlose Spiel der Festsetzung der Einzelnheiten und ihrer Auflösung" (P 251).

Wir haben also nun eine Situation, in der das Bewusstsein seine **Wirklichkeit** nicht als **Selbstbewusstsein** finden kann, **weder in der Welt noch in sich**. Der

Fehler besteht darin, dass es eine **nur individuelle Allgemeinheit** besitzt, also in sich das allgemeine Gesetz zu haben glaubt, das es einmal in der Welt zu verwirklichen sucht und einmal als sein eigenes Gesetz zum Maßstab aller Dinge nehmen will. Aber das Bewusstsein kennt nunmehr nicht nur den ‚Weltlauf', der seine individuellen Allgemeinheiten in schöner Regelmäßigkeit **zunichte macht**. Es hat auch eine neue **Einsicht** über das Gesetz – das Allgemeine – in seinem Inneren gewonnen. Dieses Allgemeine kann es nicht nur aus seiner individuellen Perspektive verstehen, sondern es muss von vornherein wirklich ein **Allgemeines** sein. Dazu muss das Individuum von sich selbst absehen können und eine Allgemeinheit akzeptieren, die von **allen Individuen** getragen wird. Dieses Bewusstsein nennt Hegel die ‚**Tugend**': „Diese Gestalt des Bewusstseins, sich in dem Gesetze, in dem An sich Wahren und Guten nicht als die Einzelnheit, sondern nur als Wesen zu werden, die Individualität aber als das Verkehrte und Verkehrende zu wissen, und daher die Einzelnheit des Bewusstseins aufopfern zu müssen, ist die Tugend." (P 251)

Das Problem ist nun, wie das Bewusstsein diese beiden Einsichten **vereinigen** will: die **Beliebigkeit des Weltlaufs** mit seinen allgemein werdenden ‚**Herzensgesetzen**' und **das Gute als ‚Wesen**', d.h. nicht als das individuell vom Herzen gemeinte Gute. Es geht also um das Problem ‚**Die Tugend und der Weltlauf**', und von dieser Problematik gewinnt Hegel schließlich den Übergang zu dem nachfolgenden Kapitel, das von der **Individualität** handelt, ‚**welche sich an und für sich selbst reell ist**'. Wichtig ist, dass das Bewusstsein aus der Entwicklung nun über die **Unwesentlichkeit** der Individualität verständigt ist. Wesentlich ist ihm nun das **Gesetz**. Nach dieser Auffassung verwirklicht sich das Selbstbewusstsein gerade in der „Aufopfrung der ganzen Persönlichkeit" (P 252). Nichtsdestoweniger weiß es doch ein **Gutes**, das es dem Weltlauf **entgegensetzen** muss. Indem es dies tut, wird es jedoch wieder zu einem Individuellen, das es doch gerade nicht sein sollte: „Das tugendhafte Bewusstsein tritt aber in den Kampf gegen den Weltlauf als gegen ein dem Guten Entgegengesetzes; was er ihm hierin darbietet, ist das Allgemeine, nicht nur als abstraktes Allgemeines, sondern als ein von der Individualität belebtes, und für ein anderes seiendes, oder das wirkliche Gute." (P 255)

In dieser Entgegensetzung sucht das Bewusstsein nun nach einer ‚**absoluten Ordnung**' (P 252). In diese Ordnung will es sich einfügen und darin seine Individualität aufgeben. Damit aber gewinnt der **Weltlauf** freie Bahn und wird zu der **absoluten Wirklichkeit**, die allein alles Gute darstellt. Nichtsdestoweniger sucht die Tugend doch nach einem wahren Wesen des Weltlaufs, an das die Tugend felsenfest *glaubt* (P 253). Wenn der Weltlauf aber die Wahrheit und die Individualität die Unwahrheit ist, so erübrigt sich alles Handeln und der **Tugend** bleiben nur „Deklamationen" – „welche nur diesen Inhalt bestimmt aussprechen, dass das Individuum, welches für solche edle Zwecke zu handeln vorgibt, und solche vortreffliche Redensarten führt, sich für ein vortreffliches Wesen gilt." (P 257) Damit siegt der Weltlauf über das, was die Tugend ausmacht. Das wichtige Ergebnis als die **Einsicht** des Bewusstseins aus der **Entwicklung** liegt nun darin: das Bewusstsein muss die **Vorstellung** von einem **an sich Guten** *ohne Wirklichkeit* vollständig aufgeben. Es muss aber auch die Vorstellung **aufgeben**, dass durch die Zurücknahme der Individualität die Vermittlung zwischen Allgemeinem und Individuellen entstehen könnte. Es kann das Selbstbewusstsein sich also keineswegs dadurch zu einer Wirklichkeit werden, indem es sich **nur** als Individuum **ohne entsprechende Wirklichkeit** versteht. Das Selbstbewusstsein ist keine ‚innere' Wirklichkeit. Positiv gewendet heißt das, dass das Selbstbewusstsein – das der Begriff des Geistes ist – nur dann von einer **Gewissheit** zu einer **Wahrheit** werden kann, wenn eine Gestalt des Bewusstseins erreicht wird, in der **seine Individualität mit seiner Allgemeinheit vermittelt** ist.

Diese Einsicht spricht Hegel in dem Satz aus: „die Bewegung der Individualität ist die Realität des Allgemeinen." (P 258) Wenn die **Gegensetzung** zwischen **Tugend** und **Weltlauf** verschwindet, dann vergeht auch der Weltlauf in der Bedeutung, die sich nur aus der **Entgegensetzung** zur Tugend ergeben hatte. Der **Weltlauf** ist damit nicht mehr ein **individuelles Geschehen ohne Sinn**, er ist gleichzeitig „ansichseiendes, allgemeines Tun" (P 259). Das neue Niveau des Bewusstseins, das Gewissheit und Wahrheit sein kann, beschreibt Hegel deshalb nun so: „Es ist also das Tun und Treiben der Individualität Zweck an sich selbst; der Gebrauch der Kräfte, das Spiel ihrer Äußerungen ist es, was ihnen, die sonst das tote Ansich wären, Leben gibt, das Ansich nicht ein unausgeführtes, existenzloses und abstraktes Allgemeines, sondern es selbst ist unmittelbar diese Gegenwart und Wirklichkeit des Prozesses der Individualität." (P 259) Damit ist das Bewusstsein erreicht, in dem die Individualität ‚sich an und für sich selbst reell ist'. Genau die Entwicklung dieses Bewusstseins führt schließlich **über die Vernunft hinaus zum Geist**, den Hegel im nächsten Hauptkapitel behandelt.

Eine **Individualität**, die ‚an und für sich reell ist', braucht **keine andere Wirklichkeit** mehr, in der sie nur partikular zu sich selbst finden würde. Sie ist auch kein leeres Bewusstsein, das erst in einer jenseitigen Wirklichkeit Erfüllung finden könnte. Andererseits ist einem solchen Bewusstsein auch nicht die **Wirklichkeit** der Welt in ihrem **An-sich** die Wahrheit. Hegel weist ausdrücklich darauf hin, dass das Selbstbewusstsein auf diesem Niveau nun **den** Begriff von sich gewonnen hat, der zuvor nur *unser* Begriff von ihm war. Es ist in der Gewissheit seiner selbst nun **alle Realität**, „und Zweck und Wesen ist ihm nunmehr die sich bewegende Durchdringung des Allgemeinen, – der Gaben und Fähigkeiten, – und der Individualität." (P 259) Man könnte auch sagen, dass der Begriff des Bewusstseins von sich selbst nun **die Einheit von Sein und Selbstbewusstsein** einschließt: „Das Bewusstsein hat hiemit allen Gegensatz und alle Bedingung seines Tuns abgeworfen; es geht frisch von sich aus, und nicht auf ein anderes, sondern auf sich selbst. Indem die Individualität die Wirklichkeit an ihr selbst ist, ist der Stoff des Wirkens und der Zweck des Tuns an dem Tun selbst." (P 260). Das **Problem** ist jedoch wiederum, dass das Bewusstsein selbst ‚**vergessen**' hat, dass dieses Ergebnis ein **Ergebnis** ist, nicht eine **unmittelbare** Wahrheit. Das Bewusstsein hat den vermittelten Charakter dessen, was ihm jetzt das Wahre ist, noch nicht erfasst. Deshalb bezieht es sich auf sich noch in einer Naivität, die **nicht seinem Begriff des Wahren** entspricht.

Die **äußere Wirklichkeit** ist nun in einem gewissen Sinn ‚**gegenstandslos**' geworden, da sowohl das Ansichsein als auch das Fürsichsein der wirklichen **Individualität** zugehörig sind. Dennoch führt Hegel nochmals eine Entwicklung durch, die schließlich in das **Geist**-Kapitel mündet. Wir fassen uns hier kurz. Die **Un-Endlichkeit** des **Selbstbewusstseins** – d.h. es ist ohne Ende, weil es im anderen sich selbst findet – muss verbunden werden können mit der **Bestimmtheit** und **Begrenztheit** der **Individuen**. Deshalb muss der Gedanke erreicht werden, dass das **individuelle Leben** zugleich ein **allgemeines Leben** in sich trägt und verwirklicht. Das Wahre muss also ein „durchsichtiges allgemeines Element" sein, „worin die Individualität ebenso frei und sich selbst gleich bleibt, als sie darin ungehindert ihre Unterschiede entfaltet, und reine Wechselwirkung mit sich in ihrer Verwirklichung ist." (P 262) Gibt es jedoch überhaupt keine Unterschiede, so kann dem Bewusstsein seine Individualität nicht selbst bewusst werden.

Ein solches Bewusstsein kann jedoch entstehen, wenn wir den Begriff des ‚**Werkes**' näher betrachten. Darin stellt sich das **Individuum** für sich selbst dar und erfasst sich als Individuum doch **gegenständlich**. Aber auch das Werk kann nicht der vollkommene Ausdruck des Individuums sein; das Individuum geht über sein Werk hinaus und das Werk ist nicht **nur** durch sich selbst und seine **Allgemeinheit** bestimmt. Aber indem das Bewusstsein eben **dieses** ‚**Verschwindende**' **des Werkes** begreift, versteht es ein weiteres Moment seiner eigenen **Allgemeinheit**, d.h. es reflektiert sich in sich „aus seinem vergänglichen Werke" (P 270). Darin gewinnt das Bewusstsein einen Begriff von sich als ‚die Sache selbst' (P 277). Die **Vernunft** ist nun so **allgemein** geworden, dass sie für alle einsichtige und geltende Normen geben kann. Hegel bezeichnet sie deshalb als die ‚**gesetzgebende Vernunft**' der **Sittlichkeit**, die **Normen** aufstellt, in denen sich jeder unmittelbar in seinem Selbstbewusstsein **erkennen** kann. Aber mit den Gesetzen der Vernunft tritt eine neue Schwierigkeit auf. Ein **einzelnes** Gesetz erschöpft die **allgemeine Sittlichkeit** nie vollständig. Es bleibt also eine Differenz zwischen der Gesetzgebung durch die Vernunft und der **Sittlichkeit**, in der das Selbstbewusstsein sich mit der Realität **vermittelt** sehen konnte.

Deshalb endet dieser Übergang vom **Vernunft-Kapitel** zum **Geist-Kapitel** nicht mit der gesetzgebenden, sondern mit der **gesetzprüfenden Vernunft**. Die gesetzgebende Vernunft kann nicht selbst für die Wirklichkeit ihrer Gesetze sorgen, sie bleibt grundsätzlich bei einem **Sollen** und d.h. sie gibt eigentlich keine **Gesetze**, sondern nur **Gebote**. Der Anspruch der Vernunft wird deshalb an einer entscheidenden Stelle herabgesetzt: „Das sittliche Wesen ist hiemit nicht unmittelbar selbst ein Inhalt, sondern nur ein Maßstab, ob ein Inhalt fähig sei, Gesetz zu sein oder nicht, indem er sich nicht selbst widerspricht. Die gesetzgebende Vernunft ist zu einer nur prüfenden Vernunft herabgesetzt." (P 281) Aber auch damit ist kein Ende des Weges auf der Prüfung des Wahren erreicht – anders wäre der weitere Weg vom **Geist** über die **Religion** bis zum **absoluten Wissen** nicht notwendig. Gerade mit der Aufgabe der ‚Gesetzesprüfung' ist eigentlich **die Vernunft als solche zweifelhaft** geworden. Die sittlichen Bestimmungen werden von dieser Vernunft aus dem **Zusammenhang** gerissen, in dem sie in der **sittlichen Welt** ihre Wahrheit gewinnen konnten. Damit wird diese Vernunft im Grunde erneut zu einer **abstrakten** Angelegenheit, die nach Belieben einen sittlichen Gehalt genehmigen oder verwerfen kann.

2.3.3 Vom Geist zum absoluten Wissen

Am Ende des **Vernunftkapitels** steht deshalb ein Bewusstsein des Wahren, in dem die **Vernunft** so mit dem **sittlichen Bewusstsein** einig ist, dass ihre vernünftige Prüfung **die Selbstprüfung durch die Sittlichkeit** darstellt. Das ist nur dort der Fall, wo das Bewusstsein in „das **geistige Wesen** gesetzt" ist: „Das geistige Wesen ist hiemit vors erste für das Selbstbewusstsein als an sich seiendes Gesetz; die Allgemeinheit des Prüfens, welche die formale nicht an sich seiende war, ist aufgehoben. Es ist ebenso ein ewiges Gesetz, welches nicht in dem Willen dieses Individuums seinen Grund hat, sondern es ist an und für sich, der absolute reine Willen Aller, der die Form des unmittelbaren Seins hat." (P 285) Dem Selbstbewusstsein steht damit keine **fremde** Wirklichkeit mehr gegenüber, die es erst durch ein **Betätigen** der Vernunft zu seiner eigenen machen müsste. Die **Gesetze** sind vielmehr „Gedanken seines **eignen** absoluten Bewusstseins, welche es selbst unmittelbar hat." (P 286)

Am Ende des Vernunft-Kapitels der Phänomenologie steht also nichts anderes als das ‚**sittliche Selbstbewusstsein**', in dem sich das Bewusstsein als einzelnes **aufgehoben** hat, d.h. es ist **bewahrt** und doch **überwunden** in einer umfassenden **Vermittlung**. **Individuum** und **Allgemeinheit** stehen sich nicht mehr gegenüber, sondern sind durch einander, was sie sind, so dass das eine keine **Beschränkung** der anderen ist, und die andere ist keine Eingrenzung des einen. Diese Vernunft ist weder gesetzgebend noch gesetzprüfend, sie ist **die Vernunft der vorhandenen Sittlichkeit**: „Dass das Rechte mir an und für sich ist, dadurch bin ich in der sittlichen Substanz; so ist sie das Wesen des Selbstbewusstseins; dieses aber ist ihre Wirklichkeit und Dasein, ihr Selbst und Willen." (P 287).

Die Entwicklung des Wahren des Bewusstseins und damit des wahren Bewusstseins hat demnach über das Vernunft-Kapitel zu einer Stufe geführt, auf der **das Wahre die Sittlichkeit** ist. Das **Sittliche** ist nun das **Vernünftige, das wirklich, und das Wirkliche, das vernünftig ist**. Subjektivität und Objektivität sind **absolut miteinander vermittelt** in einer Bestimmung des richtigen Tuns und Lassens durch eine fraglos anerkannte **Sittlichkeit**, in der der einzelne Mensch sich mit dem Allgemeinen, d.h. mit dem **Volk**, identisch weiß. Dieses Hegelsche Modell der Sittlichkeit ist hier zwar auch, aber nicht nur auf die Lehre vom richtigen Handeln zu beziehen. Es geht generell um das Verständnis des Wahren – im **Handeln und im Wissen**. Das **theoretische** Wissen wird auf dieser Stufe der ‚Phänomenologie' also genau so aufgefasst wie das Wissen vom **richtigen Handeln**. Es handelt sich bei allem Wissen um die Realisierung eines **unbefragten Fundaments**, in dem sich eine Gesellschaft mit sich selbst so verständigt, dass keine Fraglichkeiten mehr offen sind.

Was wir wissen, beruht damit letztlich auf einem fraglosen **Konsens**, der als solcher nicht mehr begriffen werden kann, sondern einfach **vorhanden** ist. Es gibt keine Maßstäbe aus der Vernunft oder aus der Individualität, aus denen wir das Wissen beurteilen könnten. Soweit ein solches Beurteilen möglich ist, geschieht es durch **die Berufung auf das fraglos Anerkannte** – wie in der Sittlichkeit die Begründung des richtigen Handelns nicht durch vernünftige Argumentation oder durch den Machtspruch des Individuums geschieht, sondern durch den **Anschluss** der Handlungsbegründung an das in der Sittlichkeit **Geltende** – es ist richtig, weil es recht ist, und „weil es das Rechte ist, ist es Recht." (P 287) Die **Wirklichkeit gewordene Vernunft** ist die **Sittlichkeit**, nicht die argumentierende Vernunft, und dass etwas vernünftig ist, ist gleichbedeutend damit, dass es richtig ist – **richtig** aber ist es, weil es **Teil der Sittlichkeit** ist.

Es mag zunächst merkwürdig erscheinen, dass für Hegel mit der **Sittlichkeit** der Übergang zum **Geist** gemacht wird. Aber in der Sittlichkeit findet Hegel das

„geistige Wesen" (P 285), weil es für das Selbstbewusstsein als an sich seiendes Gesetz ist. Damit kann sich die **sittliche Substanz** als das **Bewusstsein** darstellen (P 284). Auf diese Weise hat das Bewusstsein eine neue Beziehung zum **Allgemeinen** erhalten, anders gesagt: es ist in das Allgemeine zurückgegangen, indem in der Sittlichkeit kein Unterschied mehr zwischen dem Aufstellen und dem Prüfen der Gesetze durch die Vernunft geschieht, sondern **beide** Momente ebenso **erhalten** wie **aufgehoben** sind. Gerade dadurch erscheint das geistige Wesen nun als die „wirkliche Substanz" (P 285). Die Bewusstseinsstruktur ist damit erhalten und gleichzeitig weitergeführt. Indem das Bewusstsein nun sich selbst in diesem **geistigen Wesen**, das die **Sittlichkeit** ist, erkennt, wird ihm dieses Wesen „zum wirklichen, erfüllten und selbstbewussten" (P 285). Was dem Bewusstsein die **Wahrheit** ist, ist nun entwickelt als ein **Gesetz**, das **an sich ist und gilt**, obwohl es doch ebenso **das Produkt des Bewusstseins** ist.

In der **Sittlichkeit** findet Hegel also gleichsam ein ‚**Modell**' für das, was er als **Geist** bezeichnen will. Das Selbstbewusstsein, das der **Begriff des Geistes** war, hat sich damit weiter **entwickelt** in dem Sinn, dass es eine deutlichere Einsicht darüber gewonnen hat, was es selbst ist und damit auch darüber, was der Begriff des Geistes bedeutet. Was dem Bewusstsein nun als sein **eigenes Wesen** gegenübersteht, ist „an und für sich, der absolute reine Willen Aller, der die Form des unmittelbaren Seins hat." (P 285) Das Selbstbewusstsein hatte nach Hegel schon bei seiner gedanklichen Einführung diesen Bezug auf ein **fremdes** Selbstbewusstsein in sich – es war entwickelt worden in unmittelbarer Einheit mit der Struktur ‚ein Selbstbewusstsein für ein Selbstbewusstsein'. Genau diese Struktur hat sich nun weiter entwickelt. Das **Modell des Selbstbewusstseins** für das Verständnis dessen, was als wahr aufgefasst werden kann, hat sich zwar erhalten, aber es wurde nun so entwickelt, dass das Selbstbewusstsein sich selbst nur finden kann **als sittliches Selbstbewusstsein**, das „durch die Allgemeinheit seines Selbsts unmittelbar mit dem Wesen eins" ist (P 286). Es ist in sich also nie ein einzelnes Bewusstsein, sondern enthält immer schon den Bezug auf eine **Allgemeinheit**, die in der **Sittlichkeit** die Form eines Wissens von dem, was ethisch gilt, als **Wirklichkeit der Gesetze und Normen** in der Welt des Zusammenlebens der Menschen angenommen hat.

Man könnte auch sagen, das **sittliche Selbstbewusstsein** hat die „Allgemeinheit seines Selbsts" entwickelt, indem es die Entwicklung zum sittlichen Selbst durchgeführt hat. Damit hat sich das Bewusstsein als **einzelnes** aufgehoben, „diese Vermittlung ist vollbracht, und nur dadurch, dass sie vollbracht ist, ist es unmittelbares Selbstbewusstsein der sittlichen Substanz." (P 286) Das Selbstbewusstsein weiß auf diesem Niveau seiner Entwicklung, dass die Wahrheit, die ihm gegenüber steht als ein allgemeines Gesetz, ebenso seine **eigene Wirklich-**

keit ist, da es selbst nur **aufgrund dieses allgemeinen Gesetzes** existiert. Es steht ihm **gegenüber** und ist doch kein **Fremdes** für es; es ist es selbst, obwohl es ihm in dieser Identität doch nicht zur Verfügung steht. Dies ist aber genau der zentrale Gedanke der Ethik als **Sittlichkeit**: dem **Selbst** steht ein **Gesetz** gegenüber, das es nicht selbst gegeben hat und das es nicht für sich prüfen kann, um dann zu entscheiden, ob es diesem Gesetz gehorchen soll oder nicht. Die Sittlichkeit setzt sich selbst durch, ohne durch das Individuum geprüft werden zu können. Insofern ist es eine von ihm **unabhängige Wirklichkeit**. Insofern die Sittlichkeit als die ‚sittliche Substanz' aber **identisch** mit den **Regelungen** ist, die dem Individuum die Möglichkeit geben, **in Gesellschaft mit anderen Menschen** zu leben, ist sie ihm doch **nichts Fremdes**. Sie ist eine **unabhängige Wirklichkeit**, die identisch **mit der Wirklichkeit des Selbstbewusstseins** ist, da das Selbstbewusstsein nur **sein** kann, wenn ‚ein Selbstbewusstsein für ein Selbstbewusstsein' ist.

Deshalb kann Hegel nun die **Vernunft** zum **Geist** weiterentwickelt sehen: „Die Vernunft ist Geist, indem die Gewissheit, alle Realität zu sein, zur Wahrheit erhoben, und sie sich ihrer selbst als ihrer Welt, und der Welt als ihrer selbst bewusst ist." (P 288) Der Geist ist das „an- und fürsichseiende Wesen ..., welches sich zugleich als Bewusstsein wirklich und sich sich selbst vorstellt." (P 288) Dem Bewusstsein ist also nun deutlich geworden, dass es sich selbst (Selbstbewusstsein) nur findet – sich sich selbst vorstellt, wenn es seine **Wirklichkeit** als ‚sich' versteht. Umgekehrt gesagt: nur wenn es sich **in der Wirklichkeit** und als die Wirklichkeit findet, kann es überhaupt sich **sich selbst vorstellen** und **Selbstbewusstsein** sein. Man könnte **Hegels Begriff des Geistes** auch als diese Einheit auffassen: „Er ist das Selbst des wirklichen Bewusstseins, dem er oder vielmehr das sich als gegenständliche wirkliche Welt gegenübertritt, welche aber ebenso für das Selbst alle Bedeutung eines Fremden, so wie das Selbst alle Bedeutung eines von ihr getrennten, abhängigen oder unabhängigen Fürsichseins verloren hat." (P 289)

Das Bewusstsein hat seine **Wahrheit** und sein ‚sich' nun in einem ‚**allgemeinen Werk**', in einem ‚**Tun Aller**', „an dem Jeder sein eignes Werk vollbringt" (P 289). Diese **Gewissheit** ist nun eine **Wahrheit**, gegen die alle bisherigen Entwicklungsstufen des Bewusstseins nur **Abstraktionen** sind, d.h. keineswegs einfach Unwahrheiten, sondern einzelne **Aspekte** dessen, was **im Geist zur Einheit** kommt, die verabsolutiert wurden und nur deshalb keine Wahrheit besitzen. Wenn einzelne Momente aber nur isoliert werden können, wenn das **Ganze** schon vorhanden ist, so setzen alle diese Aspekte immer schon die Wahrheit des Geistes **voraus**. Die vorher untersuchten Stufen der Entwicklung waren also immer schon **auf den Begriff des Geistes angewiesen**, indem sie ihn **voraussetzten**, um überhaupt gedacht werden zu können. Genau diese Angewiesenheit war dem Bewusstsein aber **nicht bewusst**, und eben dieses noch nicht genügend entwickelte Bewusstsein führte dazu, dass seine behauptete Gewissheit keine Wahrheit besitzen konnte.

Man kann deshalb in Bezug auf die ‚Phänomenologie des Geistes' nicht sagen, dass die früheren Stufen ‚**unwahr**' sind in dem Sinne, dass sie die Wirklichkeit falsch beschreiben und deshalb durch eine andere Beschreibung ersetzt werden müssen. Eine solche Auffassung würde gerade die Wahrheit des nun erreichten Niveaus des Denkens dementieren. Von **Wahrheit** kann man nicht aus der Perspektive auf ein Sein an sich sprechen, mit dem das Wahre auf irgendeine Weise ‚übereinstimmen' müsste, sondern nur **mit Bezug auf die Entwicklung**, die zu eben dieser Wahrheit geführt hat – **alles Wahre ist wahr nur zusammen mit der gedanklichen Entwicklung**, die zu ihm geführt hat. Werden die früheren Stufen dieser Entwicklung als falsch bezeichnet, so kann auch das, was sich daraus entwickelt hat, keine Wahrheit haben. Deshalb ist die jetzt erreichte Stufe des Geistes nur deshalb wahr, weil **alle früheren Stufen** in der Entwicklung bzw. der Geschichte des Bewusstseins **auch eine Wahrheit** hatten. Auf der anderen Seite enthielten sie aber auch eine ‚Unwahrheit', die man nun besser als ein ‚**Ungenügen**' bezeichnen könnte, d.h. sie mussten sich weiterentwickeln zu dem nun gefundenen Begriff des Geistes, weil sie auf ihn **angewiesen** waren wie ein Aspekt auf das Ganze oder eine Abstraktion auf das Konkrete angewiesen ist.

Hegel nennt den **Geist** nun auch „das sich selbsttragende absolute reale Wesen." (P 289) Damit können wir schon einen Ausblick wagen auf die weitere Entwicklung und darauf, wo sie enden muss. Zunächst ist der Geist ja nur als die „**sittliche Wirklichkeit**" erreicht (P 288/289). Was dem Bewusstsein als das Wahre gilt, ist jedoch nicht auf ein Wissen von dem, was als ethisch richtig gilt, einzuschränken. Neben dem **praktischen** Wissen gibt es auch das **theoretische** Wissen, das uns nicht sagt, was wir tun sollen, sondern das uns eine Kenntnis von dem, was ist, vermittelt. Damit ist aber der Geist als sittliche Wirklichkeit noch eine unzureichende Bestimmung des Wissens des Bewusstseins, das als die Wahrheit gelten kann. Nichtsdestoweniger ist das Wissen vom Wissen nun aber nicht als Teil entwickelt. Das Wissen vom Wissen folgt nach dem jetzt erreichten Stand **dem Modell des Sittlichen**, also dem Modell eines Geltens, das deshalb **gilt, weil es gilt**. Das Modell für das Wahre ist nun also das Richtige, das deshalb richtig ist, weil es **in der Wirklichkeit des Zusammenlebens der Menschen** gilt. Das Modell des Prüfens durch die Vernunft ist überwunden und hat sich weiterentwickelt **zum Geist als der sittlichen Wirklichkeit**.

Deshalb wird auch das **theoretische** Wissen schließlich so aufgefasst werden müssen **wie die sittliche Wirklichkeit**. Es wird sich um ein Wissen handeln, das nicht aufgrund einer **Übereinstimmung** mit dem, was ist, als wahr ausgezeichnet werden kann, und es wird kein Wissen sein, das durch die **Vernunft** entwickelt und begründet wird. Das bedeutet nicht, dass in diesem Wissen keine Vernunft mehr möglich sein wird. Es bedeutet aber, dass jede Vernunft im Wissen innerhalb des **Rahmens** operiert, der durch ein Wissen bestimmt wird, das gilt, weil es gilt. Mit der Entwicklung des Wahren **als sittlicher Wirklichkeit** ist also auch schon der Weg gebahnt zu der Auffassung des Wissens, die schließlich für **alles** Wissen gelten wird. Es wird sich um ein Wissen handeln müssen, **dessen Wahrheit durch die Unmittelbarkeit seines Geltens** bestimmt wird, die gleichzeitig völlig **vermittelt** ist, weil es sich in einer **geschichtlichen Entwicklung** bestimmt hat, die ebenso eine **gedankliche Entwicklung** war.

Auch dieses **Wissen** wird ‚sich selbst tragen', weil es kein Wissen ist, das von einem Subjekt entwickelt wird oder aus der Struktur des Subjekts abgeleitet werden kann. Man kann auch nicht sagen, dass es sich um ein Wissen handeln wird, das von **Menschen** geschaffen wird, die ihre Welt einteilen und begrifflich bestimmen. Diese **Unterscheidung zwischen Subjekt und Objekt** wird vielmehr ganz verschwunden sein. Nur deshalb handelt es sich um ein ‚sich selbsttragendes' Wissen: es gibt **kein Subjekt**, von dem es geschaffen und getragen wird. Begriffe wie ‚Subjekt', ‚Objekt' und ‚Mensch' gehören genau so in dieses Wissen wie alle anderen Begriffe, mit denen wir uns auf ‚etwas' beziehen. Daraus lässt sich schon erkennen, in welchem Sinne das schließlich am Ende der ‚Phänomenologie des Geistes' gefundene Wissen **absolut** genannt werden kann. Man könnte pointiert sagen: es ist absolut, weil alles, zu dem es in Bezug zu setzen versucht wird (wie etwa ein Subjekt oder der ‚Mensch'), wiederum von der **gleichen Struktur** des Wissens ist. Auf der gegebenen Stufe der Entwicklung des Wissens ist dies allerdings ein Vorgriff, der aber im Zusammenhang mit dem Begriff des Geistes sinnvoll erscheint.

Es gibt jedoch eine wichtige Veränderung innerhalb der Entwicklung des Wissens, die mit dem **Geist als der sittlichen Wirklichkeit** beginnt. Der Geist „ist das sittliche Leben eines Volks, insofern er die unmittelbare Wahrheit ist; das Individuum, das eine Welt ist." (P 290) In dieser **Unmittelbarkeit** kann er aber nicht bleiben, wenn eine **Reflexion** auf eben diese Stufe des Wissens stattfindet. Diese Reflexion ist nun mit einer **Schwierigkeit** belastet, die den Gang der ‚Phänomenologie des Geistes' verändert. Der Geist ist die Gestalt des Bewusstseins, mit der die Entwicklung eines Wissens, das sich **in Gestalten des Bewusstseins** realisiert, **zu einem Ende** gekommen ist. Es wird nun gewusst, dass alles, was Gestalt eines Bewusstseins ist, **in Wahrheit Geist** ist, d.h. **sittliche Wirklichkeit**, die gilt, weil sie gilt, und die ebenso **allgemein** ist wie **individuell**. Dieses Wissen kann nicht zurückgenommen werden. Deshalb kann die Entwicklung nun nicht mehr über Gestalten des Bewusstseins weitergehen, sondern nur über verschiedene ‚**Erscheinungen**' **des Geistes**, die alle von gleicher Struktur sind und ebenso allgemein wie individuell gelten, weil sie gelten, d.h. die in einer **Unmittelbarkeit** gelten, so dass die vorherigen Gestalten des Bewusstseins nicht mehr zu einer Weiterentwicklung gebracht werden können.

Hegel spricht deshalb davon, dass die Entwicklung des Wahren und des Wissens nunmehr nicht mehr über **Gestalten des Bewusstseins** weitergeht, sondern über die „**Gestalten einer Welt**". (P 290). Man könnte hier auch von ‚Geist' im Plural sprechen, wenn dies nicht sprachlich so unglücklich wäre, dass dann von ‚Geistern' die Rede sein müsste. Hegel drückt sich allerdings tatsächlich so aus und spricht von den „**realen Geister**[n]" als **eigentlicher Wirklichkeiten** (P 290). Gemeint ist aber, dass die Entwicklung nun über **verschiedene Gestalten von Geist** verläuft, d.h. über verschiedene sittliche Leben eines Volks oder verschiedener Völker. Wenn der Geist eine unmittelbare Wirklichkeit des Sittlichen bezeichnet, das gilt, weil es gilt, ohne einer Begründung oder Vernunft zugänglich zu sein, außer derjenigen, die von ihm selbst in seiner Unmittelbarkeit als zulässig bestimmt werden, so müssen sich nun ‚Gestalten einer Welt' ablösen, die eigentlich **verschiedene Welten** darstellen, ohne noch in eine einheitliche Welt **integrierbar** zu sein. Die ‚einheitliche' Welt kann vielmehr nur das Wissen von der Wahrheit des Geistes selbst sein, die die Geltung des jeweiligen Geistes als einer unmittelbar geltenden Wirklichkeit nicht aufhebt, sondern **die Wahrheit eben dieser Geltung** angibt. Wenn über die Entwicklung des Geistes als ‚Geister' schließlich das **absolute Wissen** erreicht wird, so kann dies die Geltung des Geistes nicht mehr aufheben, sondern nur **einsehen**.

Auf diesem Weg entwickelt Hegel den Gedanken des Geistes jedoch zunächst weiter zum Gedanken der **Religion**, und erst über deren Entwicklung wird schließlich das absolute Wissen erreicht. Innerhalb des Kapitels ‚**Der Geist**' gibt es wiederum **drei Stufen** des Verständnisses des Geistes, die Hegel als ‚**Sittlichkeit**' (= wahrer Geist), ‚**Bildung**' (= sich entfremdeter Geist) und ‚**Moralität**' (= seiner selbst gewisser Geist) bezeichnet. Erst über die letzte ‚Gestalt einer Welt' wird dann die **Religion** als ‚Vorstufe' des absoluten Wissens erreicht. Wenn nun aber nicht mehr ‚Gestalten des Bewusstseins' entwickelt werden, sondern ‚Gestalten einer Welt', so gerät die **geschichtliche** Entwicklung der ‚Phänomenologie des Geistes' ein wenig durcheinander. Man könnte jedoch auch sagen, dass damit erst eine **wirklich geschichtliche Entwicklung** beginnt, während zuvor nur eine Entwicklung von **Stufen des Bewusstseins** vorgeführt wurde, die nicht im gleichen Sinne ‚geschichtlich' heißen kann. Allerdings kann man auch sagen, dass diese Gestalten des Bewusstseins in eine **Reihenfolge** gebracht werden können, die **ihrem Erscheinen in der Zeit** entspricht. In einem anderen Sinn beginnt aber erst jetzt die **Geschichte**, nämlich dann, wenn Geschichte als eine Entwicklung **im sittlichen Leben der Völker** betrachtet wird, d.h. in dem, was unmittelbar allgemein und individuell als wahr gilt.

Wenn man den letzteren Begriff von Geschichte gelten lässt, so beginnt also erst jetzt eine solche Entwicklung, die als **geschichtlich** bezeichnet werden kann. In diesem Sinne verläuft der gedankliche Weg nun von einer **Sittlichkeit**, die insofern ‚wahr' genannt werden kann, als sie eine unmittelbare Einheit des Richtigen und des Handelns darstellt, **zu einer Sittlichkeit**, die diese Einheit aufgelöst hat, insofern sie sich im **Rechtszustand** verwirklicht, der sich dem einzelnen Menschen mit Hilfe der Zwangsmittel des **Staates** auch gegenüberstellen kann, woraus ein **‚sich entfremdeter' Geist** entsteht, den Hegel als ‚**Bildung**' bezeichnet, und der über die **Aufklärung** als einer historisch relativ späten Gestalt des Geistes zum **Geist der Moralität** führt, in dem der wahre Geist, der sich entfremdet hatte, wieder zu einer neuen Wahrheit gelangt, mit der er aber nun nicht mehr Geist genannt werden kann, sondern in einer Weiterentwicklung des Wahren zur **Religion** wird. Damit ist zunächst keine bestimmte Religion gemeint, sondern **das Prinzip der Religion** selbst. Es ist der „allgemeine Geist, der alles Wesen und alle Wirklichkeit in sich enthält." (P 444)

Damit ist ein Niveau der Selbstaufklärung des Wissens erreicht, auf dem gilt: „Der sich selbst wissende Geist ist in der Religion unmittelbar sein eignes reines Selbstbewusstsein." (P 444) Es handelt sich nun um **das Selbstbewusstsein des Geistes als Geist**, d.h. das Bewusstsein erkennt sich in seiner Welt wieder. Allerdings ist es jetzt nicht mehr ganz richtig, von Bewusstsein zu sprechen, denn es handelt sich um ein Bewusstsein, das **unmittelbar Geist ist**, d.h. es ist nicht mehr das seiner selbst gewisse Wissen, sondern der „seiner selbst gewisse Geist." (P 444) Der Unterschied zu der Entwicklung des Bewusstseins und seines Wissens ist also nun, dass nun **der *Geist* „bei sich seiendes Selbstbewusstsein"** ist (P 444). Was sich als sich erkennt, ist also nicht mehr das Bewusstsein, das dadurch zum Selbstbewusstsein wird. Es ist vielmehr der **Geist**, der **sich als Geist erkennt** und so ein Bewusstsein seiner selbst gewinnt. Man könnte auch sagen: er unterscheidet sich nun von sich und bezieht sich in dieser Selbstunterscheidung auf sich selbst.

Damit ist die **Grundstruktur von Selbstbewusstsein** nicht als solche aufgegeben. Diese Struktur bleibt vielmehr in der ganzen ‚Phänomenologie des Geistes' erhalten. Aber diese Struktur hat sich nun deshalb **verwandelt**, weil auf beiden Seiten dieses Bewusstseins nicht mehr ein einzelnes Bewusstsein ‚als solches' steht, das nur dadurch bestimmt ist, dass ihm etwas bewusst ist, sondern auf beiden Seiten steht nun das **Bewusstsein**, das sich **bereits als Geist erwiesen** hat. Wenn wir sagen, dass sich das Bewusstsein über das Selbstbewusstsein und die Vernunft zum Geist **entwickelt** hat, dann geht es natürlich nicht um eine Evolution von Gegenständen in der Wirklichkeit. Es geht in der ganzen ‚Phänomenologie des Geistes' um das ‚erscheinende Wissen', d.h. um die **Selbstentwicklung des Wissens**, das sich aus seiner **Eigendynamik** heraus zu einem immer besseren Wissen des Wissens entwickelt, bis es ganz ‚erschienen' ist, d.h. bis es als Wissen vollständig gewusst wird. Deshalb ist in allen früheren Stufen des Wissens des Wissens auch das höher entwickelte Wissen enthalten, das sich sonst eben nicht **entwickeln** hätte können. Ebenso aber ist in allen **späteren** Stufen das **frühere** Wissen enthalten, indem es nun zu seiner Wahrheit gekommen ist. Wäre es anders, so könnte das höher entwickelte Wissen gerade keine **Wahrheit** beanspruchen, die ihm nur **zusammen mit seiner Entwicklung** zukommt.

In der **Religion** ist der „**sich selbst wissende Geist**" also nun „**bei sich seiendes Selbstbewusstsein**" geworden – der Geist weiß alles andere **als Geist** und bezieht sich darin auf sich und gewinnt sein Selbstbewusstsein als Geist. Dies kann aber nur gedacht werden, wenn der Geist sich darin als der „**allgemeine Geist**" vorstellt: als bei sich seiendes Selbstbewusstsein hat er für sich, „als Gegenstand vorgestellt, die Bedeutung, der allgemeine Geist zu sein, der alles Wesen und alle Wirklichkeit in sich enthält." (P 444) Er erscheint sich selbst jedoch **als Selbstbewusstsein**, d.h. „nicht in der Form freier Wirklichkeit oder der selbstständig erscheinenden Natur." (P 444/445) Man könnte auch sagen: **Selbstbewusstsein** und **Vernunft** sind nun im **Geist** miteinander **vermittelt** – dies aber noch **in der Gestalt des Selbstbewusstseins**. Das Andere des Selbstbewusstseins, das sich inzwischen als Geist bestimmt hat, erscheint als Selbstbewusstsein bzw. als Geist, dies aber in einer **Form**, in der **Sein und Selbstbewusstsein vereinigt** sind: „Er hat zwar Gestalt oder die Form des Seins, indem er Gegenstand seines Bewusstseins ist, aber weil dieses in der Religion in der wesentlichen Bestimmung, Selbstbewusstsein zu sein, gesetzt ist, ist die Gestalt sich vollkommen durchsichtig; und die Wirklichkeit, die er enthält, ist in ihm eingeschlossen oder in ihm aufgehoben, gerade auf die Weise, wie wenn wir alle Wirklichkeit sprechen; sie ist die gedachte, allgemeine Wirklichkeit." (P 445)

Allerdings ist die **Religion** nicht das Ende der Entwicklung der ‚Phänomenologie des Geistes'. Irgendein Defizit muss in der Form des Wissens, die sich in der Religion zeigt, noch vorhanden sein. Dies wird dann deutlich, wenn wir daran denken, dass in der Religion jene „gedachte, allgemeine Wirklichkeit", von der gerade die Rede war, als ‚Gott' angesprochen wird. Hegel beschreibt dieses Problem so: „Indem also in der Religion die Bestimmung des eigentlichen Bewusstseins des Geistes nicht die Form des freien Andersseins hat, so ist sein Dasein von seinem Selbstbewusstsein unterschieden; es ist wohl Ein Geist beider, aber sein Bewusstsein umfasst nicht beide zumal, und die Religion erscheint als ein Teil des Daseins und Tuns und Treibens, dessen anderer Teil das Leben in seiner wirklichen Welt ist." (P 445) Der **Geist** wird also nun als die **allgemeine Wirklichkeit** aufgefasst, anders gesagt: es wird gedacht, dass Gott die Wahrheit der Welt ist, der sie geschaffen hat und erhält, so dass sie in ihrem Wesen eben das **Göttliche** ist. Aber die Erscheinungen der Welt werden doch als **getrennt** von Gott verstanden. Es wird ein **Unterschied** in das Wahre eingeführt: **einerseits** wird das Wahre als Gott und damit als Selbstbewusstsein bzw. als Geist gedacht, d.h. der Geist versteht sich als Geist, weil er zu sich kommt und Selbstbewusstsein wird, indem er sich im Bewusstsein von Gott als Geist wiederfindet. **Andererseits** aber gibt es in diesem Wissen doch einen **Unterschied** zwischen Gott und der Welt. Im Bewusstsein von Gott ist eigentlich das wahre Wissen erreicht, d.h. der Geist bezieht sich auf Geist und weiß, dass die Wahrheit Geist ist, aber dieses Wissen wird selbst noch **beschränkt**, indem es sich selbst nur dann richtig weiß, wenn es das Wirkliche als Gott denkt, nicht aber dann, wenn es **die Welt als unterschieden von Gott** denkt.

Damit ist der Weg der weiteren Entwicklung vorgezeichnet. Es muss das Bewusstsein darüber gewonnen werden, „dass der Geist in seiner Welt und der seiner als Geist bewusste Geist oder der Geist in der Religion **dasselbe** sind." (P 445) Dies wissen bisher nur wir – die Philosophen. Wenn wir dieses Wissen aber wirklich als Wissen beanspruchen wollen, dann müssen wir darauf verweisen können, dass sich dieses Wissen **im Bewusstsein und im Geist selbst entwickelt** hat. Gelingt dies nicht, so würden wir als Philosophen eben nicht Philosophie im hegelschen Sinne betreiben, sondern ein ‚trockenes Versichern', dass es sich so verhält und dass die anderen, unphilosophischen Menschen es eben deshalb akzeptieren müssen, weil wir es so sagen. Es muss Hegel also gelingen, **in der Religion** eine weitere **Entwicklung** nachzukonstruieren, die von jener Unterscheidung zwischen Gott und der Welt zu einem **Selbstbewusstsein des Geistes** führt, in dem das wissende Verhältnis zur wirklichen Welt und zum wirklichen Leben eben **so** strukturiert ist, wie es dem Bewusstsein von Gott entspricht. Das darf natürlich nicht heißen, dass dann die wirkliche Welt mit Gott identifiziert werden kann, denn in diesem Fall würde die **falsche Einseitigkeit** einer ‚Personalisierung' des Geistes, in dem sich der Geist als Selbstbewusstsein finden kann, nur auf die ganze Wirklichkeit ausgedehnt.

Deshalb wird die **Stufe der Religion** und des Sich-findens des Geistes in seinem Anderen als Geist in der Gestalt Gottes selbst überwunden werden müssen. Bei Hegel führt diese Entwicklung von der ‚**natürlichen Religion**' über die

‚Kunst-Religion' zur ‚offenbaren Religion'. Unter der letzteren ist die ‚geoffenbarte' Religion zu verstehen, also vereinfacht: das **Christentum** als Religion, die darauf beruht, dass der **Gott** selbst **Mensch** geworden ist – und zwar ganz Mensch und ganz Gott, und dass Gott selbst sich darin ‚gezeigt' und ‚geoffenbart' hat. Wenn wir auf dieser Stufe des Wissens angelangt sind, ist aber auch das Portal zum ‚**absoluten Wissen**' geöffnet. Es zeigt sich, dass das ‚absolute Wissen' sehr viel mit einem **Absoluten** zu tun hat, das ‚**bei uns**' **sein will**, wie der Gott des Christentums durch seine Menschwerdung gezeigt hat, dass er selbst ganz Mensch werden will, obwohl er doch Gott ist. Das ‚absolute Wissen' muss also ein Wissen sein, zu dessen innersten Wesen es gehört, dass es **unser** Wissen ist, d.h. wir können keinen fremden Gegenstand mehr für uns haben, sondern der **Geist** muss sich **in einem Geist finden** können, zu dem dieses Sich-finden und Sich-finden-lassen so gehört, dass beides **nicht von ihm getrennt** werden kann.

Die „**Vollendung**" der Religion besteht also nach Hegel darin, „dass beides einander gleich werde, nicht nur dass seine [d.h. des Geistes] Wirklichkeit von der Religion befasst ist, sondern umgekehrt, dass er sich als seiner selbstbewusster Geist wirklich und Gegenstand seines Bewusstseins werde." (P 445) Das Defizit der Religion drückt Hegel an dieser Stelle prägnant auch so aus, dass der **Geist** in der **Religion** sich ihm selbst **vorstellt**. Ein Geist, der sich selbst im Gedanken eines Gottes *vorstellt*, kann sich noch nicht selbst *als* Geist erfasst haben. Dafür gibt es zwei Gründe: „Der Wirklichkeit widerfährt aber in dieser Vorstellung nicht ihr vollkommenes Recht, nämlich nicht nur Kleid zu sein, sondern selbständiges freies Dasein; und umgekehrt ist sie, weil ihr die Vollendung in ihr selbst mangelt, eine bestimmte Gestalt, die nicht dasjenige erreicht, was sie darstellen soll, nämlich den seiner selbst bewussten Geist." (P 445) Ein in Gott als einer Person vorgestellter Geist ist die Wirklichkeit des Geistes nur in einer **bestimmten** Gestalt, gerade deshalb bleibt der ‚Geist-Status' der Wirklichkeit noch **unverstanden**.

Am Ziel der ‚Phänomenologie' muss also der Geist stehen, „der sich **als absoluter Geist** Gegenstand ist" – nicht als Gott (P 445). Dies ist auch in der vorletzten Stufe noch nicht der Fall, auf der die Religion zur ‚offenbaren' bzw. ‚geoffenbarten' Religion geworden ist. Auch in der **christlichen** Vorstellung von dem Gott, der sich mit dem Menschen identisch gemacht hat, bleibt es eben noch bei einer **Vorstellung**. Damit ist der Inhalt der Vorstellung zwar schon der ‚absolute Geist', aber weil dies in **der Form der Vorstellung** bleibt, deshalb ist immer noch die „Form der Gegenständlichkeit" gegeben (P 516). Auch auf dieser Stufe wird der Geist also noch nicht als Geist gewusst, sondern in einer ihm selbst **unangemessenen** Form, nämlich einer **Gegenständlichkeit**, die nun zwar schon so entwickelt ist, dass darin der Gegenstand Geist ist, dies aber eben **noch als Gegenstand**. Die ‚Phänomenologie des Geistes' muss als letzten Schritt also noch die „**Überwindung des Gegenstandes des Bewusstseins**" rekonstruieren, obwohl dieser Gegenstand nun bereits als Geist gedacht wird (P 516). Erst dann wird gewusst, dass der einzige Gegenstand des Selbstbewusstseins **es selbst** ist, und, da es bereits in der Gestalt des Geistes gedacht wird, dass **der einzige Gegenstand des Geistes in seiner ‚Entäußerung' der Geist selbst** ist, dies aber nicht in einer besonderen Gestalt wie dem als Person aufgefassten Gott, sondern in der gesamten ‚Dingheit' – d. h. **in allem, was überhaupt gewusst werden kann**.

2.3.4 Der absolute Geist

Es ist dann der Geist erreicht, der in seinem Anderen – d.h. in dem, das als ‚nicht Geist' aufgefasst wird – **vollständig bei sich ist**. Dieses Wissen geschieht dann nicht mehr in der Struktur des Selbstbewusstseins, in dem als ‚ein Selbstbewusstsein für ein Selbstbewusstsein' bereits der ‚Begriff' des Geistes erreicht war, sondern **in der Struktur des absoluten Geistes**, d.h. in der Struktur ‚ein Geist für ein Geist', worin allerdings die Struktur des Selbstbewusstseins ebenso **aufbewahrt** ist wie alle Stufen der Entwicklung des ‚erscheinenden Wissens' am Schluss der ‚Phänomenologie des Geistes' aufbewahrt sein müssen. Anders hätten diese Stufen **keine Wahrheit** gehabt, wäre dies aber nicht der Fall, dann könnte auch dem ‚absoluten Wissen' keine Wahrheit zugeschrieben werden, die es nur **zusammen mit der ganzen Entwicklung** besitzt, die zu eben diesem **Ergebnis** geführt hat. Man könnte also auch sagen, dass selbst das ‚**absolute Wissen**' bzw. der ‚**absolute Geist**' noch ein ‚trockenes Versichern' durch besserwisserische Philosophen bleibt, wenn nicht die **gesamte Entwicklung** mitgedacht wird, die zu eben diesem Ergebnis geführt hat. Wahr ist das Ergebnis eben **nur *als* Ergebnis** – also zusammen mit seiner ganzen Entwicklung.

Die ganze Entwicklung bezeichnet Hegel nun am Schluss des Gedankenganges auch als die „**Bewegung des Bewusstseins**" (P 516). Man könnte pointiert sagen: das **absolute Wissen** ist – isoliert genommen – überhaupt keine Wahrheit und dann eigentlich auch nicht das ‚Ergebnis' der ‚Phänomenologie des Geistes'. Das ‚Ergebnis' ist im Grunde **das Ganze der Entwicklung** und d.h. die ganze ‚Bewegung des Bewusstseins'. Diese Bewegung kann zwar so verstanden werden, „dass es diese Entäußerung und Gegenständlichkeit ebenso sehr auch aufgehoben und in sich zurückgenommen hat, also in seinem Anderssein als solchem bei sich ist." (P 516) Aber sie wird als **Bewegung** nur dann richtig verstanden, wenn noch hinzugefügt wird, dass dieses Geschehen nur dadurch vor sich gehen kann, **indem alle Bestimmungen des Bewusstseins vollkommen entwickelt werden**, die zum **Begreifen** dieser Bewegung geführt haben. Das Bewusstsein ist also nur die „Totalität seiner Momente": „Es muss sich ebenso zu dem Gegenstande nach der Totalität seiner Bestimmungen verhalten, und ihn nach jeder derselben so erfasst haben. Diese Totalität seiner Bestimmungen macht ihn an sich zum geistigen Wesen, und für das Bewusstsein wird er dies in Wahrheit durch das Auffassen einer jeden einzelnen derselben, als des Selbsts, oder durch das ebengenannte geistige Verhalten zu ihnen." (P 516/517)

Es ist deshalb nur mit Vorbehalt richtig, wenn man als das ‚Ergebnis' des Gedankengangs der ‚Phänomenologie des Geistes' die Einsicht behauptet, der Gegenstand eines jeden Wissens sei ebenso Geist wie dasjenige, dem dieses Wissen wird. Es ist vielmehr *auch* wahr, dass der Gegenstand unmittelbares Sein oder ein Ding oder ein Fürsichsein oder Vernunft oder Geist oder Religion ist. Nur wenn dies **gilt**, kann die Entwicklung als **richtig rekonstruiert** verstanden werden, die zu der Einsicht des ‚absoluten Wissens' geführt hat. *Ebenso* aber ist wahr, dass *keine* dieser **einzelnen Bestimmungen** in der Entwicklungsgeschichte des erscheinenden Wissens **alle Wahrheit** ist. Jede zeigte ein Ungenügen bezüglich des Bewusstseins ihrer selbst, d.h. jede Stufe war dadurch **unvollkommen**, dass sie kein angemessenes Verständnis von sich selbst besaß und nicht besitzen konnte, da ihre eigene Struktur genau dies ausschloss. Sie war also ‚wahr' um den Preis eines **Reflexionsverzichts**, den sie strukturell enthalten musste. Die Reflexion auf sie selbst und damit das Bewusstsein von ihr als einer wahren Form konnte nur gelingen, indem sie selbst überwunden wurde – bzw. indem sie sich selbst überwand und zu einer anderen Form wurde, in der das Bewusstsein von ihr als einer Form des Wissens gelingen konnte. Damit aber war gleichzeitig ein neues Bewusstsein vom Wissen und vom Wahren erreicht.

Das ‚Ergebnis' der ‚Phänomenologie des Geistes' – so vorsichtig dieser Ausdruck gebraucht werden sollte – unterscheidet sich nur **in *einem* Punkt von den Positionen in diesem Entwicklungsgang**. Es unterscheidet sich zunächst *nicht* von ihnen, denn für sich und isoliert genommen handelt es sich auch nur um eine Position – d.h. um eine **Setzung**, die sich nicht letztgültig ausweisen kann. Wahr kann es nur sein **zusammen mit seiner ganzen Entwicklung**. Es unterscheidet sich vielmehr auf eine ganz bestimmte Weise von den einzelnen Momenten seiner Entwicklung: es ist ein Ergebnis, das **nicht selbst wieder zum Ausgangspunkt einer weiteren Entwicklung** wird. Das **Besondere** des ‚**absoluten Wissens**' bzw. des ‚absoluten Geistes' liegt also darin, dass zu seinem Verständnis *als* Wissen es nicht mehr notwendig ist, **über eben *dieses* Wissen hinauszugehen**. Es muss sich also um ein Wissen handeln, das sein eigenes Wissen des

Wissens so enthält, dass **in der Reflexion keine neue Gestalt des Wissens mehr erreicht wird.**

Das ‚absolute Wissen' stellt demnach eine „Versöhnung des Geistes mit seinem eigentlichen Bewusstsein" dar (P 519), und nur deshalb kann damit der **Entwicklungsgang** des erscheinenden Wissens **an ein Ende** kommen. Man kann dies auch so ausdrücken: damit sind **Für-sich** und **An-sich** des Bewusstseins **in eine Einheit gekommen**, aus der sie nicht mehr heraustreten müssen: dann kommt der Geist dazu, „sich zu wissen nicht nur, wie er an sich, oder nach seinem absoluten Inhalte, noch nur wie er für sich nach seiner inhaltslosen Form oder nach der Seite des Selbstbewusstseins, sondern wie er an und für sich ist." (P 520) Noch anders gesagt: die **Struktur** des Selbstbewusstseins ist nun mit dem **Inhalt** des Gedankens eines Selbstbewusstseins vereint. Was das Selbstbewusstsein weiß, ist seine **eigene Struktur**, die ihm ein **Anderes** wird, das ebenso **es selbst** bleibt. Da für Hegel das Selbstbewusstsein aber nur in der Struktur ‚ein Selbstbewusstsein für ein Selbstbewusstsein' möglich ist, welche der ‚Begriff' des Geistes ist, so ist dies identisch mit dem **Geist**, dessen **Inhalt** nun mit seiner **Form** übereinstimmt, d.h. was der Geist weiß, ist **seine eigene Struktur**, die ihm als ein Anderes wird, das ebenso nicht ein Anderes ist, sondern eben der Geist selbst.

Hegel kommt deshalb zu dem Schluss: „Diese letzte Gestalt des Geistes, der Geist, der seinem vollständigen und wahren Inhalte zugleich die Form des Selbsts gibt, und dadurch seinen Begriff realisiert als er in dieser Realisierung in seinem Begriffe bleibt, ist das absolute Wissen; es ist der sich in Geistsgestalt wissende Geist oder das begreifende Wissen." (P 523) Vergleichen wir damit nochmals die Stufe der **Religion**. Hier war der **Gegenstand** des Wissens (Gott als Geist) bereits identisch mit der **Struktur** des Wissens bzw. des Wissenden (der Geist als eine Gestalt in der Welt). Dieser Gegenstand war aber noch **in der Form der Vorstellung**, d.h. er erschien für das Wissen noch als etwas, das unabhängig von ihm existiert; und dieser **Gegenstand** war noch von der Welt unterschieden, so dass er nicht das **ganze** Wissen ausmachte. Wenn der Geist sich als Geist weiß, dann steht ihm im Unterschied zur Stufe der Religion **kein Gegenstand mehr gegenüber**, den er als an sich auffasst. Es besteht auch keine Differenz mehr zwischen dem als Geist gewussten Gegenstand (Gott) und der **Welt**, die davon unterschieden wird.

Auf der Stufe des ‚absoluten Wissens' hat deshalb der **Inhalt des Wissens die Form des ‚Selbsts'**. Damit wird ein Wissen über alles Wissen beansprucht, dem gegenüber die in der ‚Phänomenologie des Geistes' zuvor vorkommenden Formen des Wissens als solche Formen erscheinen, die nicht **über sich selbst** aufgeklärt sind. Deshalb sind sie aber nicht einfach als ‚unwahr' zu bezeichnen. Gerade weil sie in einer **Entwicklung zum erscheinenden Wissen** enthalten waren, haben sie ihre Berechtigung. Es ist wichtig, hier nochmals darauf hinzuweisen, dass Hegels Denken sich stets nur als **Entwicklung** rechtfertigt und ‚**Wahrheit**' nur zusammen mit dieser **Entwicklung** beansprucht, nicht aber als isoliertes Ergebnis. Deshalb ist die letzte Stufe in der ‚Phänomenologie des Geistes' nur dann wahr, **wenn die Entwicklung wahr genannt werden kann**, und dazu gehört auch, dass die einzelnen Stufen, über die diese Entwicklung sich vollzogen hat, ebenfalls ihre **eigene** Wahrheit haben. Diese Wahrheit ist aber noch eine über sich selbst **nicht aufgeklärte** Wahrheit. Gerade deshalb konnte und musste die Entwicklung fortschreiten und erst dort enden, wo das Wissen nach Form und Inhalt identisch ist und sich damit über sich selbst aufgeklärt hat.

Hegel nannte gerade das ‚**absolute Wissen**' auch das ‚**begreifende Wissen**'. Damit kommt zum Ausdruck, dass nun keine Behauptung über ein ‚An sich' des Gegenstandes des Wissens mehr gilt. Man könnte dies auch so ausdrücken: es ist die Behauptung endgültig ‚wegargumentiert', die am Anfang der ‚Phänomenologie des Geistes' stand, als das Bewusstsein das ‚bloße Sein' als Gegenstand seines Wissens auszugeben versuchte. Dieses Wissen war auf keine Weise ein ‚begreifendes', da von seinem Gegenstand gerade behauptet wurde, dass er ‚eigentlich' überhaupt und radikal nichts mit dem Wissen und dem Wissenden – dem Bewusstsein – zu tun hat. Der Gegenstand war ein An-sich, das in sich **keine Affinität zu dem Wissen und zum Bewusstsein** aufwies. Dennoch war die Behauptung des ‚**natürlichen Bewusstseins**', dass es von diesem Gegenstand etwas **wissen** könne. Gerade deshalb konnte dieses Bewusstsein nicht bei seiner Behauptung bleiben, und deshalb musste es sich selbst und sein Wissen **anders** verstehen. Die Behauptung, man könne von einem Gegenstand, der nur ‚an sich' ist und in sich keinerlei Beziehung auf das Wissen und seine Struktur hat, etwas wirklich wissen, kann nicht aufrechterhalten werden; man könnte auch sagen: sie widerspricht unmittelbar dem, was das Bewusstsein damit beansprucht. Es will einen Gegenstand wissen, **der mit dem Wissen überhaupt nichts zu tun hat.**

Wir haben im Durchgang durch die ‚Phänomenologie des Geistes' gesehen, dass es **ganz verschiedene Probleme** mit einem unzureichenden Selbstverständnis des Wissens sind, die zu einer **Weiterentwicklung** führen, in der der Gegenstand *und* das Bewusstsein anders verstanden werden müssen. Aber wir können doch diesen **Antrieb** der Entwicklung, den wir soeben für deren Anfang in Erinnerung gerufen haben, auf die **gesamte Entwicklung anwenden**. Stets behauptet das **Bewusstsein**, ein Wissen von einem Gegenstand zu besitzen, der in sich nicht ‚**wissens-affin**' strukturiert ist. Es behauptet in verschiedenen Formen in gewisser Weise immer wieder das Gleiche: sein Wissen beziehe sich auf ein **An-**

sich jenseits des Wissens. Wenn der Gegenstand des Wissens aber ein An-sich ist und damit nicht ‚wissens-affin', so muss es **seinen Begriff des Wissens** verändern. Diese Veränderung ist nicht beliebig. Sie ist **durch das Problem bestimmt**, dass das An-sich des Wissens eben **gewusst** werden können soll und damit von sich selbst her **der Struktur des Wissens entsprechen** muss. Deshalb ist die neue Stufe des Wissens und des dazugehörigen Bewusstseins eine Reaktion auf dieses Problem und nicht beliebig. Das Bewusstsein versucht die Behauptung von einem An-sich als Gegenstand des Wissens, der gerade als An-sich gewusst werden kann, so zu **korrigieren**, dass es die grundsätzliche Behauptung, ein Wissen von etwas zu haben, das nicht selbst Wissen ist, doch **aufrechterhalten** kann.

In diesem Prozess nähert es sich jedoch – in einer **Entwicklung,** die sich gewissermaßen ‚hinter seinem Rücken' vollzieht – immer mehr der **Einsicht** an, dass ein solches Wissen **nur dann** konsistent behauptet werden kann, **wenn sein Gegenstand vollkommen ‚wissens-affin' ist**. Das ist er aber nur dann, **wenn er selbst Wissen ist**. Zu einem Ende kommen kann diese Entwicklung deshalb nur dann, wenn die ursprüngliche Behauptung des Bewusstseins, **von einem An-sich doch wissen zu können**, ohne inneren **Widerspruch** aufrechterhalten werden kann. Dies ist erst auf dem Niveau des ‚**absoluten Wissens**' der Fall, das Hegel auch als das ‚**begreifende Wissen**' bezeichnet. Der Ausdruck sagt ja nicht einfach, dass es sich um ein Wissen handelt, das begrifflich strukturiert ist und seinen an-sich-seienden Gegenstand deshalb mit Hilfe von Begriffen weiß – also ‚begreift'. Er sagt vielmehr, **dass das Wissen selbst ‚begreifend'** ist, d.h. eine Aktivität ausübt, in der das Wissen sich selbst **überschreitet** und zum Anderen seiner selbst wird. Hier legt sich die Erinnerung an **Kant** nahe, nach dem das Wissen in seinem vollständigen Begriff, also dort, wo es ein notwendiges und allgemeines und deshalb apriorisches Wissen ist, nur mit Hilfe von **reinen Verstandesbegriffen** möglich ist, die eben die Wirklichkeit der Bedingung ihrer Möglichkeit nach ‚konstituieren', die ein solches Wissen begrifflich erfassen kann. Auch bei Kant war also der Gedanke vorhanden, dass das Wissen insofern ‚**begreifend**' ist, als es seine eigenen Leistungen ‚begreift', indem es die Gegenstände seines Wissens schafft.

Aber bei **Kant** war dies doch nur ein Wissen von den Bedingungen der Möglichkeit der Erfahrung, die gleichzeitig die Bedingungen der Möglichkeit der Gegenstände der Erfahrung sind. Das Wissen der reinen Verstandesbegriffe konnte nur die durch Wahrnehmungen gewonnenen **Vorstellungen** so **strukturieren**, dass dem Bewusstsein eine Welt von identischen Gegenständen erscheinen muss. **Hegel** wendet diesen Gedanken nun **umfassend auf das gesamte Wissen** an, indem er in der ‚Phänomenologie des Geistes' bei der einfachen Behauptung des Bewusstseins beginnt, in seinem Wissen sich auf Gegenstände beziehen zu können, die ein An-sich sind, das selbst eigentlich nichts mit dem Wissen zu tun hat. Die inneren **Widersprüche** einer solchen Behauptung entwickeln sich so fort, dass der **Gegenstand des Bewusstseins** sich ebenso ändert wie das **Bewusstsein** selbst. Wenn am Ende nun das ‚**absolute Wissen**‘ als ein ‚**begreifendes Wissen**‘ erreicht ist, dann wurde verstanden, **dass allem Wissen die Aktivität des ‚Begreifens‘ zukommt**. Nur so kann es dem am Anfang erhobenen Anspruch genügen, von einem **An-sich** doch etwas **wissen** zu können. Dieses **An-sich** ist nun vollkommen und **durch und durch selbst Wissen**, d.h. es ist **ein An-sich, das vollkommen ‚wissens-affin‘ ist, weil es selbst Wissen ist**. An diesem Ende ist die Wahrheit „für den wissenden Geist in der Form des Wissens seiner selbst." (P 523)

3. Die Wissenschaft der Logik

3.1 Von der ‚Phänomenologie' zur ‚Wissenschaft der Logik'

Das ‚**absolute Wissen**' könnte damit als die spezifisch Hegelsche **Transformation** und Reformulierung des Kantischen Ichs der transzendentalen Apperzeption aufgefasst werden. Diese Auffassung ist so weit **richtig**, als in beiden Konzeptionen die Einheit von Bewusstseins- bzw. Selbstbewusstseinsstrukturen mit den Verständlichkeitsstrukturen der für ein Bewusstsein bzw. Selbstbewusstsein zugänglichen Welt zum Ausdruck gebracht wird. Während **Kant** jedoch die Identität der Möglichkeitsbedingungen der Erfahrung mit den Möglichkeitsbedingungen der Gegenstände der Erfahrung in der nur durch die apriorischen Verständlichkeitsstrukturen einer Gegenstandswelt denkbar werdenden ‚Mir-Zugehörigkeit' aller Vorstellungen als Denknotwendigkeit nachzuweisen sucht, findet bei **Hegel** mit der Konzeption des ‚absoluten Wissens' eine **Reflexion** auf dieses Nachweisverfahren statt, in der das **Begreifen** des bewussten Selbstverhältnisses **in Einheit mit der Identität in den Vorstellungen**, die damit zu den **seinen** werden können, und in Einheit mit der Identität der Möglichkeitsbedingungen des Erfahrens der Gegenstandswelt mit den Möglichkeitsbedingungen der erfahrbaren Gegenstände in dieser Welt zusammen zu denken versucht wird.

Die Selbstbewusstseinsstruktur wird in ihrer Identität dadurch zu denken gesucht, dass die **Denkformen**, mit denen das gewusste Selbst begriffen werden kann, in einer **ursprünglichen Identität** mit den Denkformen gedacht werden, mit denen das **wissende Selbst** begriffen werden kann. Dies ist ein wichtiger Aspekt des Zusammenhangs von ‚Phänomenologie des Geistes' und ‚Wissenschaft der Logik': die **Identität** kann nicht **vorausgesetzt** werden, denn damit wird sie nicht **gedacht**; soll sie **gedacht** werden, so müssen Begriffe gebraucht werden, die das Ich=Ich **erklären**, diese Erklärung muss **einerseits** aus eigener Kraft ihre Wahrheit nachweisen können, sie muss **andererseits** aber in sich **der Identitätsstruktur des Selbstbewusstseins** entsprechen. Zu diesem Punkt führt die ‚Phänomenologie des Geistes' die Selbstbewusstseinsstruktur: das Selbstbewusstsein kann nicht eine Identität von Ich=Ich sein, sondern nur **eine Identität des Wissens**, indem das Wissen sich selbst weiß. Die ‚Wissenschaft der Logik' **entwickelt** eben dieses Wissen, so dass ihre Durchführung der Beweis ist: wenn ein Wissen entwickelt wird, das mit sich **identisch** ist und doch **Wissen** ist, so ist die Wirklichkeit der Selbstbewusstseinsstruktur nachgewiesen. Man könnte also auch sagen, dass am Ende von ‚Phänomenologie des Geistes' **und** ‚Wissenschaft der Logik' zusammen das **Selbstbewusstsein** steht, das sich **selbst begreifen kann** – also nicht in der ‚leeren' Identität von Ich=Ich verbleibt.

Das Problem, das ‚Phänomenologie des Geistes' und ‚Wissenschaft der Logik' zusammen zu lösen haben, kann also auch so bezeichnet werden: das **„wirkliche Selbstbewusstsein"** (516) muss **so** Gegenstand des Bewusstseins werden können, dass es darin **Selbstbewusstsein** bleibt und doch ‚wirklich', d.h. **begreifbar** wird. Die Lösung dieses Problems ist so einfach wie schwierig: das Selbstbewusstsein kann dann ohne **Widerspruch** zu seiner Struktur **Gegenstand des Bewusstseins** werden und begreifbar zur Sprache kommen, wenn dieser Vorgang, in dem etwas zum Gegenstand für ein Bewusstsein wird, selbst **in der Struktur des Selbstbewusstseins** stattfindet und nur darin stattfinden kann. Diese Struktur für **alles** begriffliche Vorstellen – also für alle Gegenständlichkeit des Bewusstseins – zu explizieren, dies ist die Aufgabe der ‚Wissenschaft der Logik'.

Nun entwickelt die ‚Wissenschaft der Logik' die **Identität des Wissens**, in dem das Wissen sich selbst weiß, und aus welcher das Selbstbewusstsein verständlich wird, nicht als Identität des Ich=Ich, sondern aus dem **bedeutungslosen Begriff ‚Sein'**. So wird die **Identität von Wissen und Gewusstem**, in der das Selbstbewusstsein begrifflich expliziert werden kann und damit nicht in der unbegriffenen Identität des Ich=Ich verbleibt, aus einem Ausdruck entwickelt, dem **ohne Bedeutung Sinn** zukommt. Jene Identität des Selbstbewusstseins, wie es in der ‚Phänomenologie des Geistes' aus sich selbst heraus zum absoluten Wissen entwickelt wurde, soll also nun in der ‚Wissenschaft der Logik' **ausgearbeitet** werden, indem nur der **Beginn des Verstehens** – der **Sinnzuschreibung** zu Lautfolgen, die dadurch zu bedeutenden Zeichen werden – in Anspruch genommen wird, also der Beginn der **Verständigung** in der Sprache. Die **Struktur des Selbstbewusstseins** als Identität von Wissen und Gewusstem, wie sie auch von Hegel als die **fundamentale Denkfigur zur Aufklärung der Verständlichkeit der Welt** verwendet wird, und die in der ‚Phänomenologie des Geistes' von einem unmittelbaren Wissen zum absoluten Wissen als Wissen seiner selbst in seiner Entäußerung fortentwickelt wurde, wird damit mit Hilfe einer **Rekonstruktion des systematischen Anfangens sprachlicher Verständigung** aufzuklären und verständlich zu machen gesucht.

Eine solche **Rekonstruktion** kann der **Anfang** der ‚Wissenschaft der Logik' deshalb bieten, weil in ihm nicht in den **historischen** bzw. **genetischen** Beginn der Sprache nachgeforscht wird, sondern in den **systematischen** Anfang sprachlicher Verständigung über die Welt im Sinne einer Analyse der **Möglichkeitsbedingungen einer Verständigung**, die konstitutiv den wahrheitsdifferenten Bezug zur Welt in sich enthält. Dass der Anfang der ‚Wissenschaft der Logik' ebenso den **systematischen Anfang der Sprache** rekonstruiert, dies kann im Sinne einer Nachforschung in die **Möglichkeitsbedingungen** des Funktionierens von Sprache verstanden werden. Schwieriger wird es, wenn eingesehen werden soll, wieso der systematische Anfang der Sprache **zugleich** mit dem wahrheitsdifferenten Bezug zur Welt entwickelt werden muss. Der Nachweis dafür kann im Denkzusammenhang der Hegelschen Philosophie offensichtlich nur durch die **Durchführung** des **Anfangs der Wissenschaft** selbst erbracht werden. Der **fundamentale Gedanke** dieser Beweisführung aber ist mit der Konzeption einer **Entwicklung der Einheit von Wissen und Gewusstem** aus der **anfänglichen Genesis von Sinn vor aller Bedeutung** bereits gegeben. Wenn das als Wissen gewusste absolute Wissen als Wissen seiner selbst in seiner Entäußerung systematisch ausgearbeitet werden soll, so muss es sein **Anderssein** enthalten, mit dem es ebenso **identisch** ist. Die Identität des Wissens mit seinem Gewussten enthält also von vornherein die Wahrheitsstruktur der Übereinstimmung in sich.

Nun wird mit der ‚Wissenschaft der Logik' jedoch der Anspruch erhoben, **alle** Begriffe aus dem ‚**Sein**' entwickeln zu können, die für das wahre Verständnis der Welt **notwendig** sind. Es könnte die Frage entstehen, warum es denn **alle** sein müssen, wenn nur die erfordert sind, die für ein Verständnis des Selbstbewusstseins ohne Dementi seiner Struktur notwendig sind. Diese Schwierigkeit lässt sich jedoch sehr einfach aufklären, wenn berücksichtigt wird, was hier ‚**alle**' Begriffe heißt. ‚**Alle**' sind es dann, wenn mit ihnen **die Objektivität der Welt verständlich** wird, also die **Differenz**, die die Möglichkeitsbedingungen der Erfahrung von Gegenständen von den Möglichkeitsbedingungen der Gegenstände der Erfahrung unterscheidet, und die der Grund für ihre **Identifizierung** in der Konstitution einer apriorisch strukturierten Verständlichkeit der Welt ist. Wir könnten deshalb auch sagen: es sind dann **alle**, wenn mit ihnen **Objektivität** verstanden werden kann, also die **Differenzierung in sich** des **objektivitätskonstituierenden Bewusstseins**, in der es zum Bewusstsein von sich wird, indem es sich in den Begriffen findet, die eo ipso und in ein und demselben Akt **seine Identität** und die von ihm **unterschiedene Objektivität** der Welt konstituieren, wodurch diese Welt zu **seiner Welt** wird. ‚**Alle**' sind es folglich genau dann, wenn mit ihnen das **Bewusstsein** sich von seiner Welt **unterscheiden** kann und somit darin **Selbstbewusstsein** wird.

3.2 Der Grundgedanke der ‚Wissenschaft der Logik'

Hegels ‚Logik' lässt sich auf zweifache Weise **einteilen**. Zunächst gibt es eine ‚**objektive**' und eine ‚**subjektive**' Logik. Aus der ‚Phänomenologie des Geistes' ist schon deutlich geworden, dass es dabei nicht um die Unterscheidung zwischen einer ‚wahren' und einer bloß ‚subjektiv' geltenden Logik gehen kann. Beide Seiten der Logik sollen die Begriffe angeben, mit denen wir **in einem absolut geltenden Sinn** die **Wahrheit aussprechen** können. Diese Unterscheidung verwendet vielmehr ein anderes Kriterium. ‚**Objektiv**' in diesem Sinne ist die ‚Logik', welche diejenigen Denkbestimmungen entwickelt, in denen die **Begriffe** sich auf etwas **beziehen**, das selbst **nicht begrifflich gedacht** wird. Dazu gehören die **Teile**, die sich mit dem **Sein** und dem **Wesen** beschäftigen Damit ist aber natürlich keine an-sich-seiende Welt gemeint, die Hegel in der ‚Phänomenologie' in der Entwicklung der Bewusstseinsgestalten bereits als eine Welt ‚**für das Denken**' gezeigt hat. Aber es gibt doch Begriffe, mit denen wir **beanspruchen**, uns auf etwas **außerhalb** des Denkens beziehen zu können. Dass wir ‚in Wahrheit' darin wieder das **Denken** finden, aber in seinem **Anders-sein**, ändert daran nichts. Es sind etwa Begriffe wie ‚**Sein**' oder auch ‚**Kausalität**'. Dagegen beanspruchen wir mit Begriffen wir ‚**Urteil**' oder ‚**Idee**' nicht, mit ihnen aus dem Denken **heraustreten** zu können, so dass wir sie in diesem Sinne als ‚**subjektiv**' bezeichnen können. Diese Denkbestimmungen gehören der ‚Logik' des **Begriffs** an. In beiden Teilen aber geht es darum, dass „der mit seinem reinen Wesen sich beschäftigende Geist" sich darstellt (L 3).

Außerdem hat Hegel seine ‚Logik' in **drei Bücher** eingeteilt, die so überschrieben sind: Die Lehre vom **Sein**, Das **Wesen**, Der **Begriff**. Von der ‚Phänomenologie' her kann dies schon bis zu einem gewissen Grad verstanden werden, wenn wir berücksichtigen, dass dort am Anfang das **unmittelbare Bewusstsein** steht, das sich selbst nicht kennt. Die **sinnliche Gewissheit** verweist auf ein ‚Dieses' und glaubt unmittelbar ein **Sein** erkennen zu können. Im weiteren Verlauf der Gestalten des Bewusstseins wird eingesehen, dass die Welt der Erscheinung sich von anderen Begriffen unterscheiden muss und dass nur diese **Begriffe** wahrhaft erkennbar sind. Hier wird allerdings noch die Unterscheidung zwischen einer Welt an sich und Begriffen gemacht, die diese in ihrer Wahrheit ausdrücken können. Wir könnten hier die Entsprechung zum Buch über das ‚**Wesen**' in der ‚Logik' sehen. Am Ende der ‚Phänomenologie' aber steht die Einsicht, dass dieser Unterschied selbst ein **vom Denken gemachter** ist. Dann ist der Begriff als die Wahrheit eingesehen und es ist der ‚**begreifende Geist**' erreicht. Es war bei der Erörterung der ‚Phänomenologie' schon deutlich geworden, dass Hegel keineswegs die früheren Stufen in der Entwicklung des

Bewusstseins als Irrtümer auffasst. Sie sind nur ungenügend verstandene Bewusstseinsgestalten, die vom ‚absoluten Geist' her angemessen in ihrer Beschränktheit verstanden werden können. Entsprechend geschieht in der ‚Logik' nun eine **Begründung der Denkbestimmungen**, die **Gestalten des Bewusstseins** zugehören, wie es sich vor dem Niveau des ‚absoluten Geistes' versteht.

Deshalb geht es aber nicht mehr um das **Bewusstsein**, sondern um die **reinen Denkbestimmungen**. Anders als bei **Kant** in der Tafel der reinen **Verstandesbegriffe** geht es allerdings nicht um einfache **Begriffe**, sondern um die **begrifflich ausdrückbaren Gedanken**, mit denen wir den Anspruch erheben, die Welt auf eine wahre Weise **begreifen** zu können. Wenn Hegel mit dem ‚**Sein**' beginnt, so wird also keine unzureichende Auffassung des Wahren kritisiert, sondern es wird der **Anfang** mit einem Ausdruck gemacht, der eine **Entwicklung zu anderen Denkbestimmungen** in Gang setzt, die sich schließlich durch ihre eigene **Begriffsdynamik** so weiterentwickeln, dass **alle** die Bestimmungen entwickelt werden, die notwendig sind, um die **Welt** in ihrer **Wahrheit** begreifen zu können. Man könnte insofern auch sagen, dass es sich um die **Gedanken** handelt, in denen **das Absolute** aufgefasst werden kann. Dies gelingt allerdings nur dadurch, dass diese **Denkbestimmungen** nicht von irgendwoher aufgenommen werden, sondern sie müssen in einer **einheitlichen Entwicklung** auseinander entwickelt werden. Jeder Begriff nach dem anfänglichen Ausdruck ‚**Sein**' muss sich also denknotwendig aus dem vorherigen **ergeben**, und er muss wiederum zu anderen Begriffen **führen**.

In der ‚Phänomenologie' war schon darauf hingewiesen worden, dass **das Wahre nur das Ganze** sein kann, und dass die **Entwicklung** notwendig zum **Wahren** dazugehört. Auch das ‚**absolute Wissen**' rechtfertigt sich nur als **Ergebnis** und enthält insofern den ganzen Gang der ‚Phänomenologie' in sich. Im Prinzip gilt das Gleiche nun für die ‚Logik', obwohl diese es nicht mehr mit Bewusstseinsgestalten zu tun hat, sondern mit **reinen Denkbestimmungen**. Allerdings gibt es hier im Grunde überhaupt kein ‚Ergebnis' mehr. Hegel beansprucht vielmehr, dass es sich um einen ‚**Kreis**' von Gedankenbestimmungen handelt, d.h. das Ende kann sich nur und gerade dadurch als Ende ausweisen, dass es wieder **in den Anfang** mündet. Das scheint ein merkwürdiger Gedanke zu sein, ist aber im Zusammenhang des Hegelschen Denkens durchaus folgerichtig. **Hegel** hatte **Kant** in Bezug auf die **Tafel der reinen Verstandesbegriffe** kritisiert, weil dort die einzelnen Begriffe nicht in einem konsistenten **Zusammenhang** miteinander stehen. Insofern konnte man auch nicht sicher sein, dass es tatsächlich **alle** reinen Verstandesbegriffe sind, mit denen die Bedingungen der Möglichkeit der Erfahrung in ihrer Identität mit den Bedingungen der Möglichkeit der Gegenstände der Erfahrung angemessen beschrieben sind, und mit deren Hilfe sich das Selbstbewusstsein in seiner **Identität** verstehen kann.

Hegel versucht deshalb den **Nachweis**, dass in seiner ‚Logik' tatsächlich **alle** Begriffe entwickelt werden, die für die **Auffassung des Absoluten** notwendig sind, und dies kann nur gelingen, wenn er sie in einer konsistenten **Entwicklung** aus einem **unbezweifelbaren** Ausdruck rechtfertigt, und wenn er darüber hinaus einen **Abschluss** für diese **Entwicklung** findet, der nicht willkürlich ist, sondern in einem **notwendigen Gedanken** begründet ist, dem zufolge nun **keine** weiteren Gedankenbestimmungen mehr entwickelt werden können oder müssen. Dies ist dann der Fall, wenn der **Abschluss** aus sich heraus zu einer **Gedankenbestimmung** führt, die die **Argumentation an den Anfang zurückbringt**. Dann muss die Entwicklung wieder von neuem beginnen, aber auf gleiche Weise wie zuvor, so dass also keine **neuen** Erkenntnisse mehr hinzugefügt werden müssen. Hegel kann also beanspruchen, dass er in seiner ‚Logik' tatsächlich **alle** reinen Gedankenbestimmungen entwickelt hat, mit denen das **Absolute erfasst** werden kann, wenn seine ‚Logik' ein ‚**Kreis**' von solchen Gedankenbestimmungen ist. Dieser Kreis muss sich im Prinzip ‚**selbst bewegen**', d.h. seine **Bewegung** über die verschiedenen Denkbestimmungen hinweg darf nicht durch **äußerliche** Erwägungen bestimmt werden: „es kann nur die Natur des Inhalts sein, welche sich im wissenschaftlichen Erkennen bewegt, indem zugleich diese eigne Reflexion des Inhalts es ist, welche seine Bestimmung selbst erst setzt und erzeugt." (L 6) Als ‚Inhalt' wird natürlich an dieser Stelle nicht mehr das an sich Seiende bezeichnet, sondern die **Einheit von Begriff und dem durch ihn selbst erzeugten Inhalt**.

Diese Vorgehensweise wirft schon eine wichtige Frage auf. Wenn Hegel die **Wahrheit** der **Gedankenbestimmungen**, mit denen wir die Welt in einem **absoluten Sinne** auffassen können, nur durch deren **Entwicklung** aus einem sehr einfachen Ausdruck begründet, in den die Entwicklung dann wieder mündet, damit sie als **vollständig** bezeichnet werden kann, wie kann dann von einer **einzelnen Gedankenbestimmung** behauptet werden, ihr käme eine **Wahrheit** zu? Kann eine **einzelne** Bestimmung dazu verwendet werden, um die Wahrheit zu sagen, wenn sie in der ‚Logik' ebenso wieder **vergeht** und sich in eine **andere** Gedankenbestimmung auflöst, der das gleiche Schicksal bevorsteht? In der Tat war Hegel der Meinung, dass dies **nicht** möglich sei. Ein solches **Festhalten** einzelner Gedankenbestimmungen ist die Tätigkeit des ‚**Verstandes**', worunter hier die Tätigkeit verstanden wird, einzelne Bestimmungen festzuhalten und sie als **Wahrheiten** auszugeben, die sich auf eine **Entsprechung** in der ‚**Wirklichkeit**' beziehen. Dagegen setzt Hegel die ‚**Vernunft**' als die Kraft, die für den Gedankengang der ‚Logik' zuständig ist, „weil sie die Bestimmungen des Verstandes in Nichts auflöst; sie ist positiv, weil sie das Allgemeine erzeugt, und das Besondere darin begreift." (L 6)

Daraus entsteht eine komplizierte Lage, die aber der ‚Phänomenologie des Geistes' und ihrem ‚**Ergebnis**' entspricht. Hegel bezieht sich hier wieder auf die Gestalt, die am Ende der ‚Phänomenologie' stand, nämlich auf den Geist als absoluten. In der ‚Logik' nennt er diesen nun „**verständige Vernunft oder vernünftiger Verstand**", weil er das „**Negative**" ist, „dasjenige, welches die Qualität sowohl der dialektischen Vernunft als des Verstandes ausmacht." **Dialektisch** heißt der Geist, weil er das **Einfache negiert** und dadurch den bestimmten **Unterschied des Verstandes negiert**, aber ihn **ebenso sehr** wieder **auflöst** (L 6). Im Grunde sind wir damit wieder beim Prinzip der **bestimmten Negation**. Wenn eine Verstandesbestimmung sich durch ihre interne **Widersprüchlichkeit** auflöst, so entsteht daraus nicht **Nichts**, so dass einfach irgendeine andere Bestimmung an ihre Stelle gesetzt werden könnte, sondern es entsteht eine **neue Gedankenbestimmung**, die sich gerade aus der **Negation** einer anderen ergeben hat. Erklären wir nun die erste Bestimmung einfach für falsch, so ist die zweite in diesem Sinne **ebenso** falsch, weil sie eine **Negation einer falschen Bestimmung** darstellt und dadurch **deren Falschheit** in sich **aufbewahrt**. Man darf sich die **Dialektik** nicht so vorstellen, dass eine Gedankenbestimmung als falsch eingesehen wird und dann eine andere angeschlossen wird, die besser geeignet erscheint, um die Wirklichkeit zu beschreiben. Genau das ist nach dem Ergebnis der ‚Phänomenologie' nicht mehr möglich. Ein Begriff kann sich nicht durch eine Beziehung auf eine Wirklichkeit rechtfertigen, wenn es um eine philosophische Auskunft über die Möglichkeit eines ‚**absoluten Wissens**' geht. Darunter müssen wir uns die **Erfüllung** des **Begriffes** des Wissens denken, d.h. **nicht** ein Wissen, das für technisch-praktische Zwecke hinreichend ist und das in der Technik gut geeignet ist, um zur Naturbeherrschung beizutragen.

Wir sind hier im Grunde immer noch bei der **Kantischen** Frage nach einem sicheren Wissen über ein Wissen auf der Grundlage von ‚**Gewohnheiten**' hinaus, wie **Hume** das Prinzip der Kausalität gekennzeichnet hatte. Kant hatte als Antwort auf die Frage nach einem sicheren Wissen seine **Transzendentalphilosophie** entwickelt und ein solches Wissen begründet aus der **Identität** der Bedingungen der Möglichkeit der **Erfahrung** mit den Bedingungen der Möglichkeit der **Gegenstände der Erfahrung**. Ganz ähnlich geht es bei **Hegel** in der ‚Logik' nun um ein Wissen, das absolut ist und nicht nur technisch-praktisch einsetzbar ist. Dann aber ist die **Negation** einer Gedankenbestimmung, die sich selbst konsistent aus dem Anfang der ‚Logik' entwickeln hatte lassen, nicht anders möglich als durch eine ‚**bestimmte Negation**', in der ihre Wahrheit ebenso **aufbewahrt** wird wie sie **negiert** wird. Die neue Bestimmung kann sich nur dann als ‚wahre' an die Stelle der alten Bestimmung setzen, wenn sie auf deren Wahrheit beruht, d.h. wenn sie selbst aus ihr zu **entwickeln** ist. Dann aber bewahrt sie deren **Wahrheit** auf, indem sie selbst von jener **bestimmt** bleibt. Gerade nur so kann sie eine Wahrheit enthalten. Die **Dialektik** der Entwicklung der Gedankenbestimmungen muss demnach sowohl **Verstand** – Festhalten der einzelnen Bestimmungen – als auch **Vernunft** implizieren – das Vergehen der einzelnen Bestimmungen in ihrer Entwicklung.

Von dieser **Bewegung** sagt Hegel: „Diese geistige Bewegung, die sich in ihrer Einfachheit ihre Bestimmtheit, und in dieser ihre Gleichheit mit sich selbst gibt, die somit die immanente Entwicklung des Begriffs ist, ist die absolute Methode des Erkennens, und zugleich die immanente Seele des Inhaltes selbst." (L 7) Das ist dann zu verstehen, wenn man sich an den Gang der ‚Phänomenologie' erinnert. Dem **Bewusstsein** wurde immer aufs neue bewusst, dass das, was es zu wissen behauptete, nicht das war, was es sagte. Deshalb musste es die Behauptung über sein Wissen ändern, und in dieser Veränderung konnte es nicht das gleiche Bewusstsein bleiben wie mit dem vergangenen Wissen. Die Entwicklung war damit zugleich Veränderung des **Wissens und des Bewusstseins**. Deshalb kann man auch sagen, dass sich **der Inhalt selbst** in dieser Bewegung **verändert**. Vom Schluss der ‚Phänomenologie' her kann man dann von einer ‚**geistigen**' Bewegung sprechen, da auch die ‚**vor-geistigen**' Positionen ihre Wahrheit nur von dem **Vorgriff** auf das **absolute Wissen** her erhalten konnten. Dass darin **Bestimmtheiten** entstehen, d.h. **Denkbestimmungen**, ergibt sich daraus, dass aus dem **Vergehen** einer Position eine **neue** Position entsteht. Die Bewegung aber bleibt sich insofern gleich, als es sich ‚in Wahrheit' immer um die **Bewegung des Begriffs** handelt, die nur bis zum Ende der ‚Phänomenologie' noch unvollkommen verstanden ist.

In der ‚Wissenschaft der Logik' geht es jedoch nicht mehr um das **Bewusstsein**, sondern die Gedankenbestimmungen werden in einer Argumentation ‚**rekonstruiert**', die das Ende der ‚Phänomenologie' bereits **voraussetzt**. Die ‚Logik' beginnt also mit dem Wissen, dass ein ‚**absolutes Wissen**' – d.h. ein Wissen, das seinen Begriff ganz erfüllt und nicht nur aus der ‚Gewohnheit' besteht, bestimmte Begriffe zusammenzustellen oder bestimmte Ereignisse z.B. kausal miteinander zu verbinden, die in der Wahrnehmung zeitlich zusammen auftreten – nur möglich ist, wenn das **Begreifen** mit dem, **was es begreift**, in der **Form der Selbst-Entäußerung identisch** ist. Es ist also gewusst, dass das radikal verstandene Wissen stets eine **Identität von Identität und Nicht-Identität** sein muss. Die Aufgabe ist deshalb nun, eben diese sich in sich **entgegensetzende Identität nachzukonstruieren** durch eine **Abfolge** von **Denkbestimmungen**, die dann deshalb in einem **absoluten** Sinne als **wahr** gelten können, weil in ihnen

Wissen und **Wissensinhalt** nur so **auseinander treten**, dass sie **zugleich** in der **Einheit** sind. Das **Gewusste** ist die **Selbst-Entäußerung** des **Wissens**; das Wissen findet sich in seinem Gewussten, weil dieses nur es **selbst** in der Gestalt der **Andersheit** ist.

Was so in der ‚Logik' entsteht, sind , „**reine Gedanken**", die „der sein Wesen denkende Geist" sind (L 7), so dass das „Reich des Gedankens philosophisch, d.i. in seiner eignen immanenten Tätigkeit, oder was dasselbe ist, in seiner notwendigen Entwicklung" dargestellt werden kann. (L 9) Anders als ‚**immanent**' kann es nicht dargestellt werden, denn die reinen Denkbestimmungen könnten dann keine Wahrheit haben, wenn sie durch einen **Bezug** auf eine Wirklichkeit an sich ausgewiesen werden sollten; dies ist am Ende der ‚Phänomenologie' erkannt worden und wird hier vorausgesetzt. Hegel war durchaus nicht der Meinung, dass dies ein abstraktes Geschäft der Philosophen sei, das mit dem **Leben** der Menschen nichts zu tun hat. In der ‚Vorrede' zur ‚Logik' schreibt er vom Menschen: „In alles, was ihm zu einem Innerlichen, zur Vorstellung überhaupt, wird, was er zu dem **Seinigen** macht, hat sich die **Sprache** eingedrängt, und was er zur Sprache macht und in ihr äußert, enthält eingehüllter, vermischter, oder herausgearbeitet, eine **Kategorie**; so **sehr natürlich ist ihm das Logische**, oder vielmehr **dasselbe ist seine eigentümliche Natur** selbst." (L 10) Indem der Mensch **spricht** und **Geltungsansprüche** für seine Behauptungen erhebt, verwendet er **reine Denkbestimmungen**. Dies war im Grunde schon **Kants** Behauptung, wenn er etwa die Kategorie der Kausalität als einen der reinen Verstandesbegriffe transzendental begründete.

Bei Hegel aber geht es um das **ganze** Reich der Gedankenbestimmungen, und es kann nicht um weniger gehen, wenn diese Gedankenbestimmungen in ihrer Wahrheit angegeben werden sollen. Nur im Zusammenhang des ‚**Kreises**' **ihrer Entwicklung** können sie ihre **Begründung** finden. Deshalb bleibt aber doch der Anspruch erhalten, dass die Denkbestimmungen, also in Hegels Terminologie ‚das **Logische**' sich „in alles **Naturverhalten des Menschen**, in sein Empfinden, Anschauen, Begehren, Bedürfnis, Trieb eindrängt und es dadurch überhaupt **zu einem Menschlichen** … macht." (L 10) Dies gilt dann, wenn der Mensch **spricht**, da er immer dann **reine Denkbestimmungen** heranziehen muss, die sich nicht aus der ‚Sache' ergeben, sondern aus dem **Denken** über die ‚Sache', durch das die ‚Sache' bestimmt wird. Es mag jedoch noch überraschen, wenn Hegel behauptet, dies gelte auch für das Empfinden, das Begehren und das Bedürfnis. Es wird aber dann einsichtig, wenn wir berücksichtigen, dass wir auch in diesen Fällen **sprechen** und sei es nur in Gedanken. Man könnte auch darauf verweisen, dass Gefühle und das Begehren weitgehend von Begriffen abhängen und wir das **empfinden**, das wir ‚irgendwie' **aussprechen** können. Viele

Gefühle haben wir nur, weil uns andere Menschen gesagt haben, dass man diese Gefühle als Mensch zu haben hat. Wenn Gefühle und Bedürfnisse aber so eng mit der **Sprache** verbunden sind, dann haben die reinen Denkbestimmungen auch hier ihre Bedeutung, denn ohne sie hätten wir keine Möglichkeit, etwas sprachlich auszudrücken.

Hegel kann deshalb mit Recht darauf verweisen, dass nichts **bekannter** ist „als eben die Denkbestimmungen, von denen wir allenthalben Gebrauch machen, die uns in jedem Satze, den wir sprechen, zum Munde herausgehen." (L 11) Er verweist jedoch darauf, dass diese Bekanntschaft noch nicht bedeutet, dass sie auch **erkannt** sind. Genau dies ist die Aufgabe der ‚Wissenschaft der Logik': das **Bekannte** soll in den Status des **Erkannten** gebracht werden. Dies ist aber nach dem Gedankengang der ‚Phänomenologie' nur noch dadurch möglich, dass eine ‚**immanente**' Entwicklung stattfindet, in der die reinen Gedankenbestimmungen auseinander **entwickelt** werden, so dass sie sich als die Begriffe und Konzepte ausweisen, mit denen wir die Welt in ihrer Wahrheit begreifen können. Daraus ergibt sich im übrigen auch, dass Hegel keineswegs behauptet, eine ganz neue Einsicht in unser Verständnis von der Welt hervorbringen zu können. Es handelt sich bei der Entwicklung der reinen Gedankenbestimmungen vielmehr um die **Darstellung derjenigen Gedanken**, die wir immer schon verwenden, wenn wir mit dem Anspruch auf **Richtigkeit** sprechen und die Welt und uns selbst **zum Ausdruck** bringen wollen. Allerdings beschäftigen wir uns im Leben nicht mit den reinen Begriffen ‚**für sich**' – im Leben geht es um „den **Gebrauch** der Kategorien" und dieser kann durchaus „**bewusstlos**" stattfinden (L 13).

Hegels ‚Logik' ist also eine Logik der **Begriffe** und der **Wirklichkeit** in einer **Einheit**, die nur selbst begrifflich aufgelöst werden kann, weshalb diese Auflösung selbst ein **Gedanke** ist. Wenn wir im Alltag die Wahrheit als eine ‚Übereinstimmung' zwischen dem, was wir sagen, und dem, was ist, auffassen, so kann die logische Betrachtung darauf verweisen, dass dies eine **gedanklich gemachte Unterscheidung** ist. Hegels Anspruch ist es also nicht, die Gedankenbestimmungen in der Unterscheidung von den ‚Sachen' zu rekonstruieren. Dies war auch schon bei **Kant** und seiner Tafel der reinen Verstandesbegriffe nicht der Fall. Es ging dort keineswegs um eine Aufstellung der Begriffe, mit denen wir in der Lage sind, eine unabhängig davon bestehende Wirklichkeit zu begreifen. Es ging vielmehr um die **Rekonstruktion** der **Bedingungen der Möglichkeit** der Erfahrung, die zugleich die Bedingungen der Möglichkeit der **Gegenstände** der Erfahrung darstellen. Wenn wir anders als z. B. mithilfe der Kategorie der Kausalität überhaupt keine Gegenstände **erfahren** können, so ist es nicht mehr sinnvoll zu sagen, dass **erst** in der Außenwelt Gegenstände sind, die wir **dann** mit Hilfe unserer ‚Gedankenbestimmung' – bei Kant Kategorie genannt – erkennen können. Grundsätzlich ist es der gleiche Gedanke, der **Hegel** dazu bringt, seine Rekonstruktion der Gedankenbestimmungen so anzulegen, dass zu ihr die „Einführung des **Inhalts** in die **logische Betrachtung**" gehört (L 18). Diese **Einheit von Gedankenbestimmung und gedanklich bestimmter Wirklichkeit** bezeichnet Hegel als den „**Begriff** der Dinge" (L 18). Wenn es die ‚Logik' also mit **Begriffen** zu tun hat, so hat sie es ebenso mit den ‚**Sachen**' zu tun.

Eine solche **Rekonstruktion** des **Denkens** in seiner **Einheit** mit den ‚Sachen' muss in der Realität der Darstellung aber irgendwo einen **Anfang** machen. Wenn die ‚Logik' ein ‚**Kreis**' sein soll, so möchte man zunächst meinen, es sei gleichgültig, wo dieser Anfang stattfindet, da von jedem Begriff aus eine Entwicklung in Gang kommt, die an einen Punkt führt, wo sie wieder an ihren Anfang zurückkehrt. Eigentlich hat ein Kreis aber keinen Anfang und kein Ende. Deshalb könnte man vermuten, es könne ‚irgendwo' angefangen werden. **Hegel** war jedoch nicht dieser Ansicht und verwies darauf, dass „die Wissenschaft [der Logik] mit dem **rein Einfachen**, hiermit dem **Allgemeinsten** und **Leersten** anfangen muss." (L 19) Dies hat mit Sicherheit auch argumentationsstrategische Gründe. Eine **Rekonstruktion** der reinen Denkbestimmungen leuchtet dann leicht ein, wenn sie als eine **notwendige Entwicklung** aus einem **Anfang** in Gang gebracht werden kann, den **jeder** ohne Schwierigkeiten **als einen Anfang** anzusehen bereit ist. Es ist jedoch aus der ‚Phänomenologie' auch daran zu erinnern, dass das **Bewusstsein** dort mit der Behauptung anfängt, etwas unvermittelt über das Sein wissen zu können, d.h. sagen zu können, was ist, ohne ein **Denken** einmischen zu müssen.

Man kann jedoch auch darauf verweisen, dass Hegel nicht mit einer relativ komplizierten Gedankenbestimmung das Unternehmen einer Rekonstruktion der Gedankenbestimmungen beginnen konnte, weil dieses Unternehmen im Grunde schon die ganze Argumentation der ‚Wissenschaft der Logik' **voraussetzen** hätte müssen, um sich selbst ausweisen zu können. Auf der anderen Seite kann eine solche Rekonstruktion aber auch **nicht** auf ein **Vorwissen** beim Leser bauen und daran **anschließen**, da ein solcher Anschluss die Bewegung selbst in eine bestimmte Richtung gelenkt hätte. Hegel beginnt die ‚Logik' deshalb mit einem Ausdruck, der **kein Vorwissen** beansprucht und **doch** geeignet erscheint, beim Leser einer ‚Logik', die **Denken und Inhalt des Denkens zugleich entwickelt**, eine Einsicht zu erwecken, mit der er bereit ist, sich auf den Gang dieser Entwicklung einzulassen. Wir werden diesen Anfang nun genauer untersuchen, da er geeignet ist, in die ‚Idee' der Hegelschen ‚Logik' einzuführen und gleichzeitig ihre **Argumentationsform** an einem entscheidenden **Beispiel** vorzuführen. Wer diesen Anfang verstanden hat, der hat eine gute Grundlage, um den ganzen weiteren Gang der ‚Logik' nachvollziehen zu können.

3.3 Das Wahre und sein Anfang

3.3.1 Die Sprache des philosophischen Anfangens

Eine der wichtigsten Textstellen, an denen Hegel sein philosophisches Projekt verdeutlicht, findet sich in der Einleitung zur ‚Phänomenologie des Geistes' im Zusammenhang des Versuches, jene ‚natürliche Vorstellung' abzuwehren, „dass, eh in der Philosophie an die Sache selbst, nämlich an das wirkliche Erkennen dessen, was in Wahrheit ist, gegangen wird, es notwendig sei, vorher über das Erkennen sich zu verständigen." (L 57). Jeder Versuch, die **Erkenntnis der Wahrheit** durch die Wahl geeigneter **Mittel** auszuweisen, wird hier als prinzipiell **widersinnig** vorgeführt. Ein jedes Mittel nämlich gibt uns das Wahre nicht in seinem **An-sich**, sondern wie es durch ein bestimmtes **Werkzeug geformt** oder wie es durch und in einem **Medium** ist, und kann zu Begründungszwecken deshalb nicht herangezogen werden. Der Anspruch, die Wirkungsweise des Werkzeugs oder des Mediums von der Wahrheit **abziehen** zu können, setzt dagegen gerade die **Überflüssigkeit** dieser Mittel voraus. Das allgemeine Ergebnis dieser Kritik lautet also, dass die Zuhilfenahme einer Erkenntnistheorie oder einer Methodologie der Philosophie für Hegels eigenes Vorhaben **nicht** in Betracht kommen kann.

Damit hat sich das philosophische Erkennen einer Determinante von beträchtlicher Reichweite unterstellt. Die Konsequenz drückt Hegel in der Vorrede von 1812 zur ‚Wissenschaft der Logik' so aus: „es kann nur die **Natur des Inhalts** sein, welche sich im wissenschaftlichen Erkennen **bewegt**, indem zugleich diese eigne Reflexion des Inhalts es ist, welche seine **Bestimmung** selbst erst **setzt und erzeugt**." (L 6) Wir können in diesem Satz das gesamte Programm des ‚**absoluten**' **Idealismus** nach Legitimation und Durchführung formuliert sehen. Hegels Denkweg lässt sich deshalb als Resultat eines einzigen grundlegenden Gedankens begreifen. Dieser Gedanke von der **Unmöglichkeit, das Absolute und das Erkennen auf zwei ‚Seiten' zu verteilen**, wurde im Grunde als Konsequenz aus dem radikalen Anspruch erreicht, „dass das Absolute allein wahr, oder das Wahre allein absolut" ist (P 59). Wir können deshalb auch sagen: er ergibt sich als Explikation des **Begriffes der Wahrheit**, der somit letztlich selbst Begriff und Vorgehen der Philosophie bestimmt.

Aus der Explikation des spezifisch **philosophischen** Wahrheitsanspruchs ergibt sich nun bereits ein entscheidendes Charakteristikum eines **Inhalts**, der philosophischen Erkenntnisansprüchen genügen kann. Soll ein theoretischer Gegenstand Minimalbedingungen der Erkennbarkeit genügen, so muss er sich wenigstens so weit **von sich unterscheiden** lassen, dass seinem **Begriff Bedeutung** zukommt. Damit ist nicht schon eine Gegenstandstheorie der Bedeutung postuliert. Auch jeder andere Versuch, einen Begriff der **Bedeutung** zu formulieren, findet seine Ausgangslage und Problemdefinition in dieser **ursprünglichen Unterscheidung**. In jedem Falle muss der **Inhalt** damit einer ‚Bewegung' unterworfen werden können, ohne in Widerspruch mit seiner Natur zu geraten. Im spezifischen Falle einer philosophischen Erkenntnis muss diese Differenz nun in einer ‚Selbstbewegung' des Inhalts erzeugt werden. Der mögliche Gegenstand philosophischen Wissens muss deshalb dadurch ausgezeichnet sein, dass er seine **eigene Reflexion** leisten kann. Es muss gerade seine genuine Struktur sein, auf **sich selbst zurückkommen** zu können.

In Bezug auf die **Erkenntnis** folgt daraus zunächst, dass ein solcher Gegenstand keiner **Verstandeserkenntnis** zugänglich sein kann, wenn ‚Verstand' als ein Vermögen aufgefasst wird, das mit **fixen Begriffen** arbeitet. Die Begriffe, in denen ein philosophischer Gegenstand zur Erkenntnis kommen kann, muss er in seiner **Selbstbewegung** selbst erzeugen. Die Grundstruktur einer solchen Leistung ist mit Hegels Begriff der ‚**Vernunft**' bezeichnet, die die Fähigkeit besitzt, ein **in sich konkretes Allgemeines** zu erzeugen, unter das nicht subsumiert wird, sondern das seine **eigene Konkretion** aus sich bestimmt. Umgekehrt kann ein solches Allgemeines nicht durch **Abstraktion** erreicht werden, sondern nur durch die ‚**Aufhebung**' der von ihm selbst gesetzten Bestimmungen hindurch.

Mit dieser Charakteristik des philosophischen Erkennens zieht Hegel die Konsequenz aus dem **Dilemma**, dass die Philosophie ihre Begriffe nicht **abstrahieren** kann, weil sie so bereits vorausgesetzt würden, dass sie andererseits aber keine **Wahrheit** haben können, wenn nicht etwas **davon Verschiedenes** begriffen wird. Die Philosophie und ihre Erkenntnis muss deshalb in einer ‚**immanenten Entwicklung des Begriffs**' einen Weg finden, den sie nicht voraussetzen kann – der sich gerade selbst konstruieren muss (vgl. L 7). Nur auf einem solchen Wege kann der ‚**objektive Begriff**' der Dinge die ‚**Sache selbst**' ausmachen, so dass die Ausgangsbedingung der Untrennbarkeit des Absoluten von seiner Erkenntnis im philosophischen Erkennen erfüllt sein kann. Damit zeigen sich bereits zwei Theorien als inkompatibel mit einem solchen Erkennen: ein **Realismus**, der eine ‚Sache' gegenüber ihrem Begriff bestimmt sein lässt, ebenso wie ein **Subjektivismus**, der die Begriffe dem Selbstverhältnis eines für-sich-seienden Bewusstseins entnimmt und auf die Erkenntnis der Sache selbst Verzicht leistet.

Wenn Hegel die Sache selbst nun als ein ‚**Gedankending**' bezeichnet (L 15) und den **reinen Begriff** als „das **Innerste der Gegenstände**" (L 16) und ihre **logische Natur**, so bringt er damit nur die bisher entwickelte Bedingungsstruktur philosophischen Wissens auf eine zugespitzte Formulierung. Diese Ausdrucksweise impliziert aber nicht eine Identifikation der Begriffe mit ihren Gegenständen. Dass die philosophische Begrifflichkeit hier eine **Unterscheidung** verlangt, die der genuin **philosophiefähige** Gegenstand **aus sich selbst** entwickeln muss, gehört gerade in die Bedingungsstruktur eines **philosophischen** Wissens, das seinen Begriff erfüllen soll. Von bestimmten Begriffen war bisher auch noch nicht die Rede. Deshalb kann es nur **der Begriff** in seiner Reinheit sein, der das Innere des philosophischen Gegenstandes ausmacht.

Es ist jedoch bereits eine erste Auskunft gefunden, wie die **Begriffe** dem philosophischen Projekt gemäß **bestimmt** werden müssen. Als **philosophische** Begriffe können sie ja nur gelten, wenn der **sich selbst reflektierende** Gegenstand, der allein fähig ist, zum philosophischen Thema zu werden, sie aus sich selbst **entwickelt**. Dieser **philosophiefähige** Gegenstand ist aber bisher nur charakterisiert durch die Struktur, die ihn zu einem solchen macht. Mehr kann über einen solchen Gegenstand aber auch nicht philosophisch ausgesagt werden, solange er keine Bestimmungen **aus sich selbst entwickelt** hat. Folglich kann die einzige Determinante eines Argumentationsprojektes, das philosophierend zu solchen Bestimmungen kommen will, nur eben jene **Struktur** sein, die den Gegenstand **philosophiefähig** macht.

Wir können dieses erste **Ergebnis** auch so ausdrücken: was bisher entwickelt wurde, ist die Struktur einer Begrifflichkeit, die in der Lage ist, ein **philosophiefähiges** Wissen zu einer **Erkenntnis** werden zu lassen. Wenn es nun gelänge, rein aus der **Struktur** des philosophischen Begriffs **Begriffe** und reine begriffliche Erkenntnis zu entwickeln, ohne zusätzliche Determinanten in Anspruch nehmen zu müssen, so wäre **zum einen** gezeigt, dass diese Begriffe den Anforderungen einer philosophischen Begrifflichkeit entsprechen und deshalb aufgrund ihrer Genesis wahrheitsdifferent verwendet werden können, **zum anderen** hätte die bloße Strukturexplikation des philosophischen Begriffs eine Kapazität bewiesen, die ihr erst die Dignität des philosophischen Charakters verleiht. Deshalb kommt einer solchen Entwicklung eine legitimierende Funktion nicht nur für ihre **begrifflichen Ergebnisse**, sondern ebenso für das **Entwicklungsprinzip** selbst zu. Es beweist durch seine Leistung, dass es ein philosophisches Prinzip ist.

Wir haben zunächst versucht, ein Verständnis dafür zu gewinnen, dass im Begründungszusammenhang der Hegelschen ‚Logik' jeder **philosophische** Begriff stets sogleich „**der Begriff an ihm selbst**" ist, der nur „Einer" ist (L 18). Seine Bestimmtheit kann deshalb nur die **Formbestimmung** des **Begriffs** als der Struktur philosophischer Begrifflichkeit selbst sein. Soll die Wahrheit der bestimmten Begriffe gefunden werden, so muss es gelingen, ihre **Formbestimmungen** aus dem **philosophischen Begreifen** selbst zu entwickeln. Folglich bleibt die **Wahrheit** der **Denkbestimmungen** aber im Grunde **der Begriff** (L 18) – **die Begriffe** können wahrheitsdifferent nur dann verwendet werden, wenn sie aus ihrem **eigenen Begriffscharakter** als solchem erzeugbar sind. Diese Genesis ist deshalb ihre „**Rekonstruktion**" (L 19), die ihr **Begründungsverfahren** darstellt.

Diese Problemlage reflektiert sich nun bereits in der Transformation der Struktur philosophischer Begrifflichkeit in einen **Begriff**, mit dem **tatsächlich** der **Anfang** in der Wissenschaft gemacht werden kann. Wenn ein Verständnis für das, was die ‚Logik' ist, erst aus ihrem **eigenen Prozessieren** hervorgehen kann, so ist auch das **Anfangen ohne einen Begriff von seinem Tun**. Gerade aufgrund dieser Charakterisierung eines Anfangens, das sich als ein philosophisches ausweisen können soll, geraten wir nun in Schwierigkeiten, wenn tatsächlich der **Anfang** jener **Entwicklung** gemacht werden soll, die aus der **philosophiefähigen Begriffsstruktur** philosophische **Begriffe** generiert. An einen solchen Anfang muss offensichtlich die Anforderung gestellt werden, **keine Begriffe** zu verwenden, die ihre philosophische Dignität nicht bereits ausgewiesen haben. Eine solche Ausweisung kann aber nur durch die erst in Gang zu bringende Entwicklung gelingen. Folglich muss der Anfang so ausgestaltet sein, **dass zu seinem Begreifen keine anderen Begriffe erforderlich sind**. Deshalb darf ein solcher Anfang keinerlei **explizierbare Bestimmtheit** enthalten. Es ergibt sich daraus zunächst, dass der faktisch gewählte Anfang nur dann der richtige sein kann, wenn von ihm **nicht** gesagt werden kann, was er ist.

Wir können nun auch darin eine weitere Anforderung an einen philosophischen Anfang sehen, der offenbar in der Lage sein muss, die ihn als einen philosophischen auszeichnenden Determinanten **so** zu erfüllen, dass er sie gerade **nicht voraussetzt**. Dass er sie erfüllen kann, muss er aber erst durch seine **eigene Entwicklung** zeigen. Mit der Frage, ob und wie ausweisbar ist, dass dies die **wahrhafte** Auszeichnung des philosophischen Anfangens ist, geraten wir jedoch wieder in jene Problematik der Auszeichnung der philosophiefähigen Begrifflichkeit und ihrer Explikationen als ganzer, die im Rahmen des Hegelschen Projektes des Anfangens zunächst unlösbar erscheint. Zunächst ist jedenfalls deutlich, dass der **Anfang** nicht durch die entwickelten Determinanten eines philosophischen Anfangens **bedingt** sein darf, d. h. er darf sie nicht als seine **Begriffsimplikationen** enthalten. Sofern er nämlich überhaupt **Implikate** enthält, kann er **kein Anfang** sein. Der Anfang muss deshalb gemacht werden mit „dem rein **Einfachen**, hiermit dem **Allgemeinsten** und **Leersten**" (L 19).

Damit ist eine **zweite Determinante** entwickelt, die der bisher diskutierten genau zu widersprechen scheint. Forderte die erste eine **Bestimmtheit**, die den Anfang als bloße Struktur philosophischer Begrifflichkeit mit der Kapazität der Entwicklung philosophischer Begriffe charakterisierte, so **negiert** die zweite Determinante gerade **jede Determiniertheit** als solche. Ohne die erste Determinante ist der Anfang nicht als ein **philosophischer** auszuzeichnen, ohne die zweite nicht als ein **Anfang**. Folglich wird das tatsächliche Anfangen so ausgestaltet sein müssen, dass es diesen Determinanten **trotz** ihrer Widersprüchlichkeit Rechnung tragen kann. Inwiefern kann nun gerade der von Hegel faktisch gewählte Anfang, nämlich „**Sein, reines Sein, – ohne alle weitere Bestimmung**", (L 66) diesen paradoxen Anforderungen entsprechen?

Zunächst könnte die strukturell einem solchen philosophischen Anfang zugehörige Widersprüchlichkeit mit der nach Hegels Selbstverständnis den Beginn der Philosophie als einen solchen auszeichnenden **Negativität** in Verbindung gebracht werden. Das „Einzige" nämlich, das genügt, um das „System der Begriffe" (L 36) in der „Selbstbewegung ihres Inhalts" (L 35) auf den **Weg** eines wissenschaftlichen Fortgangs zu bringen, soll sein „die Erkenntnis des logischen Satzes, **dass das Negative eben so sehr positiv ist.**" (L 35) Hegel drückt dies ausführlicher so aus: „Das Einzige, um den wissenschaftlichen Fortgang zu gewinnen, – und um dessen ganz einfache Einsicht sich wesentlich zu bemühen ist, – ist die Erkenntnis des logischen Satzes, dass das Negative ebenso sehr positiv ist, oder dass das sich Widersprechende sich nicht in Null, in das abstrakte Nichts auflöst, sondern wesentlich nur **in die Negation seines besondern Inhalts**, oder dass eine solche Negation nicht **alle** Negation, sondern **die Negation der bestimmten Sache**, die sich auflöst, somit bestimmte Negation ist." (L 35/36). Gelänge es, diese **Dynamik** der eine gedankliche Bewegung begründenden **Negativität** als die präzise Reflektion der ein philosophiefähiges Anfangen kennzeichnenden Widersprüchlichkeit im tatsächlich gemachten Anfang nachzuweisen, so wäre auf diese Weise die bisherige Grundthese durchzuhalten. In diesem Falle würde die **Entwicklung** der philosophischen Begriffe nämlich weiterhin **nichts in Anspruch nehmen** als die Struktur philosophiefähiger Begrifflichkeit als solche, weshalb das **System** dieser Begriffe seine Legitimation weiter daraus beziehen könnte, dass es nur die **Explikation des Philosophischen** als solchen darstellt.

Wir könnten die entwickelten Anforderungen an einen philosophischen Anfang, der sich dem **Bewusstsein** als ein **philosophischer** vermitteln lässt und der doch diese **Genesis** nicht zu seiner **Bedingung** hat, in einer einfachen Überlegung zusammenfassen. Als **philosophischer** muss dieser Anfang eine **Bestimmtheit** enthalten und sich somit von sich unterscheiden, damit mit ihm überhaupt etwas gesagt ist. Als **Anfang** aber muss er jede Bestimmtheit, die ihn von anderen Begriffen abhängig machen würde, **in sich tilgen** und ein „**Nichtanalysierbares**" sein (L 60). Wenn demzufolge nicht gesagt werden kann, was er ist, so kann er **keine Bedeutung** haben. Mit dem Ausdruck eines solchen Anfangs muss deshalb etwas **gesagt werden können, ohne dass er darin Bedeutung gewinnt**; m. a. W.: es muss mit ihm **etwas gesagt sein können, ohne dass etwas gesagt ist**.

Eine solche Forderung erscheint zunächst **paradox**, reflektiert aber die Notwendigkeit, **keinerlei Bedeutung voraussetzen** zu können, wenn die Wahrheit der philosophischen Begriffe **selbst** in Frage steht und damit alle wahrheitsdifferente Bedeutung suspendiert bleiben muss. Deshalb ist diese **Paradoxie des Anfangs** nur die Formulierung der **Situation**, in die **jedes Projekt** einer Aufklärung des begrifflichen Denkens und Erkennens eo ipso geraten muss, wenn es sein Vorhaben **konsequent** durchführen will. Wenn die Wahrheitsfähigkeit **aller** Begriffe auf dem Spiele steht, so kann **keine Bedeutung** mehr in Anspruch genommen werden, um dieses Problem zu lösen. Offensichtlich verbaut sich ein solches Unternehmen durch seine Konsequenz selbst seine Möglichkeit und endet im Schweigen – es sei denn, es fände sich eine Möglichkeit, **auf bedeutungsfreie Weise etwas zu sagen**. Gelänge es darüber hinaus, die **philosophische Begrifflichkeit** aus der erfolgreichen Durchführung eines solchen Versuches zu **generieren**, so hätte das **Problem der widersprüchlichen Determination** des Anfangs durch seine eigene konsequente **Verdeutlichung** eine Lösung gefunden. Mit ihrer **Genesis** nämlich hätten diese Begriffe ihre **Legitimation** in einer Leistung gewonnen, die alle **bestimmten** Begriffe so **transzendiert**, dass sie **Begründungsfunktion** übernehmen kann.

Die Begründungskapazität jenes **Sagens, ohne etwas zu sagen**, ergibt sich nun gerade daraus, dass diese Leistung die konsequente und letztmögliche Formulierung des Problems der **Wahrheitsfähigkeit** der Begriffe darstellt und deshalb in der Lage ist, die **beiden Determinanten** des Anfangs zu **vereinigen**, deren Widersprüchlichkeit das Problem konstituierte. Daraus wird auch der Status eines solchen Begründungsverfahrens deutlich. Wenn mit jener Leistung nämlich tatsächlich die problematische Situation philosophischen Anfangens formulierbar wird, so weist sie sich immanent als die **einzige** Möglichkeit aus, die eine Frage nach der Wahrheitsfähigkeit des begrifflichen Erkennens zu ihrer

Beantwortung überhaupt offen lässt. Folglich wird mit einem solchen Begründungsverfahren zugleich die **Explikation** und **Verdeutlichung** der Begründungsforderung und damit des Wahrheitsanspruchs des philosophischen Unternehmens überhaupt gegeben.

Weil die **beiden notwendigen Determinanten eines philosophischen Anfangens** – deren eine ihn als einen **philosophischen** bestimmt, während die andere von ihm als einem **Anfang** Bestimmungslosigkeit fordert – nur in der Leistung eines Sagens, ohne etwas zu sagen, zu vereinigen sind, deshalb ist alle ausweisbare und wahrheitsfähige Begrifflichkeit „im Anfange nur leeres Wort", und ein **Einfaches, „das sonst keine weitere Bedeutung hat**, dies Leere ist also schlechthin **der Anfang der Philosophie"** (L 63). Wenn nun mit dem erfolgreichen Anfangen die Wahrheitsfähigkeit aller Erkenntnis auf dem Spiele steht, so kann das ‚leere Wort' nur dann seine Funktion erfüllen, wenn es **als Wort** bereits **Erkenntnis** ist und damit eine **Einheit von Wort und Gegenstand**. Wenn weiter ‚**Erkenntnis**' mit ‚**begriffener Anschauung**' gleichgesetzt werden kann, so muss das ‚leere Wort' ebenso ein **Anschauen** und ein **Denken** darstellen. Aufgrund der Bestimmungslosigkeit des Anfangs muss das ‚leere Wort' folglich identisch sein mit einem **Denken, ohne etwas zu denken**, und einem **Anschauen, ohne etwas anzuschauen**. Deshalb repräsentiert der Anfang ebenso das „**leere Anschauen**" und das „**leere Denken**" (L 66): das Sein ist „die reine **Unbestimmtheit und Leere**. – Es ist nichts in ihm anzuschauen, wenn von Anschauen hier gesprochen werden kann; oder es ist nur dies reine, leere Anschauen selbst. Es ist ebenso wenig etwas in ihm zu denken, oder es ist ebenso nur dies leere Denken." (L 66/67). Damit sich in der zu entwickelnden Wahrheitsfähigkeit der Begriffe Anschauen, Denken und Sprechen vereinigen können, muss der Anfang **nach allen drei Hinsichten leer sein**. Das tatsächliche Anfangen muss folglich die Kapazität besitzen, die drei strukturgleichen Charakterisierungen – leeres Wort, leeres Anschauen, leeres Denken – in einer **ununterschiedenen Einheit** zu umfassen.

Mit ‚**Sein, reines Sein**' kann das philosophische Anfangen also nur dann gelingen, wenn der Ausdruck ‚Sein' eine ganz ausgezeichnete und unvergleichliche Struktur aufweist. Es muss damit möglich sein, ein ‚**leeres Gedankending**' (L 70) so auszusagen, dass kein **Unterschied** zwischen dem **Ausdruck** und seiner **Bedeutung** eintritt, und als ‚leeres Wort' muss ‚Sein' in **Identität** mit einem **leeren Anschauen** und einem **leeren Denken** stehen. Offensichtlich ist die Möglichkeit eines philosophischen Anfangens damit abhängig von dem Faktum, dass mit ‚Sein' ein Ausdruck von **spezieller Semantik** zur Verfügung steht, dessen **Bedeutung** gerade in seiner **Bedeutungslosigkeit** liegt. Folglich muss er so ausdrücken, dass keine **Differenz** zwischen ihm und seinem ‚Gegenstand' auftritt; m.a.W.: wer den Ausdruck ‚Sein' versteht, kann ihn nicht als **Wort** auffassen, bei dem sinnvoll nach der **Wirklichkeit** des **Bezeichneten** zu fragen wäre. Die spezifische nicht-semantische Semantik von ‚Sein' muss also die ‚**Wirklichkeit**' eines solchen Ausdrucks **implizieren**.

Einer solchen Auszeichnung des Ausdrucks ‚Sein' kann eine gewisse Plausibilität nicht abgesprochen werden. Wenn die Differenz zu Seiendem erhalten bleiben soll, kann der Begriff ‚Sein' **nicht definiert** werden. Deshalb kann auch eine **Differenz** zu dem von ihm Bezeichneten **nicht** angegeben werden. Wer den Ausdruck ‚Sein' angemessen versteht, kann deshalb **nicht** sagen, **was** er verstanden hat. Folglich kann im Falle dieses Ausdruckes auch keine **intersubjektive Bedeutungsidentität** ausgewiesen werden. Dass ihn jemand **verstanden** hat, zeigt sich vielmehr gerade daran, dass er **nicht positiv** zu erklären versucht, **was** er bedeutet. Wir könnten deshalb ‚Sein' als Paradigma eines Ausdrucks betrachten, der **einfach verstanden** wird. In gewisser Weise ist ein Ausdruck von der Struktur ‚Sein' deshalb ein Modell des ursprünglichen Vorgangs des **Verstehens**, so dass sich der philosophische Anfang, der das „Resultat der vollkommenen Abstraktion" ist (L 85), nun als vollkommene **Abstraktion** des **Verstehens** darstellt. Jedoch kann ‚Sein' diese Abstraktion nicht ‚**bezeichnen**', sondern muss sie selbst ‚**darstellen**'.

Wir könnten auch sagen: mit dem Ausdruck ‚Sein' wird ein ausgezeichnetes **Verhältnis** zwischen **Hörer** und **Sprecher** hergestellt, das ein Muster für die Konstitution eines Sprecher-Hörer-Verhältnisses als eines Verhältnisses gelingenden Verstehens überhaupt bildet. Ein solches Muster kann ‚Sein' gerade aufgrund der Charakteristik darstellen, die diesen Ausdruck als geeignet für einen philosophischen Anfang erscheinen lässt. Mit dem adäquaten Gebrauch von ‚Sein' ist ein **Verstehen** gelungen, das **begrifflos** bleibt und ohne mögliche **Erläuterung** dessen, **was** verstanden wurde. Wenn ein solches ursprüngliches Verstehen aber ein Verhältnis von Sprecher und Hörer erst konstituiert, so könnten wir darin auch den konstitutiven **Beginn** der **Sprache** in ihrer interpersonalen Dimension sehen. Ein sprachliches Verhältnis zwischen Subjekten kann in diesem Sinn nur entstehen, wenn ein ‚**erstes Wort**' verstanden wird. Weil es das ‚**erste**' Wort ist, kann aber nicht **gesagt** werden, **was** verstanden wurde. Das erste Wort muss deshalb **begrifflos verstanden** werden. Mit dem Ausdruck ‚Sein' findet Hegel eine Möglichkeit, den **Anfang** des **Sprechens** in seiner interpersonalen Dimension zu **rekonstruieren**, da ‚Sein' genau jene Bedingungen erfüllt, die an einen solchen Anfang gestellt werden müssen.

3.3.2 Die Rekonstruktion des ursprünglichen Verstehens

Wir hatten bereits die Möglichkeit erwogen, dass die strukturell einem philosophischen Anfangen inhärente **Widersprüchlichkeit** sich in der immanenten **Negativität** wiederfinden lassen könnte, der Hegel die Kapazität eines Antriebs der Entwicklung zuschreibt. Inzwischen hat sich gezeigt, dass jene **Widersprüchlichkeit** gerade durch die **spezifische** nicht-semantische **Semantik** des Ausdrucks ‚Sein' formuliert werden kann. Es muss nun gelingen, die Struktur des Ausdrucks ‚Sein' aufgrund dieser Leistungsfähigkeit als so mit einer **immanenten Negativität** ausgestattet zu zeigen, dass diese Struktur **allein durch sich selbst** eine **Entwicklung** in Gang bringt, die in der Lage ist, eine wahrheitsfähige philosophische **Begrifflichkeit** zu erzeugen.

Die **Anfangsdialektik** der ‚Wissenschaft der Logik' arbeitet nun mit den Ausdrücken ‚**Sein**' und ‚**Nichts**'. Ein solcher Fortgang aber darf in nichts anderem bestehen als einer **Bestimmung** des Anfangs (vgl. L 56), die keinerlei **neue Bedeutung** in Anspruch nimmt. Dass hier der Ausdruck ‚Nichts' ins Spiel gebracht wird, beruht deshalb zunächst auf einer sehr einfachen Überlegung. In der Natur des Anfangs muss es ja bereits liegen, „dass er das **Sein** sei und **sonst nichts**" (L 57). Die Transformation von ‚**sonst nichts**' zu ‚**Nichts**' kann nun als eine Operation verstanden werden, die sich nahtlos an die Struktur des philosophischen Anfangens anschließt. Soll nämlich das **Absolute** einen **reicheren Namen** erhalten als das bloße Sein, „so kann nur in Betracht kommen, wie solches Absolute in das denkende Wissen und in das **Aussprechen** dieses Wissens eintritt" (L 63). Wenn wir uns daran erinnern, dass am Anfang das ‚**leere Wort**' als ein ‚**leeres Anschauen**' und ‚**leeres Denken**' steht, so muss sich der Ausdruck ‚Nichts' nun als die **Form** darstellen lassen, in der das **Aussprechen** jenes ‚leeren Wortes' gelingt. ‚Nichts' muss also gerade der Ausdruck sein, mit dem jenes ‚Sagen, ohne etwas zu sagen', selbst **gesagt** werden kann. Deshalb können die beiden Ausdrücke ‚Sein' und ‚Nichts' durch **keine Bedeutungsdifferenz** unterschieden sein: Sein ist „nicht mehr noch weniger als Nichts" (L 67). Ebenso wenig aber ist es möglich, von einer **Bedeutungsidentität** zu sprechen; zum einen nicht, weil der Ausdruck ‚Sein' gerade durch sein bedeutungsloses Bedeuten ausgezeichnet ist, zum anderen nicht, weil ‚Nichts' der Ausdruck ist für das ‚**leere Wort**' des Seins.

Offensichtlich stellt sich das Problem der Dynamik des Anfangs nun als Frage nach dem Charakter der **Differenz** von ‚**Sein**' als Ausdruck des philosophischen Anfangens und ‚**Nichts**' als dem Ausdruck, der einen solchen Anfang **aussprechen** können soll. Dass **weder Bedeutungsdifferenz noch Bedeutungsidentität** vorliegen kann, ist durch die Struktur des Anfangs deutlich. Einen Unterschied zwischen Worten oder Lautgebilden anzunehmen, verbietet sich ebenso von selbst, da der Ausdruck ‚Sein' gerade dadurch ausgezeichnet ist, dass eine **Differenz** zwischen Wort, Anschauen und Denken **nicht** gemacht werden kann. Deshalb ist der **Unterschied** zunächst dadurch charakterisiert, dass er „**unsagbar**" ist (L 77). Wenn er nichtsdestoweniger doch **gemacht** wird, so ist er folglich „**völlig leer**" (L 78). Damit aber haben wir wieder die Struktur des philosophischen Anfangs erreicht: war darin etwas gesagt worden, ohne etwas zu sagen, so wird nun ein Unterschied gemacht, der leer ist und d.h. der nicht **mit Bedeutung** gesagt werden kann.

Dass die Struktur des Anfangs hier wiederkehrt, ist nun offensichtlich notwendig. Da ‚Sein' und ‚Nichts' ‚**leere Gedankendinge**' sind (L 70), deshalb können sie auch nur **als solche** unterschieden sein, und folglich muss ihr **Unterschied** selbst ‚leer' sein. Er muss des weiteren ‚leer' sein, weil bisher noch **keinerlei Bedeutung** entwickelt wurde und auch jetzt keine Bedeutung benutzt werden darf, die nicht durch ihre **Genesis** im philosophischen Anfang als wahrheitsfähig ausgewiesen ist. Wenn ein solcher Unterschied also aus internen Gründen des Anfangscharakters **leer** und **bedeutungslos** sein muss, so muss seine entscheidende Auszeichnung offenbar gerade in **diesem** Charakter gesucht werden, m.a.W.: jene Differenz ist **positiv** nur dadurch bestimmt, dass sie überhaupt **gemacht** wird und zwar so, dass ihr **keine Bestimmtheit** gegeben werden kann. Was mit dem Ausdruck ‚Nichts' also erreicht wird, ist die Möglichkeit, **begriffs-** und **bedeutungslos** einen **Unterschied** vornehmen zu können, ohne dass **zusätzliche** Determinanten über die Struktur des philosophischen Anfangs hinaus herangezogen werden müssten. Diesen Charakter des eingeführten Unterschiedes, zwar **gemacht** zu werden, aber nicht **gesagt** werden zu können, drückt Hegel damit aus, dass dieser Unterschied ein nur ‚**gemeinter**' sei (L 73). Das ‚Nichts' existiert deshalb „in unserem Anschauen oder Denken", weil es als ein Unterschied „gilt", „ob etwas oder nichts angeschaut oder gedacht wird" (L 67).

Die Funktion des Ausdrucks ‚**Nichts**' erschöpft sich jedoch nicht darin, dass mit ihm ein Unterschied zu ‚Sein' erzeugt wird, der **leer** und **unsagbar** ist und deshalb nur ‚**gemeint**' werden kann. Ein solcher Unterschied ist nur **deshalb** aus der Struktur des philosophischen Anfangens selbst entstanden, weil versucht wurde, das ‚leere Wort' des Anfangs in das ‚**Aussprechen**' eintreten zu lassen. Mit dem Ausdruck ‚**Nichts**' wird folglich ein **erster Unterschied** gemacht, durch den wir in die Lage versetzt werden, den **Anfang** als solchen **aussprechen** zu können. Indem wir aber nun den Anfang **aussprechen**, ist die Struktur des Anfangens, die in der nicht-semantischen Semantik von ‚Sein' angegeben wird, durch ein entscheidendes Moment **überschritten**. Weil nun **gesagt** werden kann, mit dem anfangenden Ausdruck ‚**Sein**' sei ‚**Nichts**' gesagt, deshalb haben wir mit der Verfügung über diese beiden Ausdrücke die Möglichkeit, rudimentär **ein Verhältnis von Bedeutung** entwickeln zu können. Damit ist keineswegs behauptet, dass ‚Sein' etwa die ‚Bedeutung' von ‚Nichts' sei und ‚Nichts' ein Ausdruck für ‚Sein'. Ein solcher Zusammenhang würde die Komplexität der Hegelschen Diskussion der Möglichkeit, einen philosophischen Anfang machen zu können, beträchtlich unterbieten. Was entwickelt wurde, ist vielmehr ein **ursprünglicher Unterschied** in jenem differenzlosen Ausdruck ‚**Sein**'. Wenn damit jedoch der **Anfang des Sprechens** in einen Ausdruck gefasst wurde, so ist nun auch eine **Differenz im Sprechen** gemacht. Auch mit ‚Nichts' wird etwas gesagt, aber nicht etwas; im **Unterschied zu** ‚**Sein**' aber nun als **Ausdruck** dessen, **was** ‚**Sein**' **sagt**, nämlich ‚**nichts**'. Wir könnten die Struktur, die nun erreicht wurde, deshalb auch eine ‚**bedeutungslose Bedeutung**' nennen.

Die Frage nach dem Charakter des **Unterschieds** von ‚**Sein**' und ‚**Nichts**', dem zunächst entscheidende Bedeutung zuzukommen schien, hat nun eine ebenso paradoxe wie konsequente Antwort erhalten. Dieser Unterschied kann überhaupt nur **dann** dem Zusammenhang eines philosophiebegründenden Anfanges inhärent bleiben, wenn er **ohne jede Charakterisierung** sinnvoll vorgenommen werden kann, so dass zwei Ausdrücke **so** in einen **Zusammenhang** gebracht werden, dass der eine **bedeutungslos** etwas ‚**über**' den anderen sagt. Die entscheidende Entwicklung ist deshalb nicht, dass eine Bedeutung entwickelt wird, sondern dass **Bedeutung als solche** erzeugt wird durch eine rein **immanente Bewegung** des philosophieanfangenden Ausdruckes. Diese rekonstruktive Entwicklung von **Bedeutung als solcher** gibt die Ausdrücke ‚Sein' und ‚Nichts' nun als **unterschieden und einig** (vgl. L 58). Weil diese **Differenz** in der **Identität** aber identisch mit dem **Anfang** ist, der **ausgesprochen** wird, deshalb wird damit die „reine(n) Reflexion des Anfangs" gemacht (L 85): der **Anfang selbst reflektiert sich**, indem er ausgesprochen wird und so den Ausdruck ‚Nichts' generiert. Er ist eine ‚**reine**' Reflexion, weil das ‚leere Wort' des Seins kein ‚Reflektiertes' darstellen kann und die Reflexion, die sich im Ausdruck ‚Nichts' ausspricht, deshalb **keinen Inhalt** haben kann. Folglich drückt die Differenz von ‚Sein' und ‚Nichts' die ursprüngliche **Genesis von Bedeutung** als ursprüngliche Reflexion aus.

Indem die „äußere wie die innere Reflexion" (L 85) das Sein dem Nichts gleichsetzt, spricht sie die **Unbestimmtheit** oder ‚**abstrakte Negation**' aus, die das ‚Sein' an ihm selbst hat. Der Ausdruck, der die sprachanfangende Situation darstellt, in der etwas gesagt wird, ohne etwas zu sagen, geht also im Grunde deshalb **unmittelbar** in ‚Nichts' über – es bricht **unmittelbar an ihm** hervor (L 85) –, weil er den Sprachanfang darstellt. Als solcher kann er nicht dabei bleiben, etwas zu **sagen**, ohne **etwas** zu sagen, er muss vielmehr auf sein eigenes Gesagtwerden **reflektieren** können und ist ein Sprachanfang nur, indem er in sich eine Kapazität aufweist, die es ihm erlaubt, ihn selbst zu **sagen**. Genau diese Fähigkeit stellt der Ausdruck ‚**Nichts**' dar. Wäre dagegen der Ausdruck ‚Sein' in seinem sprachanfangenden Charakter selbst nur zu sagen mit Hilfe **fremder** Begriffe, die nicht **der Entwicklung selbst** entstammen, so könnte er sich gerade nicht als sprachanfangender legitimieren, da er selbst zu seiner Darstellung die Hilfe **unausgewiesener** Begriffe benötigte. Um Ausdruck des Sprachanfangs zu sein, bedarf ‚**Sein**' also des Ausdruckes ‚**Nichts**' – nur so kann es ‚sich selbst sagen'. Deshalb ist die reine Reflexion des Anfangs eine **Reflexion des Sprachanfangs** auf sich als eines selbst **sagbaren**. Nur ein Anfangen, das in der Lage ist, sich selbst zu sagen, kann aber die Anforderungen einer philosophischen Grundlegung erfüllen, in der keinerlei **Bedeutung** in Anspruch genommen werden darf, die nicht ihre Wahrheitsfähigkeit ausgewiesen hat, und die doch eine wahrheitsfähige Begrifflichkeit entwickeln muss.

Wenn jeder **reichere** Name als das bedeutungslose ‚Leere' des philosophischen Anfangs sich nur legitimieren kann durch das Eintreten des ‚**Absoluten**' in das **Aussprechen** des denkenden Wissens (L 63), so muss auch die Entwicklung von Bedeutung als solcher, in der mit Hilfe von ‚Nichts' das anfangende ‚Sein' ausgesprochen wird, wiederum einen **Ausdruck** finden können. Dies kann sie mit philosophischer Legitimation nur dann, wenn keine **weitere Bedeutung** in Anspruch genommen wird als zuvor aus dem philosophiebegründenden Anfang entwickelt wurde. Nun wurde im Grunde bis jetzt überhaupt **keine Bedeutung** generiert; es wurde lediglich vorgeführt, wie jener **Ausdruck**, der die Kapazität eines philosophischen Anfangens besitzt, im Versuch seines Sich-selbst-sagens in den Ausdruck ‚Nichts' **übergeht** und damit rudimentär die **Struktur von Bedeutung** erzeugt.

Der Ausdruck ‚**Werden**', den Hegel nunmehr einführt, kann demzufolge eine **Bedeutung** nur erhalten, indem jener **Übergang** mit ihm in das **Aussprechen** eintritt. Weil dieser Übergang aber zwischen zwei ‚**leeren Gedankendingen**' stattfindet, deshalb kann ‚Werden' seine ‚Bedeutung' nicht aus den Ausdrücken ‚Sein' und ‚Nichts' selbst beziehen, sondern nur **aus dem Vorgang** des Eintretens des ersteren in das **Aussprechen**. Deshalb wird mit ‚Werden' nun versucht, den ‚leeren Unterschied' zu **sagen**. Folglich kann ‚Werden' selbst kein Ausdruck mit einer **bestimmten** Bedeutung sein, da die Begriffe, durch deren Genesis er erreicht wurde, unterschieden **und** nicht unterschieden sind (vgl. L 58), und ihr Unterschied daher ebenso **keiner** ist (L 67). Die entwickelte Bedeutung des Ausdrucks ‚**Werden**' kann also nur durch die **absolute Bedeutungsdifferenz** von ‚Sein' und ‚Nichts' angegeben werden, die nicht weiter **bestimmt** sein kann (vgl. L 88). Dass Hegel hier jedoch eine **Bedeutung** von ‚Werden' in Anspruch nimmt, wie sie vor-philosophisch problemlos benutzt werden kann, ist offensichtlich. Mit dem Ausdruck ‚Werden' wird der Versuch unternommen, ein **Verschiedenes** als **dasselbe** auszusagen, ebenso wie damit ein Selbiges als verschieden gesagt werden soll. Wir könnten auch sagen, was hier Verwendung findet, ist die problematische Möglichkeit des Begriffes ‚Werden' vor Erfindung der Infinitesimalrechnung. Nur weil eine solche ‚Bedeutung' durch den **Gebrauch** vorliegt, kann dieser Ausdruck überhaupt sinnvoll für die hier vorliegende Situation philosophischen Anfangens Verwendung finden. Eine solche Vertrautheit ist aber nicht gleichbedeutend mit der Inanspruchnahme einer wahrheitsfähigen **Bedeutung** vor ihrer Entwicklung aus der allein Wahrheitsdifferenz verleihenden **Dialektik** des **philosophischen Anfangs**.

‚Werden' erscheint also nun als der geeignete **Ausdruck**, um die Situation des merkwürdigen ‚Nicht-Verhältnisses' von Sein und Nichts philosophisch **aussprechen** zu können. Erst in diesem **Aussprechen** aber haben Sein und Nichts ‚**Bestehen**'; zuvor dagegen sind sie nur als ein ‚**Übergehen ineinander**' (L 78). Dieses Bestehen kann ihnen nur zukommen, indem sie getrennt sind. Dies wiederum ist nur möglich durch ihre „**immanente Synthese**" im **Werden** (L 82). Nur mit Hilfe dieses Ausdrucks können sie als synthetisierte so auseinandergehalten werden, dass sie ein **Bestehen** haben. Erst dann aber können sie so in das **Aussprechen** eintreten, dass damit jener ursprüngliche und rudimentäre Charakter von **Bedeutung**, als den wir das Übergehen von Sein zu Nichts verstanden hatten, selbst **aussprechbar** wird. Indem dies nun gelingt, ist zum erstenmal **ein Ausdruck mit Bedeutung** wahrheitsdifferent **entwickelt**. Offensichtlich kann nur durch eine solche **Entwicklung** aus dem philosophieanfangenden ‚Sein' ein Begriff von Bedeutung **gültige Bedeutung** erlangen. Weil mit dieser ersten Bedeutung aber **Bedeutung als solche** erzeugt wird, deshalb ist die letztere nun aufgrund ihrer Genesis als ‚**Werden**' charakterisiert.

Da erst die Einheit von Sein und Nichts mit **Bedeutung** aussprechbar ist, deshalb stellt diese Einheit nun die ‚**erste Wahrheit**' (L 70) dar, die im Projekt des philosophischen Anfangens entwickelt werden konnte. Weil sich der Ausdruck ‚**Werden**' legitimiert durch jene **Bewegung**, in der ‚Sein' als begründungsfähiger Anfang in das **Aussprechen** eintritt, deshalb wird mit dieser ersten Wahrheit Sein und Nichts und damit die rudimentäre Struktur von Bedeutung **ausgesprochen**. In diesem Aussprechen wird jedoch nicht ein ‚Gegenstand' bezeichnet, so dass ‚Bedeutung' nun die Bedeutung von Werden wäre, sondern es wird aus der Struktur des Bedeutens mit deren Eintritt in das Aussprechen **der Begriff** ‚**Werden**' generiert. Folglich ist die **erste Wahrheit** nun der **bedeutende Ausdruck** selbst, und ‚Werden' drückt nicht eine Bedeutung aus, sondern ‚**Wer-**

den' ist die erste Bedeutung. Da dieses Ergebnis aber erreicht wurde durch den Eintritt der philosophieanfangenden Bewegung von Sein und Nichts in das Aussprechen, deshalb ist **Bedeutung** nun entwickelt als eine **Bewegung im Sprechen**; wir könnten auch sagen: Bedeutung ist die Bewegung des Sprechens in der Struktur des Werdens. ‚**Werden**' stellt also nun die erste Wahrheit dar, weil mit diesem Ausdruck **Bedeutung** entwickelt ist, während Sein und Nichts als ‚leere Gedankendinge' und bedeutungslose Ausdrücke „in der vollkommenen **Unwahrheit**" verbleiben (L 69).

Damit ist der ‚**reine Gedanke**' nun zu einem **bedeutenden** geworden, in dem ‚Verschiedenes' als ‚dasselbe' ausgesagt wird, da der Satz des Werdens expliziert lautet: „Sein und Nichts ist Eins und dasselbe" (L 75). Ebenso ist darin der Anfang einer **Trennung** von **Wort** und **Begriff** gemacht und damit auch von **Sprache** und ihrem ‚worüber'. Deshalb beginnt nun der Begriff sich in sich zu unterscheiden in den **Begriff als solchen** und in den **Begriff als Sein**. Indem nämlich ‚dasselbe' als ‚verschieden' aussagbar ist, wird die Trennung des **Gesagten** von dem, **wovon** es gesagt wird, möglich, da die Selbigkeit dessen, wovon etwas gesagt wird, nun als unabhängig von der Selbigkeit des Gesagten verstanden werden kann. Durch die Genesis des Ausdrucks ‚Werden' mit seiner Einheit von Verschiedenheit und Selbigkeit aus dem philosophiebegründenden Anfang im leeren Wort hat also nun das ‚**bedeutende**' Sprechen seine **Begründung** als wahrheitsfähige Struktur im **Anfang** des **Sprechens** selbst gefunden.

Das Problem, einen **Anfang** zu machen, der sich als solcher nur zu erkennen gibt, indem er eine begründende Entwicklung in Gang bringt, und der als absoluter doch **bar jeder Bestimmung** bleiben muss, nimmt Hegel also zunächst in Angriff durch die Ausarbeitung der Bedingungsstruktur philosophischen Wissens als solchen. Damit kann der Anfang selbst zwar nicht vorgenommen werden, aber es ist doch expliziert, welchen **Bedingungen** er genügen muss, wenn er sich als solcher zeigen können soll. Insofern wird der Anfang wohl ‚**entwickelt**', aber nur bezüglich der Struktur, die er als philosophischer Anfang impliziert. Dass er jedoch gemacht wird mit dem Ausdruck ‚Sein', legitimiert sich nur dann, wenn es gelingt, aus diesem Ausdruck determinationslos und ohne Implikationen eine solche **Entwicklung** in Gang zu setzen, die aus sich selbst **beweist**, dass sie der Bedingungsstruktur philosophischen Wissens genügt. Wegen der Indeterminiertheit des Anfangens kann für diese Aufgabe nur ein **bedeutungsloser Ausdruck** eingesetzt werden, eben das leere Wort ‚Sein'. Dessen autonome Entwicklung musste zeigen, dass ein philosophischer **Anfang** vorliegt – was a priori ja nicht notwendig aus dem bloßen Anfangen zu ersehen ist.

Wir haben in der Interpretation diese Entwicklung in ihrem **ersten Schritt** von **Sein** und **Nichts** zu **Werden** zu rekonstruieren versucht. Dabei kam es vor allem auf ein Verständnis des Anfangs an und der **Dynamik**, die ihn aus sich heraustreibt und damit erst zu einem solchen macht. Es wurde deutlich, dass die Genesis von Bedeutung aus dem bedeutungslosen Ausdruck eine **Unterscheidung** von **Begriff** und **Sache** erzeugt, die in dieser Trennung die ursprüngliche **Identität** mitentwickelt. Damit hat der philosophieanfangende Ausdruck eine Struktur generiert, die offensichtlich eine notwendige Bedingung philosophischen Wissens darstellt, dem das **Absolute** nicht **jenseits** seiner **Erkenntnis** vorhanden sein darf, und das sich doch nur mit dem Bewusstsein einer Differenz ausbilden kann. Deshalb ist die mit Hilfe der Ausdrücke Sein, Nichts und Werden in Gang gesetzte **Entwicklung** von Bedeutung als der wahrheitsdifferenten Form des ganzen Systems der Begriffe die **fundamentale Dialektik**, die gelingen muss, um die wahrheitsdifferenten Begriffe als philosophische ausweisen zu können. Die **weitere Bewegung** des Begriffs ist nur in der Lage, philosophische Begriffe zu entwickeln, weil der philosophieanfangende Ausdruck diese Begriffe von vornherein mit einer **wissensermöglichenden Bedeutungsstruktur** ausgestattet hat.

Die unaufgelöste Determinante des Hegelschen Projekts des Anfangens scheint nun der **Begriff** des **philosophischen Wissens** selbst zu sein. Dass ein Anfang vorliegt, weist sich aus, indem es ihm gelingt, die Bewegung des Begriffs in Gang zu setzen und darin ein **System der Begriffe** zu erzeugen. Dass es aber ein **philosophischer** Anfang ist, wurde durch die Analyse des **Begriffs** der Philosophie gefunden und transzendiert somit den bestimmungslosen Anfang im bloßen ‚Sein'. Die einzige Möglichkeit, den **philosophischen** Charakter des Anfangs **im Anfangen selbst** zu begründen, wäre offensichtlich, den Begriff des philosophischen Wissens ohne jede Determination aus dem **Sein** zu entwickeln. Die sich andeutende Zirkularität lässt sich jedoch nur vermeiden, wenn es gelingt, dem Anfang eine gänzlich **autonome Legitimation** zu verschaffen, die seine Leistungsfähigkeit davon unabhängig macht, ob er für Begründungszwecke geeignet ist, die von vornherein als philosophische qualifiziert sind. In Hegels Unternehmen lässt sich ein Gedankengang auffinden, der eben dies intendiert. Wenn der Ausdruck ‚Sein' deshalb die Kapazität des Anfangens besitzt, weil mit ihm ein ‚leeres Wort' als ‚leeres Anschauen' und ‚leeres Denken' gefunden ist, so wird **angefangen** mit einem **Sagen**, ohne **etwas** zu sagen. Damit genügt aber nun der bloße Versuch zu **sprechen** – ein kommunikativ sinnvolles, obwohl bedeutungsloses Wort zu äußern – zur **Ingangsetzung** jener Bewegung, die das **System** der **Begriffe** generiert. Aufgrund seiner besonderen nicht-semantischen Semantik erschien ‚Sein' als der geeignete Kandidat für den **Ausdruck** dieser **sprachanfangenden Situation**.

Wenn nun jeder ‚**reichere Name**' seine wahrheitsfähige **Geltung** nur erreicht, indem das Absolute mit seinem Ausdruck im ersten Wort in das **Aussprechen** des denkenden Wissens eintritt (L 63), so stellt die weitere **Entwicklung** sich auch als fortschreitende **Selbstexplikation** des anfänglichen bloßen Sagens dar. Jene **Bewegung**, deren entscheidenden ersten Schritt von Sein und Nichts zu Werden wir zu verstehen versucht haben, können wir deshalb nun auch als den **logischen Prozess** auffassen, in dem das Sprechen sich aus seinem bloßen **Anfang**, den der Ausdruck ‚Sein' rekonstruiert, **selbst begreiflich** wird. Wenn aber nur die **ganze** Explikation des Begriffs fähig ist, den **Anfang zu begreifen**, so kann auch erst mit der **ganzen** Entwicklung aus dem ‚leeren Wort' Sein erkannt werden, was vor sich ging, als das erste Wort ein Verhältnis gelingenden **Verstehens** hergestellt hat.

Weil dieses Begreifen aber zusammen mit der Entwicklung einer den Anforderungen eines philosophischen Wissens genügenden **Begrifflichkeit** geschieht, deshalb lässt es sich auch als ‚**Sprachrekonstruktion**' verstehen, die aus jenem Ausdruck, der **sinnvoll** ist, ohne eine Differenz zwischen Begriff und Bedeutung bzw. Sein zu enthalten, **solche Begriffe** entwickelt, mit denen wir legitimiert sind, **wahrheitsdifferent** das ‚Absolute' auszusprechen. Das **Begreifen des Sprechens** und die **Rekonstruktion** der wahrheitsfähigen **Begrifflichkeit** gehen damit in einer **einheitlichen Bewegung** vor sich. Offensichtlich stellt diese Identität für jede dieser Aufgaben eine notwendige **Bedingung** ihrer erfolgreichen Durchführung dar. Das Begreifen des Sprechens könnte selbst nur eine kontingente Erkenntnis gewähren, wenn es nicht in **solchen** Begriffen vor sich ginge, die aus Gründen ihrer Genesis **Wahrheitsfähigkeit** beanspruchen können. Die Rekonstruktion der wahrheitsfähigen Begrifflichkeit hingegen könnte nicht ausweisen, dass sie mit ihren Begriffen eine aussagbare Wahrheit zur Verfügung stellt, wenn sie nicht durch deren **Genesis** selbst den Bezug zwischen **ihnen** und ihrer **Sprachlichkeit** hergestellt hätte. Deshalb realisiert gerade die **Einheit von Sprachrekonstruktion** und **Entwicklung wahrheitsfähiger Begriffe** das philosophische Projekt der ‚Wissenschaft der Logik': für den Anfang der Philosophie nichts in Anspruch zu nehmen als den die **Untrennbarkeit** des **Absoluten** von seiner **Erkenntnis** fordernden **Begriff** des **philosophischen Wissens**.

3.4 Der weitere Gedankengang der ‚Wissenschaft der Logik'

3.4.1 Die Entwicklung der Seins-Logik

Nun bleibt die **Seins-Logik** beim ‚**Werden**' nicht stehen; man könnte auch sagen: beim Werden **kann** man nicht stehen bleiben. Anders als im Ausdruck ‚Sein' haben wir nun schon einen Gedanken von einer wenigstens **minimalen Struktur**, die sich im unmittelbaren Übergang von Sein zu Nichts ergeben hat. Gerade diese **Struktur** jedoch führt dazu, dass das Werden sich selbst **aufheben** muss. Zwar sind in ihm **Sein** und **Nichts** in einer untrennbaren **Einheit**, aber dies gelingt nur um den Preis, dass eine „ruhige Einheit" daraus entsteht: „Sein und Nichts sind in ihm nur als Verschwindende; aber das Werden als solches ist nur durch die Unterschiedenheit derselben." (L 93) Wenn Sein und Nichts in ihm aber **verschwinden**, dann muss auch das **Werden** selbst **verschwinden**. Damit gelangt die Entwicklung jedoch nicht an ihren Anfang zurück. Es gibt eben nun eine minimale Struktur, die sich aufhebt, und was daraus entsteht, ist durch diese Struktur und ihre Aufhebung **bestimmt**. Wenn das Werden verschwindet, so entsteht nicht Nichts; es entsteht auch nicht Sein als leerer Begriff.

Hegel nennt das so Entstandene das ‚**Dasein**': „Das Werden, so Übergehen in die Einheit des Seins und Nichts, welche als seiend ist oder die Gestalt der einseitigen unmittelbaren Einheit dieser Momente hat, ist das Dasein." (L 93) Es ist wichtig, hier nicht **andere Vorstellungen** von ‚Dasein' heranzutragen. Gemeint ist einfach „**bestimmtes Sein**" und seine Bestimmtheit „ist seiende Bestimmtheit, **Qualität**." (L 95) Wir können die nähere Rekonstruktion hier übergehen und uns darauf beschränken zu sagen, dass damit die Gedankenbestimmungen entwickelt sind, die es uns erlauben, **Unterschiede** zu machen und ‚**Etwas**' gegen ‚**Anderes**' zu stellen, so dass zugleich die Gedanken der ‚**Endlichkeit**' und damit entsprechend der ‚**Unendlichkeit**' eingeführt werden können. Damit sind keine zeitlichen Bestimmungen gemeint, sondern nur die Gedanken, dass ‚Etwas' dadurch bestimmt ist, dass es irgendwo oder irgendwann ‚zu Ende ist', d.h. **bestimmt** ist. Die Bestimmung der **Qualität** erlaubt es uns, von ‚Etwas' etwas **auszusagen**, d.h. wir sind in der Lage, **Prädikate** zu verwenden, die **Bestimmungen** angeben. Im Übrigen ist darin durchaus der Anfang im Sein und Nichts **aufbewahrt**: jede Bestimmung ist ebenso eine **Negation**; wenn wir einem Satzsubjekt eine prädikative Bestimmung zuschreiben, so sprechen wir ihm ebenso etwas ab, d.h. wir sagen auch, was es **nicht** ist.

Nun kann auch sinnvoll von der ‚**Realität**' die Rede sein. Dies leuchtet dann ein, wenn wir bedenken, dass wir von Realität nicht ohne **Bestimmung** sprechen können, die ebenso ein Zu- wie Absprechen von **Eigenschaften** ist. ‚Real' ist das, von dem wir zumindest in ganz einfachen Zusammenhängen sagen können, **was** es ist. Dann ist es ‚**bestimmtes Sein**', also ‚**Dasein**'. Darin haben wir nicht einfach ‚Dasein' zu denken, sondern ‚**Daseiende**', die wir auch mit dem Ausdruck ‚**Etwas**' benennen können. ‚Etwas' aber kommt stets in der **Unterscheidung** von anderem ‚Etwas' vor, sonst wäre es kein bestimmtes Sein. Gerade durch diese Unterscheidung ist die Grundlage dafür gegeben, es zu **bestimmen**. ‚Etwas' ist **nicht** ein ‚Anderes' und ist dadurch ‚**bestimmtes Sein**', weil ihm nun eine **Eigenschaft** zugeschrieben werden kann. Daraus ergibt sich aber auch, dass ‚Etwas' immer ein ‚**Sein-für-Anderes**' ist, obwohl es doch gerade es selbst sein soll, d.h. ‚**Ansichsein**'. Es ist, was es ist, nur im **Bezug** auf etwas Anderes. Hegel bringt an dieser Stelle mit dem Ausdruck ‚Sein-für-Anderes' nur eben dies zur Geltung. Die Wahrheit von Etwas und Anderes ist demnach „ihre **Beziehung**; das Sein-für-Anderes und das Ansichsein sind daher jene Bestimmungen als **Momente** Eines und Desselben gesetzt, als Bestimmungen, welche Beziehungen sind und in ihrer Einheit, in der Einheit des Daseins bleiben." (L 106)

Wenn wir die **Herkunft** dieser Gedankenbestimmungen berücksichtigen, wie sie nun den Anfang der Möglichkeit des Bestimmens und des Auffassens von Bestimmungen und Beschaffenheiten angeben, so lässt sich leicht die Bedeutung der Gedanken des **Endlichen** und des **Unendlichen** erkennen. Es ist unmittelbar deutlich, dass mit dem Gedanken eines bestimmten Seins auch der Gedanke der **Endlichkeit** eingeführt ist. Aber wenn wir die Herkunft dieses Gedankens aus dem unmittelbaren Übergang von Sein in Nichts zum Werden berücksichtigen, so ist darin auch der Gedanke der **Unendlichkeit** angelegt. Dies ergibt sich darüber hinaus natürlich daraus, dass mit dem Endlichen auch das Unendliche als **Negation** gedacht werden muss. Aber so einfach ist Hegels Logik nicht. Man kann nicht einen Begriff aus dem anderen entwickeln, indem man ein ‚Un-, oder ein ‚Nicht-, vor ihn setzt. Die Unendlichkeit entsteht als Begriff daraus, dass jedes Endliche sich **gegen** ein anderes Endliches **bestimmt**. Man könnte auch sagen: jedes Endliche ist ein **Übergehen** in ein anderes Endliches – „und so fort etwa ins Unendliche," worin es aber gerade das Endliche bleibt (L 124). Deshalb kann Hegel sagen: „Diese Identität mit sich, die Negation der Negation, ist **affirmatives Sein**, so das Andere des Endlichen, als welches die erste Negation zu seiner Bestimmtheit haben soll; – jenes Anderes ist das Unendliche." (L 125)

Es mag merkwürdig erscheinen, dass Hegel schließlich von der Unendlichkeit zu einer neuen Gedankenbestimmung kommt, die „**Fürsichsein**" heißt. Mit dieser Bestimmung beschließt sich der **erste Abschnitt** der Seins-Logik, der es mit der **Bestimmtheit**, d.h. der **Qualität** zu tun hat, und diese Bestimmung steht am Übergang in den **zweiten Abschnitt**, der die Gedankenbestimmung der **Quantität**, d.h. der **Größe**, näher entwickelt. Qualität und Quantität werden schließlich im dritten Abschnitt in eine solche **Beziehung** gesetzt, dass die Bestimmung des **Maßes** entsteht, in deren Entwicklung dann das ‚**Werden des Wesens**' erreicht wird, womit der Übergang in das **zweite Buch** der ‚Wissenschaft der Logik' gemacht wird, d.h. in das ‚**Wesen**'.

‚**Fürsichsein**' steht also am Schluss der Bestimmtheit, die als **Qualität** bezeichnet wird. Hegel bezeichnet den Übergang dazu so: „Da in diesem Sein Negation ist, ist es Dasein, aber da sie ferner wesentlich Negation der Negation, die sich auf sich beziehende Negation ist, ist sie das Dasein, welches Fürsichsein genannt wird." (L 140) Man könnte die Gedankenbestimmung des Fürsichseins so zu verstehen suchen: es hatte sich ergeben, dass **Etwas** nur ist, indem es **gegen Etwas** steht, so dass es endlich ist, indem es ebenso un-endlich ist, nämlich nur gegen das steht, das es selbst ist. Es geht an dieser Stelle – salopp gesprochen – ja nicht um Hasen, Igel und Füchse; es geht nur um ‚**Etwas**', das noch so leer ist an Bestimmung, dass es nur einem anderen Etwas gegenüberstehen kann, das ebenso nichts anders ist als eben ‚Etwas'. Damit ist es nicht so weit hergeholt, nun vom Etwas als einem **Fürsichsein** zu sprechen. Es hat in sich eben **Sein und Nichts**, aber dieses unmittelbare Übergehen hat sich nunmehr so weiterentwickelt, dass das Etwas ist, indem ihm ein Etwas gegenübersteht. Hier ist allerdings noch nicht an Bewusstsein oder gar Selbstbewusstsein zu denken. Es geht an dieser Stelle nur darum, eine **Gedankenbestimmung**, die zuerst ‚Etwas' bezeichnet, so weiter zu **entwickeln**, dass das, was bereits in ihr enthalten ist, explizit gemacht wird.

Hegel weist hier eigens darauf hin, dass sich an diesem Beispiel die „Natur des **spekulativen** Denkens" besonders gut zeige: „sie besteht allein in dem Auffassen der entgegengesetzten Momente in ihrer Einheit." (L 142) Es muss natürlich beachtet werden, dass hier nicht willkürliche Gedanken entgegengesetzt werden, sondern dass die Entgegensetzung aus der **Entwicklung** der Logik selbst entwickelt wurde. Es muss alles abgehalten werden, was an Gedanken vorhanden ist jenseits dessen, was bisher im Gang der ‚Logik' entstanden ist. Nur dann ist es sinnvoll, das **Entgegengesetzte** in seiner **Einheit** aufzufassen und darin eine **neue Gedankenbestimmtheit** zu finden. Man könnte sagen, dass diese Entgegensetzung also letztlich stets durch den **Ausgang** der Logik vom unmittelbaren Übergang von Sein zu Nichts **bestimmt** bleibt. Die Entgegensetzung, die ein **spekulatives Denken** ermöglicht, darf also keine anderen Gedanken hinzubringen als die, die bis jetzt **entwickelt** wurden und die diesen unmittelbaren Übergang in sich **aufbewahrt** haben. Der Leser muss sich also bisweilen einfach dazu zwingen, einen Ausdruck nicht mit **den** Bedeutungen zu verstehen, die er aus seiner **eigenen** Denkgeschichte mitbringt, sondern nur mit denen, die im Gedankengang der ‚Logik' **entwickelt** wurden.

Wenn dies beachtet wird, so ist die Bezeichnung des Ergebnisses als ‚**Fürsichsein**' durchaus schlüssig. Mit dem Fürsichsein ist das **qualitative Sein** nun **vollendet**, indem das „**unendliche Sein**" entwickelt wurde (L 147). Der Ausdruck ‚un-endlich' bezieht sich hier natürlich auf den **Bezug** von Etwas zu Etwas, wobei Etwas nur ein Gedanke ist, wenn es sich einem Etwas entgegensetzt, weshalb es ‚un-endlich' ist, indem es **sich selbst entgegensetzt**. Da ein Etwas aber auch ein **Dasein** ist, ist dessen **Endlichkeit** ebenso im Fürsichsein enthalten: „So ist die Bestimmtheit, welche am Dasein als solchem ein Anderes und Sein-für-Anderes ist, in die unendliche Einheit des Fürsichseins zurückgebogen, und das Moment des Daseins ist im Fürsichsein als Sein-für-Eines vorhanden." (L 149) Hegel entwickelt daraus nun die Gedankenbestimmungen von ‚**Eins**' und ‚**Vieles**' sowie die ‚**Repulsion**' und ‚**Attraktion**'. Wir übergehen diese Entwicklung und wenden uns sofort dem Übergang vom ‚qualitativen Sein' zum **Sein als ‚Größe'** zu. Das Fürsichsein ist die Vollendung des qualitativen Seins, indem aus ihm schließlich ‚Repulsion' und ‚Attraktion' entwickelt werden, die wiederum den Übergang zur ‚Größe' darstellen.

Dabei ist zu beachten, dass das Fürsichsein die Gedankenbestimmung einer ‚**seienden Einheit**' bzw. des ‚qualitativen Eins' enthält. Das ‚Eins' ist das Fürsichsein, weil es das **Nicht-Andere** ist in der Negation des Andersseins. Durch seine **Selbstbeziehung** schließt es jedes Anderssein aus sich aus. Also ist das, was es ausschließt, ebenso ‚anderes Eins', d.h. **Fürsichsein**. Deshalb besteht unter ihnen ein Verhältnis der **Attraktion** und gleichzeitig der **Repulsion**. Damit ist die qualitative Bestimmtheit verschwunden (obwohl sie natürlich auch in ihm aufbewahrt ist) und es hat sich ein vollständig **bestimmungsloses Fürsichsein** ergeben, das ebenso die Einheit aller Eins und damit die Einheit der **Vielen** ist. Genau damit ist das qualitative Sein in die **Quantität** übergegangen, man könnte auch sagen: es ist ein Sein, das so abstrakt ist, dass es auf seine Quantität reduziert werden kann. Allerdings ist ‚abstrakt' im Gang der ‚Logik' kein ganz korrekter Ausdruck, da die Bestimmungen allein im Gang dieser ‚Logik' entwickelt werden, so dass die Quantität nun ein **Ergebnis** ist, nicht eine Abstraktion. Alles, was ‚**Quantität**' **bedeutet**, hat sich im bisherigen Verlauf des Gedankengangs der ‚Logik' **ergeben**, d.h. diese Gedankenbestimmung entsteht keineswegs daraus, dass etwas ‚weggelassen' wurde, wie dies der Ausdruck ‚abstrakt' fälschlich suggerieren könnte.

Es ist bemerkenswert, dass Hegel ausgerechnet ein **Zahlenverhältnis** in der **Seins**-Logik entwickelt. Man muss ja im Auge behalten, dass damit behauptet wird, dass sich der Anfang mit dem Sein, das unmittelbar in Nichts übergeht, nun über verschiedene Gedankenbestimmungen zu dem Gedanken der **Quantität** und damit der **Zahl** entwickelt hat. Deshalb enthält die Gedankenbestimmung der Quantität natürlich auch Sein und Nichts und alle vorangegangenen Gedankenbestimmungen als **aufgehobene** und damit **aufbewahrte** in sich. Damit ist die **Arithmetik** als eine Form des Denkens aufgefasst, die sich aus Sein, Nichts, Werden und bestimmtem Sein (Dasein) ergibt. Das entspricht durchaus nicht der Begründung der Mathematik, wie sie intuitionistisch oder konstruktivistisch üblich ist. Hegel geht es aber ausschließlich darum, dass **Zahlenverhältnisse** damit als **Gedanken** nachgewiesen werden sollen, die Wahrheit beanspruchen können. Man muss wiederum berücksichtigen, dass nicht die Gedanken ausgearbeitet werden sollen, die zur Beschreibung der wirklichen Welt geeignet sind, so dass sie aus dieser Welt gerechtfertigt werden müssten. Es geht um die Gedanken, mit denen sich das ‚**absolute Wissen**' umgrenzen lässt, mit denen also der Bereich angegeben werden kann, in dem ein Wissen im vollständigen Sinn möglich ist, nicht bloß ein Wissen im Hume'schen Sinn durch ‚Gewohnheit', das für technisch-praktische Zwecke ausreichend erscheint. Insofern ist es konsequent, dass Hegel auch Zahlenverhältnisse in seiner ‚Logik' entwickelt.

Darüber hinaus würde Hegel auf solche Bedenken hinsichtlich des Bezugs von Zahlenverhältnissen auf das Sein im Prinzip wohl mit dem Hinweis darauf antworten, dass sich dies eben mit gedanklicher **Notwendigkeit** aus den bisher entwickelten Gedankenbestimmungen **ergibt**. Wenn es sich aber letztlich aus dem unmittelbaren Übergehen von Sein zu Nichts ableiten lässt, dann kann kein Einwand gegen eine solche Auffassung von Zahlenverhältnissen mehr gültig sein. Einfach gesagt: Hegels Antwort wäre ‚Ist die Argumentation richtig oder falsch?' Wenn sie richtig ist, dann können wir keine anderen Auffassungen hinsichtlich von Zahlenverhältnissen mehr gelten lassen, sondern müssen die **Entwicklung** vom Fürsichsein zu diesen Verhältnissen akzeptieren.

Die weitere **Entwicklung** der **Seins-Logik** wird noch komplizierter, wenn wir den folgenden **Übergang** von der ‚**Größe**' zum ‚**Maß**' betrachten. Hegel beansprucht natürlich auch hier, dass eine konsistente Argumentation dazu führt, dass sich der Anfang von Sein/Nichts nun über verschiedene Stationen, d.h. Gedankenbestimmungen, zum Gedanken des ‚Maßes' entwickeln muss. Der Abschnitt von der ‚Größe' (**Quantität**) entwickelt diese Bestimmung über das ‚**Quantum**' – d.h. die **bestimmte Quantität** – weiter zum ‚**quantitativen Verhältnis**'. Von diesem aus beansprucht Hegel, einen Übergang zur Gedankenbestimmung ‚Maß' aufweisen zu können. Grundsätzlich ist es der Gedanke des **mathematisch Unendlichen**, wie er etwa in der unendlich kleinen quantitativen Differenz vorkommt, über den Hegel eine **Rückkehr** zum **Qualitativen** innerhalb der Quantität erkennt. Das Quantitative nimmt damit eine qualitative Bedeutung an, ohne jedoch zu den vorherigen Gedanken des Etwas oder des Fürsichseins zurückzukehren, obwohl diese Gedanken durch die Entwicklung auch im ‚qualitativen Quantum' aufbewahrt bzw. aufgehoben sind. Man könnte dies einfach so zusammenfassen: es ist nun entwickelt, dass es ein wahrer Gedanke ist, wenn wir denken, dass die **Quantität** nichts Zufälliges an einem Ding ist, sondern das, was es ist, selbst bestimmen kann. Salopp gesagt: eine kleine Katze nennt man allenfalls Stubentiger, bei Zunahme der Quantität spricht man schließlich von einem Tiger, also von einer anderen **qualitativen Bestimmtheit** aufgrund verschiedener **Quantität** (wobei man allerdings für die Zwecke der Veranschaulichung davon absehen muss, dass ein Tiger einer anderen Art angehört als die Hauskatze). Es ist einfach der Gedanke, dass das, **was** etwas **ist**, auch von der **Quantität** abhängt, in der dieses etwas auftritt, d.h. seine Qualität ist nicht unabhängig von seiner Quantität.

Deshalb kann Hegel die Abschnitte ‚**Größe**' und ‚**Maß**' ebenso wie den ersten Abschnitt ‚**Qualität**' unter den Obertitel ‚Die Lehre vom **Sein**' stellen, die das Erste Buch der ‚Wissenschaft der Logik' ausmacht. Es steht jetzt nicht mehr die Quantität der Qualität gegenüber, sondern „die Quantität ist selbst eine Qualität, sich auf sich beziehende Bestimmtheit überhaupt, unterschieden von der ihr andern Bestimmtheit, von der Qualität als solcher." (L 333) Damit ist die Wahrheit der Qualität selbst die **Quantität**, weil die erste in der logischen Gedankenentwicklung in die letztere übergegangen ist: „Das Quantum nunmehr nicht mehr als gleichgültige oder äußerliche Bestimmung, sondern so, dass es als solche aufgehoben und die Qualität und das ist, wodurch etwas das ist, was es ist, ist die Wahrheit des Quantums, **Maß** zu sein." (L 333) Darin sind Qualität und Quantität **vereinigt** und das Sein als „unmittelbare Gleichheit der Bestimmtheit mit sich selbst" (L 336) hat sich nun aufgehoben. Das neu entstandene ‚Dritte' ist „die sich auf sich selbst beziehende **Äußerlichkeit**; als Beziehung auf sich ist es zugleich aufgehobene Äußerlichkeit und hat an ihr selbst den Unterschied von sich, – der als Äußerlichkeit das quantitative, als in sich zurückgenommene das qualitative Moment ist." (L 336) Etwas einfacher ausgedrückt: zunächst ist die Quantität etwas Äußerliches, durch das nicht bestimmt wird, **was** etwas ist. Wird diese Äußerlichkeit aber auf sich selbst bezogen, also in ein Verhältnis zur anderen Quantität gesetzt, so wird sie als Äußerlichkeit aufgehoben, d.h. sie wird zu einer Äußerlichkeit, die nicht einfach mehr ‚äußerlich' ist, sondern **das ausdrückt**, **was** etwas **ist**. So ist sie zugleich als Quantität äußerlich, d.h. eine **Beziehung** auf **andere Quantität**, diese Beziehung aber kann nicht mehr von dem abgetrennt werden, was etwas ist, also wird sie ‚in sich zurückgenommen' und damit ein **qualitatives** Moment.

Hegel entwickelt im ‚**Dritten Abschnitt**' der **Seins**-Logik nun den Gedanken des ‚**Maßes**' so weiter, dass daraus schließlich der Gedanke des ‚**Wesens**' entsteht. Dieser Gedanke bedeutet ganz allgemein und grundsätzlich, dass wir in der Auffassung der Wirklichkeit eine **Unterscheidung** machen zwischen dem, was uns **erscheint**, und dem, was eine Sache in **Wirklichkeit** ist. Es wird also die Erscheinung der Wahrheit **entgegengesetzt** und versucht, durch die Erscheinung zum Wesen als der Wahrheit vorzudringen. Damit ist nicht mehr alles, was ist, auch **wahres** Sein. Auch eine **Erscheinung** ‚ist' ja und ist nicht Nichts, aber es wird ein **Bezug** hergestellt, aus dessen Perspektive das, was die Erscheinung ist, nicht mehr das ist, was das Ding ‚**eigentlich**' ist. Wichtig ist, dass es sich um einen **Bezug** handelt: zunächst erscheint uns das Ding, von dieser Erscheinung her müssen wir eine bestimmte Leistung vollbringen, um zum Wesen vorzudringen, das deshalb nicht sein kann, ohne dass die Erscheinung vorhanden ist. Bei **Platon** war diese Leistung als ‚Ideenschau' bezeichnet worden, und die Ideen bzw. Wesen waren das Unveränderliche und deshalb Wahre gegenüber der Erscheinung als dem Veränderlichen und damit Unwahren.

Wie kann Hegel nun vom ‚**Maß**' als der Vereinigung von Qualität und Quantität innerhalb der Seins-Logik zum Gedanken des ‚**Wesens**' kommen und damit den Übergang in ein **neues Buch** machen, das sich mit der Weiterentwicklung des Gedankens vom ‚Wesen' beschäftigt? Die **Wesens-Logik** ist ja auch das ‚**Andere**' der **Seins-Logik**, so dass dann in der **dialektischen Vereinigung** von **Sein** und **Wesen** am Ende der Wesens-Logik der ‚**Begriff**' entwickelt werden kann, dessen Entwicklung schließlich das **Dritte Buch** der ‚Wissenschaft der Logik' darstellt. Hegel behauptet bereits am Anfang des Abschnitts über das ‚Maß': „das Maß ist erst an sich oder im Begriffe das Wesen; dieser Begriff des Maßes ist noch nicht gesetzt." (L 339) Damit wird gesagt, dass eine interne Entwicklung des Gedankens des ‚**Maßes**' dazu führen muss, diesen Gedanken in denjenigen des **Wesens fortzuführen**. Im ‚Maß' liegt dieser Behauptung zufolge bereits die **Idee** des Wesens, „nämlich in der Unmittelbarkeit des Bestimmtseins identisch mit sich zu sein, [und zwar] so dass jene Unmittelbarkeit durch diese Identität-mit-sich zu einem Vermittelten herabgesetzt ist, wie diese ebenso nur durch diese Äußerlichkeit vermittelt, aber die Vermittlung mit sich ist, – die Reflexion, deren Bestimmungen sind, aber in diesem Sein schlechthin nur als Momente ihrer negativen Einheit." (L 339) Meine Einfügung deutet schon auf den Beginn des Gedankens des **Wesens**: die **Unmittelbarkeit** ist nun ein **Vermitteltes**, und die **Identität-mit-sich** wird nun durch eine Äußerlichkeit **vermittelt**, damit aber **nicht aufgehoben**, d.h. was etwas ist, ist es nun **durch Reflexion**. Reflexion heißt grundsätzlich **Unterscheiden** und darin auf sich **zurückkommen**. Der Gedanke, der nun als Wahrheit entwickelt ist, enthält also eine **Selbstunterscheidung** durch **Reflexion**, wobei die Momente, die sich darin unterscheiden, zugleich ‚Momente ihrer negativen Einheit' sind.

Alles, was ist, ist am Ende des Abschnitts ‚**Das Maß**' und damit am **Ende** der **Seins**-Logik nicht mehr etwas Unmittelbares, sondern **in seiner Unmittelbarkeit** ist es **vermittelt**. Was es ist, ist es, indem durch eine ‚Mitte' hindurchgegangen wird, d.h. durch die Erscheinung wird zum Wesen vorgedrungen, obwohl die Erscheinung keineswegs etwas ist, das weggelassen werden könnte, denn zum Wesen kommt man eben nur und gerade durch diese **Vermittlung**. Es wäre sinnlos, von Wesen in der Unterscheidung zur Erscheinung zu sprechen und in dieser Struktur eine Gedankenbestimmung des Wahren zu sehen, wenn der ‚Weg' durch die ‚Mitte' der Erscheinung nicht **notwendig** für den Gedanken des Wesens wäre. Ein Wesen ist nicht ohne den ‚Weg' **durch** die Erscheinung, also nicht ohne **Vermittlung**. Das **Unmittelbare** im Sinne des Wahren ist also damit in sich eine **Vermittlung**. Alles, was ist, ist damit an sich **reflektiert**, und diese **Reflexion** ist gerade seine **Unmittelbarkeit**, in die nun die **Vermittlung** aufgenommen ist. Hegel sieht den Ansatz für diesen Gedanken darin, dass sich im ‚**Maß**' **Qualität** und **Quantität** wechselseitig **bedingen** und damit ein Verhältnis der **vermittelten Unmittelbarkeit** vorhanden ist, das sich aus dem Status der Unmittelbarkeit im Verlauf der Entwicklung der Gedankenbestimmung ‚Maß' so expliziert, dass schließlich die **Vermittlung** in dieser **Unmittelbarkeit** eingesehen werden kann. Möglicherweise ist dies für den Leser keine befriedigende Erklärung des Übergangs vom Sein zum Wesen. Dieser Übergang ist jedoch einer der rätselhaftesten Abschnitte in der ‚Wissenschaft der Logik' und der an dieser Frage speziell Interessierte muss hier Spezialliteratur konsultieren.

3.4.2 Die Wesens-Logik

Mit dem **Wesen** ist die **Identität** als eine **Beziehung** aufeinander gesetzt. Es ist das Resultat der Seins-Logik, die am Schluss „die nicht mehr nur indifferente, sondern die in ihr selbst immanent negative absolute Einheit zum Resultate und Wahrheit hat." (L 392) Darin war eine „absolute Indifferenz" erreicht, in der nicht mehr Etwas gegen ein Anderes bestimmt ist, sondern in der Vollendung des ‚Maßes' ist **Etwas** gegen sein **Anderes indifferent** und die Bestimmtheit wurde in das Etwas selbst integriert: „Gesetzt hiemit als das, was die Indifferenz in der Tat ist, ist sie einfache und unendliche negative Beziehung auf sich, die Unverträglichkeit ihrer mit sich selbst, Abstoßen ihrer von sich selbst." (L 397) Damit hat sich eine wichtige **Veränderung** im Charakter der Gedankenbestimmungen ergeben. Bisher war im Ausgang vom unmittelbaren Übergehen von Sein in Nichts ein Bestimmen maßgeblich, das grundsätzlich stets eine **Abgrenzung** dessen, was bestimmt wird, ‚nach außen' implizierte. Etwas wurde bestimmt durch den **negativen Bezug** auf ein Anderes, das ebenso nicht ein Anderes war, weil die Bestimmung des Etwas nicht ohne dieses Andere vorgenommen werden konnte. Das Andere gehörte deshalb in das, was das Eine ist. Nun hat sich ein **anderer** Gedanke des **Bestimmens** ergeben: „Das Bestimmen und Bestimmtwerden ist nicht ein Übergehen, noch äußerliche Veränderung, noch ein Hervortreten der Bestimmungen an ihr, sondern ihr **eigenes Beziehen auf sich**, das die **Negativität** ihrer selbst, ihres Ansichseins ist." (L 397/398)

Das **Wesen** als **Beziehung** von Wesen und Erscheinung ist nun die neue fundamentale Gedankenbestimmung, die Hegel noch am Ende der Seins-Logik so ausführt: „Die Bestimmungen als solche abgestoßene gehören aber nun nicht sich selbst an, treten nicht in Selbständigkeit oder Äußerlichkeit hervor, sondern sind als Momente erstens der ansichseienden Einheit angehörig, nicht von ihr entlassen, sondern von ihr als dem Substrate getragen und nur von ihr erfüllt, – und zweitens als die Bestimmungen, die der fürsichseienden Einheit immanent, nur durch deren **Abstoßen von sich** sind." (L 398) Dieser Satz wird deutlich, wenn man an die Stelle des Ausdrucks ‚Bestimmungen' den Ausdruck ‚Erscheinungen' (des Wesens) setzt. Auch im **Wesen** ist natürlich das **Sein** erhalten, wie dies für alle bisher entwickelten Bestimmungen gilt. Indem sie aus dem anfänglichen Übergehen von Sein zu Nichts entwickelt worden sind, gelten sie in ihrer Wahrheit weiter und sind aufgehoben und aufbewahrt, wenn die Gedankenbestimmung des ‚Wesens' entwickelt wird. Aber nun ist die Wahrheit, dass das Sein „als durch Aufheben des Seins einfaches **Sein mit sich**" zu verstehen ist (L 398). Damit ist das unmittelbare Sein nur ein „Moment" des Abstoßens der Bestimmungen, die nur durch dieses Abstoßen von sich gelten. Die ursprüngliche Selbständigkeit des Seins ist damit nur „als das resultierende, unendliche **Zusammengehen mit sich**." (L 398)

Nach den bisherigen Erläuterungen wird es nicht überraschen, dass die **Wesens**-Logik mit dem Wesen als „Das Wesen der **Reflexion** in ihm selbst" beginnt und über „Die **Erscheinung**" schließlich zu einem dritten Abschnitt führt, der „Die **Wirklichkeit**" überschrieben ist. Es ist ja schon deutlich geworden, dass das **Wesen nicht ohne die Erscheinung** ist und dass darin ein Ausdruck für eine Wahrheit gefunden werden soll, die eine Entwicklung aus allen Gedankenbestimmungen der Seins-Logik darstellt. Da der dritte Abschnitt wieder die ‚Wahrheit' der ersten beiden Bestimmungen ausarbeitet, expliziert Hegel hier also die ‚**Wirklichkeit**' als **Ergebnis** von ‚Wesen' und ‚Erscheinung'. Wir sollten allerdings nicht unsere eigenen Vorstellungen mit einem Begriff wie ‚Wirklichkeit' verbinden. Die Bedeutung dieses Begriffes wird von Hegel ausschließlich durch die **Entwicklung** aus allen vorangegangenen Gedankenbestimmungen expliziert. ‚Wirklichkeit' muss also nicht das bedeuten, was wir uns darunter vorstellen. Wir sollten diesen Begriff vielmehr nur so aufnehmen, wie er von Hegel vorgestellt wird. Die drei Abschnitte der Wesens-Logik werden von Hegel auch so angegeben: „Das Wesen scheint zuerst in sich selbst oder ist **Reflexion**; zweitens **erscheint** es; drittens **offenbart** es sich." Im ersten Abschnitt setzt es sich demnach zunächst „als einfaches, ansichseiendes Wesen in seinen Bestimmungen innerhalb seiner", im zweiten Abschnitt ist es entwickelt „als heraustretend in das Dasein, oder nach seiner Existenz und Erscheinung", so dass es schließlich bestimmt wird „als Wesen, das mit seiner Erscheinung eins ist, als Wirklichkeit." (L II 6) Es ist die so aufgefasste ‚**Wirklichkeit**', mit der Hegel den Übergang in die **Begriffs-Logik** gewinnt.

Diese Entwicklung beginnt jedoch zunächst mit der Explikation des Begriffs, der am Ende der Seins-Logik stand, also mit dem ‚**Wesen**' bzw. genauer ‚Das Wesen der **Reflexion** in ihm selbst'. Die drei Entwicklungsschritte sind hier ‚Der **Schein**' und ‚Die **Wesenheiten** oder die Reflexionsbestimmungen', womit nach der Einführung des Gedankens des ‚Wesens' keine Überraschung gegeben ist. Aus diesen beiden Gedankengängen entwickelt Hegel jedoch als **dritten** Gedanken den des ‚Grundes', und dies ist bereits weniger überraschungslos.

Zunächst aber ist darauf hinzuweisen, dass mit dem Wesen die logische Entwicklung sich näher an die **Perspektive vom Erkennen her** anschließt. Dies darf allerdings **nicht** so missverstanden werden, als ob die Unterscheidung eines ‚Wesens' von der ‚Erscheinung' eine **Tätigkeit** des Erkennens wäre, also ein **subjektiv** bzw. vom Menschen vorgenommenes Unterscheiden, das mit der Wahrheit bzw. dem Absoluten deshalb eigentlich nichts zu tun haben müsste. Hegel wendet sich in der Einleitung zur Wesens-Logik explizit **gegen** eine solche Auffassung und räumt ein, dass sie naheliegend erscheint: „Diese Bewegung [vom Sein zum Wesen – G.R.] als Weg des Wissens vorgestellt, so erscheint dieser Anfang vom Sein und der Fortgang, der es aufhebt und beim Wesen als einem Vermittelten anlangt, eine Tätigkeit des Erkennens zu sein, die dem Sein äußerlich sei und dessen eigene Natur nichts angehe." (L II 3) Dann aber könnte eine Wesens-Logik keinen Platz in der ‚Wissenschaft der Logik' haben und sie könnte nicht im Ausgang vom Anfang beim unmittelbaren Übergang von Sein in Nichts erreicht werden.

Hegel **kritisiert** diese Auffassung von der Erkenntnis von Wesen als menschliche bzw. subjektive Tätigkeit deshalb im nächsten Satz so: „Aber dieser Gang ist die Bewegung des Seins selbst. Es zeigte sich an diesem, dass es durch seine Natur sich erinnert und durch dies Insichgehen zum Wesen wird." (L II 3) Hier muss der Ausdruck ‚sich erinnert' etwas anders verstanden werden als üblich: gemeint ist nicht eine Gedächtnisleistung sondern ein **Sich-er-innern**, d.h. das Wissen geht aus dem unmittelbaren Sein ‚**in** sich', bei Hegel: es ‚**er-innert**' sich aus dem unmittelbaren Sein. Dies ist der Vorgang, in dem eingesehen wird, „dass hinter diesem Sein noch etwas anderes ist als das Sein selbst, dass dieser Hintergrund die Wahrheit des Seins ausmacht." (L II 3) Es ist aber **nicht** gemeint, dass damit eine ‚Hinterwelt' gedacht wird, aus der sich vielleicht das Sein erzeugt hat, so dass man erst von da aus erkennen kann, worauf das Sein zurückgeführt werden kann. Es gibt hier auch keine Theologie, die einen Gott ‚hinter' dem Sein einführen würde. Gemeint ist die einfache Einsicht, dass das **Sein selbst** eine ‚**Vermittlung**' enthält, und diese Einsicht ist das **Ergebnis** der **Seins**-Logik. Wenn das **Sein** also als **Wesen** bestimmt wird, so wurde nicht „eine ihm fremde Negativität" herangetragen, sondern das Wesen ist, was es ist, „durch seine eigne, die unendliche Bewegung des Seins." (L II 4) Deshalb kann Hegel auch sagen, das **Wesen** sei „die vollkommene **Rückkehr** des **Seins in sich**" (L II 4).

Nichtsdestoweniger ist doch eine **Negativität** im **Wesen** enthalten, aber eben keine ‚fremde', sondern seine **eigene**, die über seine Herkunft aus dem Sein auch die **eigene Negativität des Seins** ist. Diese Negativität ist es ‚**in sich**', d.h. die Bestimmtheit wird nun nicht gedacht als etwas ‚an ihm', sondern alle Bestimmtheit ist **durch das Wesen selbst** gesetzt: „Die Negativität des Wesens ist die Reflexion, und die Bestimmungen [sind] reflektierte, durch das Wesen selbst gesetzte und in ihm als aufgehoben bleibende." (L II 5) Diese Reflexion ist aber **keine Leistung** des Erkennens, es ist also hier nicht Thema, dass das Bewusstsein sich von sich unterscheidet und sich auf sich bezieht, was der Ausdruck der ‚Reflexion' ja in der Regel bezeichnet. Nicht das Bewusstsein ‚beugt sich' hier auf sich zurück – wie es die wörtliche Bedeutung von Reflexion andeutet, sondern es handelt sich um eine **Struktur** im Wahren bzw. **im Absoluten**. Deshalb werden die Bestimmungen in der Wesens-Logik auch nicht durch eine erkennende Tätigkeit hervorgebracht, sondern **durch das Wesen selbst** ‚**gesetzt**'. Damit ist das **Wesen** auch „die **erste Negation** des Seins". Natürlich muss diese Entwicklung weitergehen, so dass sich aus dieser Negation wieder eine **neue** Bestimmtheit ergibt. Genau dies ist die **Bewegung** der Wesens-Logik: „Seine Bewegung besteht darin, die Negation oder Bestimmung an ihm zu setzen, dadurch sich Dasein zu geben und das als unendliches Fürsichsein zu werden. was es an sich ist. So gibt es sich sein Dasein, das seinem Ansichsein gleich ist, und wird der **Begriff**." (L II 5) Der Weg zur **Begriffs-Logik** führt also über die **Expli-**

kation des ‚Sich-Setzens' des Wesens, indem es **bestimmtes Wesen** wird und darin über sich hinausweist.

Am Anfang dieser Entwicklung steht das **Wesen** als ‚**Reflexion in ihm selbst**' und darin wiederum in der Bestimmung des ‚**Scheins**'. Wenn von ‚Wesen' die Rede ist, so wird zunächst zwischen dem **Wesentlichen** und dem **Unwesentlichen** unterschieden. Diese **Unterscheidung** ist der Vorgang, auf dessen Grundlage von ‚Wesen' als einer ‚wahreren' Bestimmung als Sein die Rede sein kann. Damit aber wird dem **Wesen** der **Schein** gegenübergesetzt, also das, was nicht Wesen ist und damit ‚**unwesentlich**'. Wesen und Schein können aber nicht voneinander getrennt werden wie zwei Dinge in der Welt. Ohne **Schein** kein **Wesen**, wie ohne Wesen kein Schein. Deshalb ist das Wesen geradezu eine „**Negativität, die identisch** mit der **Unmittelbarkeit**, und so die Unmittelbarkeit, die identisch mit der Negativität ist." (L II 12) Wenn Schein und Wesen so eng zusammengehören, so kann man geradezu sagen: „Der **Schein** ist das **Wesen** selbst, aber das Wesen in einer Bestimmtheit, aber so, dass sie nur sein **Moment** ist, und das Wesen ist das **Scheinen seiner in sich selbst**." (L II 12) Die Wahrheit von Wesen und Schein ist deshalb die **Reflexion**.

Als **Reflexion** entwickelt sich das Wesen jedoch weiter zu den ‚**Wesenheiten**' bzw. ‚**Reflexionsbestimmungen**'. Man könnte dies vereinfacht so ausdrücken: die Reflexion kann nicht eine **leere** und **inhaltslose** Bewegung sein, sondern findet in **Bestimmungen** statt, die sich voneinander **abgrenzen** und sich **unterscheiden**. Es kann nicht einfach ‚Wesen' geben, sondern nur ‚**bestimmtes Wesen**', weil die Reflexion **bestimmte** Reflexion ist, anders gesagt: man kann nur reflektieren, wenn es etwas gibt, worauf man reflektieren kann. Allerdings muss hier wieder darauf aufmerksam gemacht werden, dass Reflexion an dieser Stelle keine Tätigkeit eines Subjekts oder Bewusstseins ist, sondern es geht um die Reflexion ‚im Sein'. Hegel spricht hier davon, dass die Reflexion aus ihrer eigenen Notwendigkeit zur ‚**Wesenheit**' werden muss: „Das Wesen als unendliche Rückkehr in sich ist nicht unmittelbare, sondern negative Einfachheit; es ist eine Bewegung durch unterschiedene Momente, absolute Vermittlung mit sich. Aber es scheint in diese seine Momente; sie sind daher selbst in sich reflektierte Bestimmungen." (L II 23) Wichtig ist dabei, dass diese Reflexionsbestimmungen bzw. **Wesenheiten** selbst die **Struktur** des **Wesens** in sich **enthalten**.

Deshalb kann dieses zweite Kapitel des ersten Abschnitts der Wesens-Logik einen **Übergang** zum Kapitel ‚Der **Grund**' entwickeln, der sich über die Momente ‚**Identität**', ‚**Unterschied**' und ‚**Widerspruch**' entwickelt. Es dürfte aus den bisherigen Ausführungen zum ‚Wesen' schon im allgemeinen deutlich geworden sein, dass Reflexionsbestimmungen **Identität** *und* **Unterschied** enthalten müssen. In diesem Verhältnis stehen **Schein** und **Wesen** notwendig, wenn das Wesen erscheint und der Schein von einem Wesen her verstanden wird. Bei Hegel nimmt dies jedoch den Gedanken an, dass die Wesenheiten als Identität **ohne** Bestimmung sind, so dass die eigentliche Bestimmung erst aus dem ‚**Unterschied**' kommt. Dieser ‚Unterschied' kann jedoch in zwei Gestalten vorkommen: als ‚**Verschiedenheit überhaupt**' und als ‚entgegengesetzte Verschiedenheit' bzw. als ‚**Gegensatz**' (L II 23). Erst im ‚**Gegensatz**' ist die bestimmte Reflexion **vollendet** (L II 40), indem darin eine Einheit von Identität und Verschiedenheit erreicht ist. Wenn wir sagen, was etwas in seinem Wesen ist, so müssen wir zugleich eine Identität mit dem Schein und eine Verschiedenheit zum Ausdruck bringen.

Hegel gelangt jedoch nun von dieser relativ einfach zu verstehenden Entgegensetzung in der bestimmten Reflexion, d.h. in den ‚**Wesenheiten**' bzw. ‚**Reflexionsbestimmungen**' zum Gedanken des ‚**Grundes**'. Behauptet wird damit, dass der Gedanke selbständiger Reflexionsbestimmungen stets schon den Gedanken des ‚Grundes' erfordert und ohne ihn eigentlich **keine** ‚**Wesenheiten**' **gedacht** werden können. Man könnte diesen Gedanken etwa so rekonstruieren. Das Sein kann als reflektiertes nur gedacht werden, wenn Wesen und Schein in ihm und aus ihm aufeinander **bezogen** sind. Daraus müssen sich Reflexionsbestimmungen bzw. Wesenheiten entwickeln, ohne die der Gedanke des Wesens nicht durchgeführt werden kann. Dieser Gedanke enthält jedoch **nicht selbst** eine **Bestimmung**, mit der verstanden werden kann, dass gerade **solche** und nicht andere **Bestimmtheiten** sich entwickeln, d.h. dass **bestimmte** Reflexionsbestimmungen gedacht werden, in denen sich die grundlegende Reflexion des Wesens ausbildet. Der Widerspruch in diesen Bestimmungen alleine kann sie nicht ‚zusammenhalten', weshalb der Gedanke eines ‚**Grundes**' gedacht werden muss, aus dem heraus **bestimmte** ‚**Wesenheiten**' gedacht werden.

Damit ist nicht gesagt, dass Menschen einen Grund bzw. ein Motiv haben müssen, um Reflexionsbestimmungen zu denken. Es handelt sich vielmehr nach Hegels Denken um einen Gedanken, der sich **notwendig** aus der **Entwicklung** des Gedankens des ‚**Wesens**' selbst ergibt. Hegel drückt sich so aus, dass der selbständige Gegensatz in den ‚Wesenheiten' ein nur ‚**Gesetztes**' sein muss. Das Wesen ist als Grund nun „ein Gesetztsein, ein gewordenes." (L II 53) Dies ist aber so zu denken, dass das Wesen sich selbst zum **Gesetztsein** macht: „Der aufgelöste Widerspruch ist also der Grund, das Wesen als Einheit des Positiven und Negativen. Im Gegensatze ist die Bestimmung zur Selbständigkeit gediehen; der Grund aber ist diese vollendete Selbständigkeit; das Negative ist in ihm selbständiges Wesen, aber als Negatives; so ist er ebenso sehr das Positive als das in dieser Negativität mit sich Identische." (L II 53) Nur mit dem Gedanken des ‚**Grundes**' kann also der ‚**Widerspruch**' gedacht werden, der sich aus der

‚Identität' *und* dem ‚Unterschied' in den Reflexionsbestimmungen ergeben hat. Der **Grund** ist deshalb der „**aufgelöste Widerspruch**" und „das Wesen als Einheit des Positiven und Negativen." (L II 53)

Mit der Gedankenbestimmung des ‚**Grundes**' vollendet sich der **erste Abschnitt** der Wesenslogik – ‚Das Wesen der Reflexion in ihm selbst' – in der eigenen Entwicklung des ‚Grundes', die schließlich zum **Übergang** in den zweiten Abschnitt führt, der mit ‚Die **Erscheinung**' überschrieben ist. Es sei darauf aufmerksam gemacht, dass damit die Gedankenbestimmung der ‚**Erscheinung**' an späterer Stelle in der ‚Logik' steht als die Gedankenbestimmung des ‚**Scheins**'. ‚Erscheinung' ist damit eine weiter entwickeltere Bestimmung als dies im ‚Schein' der Fall ist. Man könnte auch sagen: erst damit ist begriffen, was das ‚Wesen der Reflexion in ihm selbst' ist, bzw. in welchem Sinne die ‚**Erscheinung**' für das **Wesen** notwendig ist. Zunächst war das Wesen nur als die Wahrheit des Seins gedacht worden, dem gegenüber alles ‚Nicht-Wesentliche' Schein ist. Erst mit dem Gedanken der ‚**Erscheinung**' wird eingesehen werden, wie **wesentlich** dem **Wesen** das **Erscheinen** ist.

Zunächst aber muss der Gedanke des ‚**Grundes**' so weiterentwickelt werden, dass er aus sich selbst heraus in die Gedankenbestimmung der ‚**Erscheinung**' führt. Hegel führt diese Entwicklung über die Bestimmungen ‚Der **absolute Grund**', ‚Der **bestimmte Grund**' und ‚Die **Bedingung**' durch. Mit dem ‚**Grund**' tritt das Wesen in den Status der ‚**realen Vermittlung**' ein, d.h. es ist nicht mehr ‚reine Vermittlung', nicht mehr eine ‚reine Beziehung', sondern es werden nun auch ‚**Bezogene**' gedacht (L II 64). Zunächst aber ist nur ‚**absoluter Grund**' – man könnte auch sagen: bloßer Grund ohne nähere Bestimmung. Erst wenn er sich als **Form** und **Materie** bestimmt, kann er sich einen **Inhalt** geben und so ‚**bestimmter Grund**' werden. Genau dies erfordern aber **bestimmte Reflexionsbestimmungen**, die ihr Verhältnis in sich auf einen solchen ‚Grund' zurückführen können müssen, der nicht einfach ein Prinzip ist, sondern ein konkret angebbarer ‚Grund' für gerade **solche** ‚**Wesenheiten**', wie sie eben in einem gegebenen Fall vorkommen.

Deshalb muss der ‚Grund' zu einem ‚**bestimmten Grund**' werden, der „Grund von einem **bestimmten Inhalt**" ist (L II 65). Hegel erklärt jedoch weiter, dass auf diese Weise sich die ‚Grundbeziehung' in ihrer Realisierung überhaupt ‚äußerlich' wird. Aufgrund dieser notwendigen – weil logisch entwickelten – ‚Äußerlichkeit' des Grundes wird er als bestimmter Grund zu einer ‚**Bedingung**'. Die ‚Grundbeziehung' geht in eine ‚**bedingende Vermittlung**' über und der Grund setzt eine ‚Bedingung' voraus: „das Unbedingte ist ihre Einheit, die Sache an sich, die durch die Vermittlung der bedingenden Beziehung in die Existenz übergeht." (L II 65) Die ‚**Existenz**' ist die erste Gedankenbestimmung im folgenden Abschnitt über ‚Die **Erscheinung**'. Hegel behauptet damit also, dass der Gedanke von Reflexionsbestimmungen nur konsistent gedacht werden kann, wenn der Gedanke des ‚Grundes' entwickelt wird, der selbst wiederum als ‚bestimmter Grund' nur gedacht werden kann, wenn der Gedanke der ‚Bedingung' gefasst wird, und dieser Gedanke erfordert den **weiteren Gedanken des Hervorgangs** der Sache in die ‚**Existenz**', und gerade mit der ‚**Existenz**' ist die Gedankenbestimmung der ‚**Erscheinung**' erreicht, die es erlaubt, den Gedanken des Wesens besser aufzufassen, als dies mit der Bestimmung als ‚Reflexion in ihm selbst' möglich war. Der Gedanke des Wesens als der Wahrheit des Seins ist demnach nur konsistent zu denken, wenn die Entwicklung weitergetrieben wird zu dem Gedanken der ‚Bedingung' und von da zum Gedanken der ‚**Existenz**'.

Es kommt hier vor allem darauf an, dass wiederum nicht die Vorstellungen herangebracht werden, mit der wir die Bedeutung eines Ausdrucks gewöhnlich auffassen. Unter ‚**Existenz**' ist nichts anderes zu verstehen als das, was sich in der ‚Wissenschaft der Logik' in der ganzen vorangegangenen **Entwicklung** ergeben hat. ‚Existenz' hat hier also weder etwas mit Heideggers Denken zu tun noch mit der in der Alltagssprache üblichen Bedeutung von ‚das gibt es', wenn wir sagen ‚das existiert'. Sehr vereinfacht könnte man sagen, dass Hegel von ‚**Existenz**' dann spricht, wenn wir ein Ding so auffassen, dass wir ihm **Eigenschaften zusprechen**. Genau dies ist der erste Gedanke in der Entwicklung der Gedankenbestimmung der ‚Existenz', welche lautet ‚Das **Ding und seine Eigenschaften**'. Damit ist bereits der **zweite Abschnitt** der Wesens-Logik erreicht, der ‚Die **Erscheinung**' expliziert. Der erste Satz lautet hier „**Das Wesen muss erscheinen.**" (L II 101) Das ist zunächst insofern leicht verständlich, als man von ‚Wesen' nicht sprechen kann, wenn nicht die ‚bloße Erscheinung' davon abgehoben wird, so dass der Begriff des ‚Wesens' immer auf den der Erscheinung verwiesen bleibt. Aber Hegel meint an dieser Stelle viel mehr. Es soll das ‚**Wesen selbst**' erscheinen und nicht getrennt und unterschieden von der Erscheinung für sich bleiben können. In der **Erscheinung selbst** muss also das ‚**Wesen**' vorhanden sein, weshalb die Erscheinung durchaus nicht bloß das darstellen kann, durch das man ‚hindurch' muss, um zum Wesen vorzudringen.

In der Wesens-Logik wurde bisher entwickelt, dass das Sein nur als „**absolute Negativität**" (L II 101) ist – es ist, indem es sich von sich unterscheidet und in sich negiert; von Sein ist sinnvoll nur zu reden, wenn damit impliziert ist, dass es sich ebenso **aufhebt** wie in dieser Aufhebung **bewahrt**: so „ist Sein nur als sich aufhebendes Sein, und ist Wesen. Das Wesen aber ist als die einfache Gleichheit mit sich ebenfalls Sein." (L II 101) Die **Selbstunterscheidung**, die im Wesen gedacht wird, ist also ebenso eine **neue Unmittelbarkeit**; es ist keine Wahrheit, die an zwei Pole verteilt wäre, sondern nur eine einzige. Wesen und Erscheinung gehen unmittelbar **ineinander über**. Wir könnten dies unter einer subjektiven Perspektive – die nicht der von Hegel an dieser Stelle eingenommenen entspricht – einfach so verstehen, dass wir eine Wesenserkenntnis nie haben, außer indem wir Erscheinungen so ordnen oder strukturieren, dass wir darin ein Wesen erkennen zu können glauben. Wäre die Erscheinung nicht so, wie sie eben ist, so wäre auch das Wesen, das wir darin erkennen, ein anderes. Also ist **im Wesen** die **Erscheinung**, wie wir umgekehrt die Erscheinung bereits daraufhin auffassen, ob und wie wir darin ein Wesen erkennen können. Insofern ist auch die Erscheinung bereits vom Wesen **abhängig** und wir können nicht einfach Erscheinungen für sich auffassen, ohne bereits auf eine mögliche Wesenserkenntnis ‚vorzublicken'.

Damit ist aber auch schon deutlich, wieso Hegel den **zweiten Abschnitt** der Wesens-Logik, der mit „Die **Erscheinung**" überschrieben ist, mit dem Kapitel „Die **Existenz**" beginnen lässt, und dieses Kapitel wiederum mit der Gedankenbestimmung „Das **Ding und seine Eigenschaften**" einleitet. Indem das Wesen erscheint, ist die Reflexion „das **Scheinen** des Wesens **in ihm selbst**." (L II 101) Da das Wesen aber als Grund bestimmt ist, „bestimmt es sich real durch seine sich selbst aufhebende oder in sich zurückkehrende Reflexion." (L II 101) Wir müssen deshalb von der oben nahegelegten Interpretation noch die Subjektivität einer Wesensbestimmung abziehen, um verstehen zu können, was hier mit der **Einheit von ‚Erscheinung' und ‚Wesen'** im Wesen gemeint ist. An dieser Stelle ist nur die Gedankenbestimmung entwickelt, die jeder Wesensbestimmung zu Grunde liegt. Wenn wir von ‚Wesen' sprechen, dann beanspruchen wir gerade, dass es sich um eine ‚**Selbstbestimmung**' der Sache handelt, nicht um ‚unsere' Bestimmung. Für diese ‚Selbstbestimmung' steht aber nur die ‚Erscheinung' zur Verfügung, die selbst zum ‚Wesen' führt. Insofern handelt es sich um eine ‚**in sich zurückkehrende Reflexion**', die sich aber darin ‚selbst aufhebt', weil sie wieder eine **Unmittelbarkeit** freigibt, die nun **reflektiert** ist. Das Wesen ist nicht getrennt von der Erscheinung, sondern es ‚scheint in ihm selbst'.

Mit dieser ‚Vervollständigung' des Scheins zur ‚Erscheinung' ist schon die Bestimmung der ‚Existenz' gegeben. Die ‚Existenz' ist nur als ‚**Existierendes**' bzw. ‚**Ding**' (L II 101). Es ist wieder wichtig, hier nicht unsere Vorstellungen von dem, was ein ‚Ding' ist, heranzubringen, sondern Hegels Entwicklung der Gedankenbestimmungen zu folgen. Ein ‚Ding' ist einfach der Gedanke, der sich jetzt aus dem Gang der ‚Wissenschaft der Logik' entwickelt hat. Als ‚Ding' wurde das ‚**Wesen**' in seiner **Unmittelbarkeit** bestimmt. Die Existenz „ist die aus dem Aufheben der durch Grund und Bedingung beziehenden Vermittlung hervorgegangene Unmittelbarkeit, die im Hervorgehen eben dieses Hervorgehen selbst aufhebt." (L II 102) Man könnte dies auch so ausdrücken: ein ‚**Existierendes**' – also ein ‚**Ding**' – ist ein Seiendes, das mit einer **Bestimmtheit** auftritt, die wir als **Unmittelbarkeit** auffassen; seine Bestimmtheit jedoch besteht darin, dass es ein Ding mit seinen Eigenschaften ist und deshalb in sich das **Verhältnis von Wesen und Erscheinung** enthält, das kein **äußerliches** Verhältnis ist, sondern ‚Scheinen des Wesens in ihm selbst'.

Was ‚**existiert**', ist also ein ‚**Ding**' mit seinen Eigenschaften, denn die ‚Existenz' hat die „Bestimmungen der **Vermittlung** an ihr, aber so, dass sie zugleich in sich **reflektierte** sind und das wesentliche und **unmittelbare** Bestehen haben." (L II 105) Das ‚**existierende**' Etwas ist deshalb sehr verschieden von dem ‚**seienden**' Etwas aus der Seins-Logik, denn das erstere ist „eine solche Unmittelbarkeit, die durch die Reflexion der Vermittlung in sich selbst entstanden ist." (L II 106) Dem ‚seienden' Etwas dagegen hätten keine ‚**Eigenschaften**' zugeschrieben werden können. Der ganze zweite Abschnitt der Wesens-Logik ist nun der Entwicklung dieser Gedankenbestimmung gewidmet. Zunächst wird aus dem ‚Ding' mit seinen ‚Eigenschaften' entwickelt, dass das ‚Ding' aus **Materien** besteht. Man könnte darin den Gedanken sehen, dass dem ‚Ding' seine Eigenschaften so ‚**wesentlich**' sind, dass sie sich als ‚Eigenschaften' aufheben und ihm so **zugehören**, wie dies die ‚**Materien**' tun. Damit wird aber ebenso die Gedankenbestimmung der ‚**selbständigen Stoffe**' entwickelt, aus denen das Ding ‚besteht' (L II 114). Wenn die Entwicklung von der Gedankenbestimmung der ‚Eigenschaften' zu derjenigen der ‚Materien' fortgeschritten ist, so ist das **Ding** aber schon ‚**aufgelöst**', denn es hat sich nun bestimmt „als der bloß quantitative Zusammenhang der freien Stoffe" und ist damit „das schlechthin veränderliche" (L II 117). Wenn eine Materie fortgenommen wird, so ist das Ding nicht mehr das, was es war, während es beim Fehlen einer Eigenschaft doch ‚im Wesen' noch das gleiche Ding sein konnte.

Es mag seltsam klingen, dass Hegel nun von dieser **Auflösung** des Dinges her wieder zur ‚**Erscheinung**' kommt. Wenn er sich nicht einfach wiederholt, so muss die ‚Erscheinung' sich nun weiter bestimmt haben, als dies am Anfang des Abschnitts möglich war, der mit ‚Die Erscheinung' überschrieben ist. Die ‚**Erscheinung**' ist nun die **Wahrheit** der ‚**Existenz**' und diese Wahrheit ist, „ihr Ansichsein in der Unwesentlichkeit oder ihr Bestehen in einem Andern und zwar dem absolut Andern, oder zu ihrer Grundlage ihre Nichtigkeit zu haben." (L II 119) Hegel bezieht sich damit auf das ‚**Ding**' als die **Beziehung** von **Materien**. Diese Beziehung enthält ein ‚auch' und ein ‚nicht': „Das Ding ist daher so die Beziehung der Materien, aus denen es besteht, aufeinander, dass in ihm die eine und die andere auch besteht, aber dass darin zugleich die eine nicht besteht, insofern die andere besteht." (L II 118) Die Gedankenbestimmung der ‚Erscheinung' bezeichnet also das Ergebnis der Entwicklung des Gedankens vom Ding mit seinen Eigenschaften bzw. des Dings und seiner Materien. In dieser Entwicklung haben sich diese Bestimmungen als nicht haltbar gezeigt, und dies so, dass die Konsequenz der ‚**Auflösung**' des **Dinges** nun der **neue Begriff** der ‚**Erscheinung**' ist.

Man könnte auch sagen, dass Hegel die ‚Auflösung' des Dinges ins **Positive** wendet. Die Gedankenbestimmung der ‚Erscheinung' bringt gerade zum Ausdruck, dass das ‚Ding' ein **Widerspruch** ist, wenn es als Ding mit Eigenschaften bzw. als Ding durch seine Materien verstanden wird (L II 121). Man könnte diesen Widerspruch sehr vereinfacht so formulieren: wenn das **Ding** aus **Materien** besteht, so sind die **Materien**, aber das **Ding** verschwindet **als solches**; das Gleiche galt aber schon für das Ding mit seinen Eigenschaften, die eigentlich das sind, was das Ding sein sollte, so dass das Ding selbst und als solches nicht mehr gedacht werden kann. Aus dieser ‚Auflösung' stellt sich wieder eine **neue Unmittelbarkeit** des Seins her, indem die ‚**Existenz**' – das ‚**Existierende**' bzw. das ‚**Ding**' – nun selbst als ‚**Erscheinung**' bestimmt ist. Es geht also nicht mehr um die **Erscheinung** *von* einem Wesen, sondern die ‚**Erscheinung**' ist nun das, als was **das Ding selbst** gedacht werden muss: „Dagegen ist die unmittelbare Selbständigkeit, die der Existenz zukommt, ihrerseits zum Momente herabgesetzt. Die Erscheinung ist daher Einheit des Scheins und der Existenz." (L II 123)

Die ‚Erscheinung' ist aber keineswegs nur ‚Schein'. Ihre Bestimmung enthält die Entwicklung in sich und damit auch den Gedanken des **Wesens** und der **Reflexion**. Dieser Gedanke nimmt aber nun die Form an, dass eine ‚**übersinnliche**' **Welt** der Erscheinung gegenübersteht, indem **Gesetze** für die Erscheinung bestimmt werden. Der erste Schritt in der Entwicklung der ‚Erscheinung' ist das ‚**Gesetz der Erscheinung**', in dem der Gedanke des Wesens in neuer Gestalt wiederkehrt. Die ‚Erscheinung' enthält verschiedene Bestimmungen, „welche sowohl selbst als deren Beziehung das im Wechsel der Erscheinung sich gleich Bleibende ist, – das Gesetz der Erscheinung." (L II 124) Das Gesetz ist „die **Reflexion** der Erscheinung in die Identität mit sich" (L II 127), d.h. es ist nichts Fremdes gegenüber der Erscheinung, sondern zur Erscheinung gehört aufgrund ihrer gedanklichen Herkunft aus der Entwicklung der ‚Wissenschaft der Logik' und speziell der Wesens-Logik, dass sie sie selbst ist nur dadurch, dass **Gesetze** bestehen, in denen das **Wechselnde** an der Erscheinung zu einer **Gesetzmäßigkeit** und damit zu einem ‚**Bleibenden**' gemacht wird. Hegel kann deshalb auch sagen, dass das **Gesetz** in der **Erscheinung** „unmittelbar gegenwärtig" ist, so dass es sich um „Eine Totalität" handelt und die existierende Welt selbst „das Reich der Gesetze" ist (L II 127).

Nichtsdestoweniger enthält die Gedankenbestimmung der ‚Erscheinung' doch auch den **Gedanken** einer ‚**an sich seienden Welt**'. Dazu entwickelt sich der Gedanke von den Gesetzen der Erscheinung, indem das **Gesetz** nun selbst als „das **Ganze**" genommen werden muss. Damit wird die „in sich reflektierte Erscheinung nun eine Welt, die sich als an und für sich seiende über der erscheinenden Welt auftut." (L II 131) Damit erscheint der Unterschied von Wesen und Erscheinung in einer neuen Gestalt: die Welt der (**Natur-**)**Gesetze** „enthält den Gegensatz und stößt sich ab in sich als die wesentliche Welt und in sich als die Welt des Andersseins oder die Welt der Erscheinung." (L II 132) Gegenüber den **Gesetzen** können die **Erscheinungen** nun nicht mehr als eine **wahre Gedankenbestimmung** bleiben. Hegel formuliert diese Konsequenz einer Welt, deren ‚**Innerstes**' aus Naturgesetzen besteht, in der ‚**Auflösung der Erscheinung**'. Dieser Gedanke formuliert im Grunde die **Ununterscheidbarkeit** zwischen Erscheinung und Gesetzen in einer Welt, die im Innersten in der Form von **Gesetzen** zu denken ist. Die **Gesetze** sind die **Wahrheit** der **Erscheinung**, deshalb ist die Erscheinung eigentlich in den Gesetzen und kann ihnen nicht mehr als etwas Eigenes gegenübergestellt werden. Die ‚Auflösung' der Erscheinung ist also ihre **Auflösung** in die **Gesetze**. Dadurch bleiben die Gesetze aber auch nicht das, was sie zuvor als das Innere der Erscheinung waren. Übrig bleibt nur eine **Totalität**, „welche sich von sich selbst in zwei Totalitäten abstößt, die eine die reflektierte Totalität und die andere die unmittelbare." (L II 135) Damit sind die beiden Totalitäten aber in einander übergehend, das Gesetz ist nicht die Wirklichkeit der Erscheinung jenseits der Erscheinung, sondern **das Gesetz ist ‚realisiert**': „seine innere Identität ist zugleich daseiende, und umgekehrt ist der Inhalt des Gesetzes in die Idealität erhoben; denn er ist an ihm selbst aufgehobener, in sich reflektierter, indem jede Seite an ihr ihre andere hat und damit wahrhaft mit ihr und mit sich identisch ist." (L II 136)

Hegel drückt diese neue Lage mit der Gedankenbestimmung ‚**Das wesentliche Verhältnis**' aus, und diese Gedankenbestimmung führt schließlich weiter zu derjenigen der ‚**Wirklichkeit**', mit der sich die **Wesens-Logik beschließt**. Das Wesen hat sich hier zu einer **reinen Beziehung** entwickelt, ohne dass die Bezogenen noch eine **eigene** Wirklichkeit hätten. Zwar sind die Seiten dieses Verhältnisses ‚selbständige Totalitäten', dies aber so, dass sie gerade aus dem ‚wesentlichen Verhältnis' selbst als solche gesetzt werden (L II 137). Es wird über **drei Schritte** entwickelt, die mit dem Verhältnis vom ‚**Ganzen**' und der ‚**Teile**' beginnen. Ein Ganzes ist nur das Ganze von Teilen, wie Teile nur Teile eines Ganzen sind. Die Wahrheit von Ganzem und Teilen ist also das **Verhältnis** beider, das selbst das **Wesentliche** darstellt. Das Gleiche gilt grundsätzlich für den zweiten Schritt, den Hegel allerdings aus dem ersten entwickeln zu können behauptet, nämlich für das **Verhältnis** zwischen der ‚Kraft' und ihrer ‚**Äußerung'**. Auch hier ist das **Verhältnis** das **Wesentliche**, aus dem sich sowohl Kraft als auch die Äußerung ergeben. Im dritten Schritt sieht Hegel bereits die Auflösung des ‚wesentlichen Verhältnisses' angelegt. Es handelt sich um das **Verhältnis** des ‚**Äußern'** und des ‚**Innern'**.

Genau dieses **Verhältnis** soll nun in die **Gedankenbestimmung** der ‚**Wirklichkeit'** führen. Wenn das im Wesen angelegte Verhältnis damit weitergeführt wird, dann müssen das ‚**Äußere'** und das ‚**Innere'** als eine „**Identität**" aufgefasst werden können: „Das Äußere ist nach dieser Bestimmung dem Innern, dem Inhalte nach, nicht nur gleich, sondern beide sind nur Eine Sache. – Aber diese Sache als einfache Identität mit sich ist verschieden von ihren Formbestimmungen, oder diese sind ihr äußerlich; sie ist insofern selbst ein Inneres, das von ihrer Äußerlichkeit verschieden ist." (L II 151) Diese letztere Äußerlichkeit aber besteht nur darin, dass von einem ‚**Äußeren'** und einem ‚**Inneren'** gesprochen wird, während **die Sache selbst** die **Einheit** beider ist. Wie das Wesen erscheinen musste, so muss das Innere **in das Äußere treten**, und wie die Erscheinung nur etwas ist als Erscheinung des Wesens, so ist auch das **Äußere** nur das **Innere**. Man könnte auch sagen: diese **Unterscheidung** kann nur von einem Bewusstsein aus gemacht werden, wenn es damit bestimmte **Zwecke** verfolgt; wird hingegen beansprucht, damit Begriffe zu formulieren, die das **Absolute** bzw. das seinen Begriff erfüllende Wissen angeben können sollen, so **verschwindet** der Unterschied und **das Äußere ergibt sich als das Innere** und das Innere als das Äußere. Noch anders gesagt: wenn wir von etwas sagen, dass es nur ‚innen' sei, so ist dies eine äußerliche Bestimmung, und sagen wir von etwas, es sei nur ‚außen', so sagen wir eben, dass es das **Innere** der Sache ist.

Gerade deshalb sieht Hegel im **Verhältnis** des ‚**Innern'** und des ‚**Äußern'** ein **wesentliches Moment** der Entwicklung **in der Bewegung des Wesens zum Begriff** hervortreten, „dass nämlich seine Bestimmungen gesetzt sind, so in der negativen Einheit zu sein, dass jede unmittelbar nicht nur als ihre andere, sondern auch als die Totalität des Ganzen ist." (L II 153) **Zunächst** aber führt dieses Verhältnis zur Gedankenbestimmung der ‚**Wirklichkeit'**. Dies geht davon aus, dass nun begriffen ist, dass das, **was Etwas** ist, es ganz in seiner **Äußerlichkeit** ist (L II 155). Damit **vollendet** sich die Bestimmung des Wesens. Hegel formuliert dies so in Bezug auf das Etwas: „Seine Erscheinung ist nicht nur die Reflexion in anderes, sondern in sich, und seine Äußerlichkeit daher die Äußerung dessen, was es an sich ist; und indem so sein Inhalt und seine Form schlechthin identisch sind, so ist es nichts an und für sich als dies, sich zu äußern. Es ist das Offenbaren seines Wesens, so dass dieses Wesen eben nur darin besteht, das sich Offenbarende zu sein." (L II 155) Auf diesem Niveau der Entwicklung hat sich also das näher entwickelt, was das Wesen immer schon war. Das **Wesen** ist damit keine unwahre Gedankenbestimmung, sondern sie ist **wahr**, indem sie sich weiter **entwickelt** zu einem Wesen, das **nicht ein ‚Inneres' der Welt** ist, dem gegenüber sich die wechselnden Erscheinungen als etwas Unwirkliches darstellen, wie dies grundsätzlich Platons Auffassung war. Das Wesen ist nur ein sinnvoller Gedanke, wenn es in sich als ‚**Sich-offenbaren**' gedacht wird, d.h. als ‚**Sich-äußern**', so dass **Wesen** und **Erscheinung** sich nicht mehr gegenüberstehen, sondern **absolut miteinander vermittelt sind**.

Eben diese „Identität der Erscheinung mit dem Innern oder dem Wesen" nennt Hegel nun die ‚**Wirklichkeit**'. Auch hier kann es sinnvoll sein, sich nochmals daran zu erinnern, dass die Gedankenbestimmungen der Logik nicht in der Bedeutung aufgenommen werden sollten, die wir uns vorstellen, sondern in der Bedeutung, die innerhalb der ‚Logik' entwickelt wurde. Die ‚Wirklichkeit' ist die **Gedankenbestimmung**, mit der nun das **Absolute** so gedacht werden kann, dass ein **Wissen** möglich wird, das seinen **Begriff** ganz erfüllt, d.h. nicht für technisch-praktische Zwecke brauchbar ist, sondern ‚absolutes Wissen' ist. Innerhalb der **Wesens**-Logik ist es die **letzte** und damit **höchste Bestimmung**, und ebenso ist es der **Gedanke**, mit dem der **Übergang** in die **Begriffs**-Logik gemacht wird. Aus dieser Entwicklung der Gedankenbestimmung ‚Die Wirklichkeit' muss sich auch begründen, warum Hegel ihre **Explikation** mit dem Kapitel „Das **Absolute**" beginnt, das sich dann weiter zur ‚**Wirklichkeit**' entwickelt, die dann auf der Grundlage ihrer Herkunft aus der Gedankenbestimmung ‚Das Absolute' selbst wiederum in das Kapitel ‚Das **absolute Verhältnis**' führt.

Die ‚**Wirklichkeit**', die nun als Gedankenbestimmung entwickelt wurde, nennt Hegel auch „die **absolute Wirklichkeit**" (L II 156). ‚**Absolut**' ist sie aufgrund der Bestimmung, ‚**Identität** der **Erscheinung** mit dem **Innern** oder dem **Wesen**' zu sein. ‚**Wesen**' und ‚**Existenz**' werden nun in der **Einheit** gedacht. Darin ist das ‚Wesen' nicht mehr ‚gestaltlos' und sein Bestehen ist nicht mehr ‚bestimmungslos' bzw. die ‚Erscheinung' ist nicht mehr ‚haltlos' und die ‚Mannigfaltigkeit' ist nicht mehr ‚bestandlos' (L II 156), anders ausgedrückt: **Wirklichkeit bedeutet, dass das Wesen in der Erscheinung ist und die Erscheinung nicht mehr vom Wesen getrennt**. Man könnte darauf hinweisen, dass dies durchaus einen gewissen Anschluss an den Begriff finden kann, den **wir** mit dem Wort Wirklichkeit ausdrücken. Wir meinen damit weder eine bloße Erscheinung noch eine Idee oder ein Wesen ‚hinter' den Erscheinungen, sondern beides in ungetrennter Einheit, so dass wir weder bloß durch Denken Begriffe bilden noch bloß durch Wahrnehmungen Erscheinungen aufnehmen. Die Wirklichkeit ist das, was uns so gegenübersteht, dass wir sie auffassen können, ohne von ihr abstrahieren zu müssen. Allerdings ist dies eine Betrachtung aus der Perspektive des Subjekts, die eigentlich **nicht** in die ‚Logik' gehört. Nichtsdestoweniger kann man doch darauf verweisen, dass Hegel sich hier zumindest bis zu einem gewissen Grad an den allgemeinen Sprachgebrauch anschließt.

Wenn er die **Wirklichkeit** nun ‚absolut' nennt, so kann dieser Anschluss ebenso noch behauptet werden. Von unserem Wissen fordern wir üblicherweise, dass es sich auf die Wirklichkeit bezieht, so dass diese den Maßstab für alles Wissen bilden kann. Schwieriger ist es jedoch zu verstehen, warum Hegel das erste Kapitel innerhalb des Abschnitts über die Gedankenbestimmung der ‚Wirklichkeit' als ‚Das **Absolute**' bezeichnet. Gemeint ist, dass die ‚Wirklichkeit' zunächst in der Bestimmung als „**das Absolute als solches**" aufgefasst wird. In dieser Auffassung soll die Reflexion nicht vorkommen und die ‚Wirklichkeit' ist **nur ‚absolut'**, d.h. sie ist in keinem **Verhältnis**; man könnte hinzufügen: damit auch nicht dem Wissen zugänglich: „Die Reflexion verhält sich gegen dies Absolute als äußerliche, welche es vielmehr nur betrachtet, als dass sie seine eigene Bewegung wäre." (L II 156) Es ist die Gedankenbestimmung des ‚**Absoluten**', an der sozusagen ‚vergessen' wurde, dass dies eine Bestimmung ist, die sich innerhalb des Gedankens vom ‚Wesen' entwickelt hatte, so dass sie eigentlich eine **Reflexion** in sich enthalten muss und nicht ‚als solches' – gewissermaßen als das ‚absolute Absolute' – aufgefasst werden kann.

Es würde sich also um ein vollkommen **unbestimmtes** und **unbestimmbares Absolutes** handeln: „Die einfache gediegene Identität des Absoluten ist unbestimmt, oder in ihr hat sich vielmehr alle Bestimmtheit des Wesens und der Existenz oder des Seins überhaupt sowohl als der Reflexion aufgelöst. Insofern fällt das Bestimmen dessen, was das Absolute sei, negativ aus, und das Absolute selbst erscheint nur als die Negation aller Prädikate und als das Leere." (L II 157) Da das ‚Absolute' aber eine **Gedankenbestimmung** ist, die sich in der **Entwicklung** von dem ‚Wesen der Reflexion in ihm selbst' über die ‚Erscheinung' **bestimmt** hat, kann dies nicht seine Wahrheit sein. Die weitere Entwicklung ist deshalb als eine ‚**Auslegung des Absoluten**' zu verstehen. Damit beginnt die Weiterentwicklung der Gedankenbestimmung ‚Das Absolute' hin zu jener Bestimmung, die Hegel als die ‚**Wirklichkeit**' bezeichnet. Wenn das ‚Absolute' sich aber **selbst** auslegt, so kann diese Entwicklung den Gedanken des ‚Absoluten' ebenso **nicht wieder verlassen**. Darin soll ‚**dargestellt**' werden, was das **Absolute** ist, „aber dies Darstellen kann nicht ein Bestimmen noch äußere Reflexion sein, wodurch Bestimmungen desselben würden, sondern es ist die Auslegung und zwar die eigene Auslegung des Absoluten und nur ein Zeigen dessen, was es ist." (L II 157)

Man könnte beim ‚Absoluten' stets darauf verweisen, dass es eben nichts anderes ist als ‚das **Absolute**', d.h. jede **Bestimmung** ist eigentlich schon mehr und kann deshalb das Absolute nicht zum Ausdruck bringen. Wenn das Absolute aber überhaupt nicht ausgedrückt werden kann, so ist es für uns nichts. Hegel muss also das Absolute so **denken** können, dass es (a) absolut bleibt und (b) doch **nicht das ‚Leere'** ist. Wir können hier schon darauf hinweisen, dass der Gedankengang sich damit dem Ziel nähert, wenn denn ein Wissen gesucht ist, das im vollständigen Sinne als ein Wissen bezeichnet werden kann und nicht nur als ein technisch-praktisches Gebrauchswissen. Gefordert ist dafür gerade ein Gedanke, der das **Absolute** als in einem **Wissen** auffassbar denkt, ohne dass es damit als Absolutes gerade dementiert wird. Allerdings wird diese Gedankenentwicklung sich noch durch die gesamte **Begriffs**-Logik ziehen. Hier ist jedoch schon ein Niveau erreicht, an dem Hegels Denkrichtung besonders deutlich wird. Es muss jetzt ein Gedanke entwickelt werden, der nicht eine ‚Bestimmung' des Absoluten denkt, da darin das **Absolute als solches** dementiert wäre, denn das Absolute ist in allen seinen Teilen absolut und kann nicht in ‚**Formunterschiede**' eingeteilt werden.

Nichtsdestoweniger muss am ‚Absoluten' aufgrund seiner in ihm aufbewahrten und aufgehobenen **gedanklichen Herkunft** – „weil es selbst die absolute Form und Reflexion ist" – „die **Verschiedenheit** des **Inhalts** an ihm hervortreten." (L II 158) Hegel kann nun jedoch darauf verweisen, dass sich das Absolute eigentlich schon selbst **ausgelegt** hat, nämlich dadurch, dass es eben eine gedankliche **Herkunft** hat, d.h. durch seine Entwicklung aus „der logischen Bewegung der Sphäre des Seins und des Wesens." (L II 159) Seine **Auslegung** ist also eigentlich sein **gedankliches Gewordensein** in der ‚Wissenschaft der Logik'. Man könnte diesen Gedanken natürlich auch in der **umgekehrten** Richtung denken: indem die ganze Entwicklung der ‚Logik' nun die Gedankenbestimmung des ‚Absoluten' hervorgebracht hat, hat eben diese Entwicklung selbst den Status eines Absoluten erhalten, der zuvor nur noch nicht als solcher begriffen war. Im Grunde könnte man nun von jeder zuvor entwickelten Gedankenbestimmung sagen, dass sie eine **Auslegung des Absoluten** ist, das darin gerade nicht dementiert wird, da ihm keine äußerliche Bestimmung ‚angeheftet' wird. Hegel bringt dies so zum Ausdruck, dass nun für **alle Bestimmungen** gilt, „dass sie nämlich das Absolute zu ihrem Abgrunde, aber auch zu ihrem Grunde haben, oder dass das, was ihnen, dem Schein, ein Bestehen gibt, das Absolute selbst ist." (L II 159)

Damit ist das **Absolute** nicht Thema einer ‚**äußern Reflexion**': „Das Absolute ist nur das Absolute, weil es nicht die abstrakte Identität, sondern die Identität des Seins und Wesens oder die Identität des Innern und Äußern ist. Es ist also selbst die absolute Form, welche es in sich scheinen macht und es zum Attribut macht." (L II 160) Man kann dies auch so ausdrücken: die **Reflexion** ist dem **Absoluten** nicht **äußerlich**, noch besser und komplizierter: die Reflexion ist dem Absoluten ‚**innerlich**', **weil sie ihm ‚äußerlich' ist**. Genau dies war zuvor in der Abfolge der Gedankenbestimmungen entwickelt worden: Wesen und Sein sind identisch, und die Reflexion kann nicht aus dem Sein ausgeschlossen werden, ebenso wie die **Reflexion** selbst **Sein** ist, d.h. im Grunde so **identisch** mit dem **Absoluten** ist, dass es sich selbst auslegen kann und damit schließlich in die Erkenntnis eingehen kann. Damit wird dann das **Erkennen absolut** sein, weil **das Absolute das Verhältnis des Erkennens selbst enthält**.

Das **Absolute** wird damit ‚**Wirklichkeit**', indem es „nur als absolutes sich für sich selbst **Manifestieren**" ist (L II 164). Es ist nichts Jenseitiges, sondern die Wirklichkeit ist das Absolute, weil das Absolute sich in der Gedankenentwicklung als die Wirklichkeit zeigt, wie Hegel diese Bestimmung im Gang der ‚Wissenschaft der Logik' einführt. ‚Wirklichkeit' heißt nun die „**reflektierte Absolutheit**", d.h. das Absolute als „**Manifestation**" (L II 169). Dieser Ausdruck ‚Manifestation' ist von Hegel durchaus überlegt gewählt, denn er drückt aus, dass hier keine ‚Bestimmung' mehr stattfinden kann, sondern **das Absolute** selbst ‚manifestiert' sich, ohne in sich Bestimmungen zu erzeugen, d.h. so, dass es in sich das Absolute **bleiben** kann. Man könnte auch sagen, die ‚Manifestation' des Absoluten ist die Möglichkeitsbedingung dafür, dass überhaupt ein ‚absolutes Wissen' stattfinden kann, das dem ‚Absoluten' **nicht äußerlich** ist. Eben diese ‚Manifestation' ist aber auf dem erreichten Niveau der ‚Wissenschaft der Logik' keine Behauptung, sondern das **Ergebnis** einer Entwicklung, die beim Sein und seinem unmittelbaren Übergehen in Nichts begann und sich schließlich in der Wesens-Logik fortgesetzt hatte bis zu eben dem Begriff des ‚**Absoluten**', mit dem dessen ‚**Manifestation**' gedacht wird.

Das Gleiche gilt aber nun für den auf diesem Weg gewonnenen Begriff der ‚**Wirklichkeit**': das **Wirkliche** „manifestiert sich; d.h. es ist in seiner Äußerlichkeit es selbst, und ist nur in ihr, nämlich nur als sich von sich unterscheidende und bestimmende Bewegung, es selbst." (L II 170) Eben diese Wirklichkeit entwickelt Hegel nun weiter bis zur Gedankenbestimmung der ‚**absoluten Notwendigkeit**'. Es wird damit expliziert, dass Wirklichkeit eine **Gedankenbestimmung** ist, die sich aus der Entwicklung der ‚Wissenschaft der Logik' so ergeben hat, dass in ihr eine ‚**Notwendigkeit**' herrscht, die als ‚absolute' **zur ‚Manifestation' des Absoluten** gehört. Bei **Kant** waren Notwendigkeit und Allgemeinheit Kennzeichen des eigentlich so zu nennenden Wissens, d.h. der apriorisch-synthetischen Urteile, die unabhängig von der Erfahrung und doch nicht bloß analytisch gelten. Eben diese **Notwendigkeit** wird nun der **Wirklichkeit** selbst zugesprochen, die sich ‚manifestiert'. Das bedeutet auch, dass die ihren Begriff erfüllende Erkenntnis nicht mehr auf den Bereich der aus den reinen Verstandesbegriffen zu entwickelnden ‚Grundsätze' – wie Kant sie nannte – beschränkt bleiben muss, sondern dass die **Wirklichkeit** aufgrund der Entwicklung dieser Gedankenbestimmung so verstanden werden kann, dass in ihr eine **solche Erkenntnis** möglich ist, die eine **Erkenntnis des Absoluten** heißen kann.

Von der ‚absoluten Notwendigkeit' aus wird schließlich das **letzte** Kapitel der Wesens-Logik erreicht, das Hegel überschrieben hat mit ‚**Das absolute Verhältnis**'. Darin werden die auch bei **Kant** in der Urteilstafel enthaltenen Gedankenbestimmungen – bei Kant: Kategorien – der Substantialität, Kausalität und Wechselwirkung entwickelt. Der grundlegende Gedanke dabei ist, dass diese **Bestimmungen** als **Verhältnisse** aus den Gedanken der **Wirklichkeit** und der absoluten Notwendigkeit **hervorgehen**, welche Verhältnisse damit selbst ‚**Manifestationen**' des **Absoluten** bzw. der **absoluten Wirklichkeit** sind. Es sind also ‚**Verhältnisse**', in denen sich **das Absolute selbst auslegt**, ohne dass dabei Bestimmungen entstehen würden, die seinem absoluten Status widersprechen würden. Es geht also zunächst um das Verhältnis der **Substanz** und der **Akzidenzen**, sodann um das Verhältnis der **Kausalität** (Ursache – Wirkung) und um das der **Wechselwirkung**. Damit – so Hegel – ist das absolute Verhältnis „nach den Bestimmungen, welche es enthält, auch gesetzt." (L II 185) Jene Verhältnisse sind demnach die einzigen **Selbst-Manifestationen des Absoluten**, nachdem es als Gedankenbestimmung erreicht wurde, d.h. die Manifestationen des Absoluten als des Absoluten. Man könnte allerdings auch rückwärts in die Entwicklung zu dieser Gedankenbestimmung gehen und würde dann die zuvor entwickelten Bestimmungen ebenso als Manifestationen des Absoluten finden. Allerdings handelt es sich dabei nicht um Manifestationen des Absoluten **als des Absoluten** und insofern nicht als ‚Selbst-Manifestationen', sondern um die **unvollkommenen** Gedanken, die nur in sich als ‚**Vor-griffe**' auf das Absolute verstanden werden können.

Es muss nun sehr merkwürdig erscheinen, dass Hegel ausgerechnet mit der Bestimmung der ‚**Wechselwirkung**' den **Übergang** zum **Begriff** und zur **Begriffs**-Logik gewonnen sieht. Dieser Übergang ist ja darüber hinaus auch die Unterscheidung zwischen **objektiver** und **subjektiver** Logik, d.h. zwischen Gedankenbestimmungen, die sich auf etwas beziehen, das selbst nicht begrifflich verfasst ist, und solchen, mit denen wir nicht den Anspruch erheben, uns auf etwas **außerhalb** des Denkens zu beziehen, da wir mit ihnen nicht aus dem Denken selbst heraustreten zu können beanspruchen. Man könnte hier darauf verweisen, dass die **Begriffs**-Logik, in der die Gedankenbestimmungen entwickelt werden, mit denen **sich das Denken auf sich selbst bezieht**, eben als das ‚Dritte' von **Seins**-Logik und **Wesens**-Logik entwickelt werden muss, um Sein und Wesen in einer Einheit zu denken, die die Wahrheit des Denkens selbst denken lässt. Wenn die ‚Wechselwirkung' aber gerade die Wesens-Logik zu einem Ende bringt, dann muss mit ihr auch der **Übergang** in die Begriffs-Logik gemacht werden können. Die Frage dabei ist aber, wieso gerade der Begriff der **Wechselwirkung** mit dem **Wesen** an ein **solches Ende** kommt, das den Übergang in das Denken des Denkens und die Entwicklung der entsprechenden Gedankenbestimmungen **notwendig** macht.

Man muss hier im Auge behalten, dass Hegel mit der ‚**Wechselwirkung**' nichts weniger zu denken versucht als eine der ‚**Manifestationen**' des Absoluten bzw. der absoluten Wirklichkeit. Es handelt sich also **nicht** um eine Denkform des **Verstandes**, wie dies bei Kant gilt. Die ‚Wechselwirkung' erscheint deshalb als der **Gedanke**, mit dem **das Absolute als das Absolute sich vollständig auf sich selbst bezieht**, indem es nicht aus sich selbst heraustritt, aber dennoch zu einer ‚**Manifestation**' kommt. Die Verschiedenheit von Substanz und Akzidenz bzw. von Ursache und Wirkung brachte diese ‚Manifestation' noch ungenügend zum Ausdruck, da hier noch Restbestände von **Unterschieden** gedacht wurden, die nicht vollständig dem Absoluten gemäß sind. Erst mit der ‚Wechselwirkung' ist eine **Manifestation**, „worin ihr Schein des substantiellen Andersseins sich aufgehoben hat und die **Notwendigkeit** zur **Freiheit** erhoben ist." (L II 203). Der ‚Schein' einer **fremden** Unterscheidung innerhalb des Absoluten ist erst damit aufgehoben. Das Andere der Wirkung ist nur **Wirkung**, also **dasselbe** wie die erste Wirkung, aber dennoch ‚**absolut**' von ihr **unterschieden**, ohne dass diese Unterscheidung auf verschiedene Gedanken verteilt werden müsste. Man könnte deshalb auch sagen, dass die **Kausalität** darin verschwunden ist und der ‚**Freiheit**' Platz macht.

Mit der ‚**Wechselwirkung**' ist damit eine **Reflexion** erreicht, die sich unterscheidet „als in einen vollkommen durchsichtigen Unterschied" und damit in die „einfache Bestimmtheit, welche ihre Eine und dieselbe Identität ist." Hegel schließt die **Wesens**-Logik deshalb mit dem Satz: „Dies ist der **Begriff**, das Reich der **Subjektivität** oder der **Freiheit**." (L II 205) Wir sollten vor allem vermeiden, hier einen Begriff des Begriffs zu verwenden, der aus unseren Vorstellungen oder unserer speziellen Schulbildung entnommen wird. Zwar beginnt nun die Entwicklung einer ‚**subjektiven Logik**' als einem Denken des **Denkens**, aber die Gedankenbestimmung ‚**Begriff**' bzw. ‚**Subjektivität**' ist in ihrer Bedeutung doch nur als das **Ergebnis** der ganzen Entwicklung von Seins- und Wesens-Logik aufzufassen. ‚Begriff' heißt an dieser Stelle also nichts anderes als das erreichte Niveau der Entwicklung von Gedankenbestimmungen. Man könnte vielleicht den folgenden Ausdruck wagen: erreicht ist nun das vollendete **Sich-auf-sich-Bezie-**

hen des Seins. Es ist aus seiner Unmittelbarkeit in eine **absolute Vermitteltheit** entwickelt worden, in der es ‚für sich' ist, indem es nicht aus sich heraustritt. Entwickelt ist also nun der **absolute Selbstbezug** des Seins durch die Vollendung des Wesens. Damit bezieht sich das ‚Absolute' bzw. die ‚absolute Wirklichkeit' auf sich selbst, ohne noch aus sich heraustreten zu müssen.

Wir dürfen deshalb nicht annehmen, am Ende der Wesens-Logik sei der Mensch mit seiner Begriffe bildenden Tätigkeit erreicht. Es geht weiter um **reine Gedankenbestimmungen**, aber das Absolute hat sich so entwickelt, dass es nur noch als seine ‚**Selbst-Manifestation**' gedacht werden kann, die sich in der Bestimmung der ‚**Wechselwirkung**' vollendet. Es kann damit eine solche Unterschiedenheit in sich zeigen, die das **Verhältnis** ermöglicht, das dem **begrifflichen Denken** zugrunde liegt. Es ist dem **Absoluten** nun nicht mehr fremd, dass **Begriffe** sich auf es beziehen, anders gesagt: es hat aus sich eine Struktur entwickelt, in die sich das begriffliche Denken einfügen kann, um eine Erkenntnis durch Begriffe zu entwickeln. Aber diese Struktur selbst entwickelt sich darin weiter. Insofern ist jenes ‚Einfügen' kein Tun, das dem Absoluten fremd ist, es hat vielmehr **selbst seine begriffliche Erkenntnis entwickelt**. Die Entwicklung innerhalb der **Begriffs**-Logik ist nicht unabhängig von der vorausgegangenen Explikation der Gedankenbestimmungen des Seins und des Wesens. Sie kann sich vielmehr nur gerade daraus rechtfertigen, dass es diese Entwicklung fortsetzt.

3.4.3 Die Begriffs-Logik

Im Grunde unternimmt Hegel in der **Begriffs**-Logik nichts weniger als den Versuch, aus den Gedankenbestimmungen des Seins und des Wesens das zu entwickeln, was das **Denken** ausmacht. Gelingt ihm dies, so liegt eine schlüssige Begründung dafür vor, dass das **Denken** in der Lage ist, das **Sein** so zu erkennen, dass der **Begriff des Wissen** vollständig erfüllt ist, d.h. dass es sich nicht auf ein technisch-praktisches Gebrauchswissen beschränken muss. Es ist dann nachgewiesen, dass die **Formen des Denkens** in der Lage sind, das Sein vollständig zu erfassen und es als es selbst zu denken. Wissen und Denken sind dann keine Veranstaltungen, mit denen wir uns dem Sein zu ‚nähern' versuchen, um die Natur durch Technik beherrschen zu können. Wir müssen auch nicht mehr von einer ‚Vorläufigkeit' des Denkens und von seiner problematischen Wahrheit sprechen. So weit die Formen des **Denkens** gehen, so weit reicht dann auch ein **Wissen**, das sicher sein kann, das **Sein** selbst zum **Ausdruck** bringen zu können, ohne ihm etwas Fremdes anzutun. Das muss nicht bedeuten, dass damit alle Erkenntnisse der empirischen Wissenschaften als absolute Wahrheiten anzusehen sind. Es geht in der Begriffs-Logik nur um die **Formen** des **Denkens** wie etwa Urteils- und Schlussformen, darüber hinaus aber auch um inhaltsreichere Denkformen. Diese Formen jedoch können nach Hegels Begriffs-Logik durch ihre Entwicklung aus dem Sein über das Wesen als **wahre Formen** bezeichnet werden.

Wir könnten durchaus sagen, dass mit diesem Übergang von der ‚**objektiven**' Logik in die ‚**subjektive**' Logik die argumentative **Intention** der ‚Wissenschaft der Logik' am Besten beschrieben ist. Es ist allerdings etwas missverständlich, wenn der Gedankengang so vereinfacht wird, dass hier aus dem ‚Sein' das ‚Denken' abgeleitet werde, so dass auf der Grundlage dieser ‚Ableitung' das Denken sicher sein kann, so weit ‚absolut' wissen zu können als die Formen des Denkens reichen, die sich aus dem ‚Sein' ergeben haben. Wir dürfen hier nicht außer Acht lassen, dass wir es zunächst mit einem **Wort** zu tun haben, wenn wir diesen Zusammenhang zwischen dem ‚Sein' und dem ‚Denken' behaupten. Wir könnten auch sagen: wir haben es mit einer **Gedankenbestimmung** zu tun, wenn wir der Lautfolge ‚s – e – i – n' eine **Bedeutung** zuschreiben. Wenn wir auf das reflektieren, was wir tun, wenn wir sagen, aus dem ‚Sein' werde das ‚Denken' abgeleitet, so können wir nicht vorgeben, wir könnten durch diese Lautfolge und diese Bedeutung ‚hindurchsehen' auf das, ‚was' damit ‚be-**deutet**' wird, d.h. die Lautfolge ist nicht ein verschwindendes Zeichen, das nur auf etwas ‚deutet', sondern sie wird mit einer **Bedeutung** verwendet, die nicht ignoriert werden kann, weil sie selbst eine ‚**Mitte**' darstellt, die **keineswegs nichts** ist.

Es wird also nicht aus dem ‚Sein' das ‚Denken' abgeleitet, sondern aus der **Gedankenbestimmung** ‚Sein' das Denken. Der aufmerksame Leser wird hier sofort den Einwand vorbringen, dass am Anfang der Seins-Logik doch gerade nicht eine Bestimmtheit steht, sondern ein vollkommen unbestimmtes Wort ‚Sein'. Das ist völlig korrekt. Aber dieses unbestimmte Wort ‚**Sein**' hatte es an sich, unmittelbar in ‚**Nichts**' überzugehen und damit ein **Werden** zu beginnen, in dem andere Gedankenbestimmungen entwickelt werden, die nun durchaus **Bestimmtheiten** darstellen, weil sie ihre Entwicklung aus dem Anfang in ihrer Bedeutung aufbewahren. Am Anfang der Seins-Logik wird ja der elementare Übergang von **Unbestimmtheit** zu **Bestimmtheit** rekonstruiert. Die ganze Seins-Logik ist in diesem Sinne also durchaus eine Explikation von ‚Sein', in der es **Bestimmtheit** gewinnt. Insofern ist es durchaus berechtigt zu sagen, dass die Bewegung der ‚Logik' bis hierher eine Entwicklung des ‚Denkens' aus dem ‚Sein' darstellt. Diese Entwicklung ist das Pendant zu **Kants** ‚**Transzendentaler Logik**' aus der ‚Kritik der reinen Vernunft'. Der fundamentale Gedankengang

Kants war es, eine Identität zwischen den Bedingungen der Möglichkeit der Erfahrung und den Bedingungen der Möglichkeit der **Gegenstände** der Erfahrung herzustellen. Wenn dies gelingt, so ist ein absolut gewisses Wissen auf einem begrenzten Gebiet möglich, d.h. es gelten synthetisch-apriorische Urteile, die unser Wissen tatsächlich erweitern, also nicht nur analytisch sind (d.h. Begriffe erläutern), ohne sich jedoch auf empirische Grundlagen stützen zu müssen, was ihnen eine nur technisch-praktische Sicherheit verschaffen würde, die zu keiner absoluten Gewissheit führen kann.

Kant nannte die ‚Gedankenbestimmungen', die ein synthetisch-apriorisches Wissen gewähren, ‚Kategorien' bzw. ‚reine Verstandesbegriffe'. Allerdings war Kant nicht bereit, den Kategorien die Fähigkeit zuzuschreiben, das ‚Sein' zur Erkenntnis zu bringen. Sie strukturieren nur unsere Wahrnehmungen so, dass wir uns einer Welt von Objekten gegenübersehen, deren Strukturbedingungen identisch sind mit den Strukturbedingungen unserer Erkenntnis. Mit der ‚Anschauung' bzw. ‚Wahrnehmung' versuchte Kant etwas, das unabhängig von unserem Erkenntnisvermögen gegeben ist, in die Erkenntnis einzuführen. Deshalb musste er die apriorische Erkenntnis, die durch die Gedankenbestimmungen der Kategorien und die entsprechenden Urteilsformen möglich ist, auf die ‚**Erscheinung**' beschränken, die von dem ‚**Ding an sich**' zu unterscheiden ist. Wenn **Hegel** das **Denken** jedoch aus dem ‚**Sein**' als **Gedankenbestimmung** entwickeln kann, so fallen solche Einschränkungen weg. Die Unterscheidung ‚Ding an sich' versus ‚Erscheinung' ist dann innerhalb der Entwicklung der **Gedankenbestimmungen** selbst zu **rekonstruieren** und zeigt sich deshalb als eine **gedachte Bestimmung**, die ihren Platz und ihre Berechtigung hat, die aber keineswegs den Status unseres Erkennens vollständig beschreiben kann. Das Gleiche gilt natürlich für das, was Kant als ‚Anschauung' und ‚Wahrnehmung' bezeichnet hatte und von dem er annahm, dass damit ein ‚Gegebenes' in die synthetisch-apriorische Erkenntnis eingehen muss. Hegels einfache Antwort darauf wäre wohl, dass es sich hier um **Gedankenbestimmungen** handelt, deren Rechtfertigung innerhalb der Entwicklung vom ‚Sein' zum ‚Denken' geschieht, weshalb das **Denken** darin keineswegs sich selbst transzendiert, sondern weiter **sich selbst** findet.

Mit diesem Übergang von der Gedankenbestimmung ‚Sein' über ‚Wesen' zum ‚**Begriff**' und d.h. zum **Denken** ist auch schon das erklärt, was der Ausdruck ‚**objektiver Idealismus**' bedeuten kann, der gerne als zusammenfassende Kennzeichnung von Hegels Philosophie gebraucht wird. Nach den bisherigen Erläuterungen zu Hegels ‚Wissenschaft der Logik' ist deutlich, dass die damit gemeinte **Identität** von **Denken** und **Sein** nicht bedeutet, dass die Wirklichkeit, wie sie uns täglich begegnet, eine ‚Vorstellung' ist, die aus ‚Ideen' besteht. Der Hegel'sche **Idealismus** ist vielmehr deshalb ‚**objektiv**', weil dieses Denken aus dem ‚**Sein**' über das ‚**Werden**' den ‚**Begriff**' entwickelt, und in dieser Entwicklung **Gedankenbestimmungen** ihren argumentativ genau bestimmten Platz einnehmen, die ‚**Wirklichkeit**' oder etwa auch ‚**Objektivität**' heißen, so dass sie als solche Begriffe bestimmt werden können, mit denen wir legitim denken und das **Wahre erfassen** können. ‚**Objektivität**' ist eben ein **Gedanke**, nicht ein Objekt in der Welt, ebenso wie ‚**Objekt**' eine **Gedankenbestimmung** ist und nicht etwas, das wir in der Welt ‚an sich' finden.

Mit der Gedankenbestimmung der ‚Objektivität' ist jedoch schon ein wichtiges **Problem** in der **Begriffs**-Logik bezeichnet. Dieser Teil der Logik ist zwar ‚**subjektive**' Logik, indem darin das Denken sich selbst denkt, aber er beschränkt sich nicht auf **solche** Gedankenbestimmungen, die wir ohne weiteres als **Denkformen** auffassen würden, wie etwa die Formen des **Urteilens** und der **Schlüsse**. Die Urteilsformen waren ja bereits bei **Kant** die Gedanken, in denen wir die Bedingungen der Möglichkeit der Erfahrung ausdrücken, wie sie mit den Bedingungen der Möglichkeit der Gegenstände der Erfahrung identisch sind. Es handelte sich also um Gedanken, die ‚objektiv' sind, weil wir mit ihrer Hilfe durch unsere Verstandestätigkeit ‚Objekte' konstruieren, die wir entsprechend auf eine synthetisch-apriorische Weise erkennen können, so weit es nur um die bloße ‚Objektivität' geht, nicht um die einzelnen empirischen Bestimmungen. Bei **Hegel** finden sich in der Begriffs-Logik jedoch nun auch **solche Gedankenbestimmungen**, die wir in einer Logik des Denkens nicht unbedingt vermuten würden. Dies wird vor allem im zweiten Abschnitt deutlich, der die ‚**Objektivität**' behandelt, die sich von dem ‚**Mechanismus**' über den ‚**Chemismus**' zur ‚**Teleologie**' entwickelt; es zeigt sich darüber hinaus, wenn im dritten Abschnitt das erste Kapitel überschrieben ist mit ‚Das **Leben**', das sich dann vom ‚**lebendigen Individuum**' über den ‚**Lebensprozess**' zur ‚**Gattung**' entwickelt.

Diese **Gedankenbestimmungen** werden aber ebenso in einer immanenten **Entwicklung** von Gedankenbestimmungen erreicht, wie dies in der Seins- und in der Wesens-Logik beansprucht wurde. Das Problem, das man in der Integration solcher Gedanken, die wir gemeinhin nicht als dem reinen Denken angehörig auffassen, in eine Begriffs-Logik sehen kann, ist für Hegel im Grunde anders strukturiert: es das Problem, ob die **Entwicklung** vom ‚**Begriff**' am Anfang der Begriffs-Logik über diese von uns intuitiv als einer objektiven Logik zugehörig aufgefassten **Begriffe stringent** ist oder nicht. Dies ist jedenfalls **Hegels Anspruch**, ohne den er nicht behaupten könnte, dass sich in seiner ‚Logik' alle die **Gedankenbestimmungen** darstellen, mit denen wir das Wahre bzw. das **Absolute** im **Denken** erfassen. Es ist eine andere Frage, inwieweit sich in der ‚Logik' auch ein Element von **Konstruktion** zeigt. Es lagen aus der philosophischen **Tradition** Begriffe vor, die ganz selbstverständlich einem wahrheitsfähigen Denken angehörig galten. Man könnte insofern auch erwägen, dass Hegel an vielen Stellen seiner ‚Logik' diese Begriffe ‚einarbeiten' musste, um zu einer akzeptablen Wissenschaft der Denkbestimmungen zu gelangen, in der sich das Wahre darstellen kann.

Hegel beginnt die **Begriffs**-Logik mit der Erklärung: „Was die Natur des Begriffes sei, kann so wenig unmittelbar angegeben werden, als der Begriff irgendeines andern Gegenstandes unmittelbar aufgestellt werden kann." (L II 213) Wir dürfen demnach als ‚**Begriff**' nur das auffassen, was sich im **bisherigen Gang** der Logik **ergeben** hat, nicht unsere eigenen Vorstellungen von dem, was ein Begriff ist. Das führt zu der Konsequenz, dass Hegels ‚**Begriff des Begriffs**' von vornherein alle **Entwicklungen** der Seins- und der Wesens-Logik **enthält** und gleichzeitig deren **Resultat** darstellt. Man **kann** deshalb nicht mehr **anders** denken, als dass der **Begriff** ‚**Sein**' und ‚**Wesen**' in sich enthält und insofern auf Sein und Wesen bezogen ist. Der **Begriff** ist damit die „**absolute Einheit des Seins und der Reflexion**." (L II 214)

Hegel drückt den Begriff allerdings noch etwas anders aus: ‚der **Begriff**' wird gleichgesetzt mit ‚das **Subjekt**' (L II 216); und der Begriff „ist nichts anderes als **Ich** oder das **reine Selbstbewusstsein**", und Hegel fährt fort: „Ich habe wohl Begriffe, das heißt, bestimmte Begriffe; aber **Ich** ist der reine Begriff selbst, der als Begriff zum **Dasein** gekommen ist." (L II 220). Wir dürfen uns darunter natürlich nicht einen ‚Menschen' vorstellen, der nach seinem Gutdünken die Wirklichkeit begrifflich einteilt. Eine solche Vorstellung war schon bei Kant nicht im Gedanken vom Subjekt als ‚Ich der transzendentalen Apperzeption' enthalten. Wir könnten dieses **Ich** – etwas pointiert – als ‚**das Begreifen**' auffassen. Es ist das Ich, dessen Identität mit sich selbst nur dadurch gedacht werden kann, dass sein Selbstverhältnis mit Hilfe der Leistung entsteht, die Kant dem Verstand zuschrieb, also mit der Leistung der Konstruktion einer Welt von Erfahrungsgegenständen (Objekten) durch reine Verstandesbegriffe. Wir könnten dieses **Ich** bzw. **Subjekt** deshalb auch als ‚**Begreifen**' auffassen, d.h. als eine Tätigkeit, mit Hilfe reiner Verstandesbegriffe synthetisch-apriorisch zu erkennen. Ein solches Erkennen ist nur möglich, wenn die Bedingungen der Möglichkeit der Erfahrung gleichzeitig die Bedingungen der Möglichkeit der Gegenstände der Erfahrung sind. Deshalb könnte man auch sagen, dass das **Kantische** Subjekt oder Ich als ‚**Begreifen**' eine Identität von Wissen und Sein begreift (dies natürlich in der Einschränkung, die Kant mit der Beschränkung des synthetisch-apriorischen Wissens auf den Bereich der **Erscheinung** vornimmt).

Hegels Begriff des Begriffs könnten wir als eine direkte Fortsetzung des **Kantischen** Gedankens von einem **Ich der transzendentalen Apperzeption** zu verstehen suchen. Insofern wäre es nicht falsch, an der Stelle von ‚Begriff' stets ‚Begreifen' zu setzen. Damit ist die Identität von ‚Begriff' und ‚Subjekt' besser bezeichnet als durch den Ausdruck ‚Begriff', der zu leicht nicht im Sinne der entwickelten Gedankenbestimmung der ‚Logik', sondern in einem als bekannt vorausgesetzten Sinne verwendet wird. Hegel unterscheidet diesen so zu verstehenden Begriff zunächst nach den Aspekten der **Allgemeinheit**, der **Besonderheit** und der **Einzelheit**. Dass der Begriff ‚allgemein' ist, ist einfach zu verstehen und in unserer durchschnittlichen Vorstellung vom Begriff schon enthalten. Nach Hegel impliziert diese Allgemeinheit des Begriffs aber auch die ‚**Einzelheit**'. Wir müssen hier nur an das denken, was mit der Identität des Begriffs mit dem **Ich** bzw. dem **Subjekt** im ‚Begreifen' gegeben ist. Als Ich ist das Begreifen **allgemein** – Ich ist jeder; aber als Ich ist das Begreifen auch **einzeln**, denn das Ich erscheint nicht in einer Allgemeinheit, sondern „als die sich auf sich selbst beziehende Negativität Einzelheit, absolutes Bestimmtsein, welches sich Anderem gegenüberstellt und es ausschließt; individuelle **Persönlichkeit**." (L II 220) Das Begreifen findet nicht in einem leeren Raum statt, sondern durch ein **Individuum**, durch eine **Person**. Hier ist jedoch nicht an einen ‚Menschen' zu denken, der Begriffe ‚hat' wie andere Gegenstände, sondern wiederum an Kants **Ich der transzendentalen Apperzeption**. Hegel betont an diesem Gedanken jedoch die **Einheit von Allgemeinheit und Einzelheit**, d.h. die individuelle **Persönlichkeit**.

Wenn die **Begriffs-Logik** nun die Entwicklung von Gedankenbestimmungen fortsetzt, so handelt es sich also um die **Entwicklung** der Bestimmungen, die das ‚**Ich**', bzw. das ‚**Subjekt**' in seiner Einheit von Allgemeinheit und Individualität **aus sich selbst** heraus **entwickelt**. Man könnte deshalb auch sagen, die Begriffs-Logik ist die **Explikation des Begreifens als des Ich**, das Kant in seiner Transzendentalphilosophie als Ich der transzendentalen Apperzeption gedacht hatte. Hegel drückt dies auch so aus: die Begriffs-Logik ist die **Darstellung**, wie der Begriff „die Realität, welche in ihm verschwunden, in und aus sich bildet." (L II 229) Anders gesagt: das **Begreifen** (das Ich, das Subjekt) gibt sich darin „seine **eigene**, aus ihm selbst erzeugte **Realität**" (L II 230). Daraus wird schon deutlicher, warum Hegel in dem Teil der Logik, der das reine Denken als Denken entwickelt, nicht nur **Denkformen** aufnehmen kann, die wir selbstverständlich als solche annehmen, sondern auch den **Gedanken** der ‚**Objektivität**' in den Gestalten des ‚**Mechanismus**', des ‚**Chemismus**' und der ‚**Teleologie**'.

Zunächst aber entwickelt Hegel den **Begriff** von seiner Einzelheit weiter zum ‚**Urteil**' und hier wiederum zu den einzelnen **Urteilsformen**, die auch Kant in seiner Urteilstafel als diejenigen Formen zusammengefasst hatte, mit denen das Ich bzw. das Subjekt seine Wahrnehmungen so strukturiert, dass daraus eine Welt von Objekten entsteht, die es als von sich unabhängig auffassen kann, so dass es sich selbst dann in seiner Identität begreifen kann. Anders als bei Kant werden bei **Hegel** die **Urteilsformen** jedoch nicht ‚aufgerafft', sondern mit dem Anspruch auf **Stringenz** auseinander **entwickelt.** Es wird also beansprucht, dass eine **notwendige Gedankenentwicklung** vom **Begriff/Subjekt/Ich** in seiner Einzelheit zum **Urteil** führt, und dass innerhalb der Urteilsformen eine stringente Entwicklung etwa vom **positiven** zum **negativen** Urteil und weiter zum **unendlichen** Urteil führt, bis schließlich das sog. ‚**Urteil des Begriffs**' erreicht ist, das in sich wiederum durch eine **immanente Entwicklung** vom **assertorischen** über das **problematische** zum **apodiktischen** Urteil führt. Es würde den Rahmen dieser Einführung sprengen, im einzelnen darauf einzugehen. Das Gleiche gilt leider auch für die daran anschließende Entwicklung von Gedankenbestimmungen, in denen Hegel das ‚logische **Schließen**' expliziert als eine Folge von Gedanken, die beim Urteil – genauer bei dessen Abschluss im apodiktischen Urteil – beginnt und über den ‚**Schluss des Daseins**' und den ‚**Schluss der Reflexion**' zum ‚**Schluss der Notwendigkeit**' führt.

Am Ende der **Schlusslehre** ist jedoch auch der erste Abschnitt der Begriffs-Logik beschlossen, der die ‚**Subjektivität**' explizieren sollte. Der Begriff in seiner ‚Subjektivität' wurde also nun über das ‚**Urteil**' und den ‚**Schluss**' so entwickelt, dass der Begriff in seiner ‚**Objektivität**' als ein **Gedanke** erscheint, der sich – so Hegels Anspruch – mit Notwendigkeit aus der bisherigen Entwicklung von Gedankenbestimmungen allgemein und speziell aus der Entwicklung des Begriffs in seiner Subjektivität ergeben hat. Noch spezieller ist es der ‚**disjunktive Schluss**', mit dem in der Begriffs-Logik die ‚**Objektivität**' des Begriffs/des Begreifens/des Ichs/des Subjekts erreicht wird. Der **disjunktive Schluss** lautet in seiner allgemeinen Form: (1) A ist entweder B oder C oder D; (2) A ist B; (3) Folgerung: A ist nicht C und nicht D. Hegel sieht darin die „**Vollendung des Schlusses**" (L II 351), so dass der disjunktive Schluss eigentlich überhaupt kein Schluss mehr ist. Man könnte auch sagen: in dieser Gestalt des ‚Schlusses der Notwendigkeit' ist das **Vermittelte** als solches **aufgehoben**, d.h. es ist die **Einheit** des **Vermittelnden** bzw. **Vermittelten** gesetzt (L II 350). Damit ist der Unterschied zwischen dem Vermittelnden und dem Vermittelten verschwunden. Entstanden ist nun eine einfache **Einheit**, die die ‚Form des Schlusses' selbst **aufhebt**.

Gerade in dieser Aufhebung der ‚Form des Schlusses' durch die Entwicklung der Formen der Schlüsse selbst sieht Hegel nun die ‚**Realisierung des Begriffs**': „bestimmter hat er eine solche **Realität** gewonnen, welche **Objektivität** ist." (L II 351) Der Begriff (das Begreifen/das Ich/das Subjekt) hatte in der Form des Schlusses selbst die Gestalt der **Vermittlung** angenommen, nach dessen Prinzip „jedes nur vermittelst eines Andern ist" (L II 352). In der Entwicklung der Schlussformen jedoch hebt er diese Vermittlung auf, so dass nun der **Begriff** eine **Unmittelbarkeit** ist, „die durch Aufheben der Vermittlung hervorgegangen, ein Sein, das ebenso sehr identisch mit der Vermittlung und der Begriff ist, der aus seinem Anderssein sich selbst hergestellt hat." Hegel schließt daran die Gedankenbestimmung des **zweiten** Abschnitts der Begriffs-Logik an: „Dies **Sein** ist daher eine Sache, die an und für sich ist, – die **Objektivität**." (L II 352) Der entscheidend Gedanke in diesem Übergang ist dabei, dass es sich um einen **Übergang vom Begriff zum Dasein** handelt. Der Schluss, der die Entwicklung der Schlussformen vollendet, ist der Schluss vom Begriff zum Dasein. Es ist damit der Begriff so entwickelt, dass er ein **Sein** einschließt, das Hegel nun als ‚Objektivität' bezeichnet. Dies lässt sich gut an **Kants** Terminologie anschließen: Objektivität ist bei Kant die Objektivität der reinen Verstandesbegriffe, die Wahrnehmungen so strukturieren, dass dem Subjekt/Ich Objekte gegenüberstehen, die es als von sich unabhängig auffassen kann, womit es selbst als **Selbstbewusstsein** sein kann.

Objektivität ist dabei ein Ergebnis von **Urteilen**, nämlich solcher Urteile, in denen wir reine **Verstandesbegriffe** einsetzen. Der Begriff aber muss in Urteile eingehen, sonst hat er keine Funktion und damit auch keine Bedeutung. Wir können dies schon an empirischen Begriffen sehen: ‚Katze' ist ein empirischer Begriff, sagt aber nichts, solange dieser nicht in einem Urteil eingesetzt wird wie etwa: ‚das Tier dort auf dem Baum ist eine Katze'. Wir können den Übergang vom **disjunktiven Schluss** zur **Objektivität** deshalb auch so erläutern: dieser Schluss enthält eine **Entgegensetzung** von **Begriffen**, die sich **wechselseitig** bestimmen. Der Begriff hat sich damit eine solche **Bestimmtheit** gegeben, die in der Lage ist, eine **objektive Welt** zu **bestimmen**, und Bestimmen heißt hier **durch Begreifen entwerfen**. Damit ist die Entwicklung vollendet, die Hegel so beschreibt: „Der Begriff ist als absolut mit sich identische Negativität das sich selbst Bestimmende; es ist bemerkt worden, dass er schon, indem er sich in der Einzelheit zum Urteil entschließt, sich als Reales, Seiendes setzt; diese noch abstrakte Realität vollendet sich in der Objektivität." (L II 354) In der **Objektivität** ‚bestimmt' sich der **Begriff** (das Begreifen/das Ich/das Subjekt), dies durch das „Aufheben seiner Abstraktion und Vermittlung"; die **Objektivität** ist damit der **Begriff** in seiner – wieder hergestellten – **Unmittelbarkeit** (L II 357).

Diese Unmittelbarkeit will Hegel nun in drei Kapiteln weiterentwickeln, die er mit ‚Der **Mechanismus**', ‚Der **Chemismus**' und ‚**Teleologie**' überschreibt. Damit sind nicht verschiedene Wissenschaften gemeint, sondern **bestimmtere Formen** der **Objektivität**, die sich diesem Gedankengang zufolge auseinander und alle zusammen aus dem gewonnenen Begriff der Objektivität **entwickeln** lassen. Als ‚**Mechanismus**' bezeichnet Hegel dabei die **Objektivität** „in ihrer Unmittelbarkeit", so dass die Momente „in selbständiger Gleichgültigkeit als Objekte außereinander bestehen und in ihrem Verhältnisse die subjektive Einheit des Begriffs nur als innere oder als äußere haben." (L II 359) Wir können darin relativ leicht das wiedererkennen, was wir in der Schule als Prinzip der **Physik** als **Mechanik** gelernt haben. Für Hegel hat sich dieses Prinzip jedoch im ganzen Entwicklungsgang der ‚Logik' begründet, so dass es sich um eine ‚wahre' und notwendige Gedankenbestimmung handelt. Sie lässt sich weiterentwickeln zu dem Gedanken, den wir als Prinzip der Chemie gelernt haben, das Hegel unter dem Namen des ‚**Chemismus**' hier im Zusammenhang der ‚Logik' begründet: die Einheit des Begriffs zeigt sich „als immanentes Gesetz der Objekte selbst" in einer Beziehung, „in welcher ihre bestimmte Selbständigkeit sich aufhebt." (L II 359).

Beschlossen wird der Abschnitt über die ‚**Objektivität**' aber durch die ‚**Teleologie**', die als Entwicklung aus dem Gedanken des ‚Chemismus' behauptet wird. Mit der ‚Teleologie' **vollendet** sich aber auch die ‚Objektivität' und geht damit über in eine **neue Gedankenbestimmung**, nämlich in die ‚**Idee**', die sich wiederum über das ‚**Leben**' und die ‚**Idee des Erkennens**' zur ‚**absoluten Idee**' weiterentwickelt, mit der die Logik an ihren **Abschluss** gelangt. Wir müssen hier darauf verzichten, den Übergang vom ‚Chemismus' zur ‚Teleologie' nachzukonstruieren. Es möge genügen, darauf zu verweisen, dass in Hegels ‚Logik' damit auch der Gedanke eines ‚**Zwecks**' als Prinzip des Begreifens der Objektivität eine **Gedankenbestimmung** ist, mit der die **Objektivität** in ihrer Wahrheit aufgefasst werden kann – ebenso wie dies mit dem ‚Mechanismus' und dem ‚Chemismus' der Fall ist. Es handelt sich in allen drei Fällen nicht um willkürlich aufgenommene Prinzipien des Erkennens in der Objektivität, sondern um solche Prinzipien, die sich aus der **Entwicklung** der **Bestimmung** der **Objektivität** selbst ergeben haben, und die deshalb mit dem übereinstimmen, was die Objektivität selbst ist. Es handelt sich also um **wahre Erkenntnisformen** der objektiven Welt, weil sie – so Hegels Anspruch – stringent in der Entwicklung der Begriffs-Logik expliziert werden konnten.

Mit dem Gedanken der ‚Teleologie' ist nun der **zweite Abschnitt** der Begriffs-Logik an sein Ende gekommen, an dem er in die ‚**Idee**' als dem **dritten Abschnitt** übergeht. **Teleologie** ist der Gedanke, dass wir die Objektivität auffassen können als selbst ‚**Zwecke**' enthaltend, die das bestimmen, was und wie die objektive Welt ist. Der Zweck aber ist „der objektive **freie** Begriff" und deshalb ist damit begriffen, dass ein **Verstand** als **Urheber der Objektivität** auftritt: „Wo Zweckmäßigkeit wahrgenommen wird, wird ein Verstand als Urheber derselben angenommen, für den Zweck also die eigene, **freie Existenz** des Begriffs gefordert." (L II 383) Es lässt sich schon hier erkennen, dass mit dieser Zweckmäßigkeit als Prinzip des Erkennens der objektiven Welt deren **Bestimmtheit** durch den **Verstand** sich **eigens und explizit** darstellt. Es geht dabei nicht um **äußere** Zwecke der Natur, sondern um eine ‚innere' Zweckmäßigkeit, d.h. die objektive Welt ist nach diesem Prinzip so, wie sie ist, weil sie in sich – ihrer eigenen ‚Natur' gemäß – ‚Zwecken' folgt, d.h. dem **objektiven freien Begriff** gemäß ist. Es ist deshalb naheliegend, dass Hegel in diesem Prinzip die **Gedankenbestimmung** sieht, in der deutlich wird, was der **Begriff** in seiner **Wirklichkeit** ist; man könnte auch sagen: es wird deutlich, **dass der Begriff die Wahrheit der objektiven Welt** ist. Im Begriff des ‚innern Zwecks' schließt sich der selbständige freie Begriff durch die Objektivität mit sich selbst zusammen (L II 390).

Die Gedankenbestimmung der ‚**Teleologie**' wird wiederum über drei Schritte bis zu einem Punkt entwickelt, an dem sie in die ‚**Idee**' übergeht. Diese Bewegung handelt im Grunde nur davon, dass sich in ihr das Objekt als ein **unmittelbares** aufhebt und sich setzt als durch den **Zweck** bestimmt – d.h. **durch den Begriff eines Verstandes**. Diese Entwicklung beginnt mit dem ‚**subjektiven Zweck**', der in die Gedankenbestimmung ‚**Das Mittel**' übergeht und schließlich in den ‚**ausgeführten Zweck**'. Erst an diesem Ende des Gedankens der ‚Teleologie' ist vollkommen explizit, was sie wirklich ist: die „Übersetzung des distinkt als Begriff existierenden Begriffs in die Objektivität; es zeigt sich, dass dieses Übersetzen in ein vorausgesetztes Anderes das Zusammengehen des Begriffes durch sich selbst mit sich selbst ist." (L II 399) Damit ist aber der **Begriff** selbst fortentwickelt zur ‚**Idee**'. In ihr schließen sich **Subjektivität** (Begriff – Urteil – Schluss) und **Objektivität** (Mechanismus – Chemismus – Teleologie) des **Begriffs** in dem Sinn zusammen, dass der Begriff sich aus sich selbst heraus **vollständig entwickelt** hat. Dies ist die Lage, in der der Begriff „als konkrete Totalität identisch mit der unmittelbaren Objektivität ist." (L II 405) Die **Idee** ist damit „der adäquate Begriff, das objektive Wahre oder das Wahre als solches." (L II 407)

3.4.4 Idee und absolute Idee

Mit der ‚**Idee**' wird der Abschluss der **Begriffs**-Logik und damit der **ganzen** ‚**Wissenschaft der Logik**' erreicht: „Sein hat die Bedeutung der Wahrheit erreicht, indem die Idee die Einheit des Begriffs und der Realität ist; es ist also nunmehr nur das, was Idee ist." Wir sehen hier wiederum, in welchem Sinne bei Hegel von einem ‚**objektiven Idealismus**' die Rede sein kann. Das **Objektive** ist nun tatsächlich als ‚**Idee**' entwickelt, aber dies gelingt nur durch die stringente **Entwicklung** eines Gedankengangs, der vom ‚Sein' und seinem unmittelbaren Übergehen in ‚Nichts' ausgehend bis zur Objektivität des Begriffs führt, die als solche selbst begriffen werden kann. In der ‚Idee' kommt also zum Ausdruck, dass das ‚**Sein**' **wahrheitsfähig** und ‚**begriffsaffin**' ist, weil es seine eigene **Erkennbarkeit** aus sich selbst heraus **entwickelt** hat, so dass die Erkenntnis ihm gerade **nichts Fremdes** mehr ist, sondern **sein innerstes Prinzip** darstellt, das es in der ganzen Entwicklung **expliziert** hat. Im **Erkennen** ‚richtet' sich demnach nicht ein Subjekt auf ein Objekt, sondern das, was **ist**, ist selbst in seinem Innern **Erkennen**, das nun ans Tageslicht gekommen ist. Es gibt kein Objekt und kein Subjekt, sondern nur „**Subjekt-Objekt**" (L II 411), in dem **Begriff** und **Realität** im Sinne von bestimmtem Sein **übereinstimmen**.

Man könnte vermuten, dass nunmehr die Entwicklung an ihr Ende gelangt ist. Dies ist jedoch nicht der Fall. Auch innerhalb des Gedankens der ‚**Idee**' gibt es noch eine weitere **Entwicklung**, die von der Idee als ‚**Leben**' über die ‚**Idee des Erkennens**' zur ‚**absoluten Idee**' führt, und erst hier **vollendet** sich die ‚Wissenschaft der Logik'. Dass die ‚Idee' in dem soeben ausgeführten Sinne zunächst als ‚Leben' aufgenommen wird, ist sicherlich ein überraschender Gedanke. Es muss aber wieder daran erinnert werden, dass wir Hegels Gedankenbestimmungen nicht nach unseren mitgebrachten Vorstellungen aufnehmen dürfen, sondern in der Bedeutung, in der sie in der ‚Logik' **entwickelt** werden. Diese Bedeutung klingt etwas anders, als wir uns dies zunächst denken möchten: „der Begriff, der, unterschieden von seiner Objektivität, einfach in sich, seine Objektivität durchdringt und als Selbstzweck an ihr sein Mittel hat und sie als sein Mittel setzt, aber in diesem Mittel immanent und darin der realisierte mit sich identische Zweck ist." (L II 412) Gemeint ist, dass das ‚**Leben**' gleichbedeutend ist mit der ‚unmittelbaren Idee', die sich über ihre **Vermittlung** – ‚Idee des Erkennens' – weiterentwickelt zur **vermittelten Unmittelbarkeit** in der ‚Idee des Guten'. Anders gesagt: im ‚Leben' findet Hegel die **gleiche** Struktur, die sich bis jetzt in der Begriffs-Logik entwickelt hat. Deshalb kann auch gesagt werden, dass nun eine **Identität** des **Begriffs** mit der **Wirklichkeit** erreicht ist, die man der Struktur nach als ‚**Leben**' bezeichnen kann.

Im ‚Leben' haben wir also den Gedanken eines ‚**ausgeführten Zwecks**' in seiner **Unmittelbarkeit** vor uns. Man könnte auch sagen: es geht um „die logische Ansicht des Lebens" (L II 424), und diese ‚Ansicht' entspricht der nun gefundenen Wirklichkeit des Begriffs. Deshalb ist ‚Leben' auf der Grundlage der ‚Teleologie' zu verstehen, nicht aber mechanisch oder chemisch. Im ‚Leben' ist der **Zweck realisiert** als ein **konkret realisiertes Allgemeines**. Es kommt jedoch nicht in einer **Allgemeinheit** vor – ‚das Leben' gibt es nirgends, sondern nur in einer **Besonderheit** – in **Gattungen**, die ebenfalls nirgends anders ihre Wahrheit haben als im **Individuum**. Dieses Individuum ist ebenso das **Allgemeine** (Leben) wie das **Besondere** (Gattung), die wiederum ihre Wirklichkeit nur **in ihm** haben. Hegel entwickelt das ‚Leben' deshalb im Ausgang vom ‚**lebendigen Individuum**' über den ‚**Lebensprozess**' zur ‚**Gattung**'. Das Leben setzt sich durch die Unterschiedenen hindurch, und das einzelne Unterschiedene ist seine **einzige Wirklichkeit**. Das Leben ist nur in den **Lebendigen**, die aber dies nur sind, weil sie am **Leben** ‚teilhaben', also in sich die **Allgemeinheit konkret darstellen**.

Das **Subjekt** (das Begreifen/der Begriff) wird damit zunächst als ‚**lebendiges Individuum**' gedacht. Es ist so „die **Idee** in der Form der **Einzelnheit**" (L II 419). Das Subjekt ist damit durch seine ‚**Leiblichkeit**' mit der äußerlichen **Objektivität** zusammengeschlossen. Im Individuum ist das Lebendige **Organismus**, also „Mittel und Werkzeug des Zwecks" (L II 419). ‚Leben' aber geht immer schon über das Individuum hinaus. Im **Prozess des Lebens** geht das **Individuum** unter, während das **Leben** sich selbst erhält. In seiner Bestimmtheit erhält es sich aber als ‚**Gattung**', in der der **Lebensprozess** eine **konkrete Wirklichkeit** gewinnt. Darin verhält sich das Lebendige „zu sich selbst als einem andern Lebendigen." (L II 427) Die **Gattung** erhält sich, auch wenn das **Individuum** vergeht, aber das **Leben** ist darin nicht mehr in einer **Unmittelbarkeit**, sondern in einer **Bestimmtheit**, die sich im Lebensprozess selbst entwickelt. Das **Leben** unterscheidet sich also selbst in **bestimmtes** Leben, das sich in der Gattung **verwirklicht**. Diese **Gedankenbestimmung** hat für Hegel die Bedeutung, dass darin auch für die ‚gemeine Wahrnehmung' deutlich ist, „was der Begriff ist, und dass der subjektive Begriff äußerliche Wirklichkeit hat." (L II 428)

Es ist wieder eine der überraschenden Pointen in der Hegelschen ‚Logik', dass die ‚**Idee**' als **Leben** – also in ihrer **Unmittelbarkeit** – sich nun im Status der **Vermittlung** zur ‚**Idee des Erkennens**' weiterentwickelt, die selbst wiederum zunächst als ‚**Idee des Wahren**' erscheint und sich dann aus sich heraus zur ‚**Idee des Guten**' entwickelt. Man könnte dies stark vereinfacht so zu verstehen suchen: die Struktur der **Idee**, die sich in der Struktur des ‚**Lebens**' in der **Wirklichkeit** findet, kommt in der ‚**Idee des Erkennens**' in den Status einer **Vermittlung**, in der die Idee im ‚**Erkennen**' als der **anderen** Seite des ‚**Lebens**' gefunden werden kann, bevor ‚**Leben**' und ‚**Idee des Erkennens**' in eine **vermittelte Unmittelbarkeit** zusammen gehen können, die Hegel als die ‚**absolute Idee**' bezeichnet, mit der die ‚**Logik**' **schließt**. In der Idee des Erkennens verhält sich die Idee nun **zu sich als Idee**, d.h. das Allgemeine hat die Allgemeinheit „zu seiner Bestimmtheit und Dasein." (L II 429) Man könnte auch sagen, dass das **Erkennen** damit als ein **Gedanke** aufgefasst wird, in dem der Gattungsbegriff **für sich** wird. In der ‚Idee des Erkennens' wird deutlich, dass sich **die Idee auf sich selbst**

und nur auf sich selbst bezieht. Hegel erwähnt an dieser Stelle auch den Begriff des **Geistes**, wenn er darauf hinweist, dass die **Gattung** in ihrer Vermittlung von Individualität und Allgemeinheit auch das „**Hervorgehen des Geistes**" ist (L II 429).

Die **Idee** hat sich nun selbst zum **Gegenstand** und kommt deshalb in Bestimmungen vor, die als „**Denken, Geist, Selbstbewusstsein**" ausgedrückt werden können (L II 430). Aber darin ist der Begriff des ‚Lebens' nicht untergegangen, sondern bewahrt in der Aufhebung. Deshalb geht es nicht um **Selbstbewusstsein** als eine **reine Struktur** des Sich-auf-sich-beziehens. Entwickelt ist jetzt vielmehr das ‚**lebendige Selbstbewusstsein**', das Hegel als das ‚**empirische Selbstbewusstsein**' bezeichnet. Gerade in ihm offenbart sich die ‚absolute, ewige Natur des Begriffes, und das **Selbstbewusstsein**, wie es auf diesem Niveau der ‚Wissenschaft der Logik' gedacht werden kann und muss, ist „der daseiende, also empirisch wahrnehmbare, **reine Begriff**, die **absolute Beziehung auf sich selbst**." (L II 432) Das Selbstbewusstsein ist **empirisch** und ‚**Leben**'; darin hat Hegel im Grunde das Defizit überwunden, das **Kant** in seinem Begriff des Begreifens im Ich der transzendentalen Apperzeption stehen lassen musste. Dieses Defizit lässt sich auch in dem Gedanken der Kantischen Philosophie erkennen, dass für eine Erkenntnis die reinen Begriffe Wahrnehmungen benötigen, die durch reine Verstandesbegriffe so strukturiert werden, dass eine objektive Welt daraus entsteht. Das Ich der transzendentalen Apperzeption hat seine Wahrheit nur als **reine Struktur**, die keine individuelle und empirische Wirklichkeit hat. Das empirische Selbstbewusstsein jedoch ist sinnlich und damit wahrnehmungsfähig, d.h. es bringt die Anschauungen, die Kant als eine eigene Wirklichkeit jenseits des Begreifens stehen lassen musste, selbst mit, weil diese Struktur durch den ganzen Gang der ‚Wissenschaft der Logik' entwickelt wurde. Man könnte auch sagen, dass die sinnlichen Wahrnehmungen des Selbstbewusstseins nun selbst als **Teil des Erkennens** und damit des Wissens in seinem vollständigen Begriff nach ihrer logischen Begründung **entwickelt** worden sind, d.h. es ist ‚begriffen' – aus dem Gang der ‚Logik' entwickelt, dass die **sinnliche Wahrnehmung** in den Erkenntnisprozess gehört und nicht ein Jenseits des Selbstbewusstseins und seiner Wahrheit sein kann.

Wenn die ‚**Idee des Geistes**' also nun aus der ‚**Idee des Lebens**' hervorgegangen ist und damit die erstere die **Wahrheit** der letzteren ist, so wird damit aber auch umgekehrt gedacht, dass das **Empirische** „selbst auch nur durch und **aus der Idee** gefasst werden" kann (L II 435). Es ist damit das, was **Kant** als ein ‚ungedachtes' Moment des Erkennens auffassen hatte wollen, **in das Denken einbezogen**. Es wird also gewusst, dass die Idee einer Wahrnehmung, die durch Verstandesbegriffe zu einer objektiven Welt strukturiert wird, eben dies ist: eine

Idee, d.h. Kants Versuch, etwas jenseits des Denkens zu berücksichtigen, ist eben ein **Gedanke**, dessen Wahrheit sich nur in der begründenden Entwicklung von Gedankenbestimmungen ausweisen kann.

Die Idee des **Erkennens** führt nun von der ‚**Idee des Wahren**' zur ‚**Idee des Guten**'. Der Grundgedanke dieser Entwicklung ist sehr einfach. Im **Erkennen** wird, solange es um **theoretische** Erkenntnis geht, immer noch das Erkannte vom Erkennen **unterschieden**. Auch wenn bewusst ist, dass das, was wir erkennen können, nur die **Idee** ist, die sich selbst ihr **Anderssein** gibt, bleibt dieses Anderssein erhalten und hat keine Wirklichkeit in dem, was wir als Erkennen bezeichnen. Es ist im Grunde der letzte entscheidende **Mangel** in der Idee, wenn sie als **theoretisches** Erkennen aufgefasst wird. Der **Gegenstand** ist dem **Begriff** deshalb noch nicht vollkommen **angemessen**: „denn der Begriff wird nicht als Einheit seiner mit sich selbst in seinem Gegenstande oder seiner Realität." (L II 477) Gegenstand und subjektiver Begriff sind sich noch nicht vollständig angemessen. Dieser Mangel kann erst in der **praktischen Idee**, d.h. in der ‚**Idee des Guten**' aufgehoben werden.

In der **praktischen Idee** steht der **Begriff** „als Wirkliches dem Wirklichen gegenüber"; was im **freien Handeln** entsteht, ist die **vollständige Realisierung des Begriffs** selbst und keine **andere** Wirklichkeit. Der **Begriff** schafft sich damit seine **eigene Wirklichkeit**. Dies fordert allerdings einen **Begriff des Guten**, der es **nicht** als ‚**Sollen**' auffasst, da das **Sollen** impliziert, dass dem Guten eine **andere** Wirklichkeit **gegenübersteht**, in der das Gute gerade **nicht** verwirklicht ist. Im Sollen kann noch nicht die Wirklichkeit der Idee erreicht werden, in der „das Moment der Wirklichkeit im Begriffe für sich die Bestimmung des äußerlichen Seins erreicht" hat (L II 480). Im Grunde muss also die **Idee des theoretischen Wahren** mit der **Idee des Guten vereinigt** werden, so dass das, was **ist**, auch das ist, was **gut ist**. Erst in dieser Idee ist die Idee im **Subjekt** mit der Idee in der **Objektivität** vereinigt. Es verhält sich also **die Idee zur Idee**. Hegel nennt diesen Abschluss der ‚Wissenschaft der Logik' deshalb die ‚**absolute Idee**'. Darin ist die „vorgefundene Wirklichkeit ... zugleich als der ausgeführte Zweck bestimmt." (L II 483) Es ist die objektive Welt gedacht, „deren innerer Grund und wirkliches Bestehen der Begriff ist." (L II 483)

Am **Abschluss** der ‚Wissenschaft der Logik' ist in der ‚**absoluten Idee**' also die **Identität** der **theoretischen** und **praktischen** Idee gedacht. Nehmen wir eine der beiden Ideen isoliert, so haben wir eine Idee, die wir uns **vorgeben** lassen (Theorie), und eine Idee, die wir **wirklich machen** wollen (praktische Idee). Die ‚absolute Idee' vereint **beide** Seiten. Was wir uns vorgeben lassen ist das, was wir wirklich machen wollen; und wir wollen wirklich machen, was wir uns vorgeben lassen. Hegel nennt die ‚**absolute Idee**' deshalb auch den ‚**vernünftigen**

Begriff, „der in seiner Realität nur mit sich selbst zusammengeht." (L II 484) Wenn wir uns an die Ausdrücke erinnern, mit denen Hegel seinen Begriff des Begriffs erläuterte, so können wir auch sagen: die ‚absolute Idee' ist das ‚**vernünftige Ich**', das ‚**vernünftige Begreifen**' und das ‚**vernünftige Selbstbewusstsein**'. Es ist nicht verwunderlich, dass Hegel die ‚absolute Idee' deshalb auch so angeben kann: „Der Begriff ist ... **freier subjektiver Begriff**, der für sich ist und daher die **Persönlichkeit** hat, – der praktische, an und für sich bestimmte, objektive Begriff, der als **Person** undurchdringliche, atome **Subjektivität** ist, – der aber ebenso sehr nicht ausschließende Einzelheit, sondern für sich Allgemeinheit und Erkennen ist und in seinem Andern seine eigene Subjektivität zum Gegenstande hat." (L II 484)

Weil die ‚**absolute Idee**' damit die **Subjektivität** vollständig ‚**realisiert**' hat, d.h. ihr kein objektiver Gegenstand mehr gegenüber steht, sondern sie selbst sie **und** ihr Gegenstand ist, deshalb kann die ‚absolute Idee' hier als ‚**freier Begriff**' bezeichnet werden, der seine **eigene** Wirklichkeit setzt und damit auch **begreifen** kann. Dieser Begriff ist ‚**undurchdringlich**', weil er sich an dieser Stelle der ‚Logik' nicht mehr in verschiedene Momente auseinanderlegt, sondern als eine **Einheit** gedacht wird, die ‚an und für sich bestimmt ist'. Der **subjektive** Begriff ist gleichzeitig **objektiver** Begriff, und **Subjektivität** und **Objektivität** sind nicht mehr an verschiedene Seiten verteilt. Hegel spricht **metaphorisch** deshalb auch von ‚**Person**' und ‚**Persönlichkeit**', d.h. die ‚absolute Idee' kann durch diese Gedanken **erläutert** werden und nach deren **Modell** verstanden werden. Die ‚Person' ist etwas Gewordenes und doch eine Einheit, die ihr biographisches Werden so in sich zu einer Einheit gemacht hat, dass sie nicht mehr in einzelne ‚Charakterzüge' auseinanderdividiert werden kann. Sie ist auch ebenso ‚innerlich' wie ‚äußerlich', d.h. sie ist, wie sie sich zeigt. Wenn wir von einer ‚Persönlichkeit' sprechen, so machen wir keinen Unterschied mehr zwischen ihrem ‚Wesen', ihrem ‚Inneren', und der Weise ihres ‚Erscheinens' in der sozialen Wirklichkeit. Genau diese Ununterschiedenheit nimmt Hegel nun auch für die ‚**absolute Idee**' in Anspruch. Ähnlich sehen wir in einer Person auch Einzelheit und Allgemeinheit in einer Einheit, wie dies in der ‚absoluten Idee' der Fall ist.

Damit ist die **Vollendung** der ‚Wissenschaft der Logik' erreicht. Hegel drückt sich an dieser Stelle durchaus pathetisch aus: „Alles übrige ist Irrtum, Trübheit, Meinung, Streben, Willkür und Vergänglichkeit; die absolute Idee allein ist Sein, unvergängliches Leben, sich wissende Wahrheit, und ist alle Wahrheit." (L II 484) Die ‚absolute Idee' ist auch der „einzige Gegenstand und Inhalt der Philosophie" (L II 484). Allerdings ist damit nicht gemeint, dass die Philosophie an dieser Stelle der Hegelschen Logik zu **Ende** ist. Aber alles, was ‚die besondern philosophischen Wissenschaften', also etwa solche, die sich mit bestimmten philosophischen Themen und Gebieten befassen, noch leisten können, hat es mit **„Ableitung und Erkenntnis"** von **besonderen Weisen** der **Darstellung** der ‚**absoluten Idee**' zu tun (L II 484). Wir sollten hier nicht mehr dem Missverständnis erliegen, es gäbe ‚logische Ideen' im Plural. Am Ende der ‚Wissenschaft der Logik' stehen nicht einzelne Erkenntnisse, die sich nun besondern könnten, so dass aus ihnen Spezialphilosophien entstehen müssten. Am Ende steht vielmehr die Einsicht, **dass die ‚absolute Idee' alle Wahrheit ist**, d.h. auch das **Prinzip** der **Wahrheit**, die sich in **einzelnen** philosophischen Gebieten darstellt.

Nun enthält die ‚absolute Idee' **alle Bestimmtheit** in sich. Dies kann aber nicht so verstanden werden, dass die Erkenntnis am Ende der ‚Logik' nun wieder in **einzelne** Erkenntnisse auseinandergelegt werden könnte. Insofern kann man nicht in dem Sinne sagen, sie sei ‚**Prinzip**', in dem man meint, aus ihr ließen sich alle anderen Erkenntnisse einheitlich und quasi automatisch **ableiten**. Aus der ‚absoluten Idee' kann nichts abgeleitet werden. **Alle** Bestimmtheit – d.h. alle Bestimmtheit, die dem absoluten und reinen Wissen angehört – hat sie vielmehr deshalb **in sich**, weil sie sich in einem langen Gedankengang **entwickelt** hat, d.h. sie ist im Grunde nur als ‚**Ergebnis**' zu verstehen und zu ihrer Wahrheit gehören damit alle **die Gedankenbestimmungen**, aus denen sich dieses Ergebnis entwickelt hat – also alle, die in der ‚Logik' entwickelt wurden. Deshalb kann Hegel schreiben: „Die Bestimmtheit der Idee und der ganze Verlauf dieser Bestimmtheit nun hat den Gegenstand der logischen Wissenschaft ausgemacht, aus welchem Verlauf die absolute Idee selbst für sich hervorgegangen ist; für sich aber hat sie sich als dies gezeigt, dass die Bestimmtheit nicht die Gestalt eines Inhalts hat, sondern schlechthin als Form, dass die Idee hiernach als die schlechthin allgemeine Idee ist." (L II 485)

Hegel beansprucht für diese Entwicklung nicht weniger als dass sie „**die Bewegung des Begriffs selbst**" darstellt (L II 486). Die Wahrheit des Ergebnisses hängt damit also davon ab, dass es sich in der ganzen ‚Logik' nicht um Einfälle eines Individuums unter dem Namen ‚Georg Wilhelm Friedrich Hegel' handelt, sondern um eine solche Entwicklung, in der der **Begriff** (das Begreifen/das Subjekt/das Selbstbewusstsein) **sich selbst entwickelt.** Jeder Schritt und jeder Übergang von einer Gedankenbestimmung zur anderen muss sich insofern ‚von selbst' ergeben. Dies ist im Grunde das einzige **Wahrheitskriterium**, das Hegel für sein ‚Ergebnis' beanspruchen kann. Wer bezweifelt, dass die ‚absolute Idee' **alle Wahrheit** ist, darf nach diesem Anspruch also nicht etwas anderes behaupten, sofern er nicht im Entwicklungsgang der ‚Wissenschaft der Logik' einen **Fehler** in der Explikation des Begriffs, d.h. im Ineinander-übergehen der **Gedankenbestimmungen** entdeckt. Dann allerdings muss gesagt werden, das Ergebnis sei falsch, und zwar nicht in einem eingeschränkten Sinne falsch, so dass doch ‚etwas Richtiges' daran sei, sondern es ist dann **vollständig falsch**.

Die ‚Wissenschaft' der Logik zeigt sich von ihrem Abschluss her als ein sehr **radikales** Buch, das gleichwohl eine sehr **fragile** Konstruktion aufweist. Ihr Wahrheitsanspruch beruht darauf, dass es gelingt, aus jeder **Gedankenbestimmung** eine ‚**Negativität**' zu entwickeln, durch sie eine ‚**Dialektik**' enthält, und diese ‚Negativität' dann wieder mit ihr zu **vermitteln**, so dass eine **neue Gedankenbestimmung** entsteht, die die zuvor geltende **aufhebt** und **bewahrt**, d. h. deren neuer Gehalt die **Entwicklung** der zuvor betrachteten Gedankenbestimmung darstellt. Der Gang über das ‚**Negative**' und das ‚**Negative des Negativen**' darf also keine „**äußerliche** Reflexion" darstellen (L II 497). Die Entwicklung muss in sich und aus sich selbst geschehen, ohne dass der Autor seine eigenen Einfälle hinzubringt; man könnte auch sagen: wo eine Meinung als ein individuelles Denken sichtbar wird, da ist die logische Entwicklung unterbrochen. Ist sie unterbrochen, so kann sie aber nicht mehr zu dem Ergebnis in der ‚absoluten Idee' führen.

Hegel beansprucht mit der ‚**absoluten Idee**' aber auch, dass die ‚Wissenschaft der Logik' mit ihr zu einem **Abschluss** gekommen ist, der nur deshalb als **Vollendung** angesehen werden kann, d. h. als das Ende, das die ‚Logik' von sich her fordert. Dies kann dann gelten, wenn **am Ende** wieder der **Anfang** erreicht ist. In der Tat beansprucht Hegel, dass mit der ‚**absoluten Idee**' die ‚Logik' wieder **in den Anfang zurückkehrt**: „ So ist denn auch die Logik in ihrer absoluten Idee zu dieser einfachen Einheit zurückgegangen, welche ihr Anfang ist; die reine Unmittelbarkeit des Seins, in dem zuerst alle Bestimmung als ausgelöscht oder durch die Abstraktion weggelassen erscheint, ist die durch die Vermittlung, nämlich die Aufhebung der Vermittlung zu ihrer entsprechenden Gleichheit mit sich gekommene Idee." (L II 504) Indem die ‚absolute Idee' eine **einfache Beziehung auf sich** ist, ist sie das ‚**Sein**', das für den Anfang in Anspruch genommen wurde in seinem unmittelbaren Übergehen in Nichts. Dieser Gedanke steht in einer gewissen Spannung dazu, dass Hegel auch behauptet, dass die ‚absolute Idee' als reine Wahrheit auch der **Anfang** der **besonderen Gebiete** der Philosophie sei. Allerdings ist damit nicht gemeint, dass aus ihr weitere Bestimmungen abgeleitet werden könnten, die Gebietsphilosophien auszuarbeiten gestatten.

Die ‚**absolute Idee**' ist vielmehr das ‚**Medium**' im Sinne des **reinen Gedankens**, in dem sich alle Spezialphilosophien bewegen müssen, um überhaupt **als Philosophie** bezeichnet werden zu können. Sie enthält insofern also **keinerlei Inhalt**. Gerade das macht sie wieder zu dem Anfang, in dem ein absolut Inhaltsloses und ein leerer Begriff verwendet wurde, der in sich eine Bewegung auslöst, in der zunächst ‚Werden' und dann eine lange Kette von Gedankenbestimmungen entsteht, die schließlich von der **Seins**-Logik in die **Wesens**-Logik und in die **Begriffs**-Logik führt, in der die ‚absolute Idee' entwickelt wird, die als **Ergebnis** nur **Geltung** hat, indem sie die **ganze** Entwicklung der ‚Logik' in dem Sinn **in sich enthält**, dass sie deren **Ergebnis** ist und gleichzeitig deren **Anfang** darstellt, aus dem sich dieses Ergebnis entwickeln konnte. Ihre Begründung kann die ‚Wissenschaft der Logik' also nur daraus beziehen, dass sie ein ‚**Kreis**' ist, der weder Anfang noch Ende hat, sondern sich stets wieder zurück in sich bewegt. Gerade diese **Kreisbewegung** macht Hegels ‚Logik' zu einem ebenso anspruchsvollen wie **fragilen** Unternehmen.

4. Praktische Philosophie

4.1 Ethik als Sittlichkeit

Bei Hegel findet sich eigentlich keine **Ethik** in dem Sinn, in dem wir diesen Ausdruck zu verwenden gewohnt sind. Man könnte sogar sagen, Hegel wendet sich gerade gegen das ethische Begründen und Argumentieren, in dem wir danach fragen, was wir tun und lassen **sollen**, wenn wir auf der Grundlage einer wahrheitsgemäßen Unterscheidung zwischen Gut und Böse handeln wollen. Es findet sich bei Hegel sogar eine fundamentale **Kritik an der Moralität** – man könnte auch sagen: am **moralischen Standpunkt**. Aber bei Hegel hat der Begriff der Kritik eine **doppelte** Bedeutung. Zum einen ist in dem gewohnten Sinne gemeint, dass der kritisierte Standpunkt falsch ist und deshalb **überwunden** werden sollte. Zum anderen aber bleibt dieser Standpunkt immer in der Kritik **erhalten** und zeigt deshalb, weil er kritisiert wird, dass er doch nicht vollkommen und nur falsch sein kann. Dies lässt sich zunächst schon dadurch begründen, dass man nur **solche** Positionen kritisiert, die es **wert** sind, d.h. die eine solche Vernunft und argumentative Kraft enthalten, dass sie den Aufwand der Kritik lohnen. Wir sind im allgemeinen nicht geneigt, eine ethische Konzeption zu kritisieren, die wir von vornherein für unsinnig und bar jeder Vernunft auffassen. Umgekehrt können wir sagen, dass an einer **kritikwürdigen** Position immer doch ‚etwas daran' sein muss, was sie so stark macht.

Für Hegel gilt diese Abhängigkeit der in der Kritik entstandenen **neuen** Position von der **kritisierten** Position grundsätzlich in allen Argumentationen, nicht nur in praktischen Fragen. Deshalb kann generell die kritisierte Position nicht vollkommen verschwinden und als erledigt betrachtet werden. Bis zu einem gewissen Grad bleibt sie in der neuen Konzeption stets auch **aufbewahrt**. Hegel spricht deshalb von der Aufgabe der Kritik als ‚**aufheben**'. Dieser Ausdruck hat eine dreifache Bedeutung. Zum ersten ist die kritisierte Position damit überwunden und nicht mehr gültig, sie ist also aufgehoben im Sinne von ‚**aufgegeben**', zum zweiten ist sie aber auch aufgehoben im Sinne von ‚**aufbewahrt**', und zum dritten ist sie, indem sie in die neue Position eingeschlossen wird, auch aufgehoben im Sinne von ‚**höher gehoben**', d.h. sie ist Teil eines höheren und besseren Standpunkts geworden. Natürlich gilt dies nicht für alle Formen der

Kritik. Im Alltag und im politischen Leben oder auch im wissenschaftlichen Forschen kritisieren wir Positionen und Auffassungen meistens so, dass nichts von ihnen bleiben soll. Wir wollen eine andere Auffassung an ihre Stelle setzen, und es soll nichts von der kritisierten Position übrig bleiben.

Dies ist aber nach Hegel im philosophischen Denken nicht möglich, weder in der theoretischen Philosophie noch in der praktischen Philosophie, in der über das richtige Handeln nachgedacht wird. In der Philosophie können wir nicht einfach eine **Position** einer anderen Position **entgegensetzen**. Dies würde dem Anspruch nicht gemäß, den wir erheben, wenn wir behaupten, philosophisch über das moralisch Richtige entscheiden zu können. Wir können uns dabei auf nichts anderes berufen als auf die **Vernunft**, die bei **allen** Menschen prinzipiell gleich ist. Der Gegensatz dazu wäre im Grunde das ‚**Meinen**', d.h. das Beharren auf einer Meinung im Sinne von Luthers ‚hier stehe ich, ich kann nicht anders'. Wenn wir uns auf das Meinen beschränken, so können wir es dabei bewenden lassen, eine Meinung einer anderen Meinung entgegenzusetzen und diese andere Meinung eben dadurch für falsch zu erklären, weil sie nicht mit der ersten Meinung übereinstimmt.

In der **Philosophie** dagegen muss sich die Kritik auf die **eine** Vernunft berufen. Die **Kritik** an einer Konzeption über die Unterscheidung zwischen dem Richtigen und dem Falschen muss deshalb voraussetzen, dass diese Konzeption nicht eine **Meinung** ist, sondern **Vernunft** enthält. Anders ist überhaupt keine philosophische Kritik möglich. Die Kritik muss sich also auf die Vernunft **in der zu kritisierenden Konzeption** beziehen – nicht auf das, was in ihr vielleicht auch nur Meinung ist – und eben dadurch **anerkennen**, dass diese zwar **nicht ausreichend** vernünftig war, dass sie aber doch auf **vernünftiger Grundlage** zu ihren Behauptungen gekommen war. Eben deshalb weist Hegel auch im Zusammenhang der praktischen Philosophie darauf hin, dass eine andere philosophische Konzeption nicht einfach durch Kritik **zerstört** werden kann, sondern in dem gerade genannten Sinn ‚**aufgehoben**' werden muss, d.h. das, was in ihr Vernunft war und wodurch sie erst in einem philosophischen Sinne kritisierbar wurde, muss in der Kritik auch ‚**aufbewahrt**' werden. Umgekehrt gesagt: gibt es nichts zum ‚Aufbewahren', so war keine Vernunft in jener Konzeption und sie konnte auch nicht in einem **philosophischen** Sinne kritisiert werden.

Man kann diese Auffassung von **Kritik** in der praktischen Philosophie auch noch von einer anderen Seite her verdeutlichen. Wenn wir nur eine **Position** gegen eine andere Position setzen und erklären, die andere sei falsch, weil sie nicht mit der ersteren vereinbar ist, so müssen wir uns im Grunde nicht auf die andere Position **einlassen**. Es genügt, dass wir die **Abweichungen** von der von vornherein als richtig feststehenden Position deutlich machen. Diese Verdeutlichung genügt in diesem Fall, um die andere Position als falsch zu markieren. Setzen wir jedoch voraus, dass in der anderen Position auch Vernunft ist, so müssen wir uns auf sie einlassen, um sie zu **kritisieren**. Wir können also nicht einfach bei unserer eigenen Position bleiben, sondern wir müssen unsere Argumente so wählen, dass sie **auf vernünftiger Grundlage** den Anspruch auf Vernunft **widerlegen**, den die andere Position erhebt. Wir müssen unsere eigenen **Argumente** in diesem Verfahren also an die kritisierte Position **anpassen**; wir könnten auch sagen: unsere Argumente werden durch die andere Position **bestimmt**. Es ist nur eine solche Kritik möglich, die auch tatsächlich zu der anderen Position passt.

Damit bestimmt die in der anderen Position vorhandene **Vernunft** aber die Kritik mit. Die kritisierende Vernunft wird abhängig von **jener Vernunft**, die kritisiert wird. Hegel gebrauchte hier den Ausdruck ‚**bestimmte Negation**'. Es wird nicht einfach irgendetwas negiert, sondern etwas **Bestimmtes**. Deshalb wird die Negation bzw. Kritik von eben diesem Bestimmten **abhängig**. Würde sich die Kritik bzw. Negation auf etwas anderes beziehen, so wäre das **Ergebnis** – d.h. die neue Position – anders. Die neue Position bleibt also dann von der kritisierten und damit überwundenen Position abhängig, wenn sie durch die **vernünftige Kritik** entstanden ist und nicht einfach ein **Meinen** darstellt. Deshalb hebt sie die kritisierte Position nicht nur in dem Sinne auf, dass sie sie aufgibt, sondern auch in dem Sinne, dass die kritisierte Position in der neuen Position **erhalten bleibt**, aber natürlich nicht in dem ursprünglichen Sinn, sondern in dem Sinne von ‚aufheben', der das Einnehmen einer **höheren Position** bedeutet.

Die **Moralität** bzw. der **moralische Standpunkt** ist für Hegel der **Standpunkt** des **Sollens** bzw. der **Forderung**. Dass wir in der Ethik nach dem fragen, was wir auf eine vernünftig begründete Weise **sollen**, scheint uns selbstverständlich. Für Hegel enthält dieser Standpunkt jedoch einen **Mangel**, der in der vernünftigen Kritik über ihn hinausführt. Die neue Position entsteht also nicht als ‚Position', sondern in dem oben erläuterten Sinne als eine ‚Aufhebung', weil sie den Standpunkt der Moralität als vernünftig gegründet ansieht und ihn deshalb auf vernünftiger Grundlage **kritisiert**. Dieser Standpunkt wird also nicht einfach als falsch erklärt, sondern als **unzureichend**. Dieses Ungenügen kann erst durch einen Gedanken aufgehoben werden, der über den Standpunkt des Sollens **hinausführt**. Einerseits erkennt Hegel also den **Standpunkt der Moralität** an, andererseits aber ist dessen Vernunft doch so, dass die **Vernunft** selbst fordert, über diesen Standpunkt hinauszugehen. Insofern ist die Ethik selbst mit ihrer Frage nach dem Sollen für Hegel zwar **vernünftig**, aber doch nicht **ausreichend vernünftig**, d.h. sie muss als solche ‚aufgehoben' werden.

Wir müssen an dieser Stelle kurz den **Grundzug** des Hegelschen Denkens rekapitulieren, nach dem es sich von **Kants** Transzendentalphilosophie unterscheidet. Dieser Grundzug wurde bereits in der **theoretischen Philosophie** deutlich, aber er gibt auch die **Grundlage** für das, was bei Hegel **praktische Philosophie** heißt. Nach **Kant** entsteht alle Erkenntnis dadurch, dass **Wahrnehmungen** aus der wirklichen Welt durch unseren **Verstand** geformt werden. Dafür verfügt der Verstand über **Begriffe**, die **vor** aller Erfahrung gelten und das bestimmen, was dann als **Objekte der Erfahrung** für unser Erkennen gegeben wird. Durch **Anschauungen** alleine können wir keine Erkenntnis haben, sie wären ‚blind' ohne **Begriffe**, die wir dem **Verstand** entnehmen, wie Kant sich ausdrückt, aber auch **nur** mit Begriffen könnten wir nichts erkennen, denn **ohne Anschauungen** wären diese Begriffe ‚leer'. Erst wenn der Verstand durch seine Begriffe **Einheit** in das **Mannigfaltige** der Anschauung bringt, können wir zu Erkenntnissen gelangen.

Hegel wendet gegen dieses **Modell** unserer **Erkenntnis** grundsätzlich ein, dass dabei auf der **einen Seite** das Mannigfaltige der Anschauung – also unsere Wahrnehmungen – angenommen werde und auf der **anderen Seite** und ganz unabhängig davon die Begriffe, über die unser Verstand verfügt. Der Verstand wird auf diese Weise als eine ‚**leere Form**' aufgefasst, die eigentlich keine **Realität** besitzt, und die überhaupt erst Bedeutung gewinnt, indem sie zu den ganz unabhängig davon gegebenen Wahrnehmungen ‚**hinzutritt**', so dass die Begriffe des Verstandes erst auf dieser Grundlage einer solchen ‚Verbindung' für unsere **Erkenntnis** Bedeutung erhalten. Nach Hegel hat dieses Modell des Erkennens selbst eine blinde Stelle. Dass jenseits des Begreifens eine davon **unabhängige** Wirklichkeit besteht, die sich durch **Wahrnehmungen** – das Mannigfaltige der Anschauung – bei uns meldet, so dass sie dann durch Verstandesbegriffe geformt werden kann, dies ist selbst ein **Gedanke**, der mit **Begriffen** diese Situation des Erkennens **beschreibt**.

Damit aber ist das **Erkennen** immer schon über die Situation **hinaus**, die **Kants Modell** beschreibt. Wir haben, gerade wenn dieses Modell gelten soll, immer schon **begriffen**, dass sich Wirklichkeit und Verstandesbegriffe so zu einander verhalten, dass eine wahrnehmbare Wirklichkeit **unabhängig** vom Verstand für unser Erkennen bereitliegt. Die **Begriffe** des Verstandes sollen also eine bloße **Form** sein, aber **andererseits** sind die Wahrnehmungen doch so gedacht, dass sie in diese Formen **passen**. Anders gesagt: wenn wir das Mannigfaltige der Anschauung so auffassen, wie Kant das tut, so geschieht dies im **Denken** und nicht in der **Anschauung**. Kants Modell setzt also voraus, dass wir die Begriffe bloß als Formen immer schon **überschritten** haben und auch das, was jenseits der Begriffe liegen soll, durch unser **Denken** bestimmt haben. Die **Un-**

terscheidung zwischen **Denken** (unseren **Begriffen**) und **Anschauung** (unseren **Wahrnehmungen**) ist selbst ein Gedanke.

Hegel entwickelt aus dieser Überlegung den Gedanken, dass die **Begriffe** nicht **reine Formen** sein können, sondern Formen, die ihren **eigenen Inhalt** bestimmen. Sie **überschreiten** sich als Formen und sind in diesem Sinne immer ‚über sich selbst' hinaus. Die Unterscheidung zwischen **Denken** und **Anschauung** ist demnach eine Unterscheidung, die **im Denken selbst** geschieht, indem es **sich von sich unterscheidet** und dann einerseits **sich als Denken** denkt und andererseits **sich** als **Anschauung**. Auf **beiden** Seiten ist **Denken**, und die Trennung zwischen den beiden Seiten der Erkenntnis ist ebenfalls **Denken**, und das gilt auch für die **Beziehung** zwischen beiden Seiten. Diese Einsicht ist das **Grundprinzip** von Hegels ‚objektivem Idealismus', der also im wesentlichen besagt, dass wir **auch dann** denken, wenn wir **denken**, dass und wie wir über das Denken **hinausgehen**, so dass wir in diesem Überschreiten also – **denken**.

Hegels Auffassung des **Sollens** folgt grundsätzlich dem **Muster** dieses Gedankenganges. Das **moralische Bewusstsein**, das sich durch ein **Sollen** versteht, verkennt dabei, dass es immer schon über das **bloße Sollen** hinaus ist, wenn es vom Sollen spricht. Schließlich soll das Sollen ja nicht einfach **bei sich** bleiben, sondern es soll **verwirklicht** werden. Diese **Wirklichkeit** aber steht ihm nach dem Standpunkt des moralischen Bewusstseins **unvermittelt gegenüber**. Auf diese Weise könnte das, was sein **soll**, nie **wirklich** werden. Aber zum **Sollen** gehört gerade, dass etwas **sein** soll. Dies ist nur möglich, wenn in dem **Sein** auch schon ein **Sollen** ist, d.h. wenn das Sollen sich selbst im Sein **entgegenkommt**. Solange das Sollen aber nicht erkennt, dass zu ihm ein entsprechendes Sein gehört, solange bleibt es ein **bloßes Sollen**, d.h. ein Sollen, das überhaupt nicht auf **Verwirklichung** aus ist. Es bleibt ein Sollen, das bloß als eine **leere Forderung** im **Inneren** des moralischen Bewusstseins existiert. Ein solches Sollen kommt deshalb nicht bloß nicht zur **Wirklichkeit**, sondern es hat auch **selbst** keine **Wirklichkeit**.

Dieses **Defizit des bloßen Sollens** gehört ihm wesentlich zu: das Sollen bezieht sich nicht auf eine **Wirklichkeit**, sondern auf etwas, das **nicht** ist. Die Philosophie hat es darin nicht mit dem **Sein** zu tun. Wenn es die Aufgabe der Philosophie ist, zu begreifen, was ist, so gewinnt eine **praktische Philosophie**, die das **Sollen** in den Mittelpunkt stellt, einen problematischen Status. In Hegels Denken findet sich ein grundsätzliches Misstrauen gegen jede Philosophie, die sich nicht mit dem Sein, sondern mit dem **Sollen** beschäftigt. Etwas pointiert könnte diese Entgegensetzung mit der zwischen dem Wissen und dem Meinen gleichgesetzt werden. Das Sein steht unserer **Subjektivität** nicht zur Verfügung und ermöglicht deshalb ein **Wissen;** in der Beschäftigung mit dem **Sollen** dagegen tendieren wir dazu, uns eine Welt nach unseren Vorstellungen zu konstruieren, die **subjektiv** ist und unserem bloßen **Meinen** entspricht. Hegel wendet sich deshalb prinzipiell gegen eine philosophische Konzeption, die sich mit einem Sollen jenseits dessen, was ist, beschäftigt.

Wenn das **Sollen** also ein Gegenstand philosophischen Denkens sein soll, dann muss es **dort** aufgenommen werden, wo es in der **Wirklichkeit** anzutreffen ist, nicht im bloßen Meinen und in der Vorstellung von dem, was richtig oder falsch ist. In Hegels Philosophie kann deshalb die Frage nach dem, was wir tun und lassen sollen, nur so behandelt werden, dass ein Phänomen in der **Wirklichkeit** untersucht wird, in dem das Sollen nicht mehr ein **bloßes** Sollen ist. Dies ist **dort** der Fall, wo das Bewusstsein von der Unterscheidung zwischen Gut und Böse so eng mit der **Wirklichkeit** verbunden erscheint, dass die Philosophie ein **Wissen** erzeugen kann und nicht bei der Beschreibung eines **Meinens** stehen bleiben muss. Dies kann gelingen, wenn ein Phänomen gefunden wird, auf dessen Grundlage jene Unterscheidung nicht in der Form eines **subjektiven Bewusstseins** beschrieben werden muss, sondern wo sie in der **Wirklichkeit** selbst angetroffen werden kann.

Hegel fordert also grundsätzlich eine ‚**Konkretisierung**' des Guten. Das heißt nicht, dass es möglichst genau ausformuliert werden soll, so dass in jeder Situation deutlich ist, was richtiges Handeln genannt werden kann. Gemeint ist vielmehr, dass das **Gute** nicht im **bloßen Sollen** bleiben darf, sondern eine **Wirklichkeit** in der **Welt** selbst gewinnen muss, so dass es seinen Ort im **Sein** gewinnt, von dem ein **Wissen** möglich ist und nicht nur ein Meinen. ‚Konkret' wird das Gute also erst dann, wenn das Sollen in sich so auf eine **Wirklichkeit** bezogen wird, dass diese Wirklichkeit nicht mehr als das ganz Andere erscheint, sondern **in sich** das **Sollen** selbst enthält. Hegel spricht hier vom ‚**lebendigen Guten**', das nicht in der **Moralität** erreichbar ist, sondern erst in der **Sittlichkeit**, d.h. in einem Leben, das durch ein **Ethos** bestimmt ist, das unmittelbar **gelebt** wird. Dieses Ethos **verwirklicht** sich in der **Familie**, in der **Gesellschaft** und im **Staat**, also in solchen **Gemeinschaften**, die nicht durch die **abstrakten** Forderungen des Sollens bestimmt werden, sondern durch **konkrete Regeln**, die ein **Sollen** repräsentieren, das zugleich ein **Sein** ist.

Mit ‚**Sittlichkeit**' meint Hegel also nicht das, was wir heute in der Einschränkung auf staatliche Regulierungen der Sexualität noch von diesem Ausdruck übrig behalten haben, wie etwa im Ausdruck ‚Sittenpolizei'. Hegel bezieht sich dabei vielmehr auf die **antike** Philosophie und deren Gedanken des ‚**Ethos**', den wir heute mit ‚**Sitte**' wiedergeben können, wobei allerdings der Gedanke an Brauchtum vermieden werden sollte. Der Gedanke der ‚Sittlichkeit' bezeichnet vielmehr einen Zustand, in dem die **praktische Vernunft** nicht mehr einseitig **subjektiv** geltend gemacht wird und nur als **Sollen** und **Forderung** auftritt, so dass sie in der **Innerlichkeit** des Subjekts bleibt und der **Wirklichkeit** gegenübergesetzt wird. In der Sittlichkeit ist die praktische Vernunft in einer Wirklichkeit **realisiert**, die **historisch geworden** ist und sich auf der Grundlage ihrer **Geschichte legitimiert**. Es handelt sich um **Sitten** und **Gewohnheiten**, aber auch um **Institutionen** und **Lebensformen**, die sich als **feste Formen des Zusammenleben** von Menschen **entwickelt** haben und die aufgrund dieser **Entwicklung** auch **Geltung** beanspruchen können. Hegel hat das **Sittliche** an verschiedenen Stellen so umschrieben: ‚die an und für sich seienden Gesetze und Einrichtungen', die ‚Sitte' und die ‚Gewohnheit' im Sinne von ‚allgemeinen Handlungsweisen' der Menschen in einer kulturellen Gemeinschaft, das ‚gesellig gesittete Leben', er sprach aber auch von ‚Stand' und ‚Korporation', d.h. von ‚Institutionen'.

In diesem Zustand der Sittlichkeit sollen die fundamentalen **Defizite** der Moralität behoben sein. Zunächst bleibt das Subjekt darin nicht **gespalten** zwischen seiner **individuellen Vernünftigkeit** und einer **vernunftlosen Wirklichkeit**, in der es sich auf seine reine Innerlichkeit beschränken muss, um wenigstens rudimentär vernünftig sein zu können. In der **Moralität** hingegen erscheint das **Subjekt** als strikt **geschieden** von seiner **natürlichen** und **sozialen Umgebung**, zu der es sich nur in der Form des **Sollens** und der Forderung verhalten kann. Die Sittlichkeit soll also den Zustand der ganz **abstrakten** praktischen Vernunft überwinden. Im Zustand der Sittlichkeit erfährt das Subjekt nicht eine **vernunftlose** Wirklichkeit, die den Forderungen seiner Vernunft gegenüber prinzipiell gleichgültig ist. Erst in der **Sittlichkeit** kann die praktische Vernunft in der Wirklichkeit **realisiert** sein, d.h. **Sollen** und **Sein** können in eine **Einheit** treten, die einen **vernünftigen** Begriff praktischer Vernunft ermöglicht.

Was Hegel hier geltend macht, könnte auch als die **Rückkehr** zu einer bei Kant verloren gegangenen Seite der Ethik verstanden werden. Der Gedanke der **Sittlichkeit** schließt auch ein, dass in diesem ‚**lebendigen Guten**' die Frage nach dem **guten Leben** wieder eine Bedeutung gewinnt, die durch die Konzentration auf die Frage nach Kriterien für **verallgemeinerbare Handlungsmaximen** aufgegeben worden war. Die Sitten und Institutionen der Sittlichkeit beziehen sich auf das gute Leben im Rahmen der **kulturellen Überlieferung**, innerhalb derer die Sittlichkeit **gilt**. Wenn Hegel das Gute zum Thema macht, so geschieht dies innerhalb eines Gedankens von einer **Einheit** von **Handeln** und **Leben**, in der Formen für ein gelingendes Zusammenleben der Menschen in kulturell und historisch gewordenen und bestimmten Gemeinschaften bestimmend werden. Man könnte in diesem Zusammenhang darauf hinweisen, dass diese Einwände gegen eine abstrakte Moralität ähnlich von **Aristoteles** gegen Platons Gedanken einer Idee des Guten vorgebracht worden waren.

Mit dem Gedanken der **Sittlichkeit** beansprucht Hegel, den Begriff der **Moral** in dem oben genannten dreifachen Sinn ‚**aufheben**' zu können. Die Sittlichkeit ist also eine höhere Wahrheit als die Moralität, so dass von der Sittlichkeit aus das moralische Bewusstsein als **unwahre** Einstellung erscheint, aber mit ihr wird auch die Moralität als philosophischer Begriff, mit dem das richtige Tun und Lassen beschrieben werden kann, auf eine **höhere Stufe** des Verständnisses erhoben. Die Moralität war der Bereich des **abstrakten** Guten, also der Unterscheidung zwischen Gut und Böse, wie sie bloß als **Forderung** und **Sollen** erscheint, nicht als **Wirklichkeit** in der Welt. Falsch daran war nicht, dass das moralische Bewusstsein nach dem Guten strebt, sondern dass es dies in der **abstrakten Form** des bloßen Sollens tut. Das Gute kommt in der Moralität nirgends zu einer Wirklichkeit, es ist nicht Teil der erkennbaren Welt und insofern nicht ‚**vernünftig**'.

Dies ist in Bezug auf die **Kantische** Konzeption der Ethik insofern leicht einsehbar, als bei Kant das Gute nur in der Form eines **guten Willens** gedacht werden konnte. In der wirklichen Welt kann nach dieser Konzeption das Gute eigentlich überhaupt nicht vorkommen. Von einer **guten Tat** kann man im Kantischen Denkzusammenhang, wenn man seine Ethik konsequent betrachtet, nicht im Sinne eines **philosophischen** Begriffs sprechen. Auch wenn eine Tat **äußerlich** genau einer solchen Maxime entspricht, die aufgrund der gelungenen Prüfung auf **Verallgemeinerbarkeit** moralisch gerechtfertigt ist, so kann man doch nicht wissen, ob sie auch ‚**aus Pflicht**' und nicht etwa ‚**aus Neigung**' geschehen ist. Nur im ersteren Fall aber ist sie für Kant eine im moralischen Sinne **gute** Tat. Was die Motive eines Menschen bei einer Tat waren, das liegt jedoch in den Abgründen seiner Seele verborgen und kann letztlich nie mit Gewissheit festgestellt werden. **Hegel** kann also mit Recht sagen, dass innerhalb der Kantischen Konzeption das Gute immer **abstrakt** bleibt und nie den Status eines konkreten, ‚**lebendigen**' Guten erreicht.

Diese **Abstraktheit** gilt in gleichem Sinne für die **Freiheit**, die nach Kant ja gerade und nur durch die moralische Willensbestimmung demonstriert werden kann. Sie bleibt deshalb ebenfalls ‚**innerlich**' und kann im Grunde in der **Wirklichkeit** nirgends aufgefunden werden. Wenn Kant später in seiner **Rechtsphilosophie** von der **Freiheit** im Verhältnis zwischen Menschen spricht und diese im Recht gewahrt sieht, so wird den meisten Interpreten zufolge ein **anderer Begriff** von **Freiheit** eingeführt. Frei kann also nur das **Subjekt** in seinem **Willen** sein, so lange es seinen Willen **nicht** in die Tat umgesetzt hat. Dann kann es im Grunde auch für sich selbst nicht mehr sicher sein, dass es frei gehandelt hat, denn es kann letztlich nie zu einer **Gewissheit** darüber gelangen, ob es seine Handlung **moralisch motiviert** war. Da es von seiner **Freiheit** aber nur durch seine **Moralität** weiß, kann es in dieser Lage auch nie sicher sein, dass es sich als **frei** bewiesen hat.

In der **Sittlichkeit** sieht **Hegel** also die richtige Seite der Moralität **bewahrt**, indem sie von ihrer **Abstraktheit** befreit wird und das Gute und die Freiheit eine **Wirklichkeit** gewinnen, in der sie **konkret** und ‚lebendig' sein können. In der Sittlichkeit ist es nicht mehr der **abstrakte, subjektive Wille**, der das Gute nur in der Form des **Sollens** besitzt und der nur im einzelnen **Subjekt** bleibt. Jetzt gibt es einen **allgemeinen Willen**, der sich in den **Sitten** und **Gebräuchen** eines **Volkes** oder einer **Kultur**, in den kulturell überkommenen **Lebensformen** und den diesen angemessenen **Institutionen** niedergeschlagen hat. Die in einer **Kultur** geltenden **Regeln** über das Verhalten und die kulturell legitimierten Normen über das richtige Zusammenleben der Menschen ‚verkörpern' diesen **allgemeinen** Willen, d. h. sie geben ihm **Leben** und **Wirklichkeit** in der Welt. Der **allgemeine Wille** besteht auf diese Weise nicht in **abstrakten** Inhalten, d. h. er lässt sich nicht beschreiben, indem man erklärt, was dieser Wille **anstrebt**. Er zeigt sich vielmehr in den **Sitten** und **Gebräuchen**, den **geschichtlich** entstandenen **Lebensformen** und **Institutionen**.

Über diese **Regeln** und **Normen** bestimmt der **allgemeine Wille** die Absichten und die Gesinnungen der **einzelnen Menschen** innerhalb der **Gemeinschaft**, die durch eine gemeinsame kulturelle Überlieferung bestimmt ist. Das ‚lebendige Gute' steht den Menschen hier nicht als etwas gegenüber, das sie **sollen**. Es gibt auch eigentlich nicht das **einzelne** und **abstrakte** Subjekt, das **für sich** Forderungen aufstellt, denen es genügen oder die es verfehlen kann. Der **allgemeine Wille** kennt im Status der Sittlichkeit keine **Forderung**; man könnte auch sagen: er ist **eins** mit dem, was als gut **gelten** kann. Das Gute ist immer schon **realisiert** in dem **Ethos**, das als selbstverständliche **Lebensform** praktiziert wird. Der **allgemeine** Wille steht auch nicht als eine eigene Instanz den **einzelnen** Willen gegenüber. Hegel würde hier darauf hinweisen, dass es sich in diesem Falle gerade nicht um den allgemeinen Willen handeln könnte, sondern dass es in dieser Situation in Wahrheit ein einzelner Wille wäre, der sich **unberechtigt** als allgemeiner Wille ausgeben möchte.

Wir können schon an dieser Stelle auf die naheliegende **Kritik** an dem Gedanken der **Sittlichkeit** als ‚lebendigem Guten' eingehen. Man könnte darauf hinweisen, dass die Sitten und Gebräuche, die kulturell vorgegebenen Lebensformen und Institutionen dem **einzelnen Menschen** gegenüber doch als eine **Macht** auftreten, die **Forderungen** erhebt und sich im Individuum als ein **Sollen** zeigt. Das Sollen wäre in der Sittlichkeit als konkret gewordenem allgemeinen

Willen also keineswegs überwunden, sondern es wäre nur ein **anderer Inhalt** des **Sollens** entwickelt, der nicht mehr durch das individuelle Bewusstsein bestimmt ist, sondern der nun durch die geschichtliche Entwicklung der Kultur **vorgegeben** ist. Hegel würde dem vermutlich **zustimmen**, er würde aber darauf hinweisen, dass diese Kritik nicht das beschreibt, was **er** unter **Sittlichkeit** versteht.

In einer Lage, in der sich die Sitten und Gebräuche, die überkommenen Lebensformen und Institutionen dem **einzelnen** Menschen **entgegenstellen** und von ihm als **Sollensforderungen** einer **fremden Macht** erlebt werden, ist die Sittlichkeit als das ‚**lebendige Gute**' **verschwunden**. Sittlichkeit ist bei Hegel im Grunde ein Zustand, in dem die einzelnen Menschen in einer kulturellen Gemeinschaft den **allgemeinen Willen**, der sich in den Sitten und geschichtlich gewordenen Institutionen verkörpert, auf eine **unmittelbare Weise** kennen. Es gibt für sie also nicht **die Sitten** und darüber hinaus noch einen **allgemeinen Willen**, der sich ihnen als eine eigene Instanz in diesen Sitten kundgibt. Der **allgemeine Wille** ist für die Menschen einer ‚**sittlichen Gemeinschaft**' also nicht über die **Vermittlung** der Sitten zugänglich und bekannt. Die Sitten haben auch ganz und gar nicht den Status von ‚**Vermittlungen**', d.h. sie sind nicht eine solche Wirklichkeit, durch die als ‚Mitte' etwas **anderes** sich geltend macht, das von ihnen abgelöst werden könnte.

Nach Hegels Begriff der Sittlichkeit stellen die **Sitten** und kulturell überkommenen Lebensformen die **Wirklichkeit** des **allgemeinen Willens** dar, nicht dessen **Übermittlung** oder **Vermittlung**. Deshalb ist der Zustand der Sittlichkeit bereits **verlassen**, wenn sich die einzelnen Ausgestaltungen der Sittlichkeit den Menschen mit dem Charakter von **Forderungen** und dem Status des Sollens **entgegensetzen**. Zur Sittlichkeit im Hegelschen Sinne gehört also das Verhältnis der **Unmittelbarkeit**, das die Menschen in einer kulturellen Gemeinschaft zu ihren Sitten und ihren Institutionen einnehmen. Nur dann kommt ihnen darin der **allgemeine Wille** entgegen, nicht ein einzelner Wille, der unberechtigt behauptet, der allgemeine zu sein. Die genannte **Kritik** bezieht sich also auf einen Zustand, in dem **nicht** die Sittlichkeit herrscht, sondern die **Macht** eines **einzelnen** Willens. Ein solcher Wille kann einem einzelnen Menschen zugehören, es kann aber auch der Wille einer Gruppe sein, die die kulturellen Institutionen und Sitten benutzt, um allen anderen Individuen und Gruppen ihren Willen aufzuzwingen und so ihre Interessen durchzusetzen. Dies ist also gerade **nicht** das, was Hegel unter dem Titel ‚**Sittlichkeit**' meint und der Moralität als deren höhere Wahrheit entgegensetzt.

In der **Sittlichkeit**, so wie **Hegel** sie versteht, ist der **allgemeine Wille** nicht vom **einzelnen** Willen **unterschieden**. Es gibt also nicht den Willen einzelner

Menschen, der sich den Sitten, Gebräuchen, Lebensformen und Institutionen in einer kulturellen Gemeinschaft **entgegensetzen** könnte. Unter Umständen können die Sitten zwar als belastend und einschränkend empfunden werden, aber sie sind auch dann noch in einer **Einheit** mit dem **Leben** der einzelnen Menschen, die sich in erster Linie aus der **gemeinsamen** geschichtlichen und kulturellen **Herkunft** ergibt. Der einzelne Mensch ist in seinen Wünschen, Vorstellungen und Verhaltensorientierungen in seiner kulturellen Überlieferung groß geworden, er ist darin zu **dem** Menschen geworden, der er **ist**. Würde er sich dem **entgegensetzen**, was die Sitte von ihm verlangt, so müsste er sich in dieser Lage **sich selbst entgegensetzen**. Folgt er jedoch den Ansprüchen der Sitte, so gehorcht er keiner **fremden Macht**, sondern bis zu einem gewissen Grad **sich selbst**, d.h. dem in ihm, das **nicht** individuell und aus ihm selbst heraus geworden ist, sondern das den **allgemeinen** Willen in der Form von **Sitten** und anderen kulturell selbstverständlich gewordenen **Lebensformen in ihm darstellt**.

Deshalb ist die **abstrakte Freiheit** der Moralität nun zu der **konkreten** und ‚lebendigen' Freiheit der Sittlichkeit geworden. Im Sollen musste die Freiheit abstrakt bleiben, weil sie ihren Ort nur in der **Innerlichkeit** des Subjekts hat und ihr eine Wirklichkeit gegenüber steht, in der die Freiheit unbekannt ist. Für **Kant** war die Welt außerhalb der moralischen Bestimmung eines guten Willens durch **Notwendigkeit** bestimmt, nicht durch **Freiheit**. Die Sittlichkeit dagegen kann in Hegels Gedankenzusammenhang der Ort der **konkreten Freiheit** sein, weil das Subjekt in diesem Zustand keiner fremden Wirklichkeit gegenübersteht. Die Sitten, Gebräuche und Institutionen der sittlichen Welt sind so sehr **identisch** mit dem, was der einzelne Mensch ist bzw. in seiner kulturellen Formung **geworden** ist, dass sie keine **fremde** Macht darstellen, die ihm gegenübersteht. Er **findet sich** also in diesen Sitten, Gebräuchen und Institutionen auf eine **unmittelbare** Weise wieder, man könnte auch sagen: er weiß sich selbst in ihnen.

Diese Situation kann Hegel deshalb nicht nur als konkrete, sondern auch als ‚lebendige' Freiheit bezeichnen. Es ist nicht die Freiheit der **abstrakten** Willensbestimmung, die sich dem Leben gegenüber stellt und auf diese Weise dem **Leben** fremd bleibt. Wenn wir nochmals auf **Kant** zurückgehen, so zeigt sich dieser Gegensatz auch darin, dass die moralische Willensbestimmung und das Gute, das nur im **Wollen** liegen konnte, nichts mit dem **Leben** der Menschen zu tun hatte. Das Gute wies sich ja nicht dadurch aus, dass es zu einem **gelingenden Leben** beitragen konnte. Das Gute war der gute **Wille**, der sich durch die Prüfung seiner Maximen auf **Verallgemeinerbarkeit** zeigt, es hatte aber keine – oder doch nur eine sehr abstrakte – Verbindung zum **guten Leben**. In der Sittlichkeit dagegen ist die Freiheit unmittelbar auf das **konkrete Leben** der Menschen bezogen. Die Sitten, Gebräuche und Institutionen der sittlichen Welt gelten nicht abstrakt, sondern sie gelten im **Leben** der **Menschen** in der **Gemeinschaft**. Deshalb gelingt nur in der Sittlichkeit die ‚Versöhnung' von **subjektivem** und **objektivem** Guten.

4.2 Sittlichkeit und Staat

Die **konkrete Freiheit** und das ‚lebendige' Gute der **sittlichen** Welt zeigen sich im einzelnen in der **Familie**, in der **Gesellschaft** und im **Staat**. Auch hier sieht Hegel eine **Entwicklung**, in der die Freiheit zunehmend **konkreter** wird. In der **Familie** kann sich das Subjekt noch nicht mit dem **Allgemeinen** identifizieren, da es sich noch unmittelbar mit dem, was in der Familie gilt, identisch weiß. Es wird als Teil einer Familie angesehen und nicht als Individuum. Wir sollten hier nicht vergessen, dass Hegel nicht von der modernen Familie des 21. Jahrhunderts spricht, sondern von der Hausgemeinschaft des ausgehenden 18. und beginnenden 19. Jahrhunderts. Es erkennt sich zwar in der **Sitte** der Familie wieder, aber dies noch auf eine **unvermittelte** Weise. Deshalb kann es darin auch noch seine **Freiheit** nicht wirklich erkennen. Man könnte dies so ausdrücken: die Sitten, die sein Leben prägen, sind so wenig von ihm **unterschieden**, dass es sich nicht in ihnen **erkennen** kann; anders gesagt: sie sind ihm so nah, dass es sich nicht in ihnen wiederfinden kann, denn dazu müsste es sich erst bis zu einem gewissen Grade verloren haben.

Erst in der **Gesellschaft** wird dem Subjekt bewusst, dass es als **Person** unter **Personen** lebt, die nicht durch die **unmittelbare** Einheit des engen Zusammenlebens verbunden sind, in dem die materiellen Mittel des Lebens gemeinsam genutzt werden, wie dies in der Familie der Fall war. In der Gesellschaft lebt es nun ohne den **unmittelbaren Bezug** zu **anderen Menschen**, der die Familie charakterisiert. Nichtsdestoweniger ist auch die Gesellschaft durch die **Sittlichkeit** bestimmt und die Beziehungen zwischen den Menschen werden geformt durch Sitten, Gebräuche, kulturelle Lebensformen und gesellschaftliche Institutionen. Die Freiheit ist darin **konkreter**, weil sie sich in **Sitten** ausdrückt, die nicht mehr auf gleiche Weise **unmittelbar** wie in der Familie gelten. Andererseits fällt es dem Individuum nun gerade deshalb auf eine neue Weise schwer, sich in der Sittlichkeit der Gesellschaft wiederzufinden; man könnte sagen: sie sind ihm zu fern, um sich selbst darin ohne Schwierigkeit **erkennen** zu können.

Die **Sittlichkeit** der **Familie** ist zu **unmittelbar**, als dass das ‚lebendige Gute' sich darin vollenden könnte. Diese Vollendung ist auch in der **Gesellschaft** nicht möglich, weil deren Sittlichkeit zu **vermittelt**, d. h. zu **mittelbar** ist. Erst die Sittlichkeit des **Staates** stellt jene **Konkretion** dar, in das ‚lebendige Gute' und die ‚lebendige' Freiheit **vollkommen wirklich** werden können. Erst im Staat können die Defizite der Familie und der Gesellschaft unter dem Gesichtspunkt der Verwirklichung des Guten behoben werden. Das **Defizit der Familie** ist das zu **unmittelbare** Verhältnis der Individuen zum allgemeinen Willen, die deshalb eigentlich nicht im vollen Sinne zu Individuen werden können. Das **Defizit der Gesellschaft** liegt in dem zu **mittelbaren** Verhältnis der Individuen zum allgemeinen Willen, die sich deshalb nicht mehr in ihm wiederfinden können. Man muss hier auch beachten, dass Hegel in dem Begriff der Gesellschaft sehr stark den Aspekt der **Ökonomie** betont, d.h. den Aspekt der Arbeitsteilung in der Produktion von Gütern und Dienstleistungen. Erst der **Staat** soll also die **Unmittelbarkeit** und die **Mittelbarkeit** zu einem **Ausgleich** bringen, in dem sie in einem rechten Maß vereinigt werden können. Damit behauptet Hegel, das ‚lebendige Gute' der Sittlichkeit verwirklicht sich **am konkretesten im Staat**.

Hegels Staatsbegriff steht uns heute sehr fern. Der Staat wird **heute** als ein Akteur unter vielen anderen aufgefasst, der vor allem die Aufgabe hat, Rechtssicherheit und soziale Sicherheit zu gewährleisten und die Voraussetzungen für das Bestehen im globalen ökonomischen Wettbewerb zu schaffen. Man könnte auch vom ‚Dienstleistungsstaat' sprechen, der nach den Leistungen gemessen wird, die er den Bürgern bietet, und anhand der Effizienz, mit der er diese Leistungen erbringt. **Hegel** nannte dies den ‚**Not- und Verstandesstaat**' und sah hier im Grunde noch keine **wirkliche** staatliche Existenz, sondern nur eine **Fortsetzung** der **Gesellschaft** als einer Organisation der arbeitsteiligen Ökonomie. Der Staat, der die höchste Gestalt der Sittlichkeit darstellt, beginnt für Hegel also erst in einer Sphäre, die nach **diesem Staatsverständnis** liegt.

Wenn Hegel das ‚lebendige' und konkrete Gute der Sittlichkeit im höchsten Maße im **Staat** verwirklicht sieht, so liegt dem ein grundsätzlich anderes **Staatsverständnis** zugrunde. Das Modell ist eine Auffassung des **antiken Stadtstaates**, mit dem sich die Bürger so sehr **identifizieren**, dass sie das Wohl des Staates weitgehend mit dem eigenen **gleichsetzen** und bereit sind, ihre Privatinteressen für den Staat **aufzuopfern**. Der Staat im Sinne Hegels ist nicht die **Gesellschaft**, er ist auch nicht ein gesellschaftlicher Akteur, sondern eine **Gemeinschaft**, an der sich die Staatsbürger nicht mehr als einzelne Bürger mit speziellen Interessen beteiligen, sondern der sie als **Teil** einer **Ganzheit** angehören, die gewissermaßen eine eigene ‚**Gesamtperson**' darstellt, in der sie sich nicht als **einzelne** Bürger zueinander verhalten, sondern in der sie sich selbst als in einer Art ‚**höherem Selbst**' finden.

Für Hegel kann deshalb der **Staat** nicht auf der Grundlage eines **Vertrages** existieren, den Individuen miteinander abschließen, damit sie wechselseitig vor der Willkür der anderen Menschen geschützt sind. Auf der anderen Seite kann ein solcher Staat aber auch nicht durch den Einsatz von **Machtmitteln** gegen seine Bürger bestehen. Das Wesen des Staates ist nicht der **Zwang** nach innen und außen. Der Staat lebt im Grunde vom **Vertrauen** der Bürger, dass sie in ihm ihre **Interessen aufgehoben** sehen. Er stellt ein ‚**erweitertes Ich**' für die **Individuen** dar, die sich darin ohne ein bewusstes Abwägen **wiedererkennen**. Insofern enthält der Staat das Verhältnis der **Unmittelbarkeit**, das Hegel zuvor für die Familie innerhalb der Entwicklung der Sittlichkeit charakterisiert hatte. Er spricht hier sogar ausdrücklich von der ‚**Liebe**', die in Familie und Staat das Verhältnis zum **Ganzen** bestimmt. Gemeint ist also ein Staat, in dem sich ein Volk eine staatliche Organisation gegeben hat, das sich **unmittelbar zueinander gehörig** empfindet, ohne darin Interessen abzuwägen.

Im Unterschied zur Familie und den in ihr geltenden ‚unreflektierten' Beziehungen enthält der **Staat** jedoch auch die Seite der **mittelbaren** Beziehungen zwischen den Menschen, wie sie für die Stufe der **Gesellschaft** innerhalb der Sittlichkeit kennzeichnend sind. Im Staat sind nicht Menschen vereinigt, die sich durch eine gemeinsame Lebensgeschichte vertraut sind, wie dies in der Familie der Fall ist, sondern Menschen, die sich nie begegnen werden, die deshalb auch keine direkten emotionalen Beziehungen zu einander aufnehmen, und die aufgrund ihrer ökonomischen Situation, ihrer Bildung und ihrer Weltanschauung und Lebensweise nur wenig miteinander gemein haben. Insofern stehen sie im Staat in einer **Beziehung** der **Mittelbarkeit** zueinander. Trotzdem **identifizieren** sie sich mit ihrem Staat als einer **höheren Gemeinschaft** durch emotionale und unreflektierte **Bindungen** und nicht in erster Linie durch die Abwägung von Interessen.

In diesem **Staat** sieht Hegel also das konkrete und ‚lebendige' Gute am besten **verwirklicht**. Das Gute ist darin zu einer **Wirklichkeit** geworden und nicht mehr auf ein **Sollen** beschränkt. Der Staat **fordert** zwar auch einiges von seinen Bürgern, aber das Sollen, das dieser Forderung entspricht, ist von ganz **anderer** Art als das Sollen, das die Moralität kennzeichnete. Es ist nie ein **bloßes Sollen**, das keine **Wirklichkeit** gewinnt und das sich gerade in seinem Gegensatz zur Wirklichkeit definiert. Das konkrete Gute ist im Staat **immer schon Wirklichkeit**. Das konkrete **Recht** der **Gesetzgebung**, in der sich der Staat verwirklicht, enthält **kein Sollen**, das nicht **zugleich Wirklichkeit** wäre. Wer die Gesetze nicht befolgt, wird durch die mit ihnen wesentlich verbundenen Sanktionen dazu gezwungen. Das Gute ist im Staat also schon deshalb **wirklich**, weil es sich in der Wirklichkeit des Zusammenlebens der Bürger **durchsetzen** kann.

Bei Hegel erscheint die **Ethik** als ein integraler Bestandteil der **Philosophie des Rechts** und des **Staates**. Das **Ziel**, das über die Stufe der Moralität erreicht werden soll, ist die Entwicklung des **Begriffes** des **Rechts** des **Staates**. Deshalb enthält das moralische Bewusstsein auch unter philosophischer Perspektive Vernunft, es ist also nicht einfach falsch. Diese Vernunft kommt der **Moralität** aber nur im Sinne eines **Entwicklungsschrittes** hin zur **Sittlichkeit** und schließlich zum **Staat** zu. Wenn Hegel also die Moralität und ihre Vernunft mit dem Anspruch auf eine vernünftige Grundlage kritisiert, so kann er die Sittlichkeit und den Staat nicht einfach der Moralität entgegenstellen und sich für **eine** der beiden Positionen entscheiden. Genau dies wäre das Vorgehen des bloßen **Meinens**, gegen das Hegel sich mit dem Verweis auf die Bedingungen einer vernünftigen Entwicklung von Gedanken wendet. Die Sittlichkeit und deren höchste Gestalt, der Staat, muss also selbst das moralische Bewusstsein ‚**aufheben**' können, in der dreifachen Bedeutung, die oben erläutert wurde. Das moralische Bewusstsein und sein Verständnis von Sollen wird deshalb nicht einfach als unvernünftig, sondern als nicht ausreichend vernünftig verstanden.

Die **Moralität** ist nach diesem Gedankengang **auch** ein **Fortschritt** in der Vernunft und auf dem **Weg** zur **Konkretisierung** des Guten in der **Sittlichkeit**. Sie überwindet den Status des von Hegel so genannten ‚**abstrakten Rechts**'. Darunter ist nicht das zu verstehen, das wir heute unter dem Namen des Rechts oder des Rechtszustands kennen. Es handelt sich vielmehr um ein **Recht als solches**, d.h. ohne konkrete Bestimmungen, wie sie in einem Staat gelten und durch die Staatsgewalt durchgesetzt werden, so dass sie das Zusammenleben der Menschen regeln können und Konflikte in zivilisierten Formen durch die Entscheidung eines gesetzlichen Richters gelöst werden. ‚Abstrakt' heißt hier, dass die Verhältnisse zwischen den Menschen durch die **Willkür** bestimmt werden, in der der einzelne Mensch nur **formal frei** ist. Man könnte auch sagen: die **Moralität** ist die Überwindung eines Verhältnisses zwischen Menschen, in dem hauptsächlich das **Prinzip** der **Rache** herrscht und das Recht nur ‚privat' ist in dem Sinn, dass jeder nur ‚**sein**' Recht im Sinne seines Interesses kennt und verfolgt. Im Zustand des ‚abstrakten Rechts' herrscht eine Gerechtigkeit, die **rächend** ist, nicht **strafend**. Der einzelne setzt das durch, was er für gut hält, und er orientiert sich dabei nicht an allgemeinen Prinzipien und Einsichten über das, was gut und böse ist.

Dagegen besitzt der **moralische Standpunkt** die **höhere** Vernunft. Über gut und böse entscheidet nun nicht mehr der **einzelne** nach seinem Gutdünken. Der einzelne besitzt vielmehr in der Moralität **allgemeine Kriterien**, an denen er sich in seinen Urteilen über das Gute und Böse orientieren kann. Indem er auf **allgemeine** Weise moralisch urteilen kann, **verzichtet** er bis zu einem gewissen Grad auf seine Willkür und damit auf seinen Anspruch, durch sein individuelles Rachebedürfnis zur Gerechtigkeit beitragen zu können. Er bestimmt nicht mehr **individuell** und **willkürlich** über das, was zu tun und was zu lassen ist, sondern hält sich an ein **allgemeines Gesetz**, das ihm und anderen sagen kann, was richtig und was falsch ist. Hegel bezieht sich hier natürlich in erster Linie auf **Kant** und den **kategorischen Imperativ** als ein Verfahren zur Überprüfung von Handlungsmaximen auf ihre Verallgemeinerbarkeit und damit auf ihre moralische Richtigkeit.

Erst in der **Sittlichkeit** und schließlich im **Staat** in seiner geschilderten Gestalt kann das Gute aber **konkret** und ‚**lebendig**' werden. Man könnte darin einen Glauben an den Staat und seine Gesetze vermuten, der uns nach den Erfahrungen des 20. Jahrhunderts mit unvorstellbaren Verbrechen, die im Namen von Staaten begangen wurden, nicht mehr nachvollziehbar sein kann. Dass die **Gesetze** des **Staates** den einzigen Ort darstellen sollen, an dem das **Gute** in seiner **Wirklichkeit** anzutreffen ist, scheint von einer Auffassung des Staates abhängig zu sein, die selbst nicht beanspruchen kann, als ‚gut' bezeichnet zu werden. Hegel widerspricht hier anscheinend einer Auffassung, die in die Grundstruktur des modernen Staatsverständnisses gehört, der zufolge die Einrichtungen und die Gesetze des Staates ihre Legitimation daran ausweisen müssen, ob sie in **Übereinstimmung** mit den Vorstellungen der Bürger von dem stehen, was gut und was böse heißen kann. Der Staat kann nicht als solcher ‚gut' genannt werden, sondern nur aufgrund ‚guter' Gesetze, die sich der **Überprüfung** durch die **Moralität** der Bürger stellen müssen.

Es ist offensichtlich, dass Hegels Position hier schon deshalb nicht ausreichend für eine philosophische Bestimmung der Unterscheidung zwischen Gut und Böse sein kann, weil ein Staat in der Hegel vorschwebenden Gestalt im **Bewusstsein** der **Bürger** der westlichen Welt nirgends verankert ist. Einen **Zwangsstaat**, der sich zur Gemeinschaft seiner Bürger erklärt und diese durch seine Machtmittel dazu zwingen will, sich als Mitglieder einer ‚Volksgemeinschaft' zu verstehen, **konnte** Hegel aber aus grundsätzlichen Erwägungen **nicht wollen**, die gerade mit seinem Staatsverständnis zu tun haben. Wenn der Staat zum **Zwang** wird, so kann er die **Einheit** des individuellen Bürgers mit der ‚Gesamtperson' des Staates eben gerade **nicht verwirklichen**. Wenn der Staat dem Bürger seine Einrichtungen und Gesetze als die Wirklichkeit des Guten aufzwingen will, dann handelt es sich **keinesfalls** um **den Staat**, den Hegel als höchste Gestalt der Sittlichkeit charakterisierte.

Speziell in Bezug auf den **Staat** als höchster Gestalt der Sittlichkeit folgt Hegel im Grunde der aus der Staatsphilosophie bekannten Unterscheidung zwischen ‚**volonté de tous**' und ‚**volonté générale**'. Der Staat soll demnach nicht dem Willen der **Mehrheit** und im Idealfall der Addition der einzelnen Willen folgen, sondern dem ‚**wahren**' Willen der **Gesamtheit** der in ihm lebenden Menschen. Dieser ‚**allgemeine Wille**' wird dem Staat als einer Art ‚**Gesamtperson**' zugeschrieben, in der sich die einzelnen Bürger so wiederfinden können, dass sie ihnen nicht als eine **fremde** Macht gegenübertritt und auch nicht als das **Instrument** der **Mehrheit** – oder u.U. auch einer machthabenden Minderheit – erscheint. Dass dem einzelnen Menschen in der **Sittlichkeit** allgemein und im **Staat** im besonderen der **allgemeine Wille** entgegenkommt, so dass er sich in Identität mit ihm wissen kann und deshalb seine konkrete und lebendige Freiheit in der Sittlichkeit findet, dies kann nur dann gelten, wenn der allgemeine Wille, der sich in der Sittlichkeit darstellt, nicht der Wille der Mehrheit ist, sondern der ‚**wirkliche**' Wille aller.

Hegels **Kritik** des **Sollens** im Namen der konkreten und ‚lebendigen' **Wirklichkeit** des Guten in der **Sittlichkeit** und im **Staat** als deren höchster Gestalt fordert darüber hinaus eine Kritik dieser Kritik im Namen der Bedeutung der Unterscheidung zwischen Gut und Böse heraus. Hegel scheint die besseren Möglichkeiten des Lebens und des Handelns unter den Menschen aufgeben zu wollen, indem er das **Bestehende** und Gegebene **absolut** und **unangreifbar** setzt. Das **Faktische** scheint auf diese Weise ein Gewicht zu erhalten, das jede Abweichung davon als ein bloßes **Meinen** ohne philosophisches Gewicht auffasst. Das, was ist, scheint von vornherein als das **Richtige** ausgezeichnet zu werden, ohne dass eine Kritik daran innerhalb des philosophischen Denkens erlaubt wäre. Jede Forderung nach einem **Fortschritt** in Richtung des Besseren, nach einer anderen Zukunft der Wirklichkeit, wird damit dem Anschein nach als ein nicht-philosophisches und nur subjektives **bloßes Meinen** charakterisiert. Man könnte auch sagen, die normative Macht des Faktischen werde hier zum letzten Rest von Ethik innerhalb der Philosophie. Jenseits dieser Schrumpfform von Ethik könnte es dann nur noch ein beliebiges Meinen geben, das zwar zum Streit zwischen Subjekten ausreicht, über das aber keine Entscheidung auf **vernünftiger Grundlage** mehr möglich ist.

Ein gewisses Recht kann Hegels **Kritik** am **Sollen** jedoch dort beanspruchen, wo sie darauf hinweist, dass dem **bloßen Sollen** etwas Entscheidendes fehlt, wenn es sich nicht mit der **Wirklichkeit** vermittelt. Eine solche Vermittlung könnte prinzipiell schon damit beginnen, dass das Sollen auch die **mögliche Realisierung** des Guten in die ethischen Forderungen einbezieht. Wenn ethische Forderungen vernünftig sein sollen, dann können sie nicht in einem von der Wirklichkeit abgesonderten **bloßen Reich** des **Sollens** aufgestellt werden. Gerade wenn es um das Gute geht, das sich im Zusammenleben der Menschen zeigt, so bleiben bloße Sollensforderungen unverbindlich und wirkungslos, wenn sie sich nicht auf die **Mittel** zu ihrer Verwirklichung beziehen. Wenn das bloße Sollen sich nur **negativ** gegen die Wirklichkeit stellt, so wird es selbst zu einem **Schein**, der von der **Wirklichkeit** nur abgewiesen zu werden braucht. Mit einem Sollen, das auf die Wirklichkeit bezogen wird, kann die Wirklichkeit – auch nicht die Wirklichkeit des Staates – dagegen nicht so leicht fertig werden.

Auf der anderen Seite sollte der Wert einer – noch – nicht mit der Wirklichkeit vermittelten **Sollensethik** deshalb nicht zu gering geachtet werden. Gerade die Freiheit von dem Bezug auf Wirklichkeit kann die Frage nach dem Guten und dem Bösen so stellen, dass daraus eine **neue Sicht** auf die moralische Qualität einer gegebenen Wirklichkeit möglich wird. Dies gilt für das Leben des **einzelnen** Menschen, aber es gilt auch für das Leben von **Gesellschaften** und der **staatlichen** Welt. Gerade in der **Unabhängigkeit** von der Verpflichtung zu einer ‚realistischen' Betrachtung kann die Frage gestellt werden, ob die **gegebene** Wirklichkeit **notwendig** ist. Darin wird eine Distanz möglich, die eine neue **Perspektive** erlaubt, aus der sich das Richtige und das Falsche im individuellen Leben und im Zusammenleben der Menschen in der Familie, in der Gesellschaft und im Staat kritisch **in Frage stellen** lässt. Diese **kritische** Funktion einer Ethik des bloßen **Sollens** hat Hegel zu sehr verkannt, als er seine Sollensethik an der Gegenposition von Kants Ethik der Innerlichkeit und des bloßen guten Willens ausrichtete.

In gewisser Weise zeigt dieser **Mangel** aber gerade die Richtigkeit seiner **generellen** Behauptung, derzufolge eine bestimmte **Ethik** nicht aus einem **reinen** und **bestimmungslosen** Denken entsteht, sondern immer aus einem **bestimmten** und **konkreten** Denken. Die ethische Position, gegen die sich das neue Denken wendet, bestimmt noch in ihrer Ablehnung die Strukturen der neuen Position mit. Gerade deshalb ist sie nicht einfach eine ‚**Position**' im Sinne einer ‚Setzung', sondern bleibt auf andere Positionen **bezogen**, von denen her sie sich bestimmt. Hätte Hegel nicht Kants Ethik des allein im reinen Willen zu erreichenden Guten als **Ausgangspunkt** genommen, so hätte sie eine **andere** Gestalt gewonnen. Insofern bleiben Hegels Kritik des Sollens und seine Auffassung von einem ‚lebendigen' und konkreten Guten, das nur in der Sittlichkeit erreicht werden kann, von der Vernunft **abhängig**, die er in **Kants** Ethik gefunden hatte. Er konnte für seine eigene Auffassung also nur deshalb **Vernunft** beanspruchen, weil er die **Vernunft** in **Kants** Ethik **anerkannte**, auch wenn ihm diese Konzeption **nicht als ausreichend vernünftig** erschien.

Hegel hat seine Philosophie der Sittlichkeit und damit des Rechts im ‚**System**', d.h. in der ‚**Enzyklopädie der philosophischen Wissenschaften**' eingehend begründet und in den Zusammenhang seines Denkens gestellt. Dieses Werk war bisher nicht berücksichtigt worden. Die Problematik des Rechts gibt jedoch nun eine gute Möglichkeit, anhand einer begrenzten Thematik einen **Einblick** in die komplexen Strukturen dieses Textes zu gewinnen. Deshalb wird nun Hegels Philosophie des Rechts dargestellt, wie sie im Zusammenhang der ‚Enzyklopädie' ausgeführt wird. Dies ist an manchen Stellen nicht mehr ganz so leicht zu machen, wie dies für die ‚Phänomenologie des Geistes' und die ‚Wissenschaft der Logik' gelingen konnte. Aber der Leser gewinnt auf diese Weise zumindest an einer Stelle einen Zugang zu dem Text, in dem Hegel sein ‚System' niedergelegt hat. Von diesem speziellen Thema aus kann es leichter gelingen, einen Eindruck von diesem Werk zu erhalten, als dies bei einer überblicksartigen Zusammenfassung der Fall wäre.

4.3 Das Recht im System (‚Enzyklopädie')

4.3.1 Die Bestimmung der Freiheit

Die ursprüngliche **Intuition**, die in der Moral- und Rechtsphilosophie des **Idealismus** zu deren Ausarbeitung als **Philosophie** der **Freiheit** führt, bestand in dem Gedanken, die Freiheit könne nicht in einem sinnvollen Begriff zum Ausdruck gebracht werden, wenn dieser Begriff seine Bestimmtheit nicht aus der **eigenen Bestimmung** der Freiheit entnehmen kann. Dem Begriff der Freiheit könne seine **Bedeutung** nicht **äußerlich** zugeschrieben werden, und er kann keinen **Gegenstand** bezeichnen, an dessen Bestimmtheit sich die Begriffsbestimmung nur anzupassen habe. Von Freiheit sinnvoll zu **sprechen** und den Status und die Bedingungen der menschlichen Freiheit zu untersuchen, setzt diesem ursprünglichen gedanklichen Motiv zufolge voraus, dass die **Bestimmtheit** dessen, was hier untersucht werden soll, plausibel und konsistent als **Bestimmtheit der Freiheit** entwickelt werden kann, ohne dass ein **Begriff** der Freiheit **vorausgesetzt** werden müsste. Es muss also entwickelt werden können, was Freiheit ist, ohne dass irgendein **Wissen** von Freiheit in Anspruch genommen werden darf. Der **systematische** Anfang des **Rechts** stellt sich demnach von Kant über Schelling und Fichte bis zu **Hegel** als **systematischer Anfang** eines **Wissens** dar.

Die ganze Rechtsphilosophie des Deutschen Idealismus von Kant bis **Hegel** kann schon deshalb nicht als Philosophie über den **Gegenstand** ‚Recht' verstanden werden, sondern nur als **Teil** der **Moralphilosophie**, und zwar nicht als deren Fortsetzung oder ‚Aufbau', sondern als Lehre von der **Konstitution** des ‚Rechten', d.h. der Unabhängigkeit von ‚sich', d.h. von der Konstitution einer **Instanz** für das **Rechte** im Tun und Leben. Es geht dabei um die Aufklärung über einen folgenreichen **Verzicht**, nämlich auf die **unmittelbare** und differenzlose **Selbstbestimmung** zugunsten einer über eine Selbstdistanzierung **vermittelten Selbstbestimmung** (also von Bestimmtheit zu Bestimmung – Freiheit), in der das Subjekt eine **Instanz** ausbildet, die in seine Handlungen eine **Differenz** einführt, nach der sie **richtig** oder **falsch** in einem nicht-technischen (nicht-hypothetischen) Sinn werden können, und nach der in das Leben die Grundlage für die Frage eingeführt wird, ob es ein **gutes** oder ein **schlechtes** ist.

Es geht unter dem Titel ‚**Recht**' also nicht primär um das ‚richtige Recht', sondern um die **Konstitution** einer **Distanz** zu sich, in der wir uns ‚**Maßstäben**' unterstellen und unsere Handlungen und sogar unser Leben nach ‚**Kriterien**' beurteilen. Diese Philosophie des Rechts ist also eine Philosophie der ‚Ausrichtung', des ‚Maßnehmens', der ‚Gerichtetheit' im Leben des Menschen. Unter diesem Aspekt ist die **Moralphilosophie** insofern sekundär, als sie darüber Auskunft geben soll, wie wir richtig handeln und gut leben. Sie beschäftigt sich also mit dem, was wir tun **sollen**, die Philosophie des **Rechts** dagegen mit dem **systematischen Ursprung** einer Situation, in der wir uns so **verstehen**, dass wir eine **Instanz** des Rechten und Unrechten darüber entscheiden lassen wollen und können, was wir tun sollen.

Mit dieser Konstellation wird der Zusammenhang zwischen der **Konstitution** der ‚Gerichtetheit', also einer **Instanz** der Ausrichtung an **Kriterien**, und der Weise, **wie** das Richtige **ermittelt** werden kann, von entscheidender Bedeutung, also der **Zusammenhang** zwischen der Rechts- und der Moralphilosophie. Es stellen sich vor allem **zwei Fragen**: Ergibt sich aus der Philosophie des Rechts als Philosophie der ‚Gerichtetheit' eine **inhaltliche** Bestimmung des Richtigen? Besteht vielleicht überhaupt ein **notwendiger Zusammenhang** zwischen der **Aufklärung** über die Konstitution von Gerichtetheit in einer Rechtsphilosophie und der **Bestimmung** des Richtigen in einer Moralphilosophie?

Jene **Selbstdistanzierung** versucht **Hegel** zentral mit der Konzeption der **Sittlichkeit** zu denken, und er nimmt dabei in diesen Gedanken auf, dass jene ‚Gerichtetheit' nicht aus dem **Inneren** eines Subjekts kommend zu formulieren ist, sondern nur in einem Verhältnis der ‚**Strukturierung**', in dem die **Subjekte** die Sittlichkeit ebenso **reproduzieren** wie **produzieren**, so dass die Sittlichkeit nichts ist, was **unabhängig** von ihnen wäre, und dabei **sich selbst** ebenso produzieren **und** reproduzieren. Insofern ist die Struktur der **Sittlichkeit** die Hegelsche **Antwort** auf die Frage nach der **systematischen Genesis** von ‚Gerichtetheit', also von der Ausrichtung an **Kriterien** des Richtigen und Falschen, des Guten und des Bösen. Hegel kann den nicht-technischen, nicht-hypothetischen Status dieser Ausrichtung daraus verständlich machen, dass das **Subjekt** in seinem Innersten der **Bezug** auf **Sittlichkeit** ist, von der her es überhaupt erst als Subjekt sein kann, d.h. in der **Bestimmtheit** seiner **Freiheit**. Es ist, indem es die

Sitte reproduziert, und dieses Reproduzieren geschieht vor allem technischen Sinnen und Trachten, das es erst auf der Grundlage dessen, dass es durch die Reproduktion der **Sittlichkeit** überhaupt **etwas ist**, ausüben kann. Die **Sittlichkeit** ist seine **Substanz**, und es kann seine Substanz nicht so manipulieren, dass sie ihm als **Mittel** für Zwecke zur Verfügung stehen könnte. Darin liegt auch die Antwort auf die Frage nach dem **Sollen**: das Sollen ist hier nichts anderes als das produzierend-reproduzierende **Verhältnis** zur **Sittlichkeit** – jenes Verhältnis also, in dem das **Subjekt** seine **Substanz** hat.

Nun ist die Unterscheidung Hegels zwischen **abstraktem Recht** und **positivem Recht** (Recht als **Gesetz**) die Parallele zu **Kants** Unterscheidung zwischen **privatem Recht** und **öffentlichem Recht**, und **gemeinsam** ist beiden Positionen ebenfalls, dass das **Recht** als „*Dasein des freien Willens*" und als „Dasein aller Bestimmungen der **Freiheit**" (E § 486) gedacht wird. Der entscheidende Unterschied ist jedoch, dass die Moralität bei Hegel erst als **reflektierte** Form des **abstrakten Rechts** erscheint (also des Rechts, das Kant als privates Recht bezeichnet, das bereits als ethische Pflicht eingeführt wird). Das **öffentliche** Recht, das **Kant** mit dem privaten Recht durch die Relation der ‚pro-visio' des letzteren auf das erstere verbindet, so dass das eine nicht ohne das andere sein kann, erscheint zwar auch erst unter der **Vorausgesetztheit** der **Moralität** (nämlich innerhalb der **Sittlichkeit**), aber der Zusammenhang zwischen Moralität und positivem Recht ist ein **Entwicklungsgang**, der den **Übergang** von der **Moralität** in die **Sittlichkeit** impliziert, der spezieller sogar noch die **Familie** als unmittelbare Form der Sittlichkeit **einschließt**, und der darüber hinaus noch den Beginn der Reflexion der Familien-Sittlichkeit als **bürgerliche Gesellschaft** in deren Unmittelbarkeitsform als System der Bedürfnisse (**Ökonomie**) voraussetzt, so dass das **positive** (öffentliche) Recht erst als die **reflektierte Form** der Ökonomie entwickelt ist. Damit **rechtfertigt** sich das **positive Recht** nicht aus dem privaten Recht, insofern dieses die pro-visio auf das positive (peremptorische) Recht fordert, sondern durch eine **Entwicklung**, die bereits wesentliche Elemente der **Sittlichkeit** heranzieht.

Wenn **Hegel** das **positive Recht** als **Reflexionsform** der Ökonomie auffasst, so besteht offensichtlich eine beträchtliche gedankliche Differenz zu der von dem ethisch geforderten Rechtsbewusstsein her begründeten Notwendigkeit eines peremptorischen positiven Rechts in der **Kantischen** Rechtsphilosophie. Nichtsdestoweniger ist das positive Recht (das Recht als **Gesetz**) doch auch bei **Hegel** ein Moment **der** Bestimmung der **Freiheit**, die das **unmittelbare** Dasein der Freiheit im abstrakten Recht und die Reflexion dieses Daseins in der *Moralität* zu einer **solchen Bestimmung** der Freiheit zusammenfasst, in der sie **nicht** als **Form** einem ihr **fremden Inhalt** gegenübertritt (wie Hegel dies der Kantischen Moralphilosophie vorwirft), sondern einen ihr **als Form angemessenen Inhalt** gewinnt, der ihr deshalb **angemessen** ist, weil er aus dem **gleichen Gedankengang entwickelt wird** wie die **Form** selbst.

Insofern könnte man also den Hegelschen Anspruch auf Überlegenheit der Situierung des **positiven Rechts** in der **Sittlichkeit** und als **Entwicklung** aus der **Moralität** über die Gedanken der Familie und der Ökonomie darin sehen, dass gerade so – und nur so – eine **Bestimmung** der **Freiheit** ausgearbeitet werden kann, in der sie ‚**substantiell**' ist, in der ihr also kein **fremder Inhalt** gegenübersteht. Freilich könnte **Kant** dagegen geltend machen, Hegel müsse dafür einen zweifachen Begriff des Rechts verwenden, ohne dass diese beiden Begriffe (abstraktes Recht vs. positives Recht) in einen **direkten Zusammenhang** gesetzt werden könnten, aus dem sie wechselseitig ihre relative Rechtfertigung erfahren. Und Kant könnte vorbringen, diesen Zusammenhang durch das Verhältnis der pro-visio zwischen privatem und positivem Recht mit guten Gründen hergestellt zu haben.

Darüber hinaus aber muss sich die Auseinandersetzung zwischen **Kant** und **Hegel** um den besseren **philosophischen Begriff** des **Rechts** – und speziell um das bessere Verständnis der Bedeutung des positiven (Gesetzes-)Rechts – an der philosophischen Einführung des ersten und primären Begriffs des Rechts als **abstraktes** (Hegel) bzw. privates (Kant) **Recht** entscheiden, und hier wiederum ist die entscheidende Frage, ob ein solcher **Rechtsbegriff** sich als **unmittelbares Dasein** des **freien Willens** und damit aus der **enzyklopädisch-systematischen Entwicklung** des **freien Willens** im ‚**subjektiven**' **Geist** begründen lässt, oder ob Kants Einführung des freien Willens im Zusammenhang der Moralphilosophie und die Begründung des privaten Rechts als ethische Forderung und damit als Demonstrationsform der Freiheit des Willens den – Kant und Hegel gemeinsamen – Beginn einer Philosophie des Rechts im privaten Recht besser rechtfertigen kann. Diese Frage könnte auch als Frage nach der **Priorität** von **Moralität** oder **Rechtsbewusstsein** (abstraktes/privates Recht) in der Entwicklung eines philosophischen Begriffs von der Bedeutung des positiven Rechts formuliert werden.

Noch anders und pointierter könnte das **Problem** so formuliert werden: ist ein **philosophischer Begriff** des **positiven Rechts** mit besserer Begründung auszuarbeiten, wenn die **Freiheit** systematisch primär in ihrem **Dasein**, also in ihrer **Äußerlichkeit**, also als **intersubjektives Verhältnis** eingeführt wird, wie **Hegel** dies in der Entwicklung des **subjektiven Geistes** aus dem Verhältnis ‚Selbstbewusstsein für ein Selbstbewusstsein' tut, oder ist die bessere Begründung zu erreichen, wenn die Freiheit im Denkzusammenhang der Moralphilosophie eine **subjektive Demonstration** durch **Moralität** darstellt, und die Äußerlichkeit und Intersubjektivität der Freiheit, also ihr Dasein, erst über die ethische Forderung, ein rechtlicher Mensch zu sein, hergestellt wird, was **Kant** über die wechselseitige Zuschreibung der Fähigkeit zur kategorisch-imperativischen Maximenbestimmung (Begriff des Rechts) ausführt. Noch pointierter könnte die Frage auch so lauten: kann ein **philosophischer Begriff** des **positiven Rechts** nur erreicht werden im Ausgang von einem **Begriff** von **Freiheit** in einer **intersubjektiven** Konstellation der gedanklichen Entwicklung, oder kann dieses Ziel auch erreicht werden mit einem Begriff von Freiheit auf **rein subjektiver** Grundlage?

Insofern das **positive Recht** in Hegels Denken nun erst in der **Sittlichkeit** und genauer als zweites Moment der bürgerlichen Gesellschaft auftritt, kann **Hegel** die **Freiheitsbedeutung** des **positiven Rechts** nur unter einem wichtigen Vorbehalt behaupten und erklären. Eine **Bestimmung** der **Freiheit** kann das **positive Recht** nur sein, wenn es selbst unter den bis zu seinem Vorkommen in der ‚Enzyklopädie' entwickelten Aspekten der **Sittlichkeit** bestimmt ist, also unter den Aspekten der **Familie** und des ‚**Systems der Bedürfnisse**', also der Ökonomie. Das positive Recht ist also bereits mit seinem **ersten Auftreten** in der ‚Enzyklopädie' **substantiell**, d. h. sein **Gehalt** ist die **Sittlichkeit** der **Familie** und der **Ökonomie (Gesellschaft)**. Daraus kann auch eine Bedingung für die **Beurteilung** der positiven Gesetzgebung als freiheitsgarantierend entnommen werden: **Freiheit** im substantiellen Sinn enthalten und garantieren die positiven Gesetze nur, wenn sie den grundlegenden **Anforderungen** der Sittlichkeit der Familie und der Ökonomie **entsprechen**. Es ist damit aber auch gesagt, dass das positive Recht nur **dann** substantielle Freiheit garantiert, wenn es **sowohl** das Moment des abstrakten Rechts (also des Rechtsbewusstseins) **als auch** das Moment der Moralität (der subjektiven, in sich reflektierten Freiheit) enthält – ‚enthalten' aber muss hier bedeuten: wenn es diese Momente in seine **Positivität** aufgenommen hat. Die ‚Rechtspflege' durch das Recht als **Gesetz** kann jedoch nur dann die **Freiheit** bestimmen, wenn sie der in der Familie und im System der Ökonomie produzierten und reproduzierten **Sittlichkeit gemäß** ist.

Hier stellt sich allerdings die Frage, ob und inwieweit dies im Rahmen der Hegelschen Konzeption des **objektiven Geistes** tatsächlich ein kritisch zur Prüfung bestehenden positiven Rechts heranzuziehendes **Kriterium** sein kann. Wenn und indem das **positive Recht** der Gesetze unter dem Titel der ‚**Rechtspflege**' durch seine **Entwicklung** im Gedankengang des **objektiven Geists** in seinem Begriff ausgearbeitet und damit auch begründet wird, so ist es genau in dem Status entwickelt und begründet, den es aus seiner argumentativen **Herleitung** aus dem **abstrakten Recht** und der Moralität in dem Zusammenhang der Sittlichkeit gewinnen kann, in den es von Hegel gestellt wird, und es ist innerhalb der Sittlichkeit genau in dem Status **begründet**, den es durch seine **Herleitung** aus der Familie und innerhalb der bürgerlichen Gesellschaft durch seine **Herleitung** aus dem System der Ökonomie gewinnen kann. Dann aber ist es durch diese **Herleitung** eben als positives Recht der Gesetze gerechtfertigt und zwar **ohne Ansehung** seines Inhalts. Was sich aus den Momenten der Familie und der Ökonomie ergibt, dies **beschränkt** sich also auf die **pure Positivität** des Rechts als Gesetz als solcher – ohne Ansehung eines **Gehalts**. Die Behauptung, die durch den Übergang von Familie und Ökonomie zur ‚Rechtspflege' aufgestellt wird, könnte also lauten: zur **Garantie** und **Ermöglichung** ihrer **Leistungsfähigkeit** für eine solche Produktion und Reproduktion eines (**gesellschaftlichen**) **Verhältnisses** von Selbstbewusstseinen, in welcher Produktion und Reproduktion die Selbstbewusstseine **sich selbst** in ihrer **Freiheit** wiederfinden können, ist die **Positivität** des **Rechts** als **Gesetz** schon als solche zwingend **notwendig** – ungeachtet der **Inhalte** einer positiven Gesetzgebung.

4.3.2 Hegel und das Recht

Die **rechtsphilosophischen** Gedankengänge des Deutschen Idealismus setzen einem angemessenem Verständnis vor allem deshalb beträchtliche Schwierigkeiten entgegen, weil der nähere Zusammenhang dessen, was dort unter dem Titel ‚**Recht**' untersucht wurde, mit dem, was wir nach unserer **Gewohnheit** mit diesem Begriff verbinden, unmittelbar kaum einzusehen ist. Diese Schwierigkeiten beginnen im Grunde bereits mit **Kants** Konzeption eines ‚**privaten Rechts**', die für unseren Begriff vom Recht sehr einer contradictio in adiecto gleicht und die den Bezug auf die uns gewohnte Struktur des Rechts nur als Implikation des **Rechtsbewusstseins** in Gestalt der **pro-visio** – der ‚Hinsicht' – auf das staatlich gesicherte **Gesetzesrecht** enthält. Diese Schwierigkeiten setzen sich fort bis zu **Hegels** Rechtsphilosophie, in der das Recht das **Dasein *aller* Bestimmungen der Freiheit** bezeichnen soll und in seinem höchsten und absoluten Sinn sogar die **Befreiung** des **Geistes** bezeichnet, in der er zu sich selbst kommt und seine **Wahrheit** verwirklicht (Enz. § 486, 550). Wenn wir vom Kantischen Begriff einer praktischen Philosophie herkommend in den **Zusammenhang** von Moral- und Rechtsphilosophie in Hegels Denken nachforschen, so stellt sich deshalb zunächst das Problem, jene **Einheit** einer praktischen Philosophie wiederzufinden, die bei Kant die kategorisch-imperativische Moralität mit der Rechts- und mit der Tugendlehre einer Metaphysik der Sitten zu einer Philosophie der Freiheit verbinden konnte.

In der Entwicklung des **Hegelschen Systems** erscheint das **Praktische** zum ersten Male unter dem Titel des ‚**praktischen Geistes**' innerhalb der Abteilung „Der **subjektive Geist**" – also **innerhalb** der Seite der **Objektivität** des **Geistes**, für die bei Hegel aus Gründen, die bereit weit in die Argumentationslinien der praktischen Philosophie weisen, der **subjektive Geist** steht. Innerhalb dieser Abteilung bestimmt sich der Status des praktischen Geistes zunächst als **Moment der objektiven Subjektivität** des **subjektiven** Geistes, in der der ‚Geist' die ‚Seele' als den Gedanken des **subjektiven** Geistes in **objektiver** Gestalt mit dem ‚**Bewusstsein**' als dem Gedanken des **subjektiven** Geistes in **subjektiver** Gestalt zur **Einheit von Subjekt und Objekt** auf dem Niveau des **subjektiven** Geistes verbindet. Des näheren aber erscheint der ‚**praktische Geist**' innerhalb dieser **objektiven Subjektivität** des Gedankens des **subjektiven** Geistes als deren **subjektive** Gestalt, und zwar ausgerechnet als die **Subjektivität** derjenigen **Objektivität** jener **objektiven Subjektivität**, die Hegel als den ‚**theoretischen Geist**' bezeichnet, welche **Objektivität** er wiederum aus dem Gedanken der **subjektiven Objektivität** des **Bewusstseins**, also der Subjektivität innerhalb des subjektiven Geistes, abgeleitet hatte, die unter dem Namen ‚**Vernunft**' die **Objektivität** des **Bewusstseins** als solchen mit der **Subjektivität** des **Selbstbewusstseins** zum Bewusstsein des Selbstbewusstseins **vereinigt** hatte. Dass die objektive Subjektivität des subjektiven Geistes in ihrer selbst objektiven Gestalt unter dem Titel ‚**theoretischer Geist**' eingeführt wird, dies scheint noch leicht verständlich im Vergleich zu der Behauptung, der ‚**praktische Geist**' müsse als die **Subjektivität** jenes **theoretischen Geistes** verstanden werden, und die Lage wird noch komplizierter, wenn berücksichtigt wird, dass dieser ‚**praktische Geist**' an dieser Stelle der Gedankenentwicklung eben **nur** diese **subjektive** Seite bezeichnet und deshalb die **objektive** Subjektivität des ‚subjektiven Geistes' erst in dem ‚**freien Geist**' ihren selbst Objektivität und Subjektivität **vereinigenden** Ausdruck finden kann.

Damit ist bereits angedeutet, dass ein Verständnis des Hegelschen Begriffs des ‚**praktischen Geistes**' *sowohl* die Gedanken umfassen muss, aus denen er **entwickelt** wurde, als *auch* die Gedanken, die aus ihm **weiter entwickelt** werden, da im Fortgang des ‚**Systems**' das jeweils Folgende die verständnisermöglichende **Bedingung** darstellt. Daraus ergibt sich auch, dass die Position des **Praktischen** im Hegelschen ‚**System**' auch – und dies ist nicht im Sinne von ‚zusätzlich' sondern im Sinne von ‚ebenso' zu verstehen – durch die Lektüre des Systems von seinem **Ende her** rückwärts zu verstehen ist, also von der **objektiven Subjektivität** des ‚**absoluten Geistes**' her, und hier wiederum von demjenigen Gedanken her, der den absoluten Geist nicht einseitig objektiv und auch nicht einseitig subjektiv, sondern in der **objektiv-subjektiven** Gestalt seiner objektiven Subjektivität zum Ausdruck bringt, also von dem Gedanken her, den Hegel schlicht als ‚Philosophie' bezeichnet.

Des weiteren ergibt sich daraus, dass die Position des **Praktischen** im Hegelschen ‚**System**' auch und ebenso im Durchgang **rückwärts** durch die Gedankenentwicklung des Geistes in seiner **Subjektivität** – die Hegel aus Gründen, die wiederum weit in die Argumentationslinien der praktischen Philosophie weisen, als den ‚objektiven Geist' bezeichnet – verstanden werden muss, also über die ‚**Sittlichkeit**', die ‚**Moralität**' und das ‚**Recht**'. Im Hinblick auf die einzelnen Gedankenbestimmungen des ‚**objektiven Geistes**' führt dies auf die Notwendigkeit, nicht nur die Bestimmungen ‚Recht', ‚Moralität' und ‚Sittlichkeit' von ihrer **Entwicklung** aus dem **praktischen Geist** her verstehen zu müssen, sondern ebenso die Position des Praktischen sich durch dessen **Bedingung** im ‚Recht', in der ‚Moralität' und in der ‚Sittlichkeit' erläutern zu lassen. Der **praktische Geist** setzt zu seinem Verständnis also gemäß dem Hegelschen Denkzusammenhang **die Gedanken der Sittlichkeit, der Moralität und des Rechts voraus**.

Für eine von **Kants** Konzeption einer praktischen Philosophie herkommende Frage nach dem **Praktischen** ergibt sich daraus näher, dass das Praktische nicht nur aus gedanklichen Zusammenhängen bestimmt und verstanden werden muss, die es als **praktischen Geist** im **Entwicklungsgang** des Geistes vom **subjektiven** über den **objektiven** zum **absoluten Geist** – und in der Verständlichkeitsbeziehung ebenso in umgekehrter Richtung – positionieren, sondern dass diese Positionierung auch bereits von vornherein, d.h. in der Bestimmung dessen, was überhaupt das **Praktische** heißen kann, **auf die Begriffe des Rechts, der Moralität und der Sittlichkeit Bezug nehmen muss**. Eine solche Bezugnahme war im Kantischen Denken für das Recht erst auf dem Gedanken des Praktischen **aufbauend** entwickelt worden, für die Moralität fehlt bei Kant eine explizite Bezugnahme mangels Unterscheidung von der Ethik, und für die Sittlichkeit stellt sich die Bezugnahme gerade negativ dar: was ‚praktisch' heißen kann, ist gerade in der **Entgegensetzung** gegen das bloß Sittliche bestimmt und, eine Metaphysik der Sitten hatte Kant auch mit der Intention einer Unterscheidung des Ethischen vom Sittlichen ausgeführt.

Die Frage nach dem **Praktischen** in Hegels ‚**System**' wird weiter dadurch kompliziert, dass der **praktische Geist** von der **Moralität** unterschieden wird und verschiedene Gedanken, die wir dem Praktischen zuzurechnen gewohnt sind, ganz anders im ‚System' vorkommen. Die **Moralität** wird in der **Systementwicklung** erst dann erreicht, wenn der **praktische Geist** als die **Subjektivität** des Geistes der Psychologie, also näher des **theoretischen** Geistes, sich zur **objektiven Subjektivität des freien Geistes** weiterentwickelt hat, und diese objektive Subjektivität in ihrer ersten und selbst objektiven Gestalt in dem Gedanken zum Thema geworden ist, den Hegel an dieser Stelle als ‚**Recht**' bezeichnet, und sie wird zum Thema gerade als die **subjektive Seite** dieser Gestalt; als solche aber leitet sie über zur **Vereinigung** beider Seiten in der **objektiven Subjektivität** des **objektiven** Geistes in der **Sittlichkeit**. Die Gestalt des **Rechts**, zu der – vermittelt über den Gedanken des freien Geistes – der praktische Geist führt und die rückwirkend als verständnisermöglichende Bedingung den Gedanken des **praktischen Geistes** selbst bestimmt, ist nun **keineswegs** der uns gewohnte Begriff des **staatlich garantierten Gesetzesrechts**. Das hier eingeführte **formelle** und **abstrakte Recht** bezieht sich vielmehr nur auf die **Person**, die ihrer **Freiheit** im **Eigentum Dasein** gibt (E § 487). Es unterscheidet sich damit von dem **Gesetzesrecht**, das in Hegels ‚**System**' als solches erst innerhalb des Abschnitts ‚**Bürgerliche Gesellschaft**' unter dem Titel ‚Die **Rechtspflege**' zum Thema wird.

Diese Unterscheidung aber ist wiederum über eine bestimmte **Systementwicklung** bestimmt: das **Gesetzesrecht** stellt die **subjektive** Seite der Ökonomie (Gesellschaft) dar, also innerhalb der Sittlichkeit, d.h. der objektiven Subjektivität des objektiven Geistes, die **subjektive** Seite der **subjektiven Seite** (d.h. der bürgerlichen Gesellschaft) der **Sittlichkeit**. Diese Konstellation ist jedoch auch in umgekehrter Richtung zu lesen: nicht nur entwickelt sich das Gesetzesrecht in diesem Fortgang aus dem **gesetzesfreien** Recht des **Eigentums**, sondern das Gesetzesrecht stellt in der rückwärts gerichteten Lektüre auch die **verständnisermöglichende Bedingung** des **abstrakten** und **formellen** (Eigentums-)Rechts dar. Einige der **Komplikationen**, die ein Verständnis der Philosophie des Praktischen im Hegelschen Denkzusammenhang des ‚**Systems**' erschweren, sind damit bezeichnet.

Die Skizze hat sich dabei auf die Konstellationen beschränkt, in denen die Strukturen des **Praktischen** sich im **Systemzusammenhang** darstellen, dies insbesondere mit Bezug auf das Verhältnis des **Praktischen** zum Gedanken des **Rechts**. Von den Gedankengängen, die die **Entwicklung** des ‚Systems' und damit auch die **Zusammenhänge** zwischen den Strukturen des Praktischen bei Hegel bestimmen, war bisher nur am Rande die Rede und beschränkt auf die **allgemeine Form** des Fortgangs von der Objektivität eines Gedankens über dessen Subjektivität zu seiner **objektiven Subjektivität**, in der er innerhalb seines Kreises zu seiner Vollendung im Zusammenhang des sich wissenden Wissens gelangen und damit die Ausgangslage für die **neue Objektivität** eines Gedankens bilden kann, der sich erneut über seine Subjektivität zu einer Form objektiver Subjektivität fortentwickelt.

Wenn es nun in jeder **Bewegung** der Gestalten in der ‚Enzyklopädie' darauf ankommt, von der Form der **Vorstellung** über die Form des **reflektierenden**

Verstandes zur Form des **spekulativen Denkens** zu gelangen (E § 573), so geht es jedes Mal erneut vom **Sein** zum **Wesen** und zum **Begriff**. Es geht also jedes Mal von einem Gedanken, der einen von ihm unabhängigen Gegenstand zu wissen glaubt (**Unmittelbarkeit**), über einen Gedanken, der diesen Gegenstand in das subjektive Wissen von jenem Gegenstand auflöst (**Vermitteltheit**), zu einem Gedanken, der diesen Gegenstand ebenso als unabhängig wie als subjektiv erkennt (**vermittelte Unmittelbarkeit**). Die **Entwicklung** führt also von einem Gedanken, der eine **Objektivität** vorstellt, über einen Gedanken, der die **Subjektivität dieser Objektivität** denkt, zu einem Gedanken, der **in einem** die **Subjektivität** der **Objektivität** und die **Objektivität** der **Subjektivität** dieser Objektivität zu denken in der Lage ist. Entsprechend erscheint das **Recht** zuerst als die **Unmittelbarkeit** des freien Willens, indem die Person ihrer Freiheit im Eigentum Dasein gibt; es handelt sich um **formelles**, **abstraktes** Recht. In in sich **reflektierter** Form erscheint der freie Wille als **Moralität**, womit das ‚Recht des **subjektiven** Willens' erreicht ist – auch die Moralität heißt hier also ‚Recht'. Die **Sittlichkeit** erscheint dann als der **substantielle** freie Wille „als die seinem Begriffe gemäße Wirklichkeit im Subjekte und Totalität der Notwendigkeit." (E § 487)

Spezieller aber erscheint das **positive** Recht innerhalb der bürgerlichen Gesellschaft in der ‚**Rechtspflege**' – also in der **reflektierten** Form der Sittlichkeit, man könnte sagen: innerhalb der **subjektiven** Gestalt der Sittlichkeit, also innerhalb der **Vermittlung** – innerhalb des Wissens um die **subjektive** und d.h. **vermittelte** Herkunft der unmittelbaren Sittlichkeit der Familie. Das **positive** Recht gehört damit in den Bereich der Gedanken, mit denen erkannt wird, dass die **unmittelbare Sittlichkeit** der **Familie** ein **Gedanke** ist, der eine **gedankliche Herkunft** hat. Von dieser Position aus kann der Status des positiven Rechts innerhalb des **Gedankenzusammenhangs** der Hegelschen Philosophie bestimmt werden. Aber auch **innerhalb** dieser **Vermittlung**, dieser Reflexion der **unmittelbaren Sittlichkeit** der Familie gehört das positive Recht wiederum in die **Vermittlungsposition**, die reflektierte Position – **nach** dem ‚System der Bedürfnisse' und **vor** dem Abschnitt ‚Die Polizei und die Korporation'. Insofern ist das **positive** Recht (der Rechtspflege) hier der Gedanke, mit dem die **Vorstellung** von dem ‚System der Bedürfnisse' zu dem **Wesen**, also zu dem Gedanken von der Vermittlung, der ‚subjektiven' Herkunft dieses Systems der Bedürfnisse – also der Ökonomie – **übergeht**. Das **positive** Recht ist also unter dem Gesichtspunkt der **Systementwicklung** der Hegelschen Philosophie, also unter dem Gesichtspunkt des Wissens des Wissens, die **Reflexion** auf die **Ökonomie**, also der **Gedanke**, mit dem die **Vermitteltheit** der **Ökonomie** begriffen wird – ihre Abhängigkeit von etwas, für das sie nicht selbst aufkommen kann.

Also handelt es sich bei dem positiven Recht um einen **Gedanken**, mit dessen Hilfe die **Vermitteltheit** derjenigen **Vermitteltheit begriffen wird**, die die **Unmittelbarkeit** der Sittlichkeit in der **Familie aufhebt**, und mit dem der **Übergang** zu der **vermittelten Unmittelbarkeit** gemacht wird, die den Status der bürgerlichen **Gesellschaft** als **vermittelter** Gestalt der **unmittelbaren Sittlichkeit** der Familie **vollendet**, womit zugleich der **Übergang** zu der **Sittlichkeit** in der Gestalt der **vermittelten Unmittelbarkeit** gemacht wird, wie sie der **Staat** repräsentiert. Damit hat das **positive** Recht innerhalb des **objektiven Geistes** also eine wohldefinierte **Erkenntnisbedeutung**. Und es ist diese **Erkenntnisbedeutung**, die – hier in Bezug auf das **positive** Recht – den **rechtsphilosophischen Gedanken** im **Zusammenhang** des Hegelschen Denkens bestimmt. Indem das Recht aber eine Erkenntnisbedeutung **innerhalb** des objektiven Geistes besitzt, hat es diese Bedeutung **ebenso** für die **Gedankenentwicklung** hin zum Gedanken des **absoluten Geistes**. Als ‚Gegenstand' der Philosophie ist das **Recht** damit bestimmt aufgrund seiner **Einordnung** in den **Gedankengang**, der vom ‚**Sein**', also von der unmittelbaren Unmittelbarkeit, zum ‚**absoluten Wissen**', also zum sich als Wissen wissenden Wissen in der absolut vermittelten Unmittelbarkeit führt. Das Recht kann von **Hegel** demnach **nicht** nur als ‚Gegenstand' einer **Spezialphilosophie** aufgefasst werden, außer um den Preis der Zurücknahme aller Grundlinien seines Denkens. Vielmehr muss das **Recht** in seinem umfassenden Begriff ebenso wie das positive Recht als **Stufe** des **Fortgangs** und damit als eine eigentümliche **Bestimmung** der **konkreten Einheit** des **Begriffs** aufgefasst werden (vgl. § 573, 566), jener Bestimmungen also, deren tiefste und letzte die des **absoluten Geistes** ist.

4.3.3 Das Recht und die Manifestation des Geistes

Hegels Philosophie des Rechts hat eines ihrer stärksten gedanklichen Motive in dem Bewusstsein, **Kant** habe den **abstrakten** Begriff einer für sich seienden **Freiheit** jenseits der Sphäre der **weltlichen Existenz** in der Verfassung aufgenommen, wie er durch das **Christentum** mit dem Gedanken eines unendlichen Wertes des **Individuums** in die Welt gekommen sei, **ohne** jedoch den **komplementären** christlichen Gedanken eines als **Substanz des Staates**, der **Gesellschaft** und der **Familie** in die Sphäre der **weltlichen Existenz** tretenden **göttlichen Geistes** zu berücksichtigen, ohne den der Einzelne nicht als **wirklich frei** gedacht werden könne (Enz. § 482, 477). Wegen ihrer ‚Halbierung' dieses bereits verfügbaren Gedankens sei die **Kantische** Philosophie „am bestimmtesten" als Auffassung des Geistes als **Bewusstsein** zu verstehen und enthalte nur

Bestimmungen der **Phänomenologie**, nicht aber der **Philosophie** des Geistes (Enz. § 415, 422): sie beschreibe die **Erscheinung** der wirklichen **Freiheit**, könne sie aber nicht **denken**. Aber auch wenn in Hegels Gedankengang das **Selbstbewusstsein** als die **Wahrheit** des **Bewusstseins** erwiesen wurde, in dem das Bewusstsein von Objekten als den **seinigen** und darin von **sich selbst** weiß, ist doch nur eine **abstrakte** Freiheit erreicht (E § 424, 427). Und auch wenn die Struktur des Selbstbewusstseins zum **allgemeinen Selbstbewusstsein** entwickelt wird als dem affirmativen Wissen seiner selbst im anderen Selbst, und wenn diese Allgemeinheit aufgrund der ganz unbestimmten Verschiedenheit ‚**Vernunft**' genannt werden kann (E § 436 , 437, 432 f), so ist die **Wahrheit** als **Wissen** – die Struktur des **Geistes** – doch nur im Status des **Subjektiven** verstanden.

Erst wenn die gedankliche Bewegung der **Reflexion** in der **Vermittlung** des **Unmittelbaren** zum **Willen** als dem **praktischen Geist** geführt hat, der, obwohl zunächst auch er den Inhalt nur als „den seinigen" hat, in der **weiteren Reflexion** „seine Willensbestimmung von ihrer **Subjektivität** als der **einseitigen** Form seines Inhalts befreit" (E § 443, 438), kann Hegel einen Gedanken entwickeln, der den **wirklich freien Willen** über den freien Geist im **objektiven Geist** zur Realisierung kommen lässt – also in dem **Geist**, der nach Hegels **Rechtsphilosophie** den Gegenstand eben dieser Philosophie darstellt. Dieser Gedanke führt von der **praktischen**, aber **abstrakten** Selbstbestimmung, die sich nur im ‚**Genuss**' manifestiert, zu einem praktischen Selbstverhältnis, das sich in **Tat** und **Handlung** verwirklicht (vgl. § 444, 438). Demnach kann der Geist nur als **Wille** in die Wirklichkeit treten, indem der Wille aber seine gedankliche Herkunft aus dem **allgemeinen Selbstbewusstsein** und dessen **Vernunft** mit sich trägt, kann er seine **abstrakte Bestimmtheit** nur ablegen, wenn sein durch ihn selbst bestimmter **Inhalt**, der seine **Freiheit** überhaupt bezeichnet, mit der **entwickelten Vernunft** identisch ist, so dass die **Freiheit** sein **Dasein**, seine **Bestimmtheit** und seinen **Inhalt** ausmacht. Diese Reflexion auf das Denken des Willens in seiner **Wirklichkeit** veranlasst Hegel, von der **Freiheit** zu sagen, sie sei „wesentlich nur als **Denken**", und „der Weg des Willens, sich zum objektiven Geiste zu machen, ist sich zum denkenden Willen zu erheben, – sich den Inhalt zu geben, den er nur als sich denkender haben kann." Damit ist der Beginn jenes Gedankens erreicht, der Hegel dazu führt, das nur in **Taten** und **Handlungen** wirkliche praktische **Selbstverhältnis** allein mit **sittlichen** Inhalten des Willens für möglich zu halten: „Die wahre Freiheit ist als Sittlichkeit dies, dass der Wille ... allgemeinen Inhalt zu seinen Zwecken hat; solcher Inhalt ist aber nur im **Denken** und durchs **Denken**" (E § 469, 466).

Dass gerade das **Sittliche** den **Inhalt** des **sich denkenden Willens** ausmachen soll, stellt Hegels Rechtsphilosophie nicht nur unter den Verdacht ihrer **Selbst-**

aufgabe zugunsten eines vernunftrechtlich begründeten Rechtspositivismus, sondern führt auch notwendig in die **Konzeption** einer sich **in der Geschichte der Welt realisierenden Vernunft**, die, als das universalisierte Verhältnis eines Selbstbewusstseins zu einem Selbstbewusstsein, eo ipso die Vernunft **aller** institutionalisierten menschlichen Beziehungen darstellt. Nun beansprucht Hegel, den **Begriff** der **Vernunft** in seinem Unternehmen eines Denkens des Denkens aus dem systematischen Anfang eines sprachlich vermittelten Weltverhältnisses stringent **entwickeln** und auf diesem Wege in seiner **Bestimmtheit** begründen zu können. Er beansprucht darüber hinaus, **alle** Gedankenbestimmungen der Philosophie des Geistes – vom **theoretischen** über den **praktischen** zum **freien** Geist und weiter vom **objektiven** Geist in den Gestalten von Recht, Moralität und Sittlichkeit zum **absoluten** Geist in Kunst und Offenbarungsreligion und schließlich bis zum **Selbstbegreifen** des absoluten Geistes in einer ihren Reflexionsanspruch radikal durchführenden Philosophie – als eine **interne Entwicklung** der Struktur eben dieser Vernunft ausarbeiten zu können. Die **Vernunft** tritt damit nicht in der Funktion einer Prüfungsinstanz für die Wirklichkeit der Freiheit auf, sondern als die **interne Struktur** dieser **Wirklichkeit**, die sich letztlich nur durch die **Bewegung** des **Begriffs** in einer Sequenz von **Vermittlungen** der stets rekurrierenden **Unmittelbarkeit** legitimiert.

Diese **Entwicklung** der **Vernunft** über das Denken der Vernunft als eines bestimmten Gedankens zur **Wirklichkeit** der **Freiheit** ist darüber hinaus aber auch die Entwicklung des Gedankens der **Freiheit**, die in ‚formellem' Sinne mit dem Wesen des **Geistes** identisch ist, nämlich der Freiheit als „die absolute Negativität des Begriffes als Identität mit sich." (E § 382, 382) Aufgrund seiner gedanklichen **Herkunft** aus dem **allgemeinen Selbstbewusstsein**, das sich über die bestimmungslose Verschiedenheit der Vernunft in der ‚Wahrheit als Wissen' zeigt, ist das **Dasein** des **Geistes** „seine abstrakte für-sich-seiende Allgemeinheit in sich." (E § 382, § 383, 382) Anders als das allgemeine Selbstbewusstsein auf dem Stande der **Vernunft**, auf dem die Unterschiede der Selbstbewusstseine bestimmungslos und darin abstrakt allgemein sind, ist das **Allgemeine** des **Geistes** aber „sich **besondernd**" und nur darin Identität mit sich und so in der Besonderheit **allgemein** (E § 383, 382). Der Geist besitzt darin eine **Bestimmtheit**. Dass ihm eine solche zuzuschreiben sei, **begründet** sich grundsätzlich genauso wie jede andere **Vermittlung** der **Unmittelbarkeit**, also der Endlichkeit und Bestimmtheit, in der ein Gedanke als **Resultat** einer **Gedankenentwicklung** ein Ergebnis darstellt: also aus dem **Denken** des **Gedankens** dieses Ergebnisses als eines Gedankens, der als solcher schon über sich hinaus ist, was in seinem **Denken** seiner **Bestimmtheit** integriert wird, die damit einen **neuen Status** im Gang der **Reflexion** einnimmt.

Wir können mit Hilfe dieses Gedankens sowohl den Übergang vom **subjektiven** zum **objektiven** als auch die Entwicklung vom **objektiven** zum **absoluten** Geist zu verstehen suchen. Wenn der **Geist** ein sich besonderndes Allgemeines ist, so ist er darin doch weiter für sich und **allgemeines Selbstbewusstsein**. Er besondert also **sich** und bleibt deshalb in **Identität mit sich**. Indem er sich besondert, gewinnt er eine **Bestimmtheit**, die nicht von ihm zu unterscheiden ist, die also seine **eigene** und nur aus **ihm selbst** genommene Bestimmtheit darstellt, in die keine **fremden** Determinanten eingehen. Der Gewinn einer solchen Konzeption für das philosophische Projekt einer Entwicklung des Bestimmtheitsstatus der Welt aus dem systematisch rekonstruierten Beginn des Sprechens von der Welt ist offensichtlich: die **Bestimmtheiten** des **Geistes** sind nicht **gegebene** Bestimmungen, die so oder auch **anders** gegeben werden könnten, sondern die Bestimmtheiten **einer Sache selbst**, die sich in ihnen und nur in ihnen **darstellt** und jenseits dieser Darstellung nichts ist. Hegel bringt diesen Gedanken zum Ausdruck, wenn er die **Bestimmtheit** des **Geistes** als die „**Manifestation**" bezeichnet (E § 383, 382) – eine Manifestation, in der der Geist nicht ‚etwas' **offenbart**, also weder ein ‚etwas' jenseits seiner selbst noch ein für sich zu nehmendes ‚etwas' aus dem Reich des Geistes, sondern stets nur **sich**. Damit ist Hegels **Begriff des Geistes** des näheren dadurch charakterisiert, dass seine **Bestimmtheit *und* sein Inhalt** sich in diesem **Offenbaren** selbst erschöpfen: „seine Bestimmtheit und Inhalt ist dieses Offenbaren selbst." (E § 383, 382)

Mit dem **Geist** ist also **die** Stufe in der Aufklärung über den Bestimmtheitsstatus der Welt erreicht, auf der **Offenbaren** und **Offenbartes** sich nicht mehr voneinander **unterscheiden**. Der Geist zeigt sich nicht als solcher und lässt sich nicht in geistigen Entitäten finden. Er ist **identisch** mit der **geistigen Wirklichkeit**: „Seine Möglichkeit ist daher unmittelbar unendliche, absolute Wirklichkeit." (E § 383, 382) Für das **Recht** bzw. den **objektiven Geist** ergibt sich daraus, dass das Recht nicht den Geist **offenbart** oder **manifestiert** in dem Sinn, dass es ein ihm **anderes** zum Ausdruck bringen bzw. repräsentieren würde. Das **Recht** ist vielmehr **die Bestimmtheit des Geistes selbst** als **Manifestieren** und **Offenbaren** – es **ist** der sich offenbarende und manifestierende Geist. Aus diesem **Status** bestimmt sich letztlich, was bei Hegel den **philosophischen Begriff des Rechts** ausmacht und welchen Stellenwert dem Gedanken des Rechts in der Gedankenentwicklung zukommt, die geeignet sein soll, die Bestimmtheit des Gedankens der Wirklichkeit aufklären zu können.

Wenn der **Geist** jedoch in seiner Bestimmtheit **Manifestieren** und **Offenbaren** ist, so muss sich darin die **Vermittlung** der **Unmittelbarkeit** wiederfinden lassen, also die **Integration** des Status des **Gedankens** des Geistes als eines gedanklich entwickelten und in dieser Entwicklung bestimmten Gedankens **in**

diesen Gedanken selbst, womit dieser einen **neuen** Status annimmt, den Hegel als eine **Bestimmtheit** charakterisiert, die **nur** Offenbaren und Manifestieren ist. Dies wiederum muss gleichbedeutend sein mit der **Besonderung** des **allgemeinen Selbstbewusstseins**, das im Geist gerade in dieser Besonderung mit sich identisch ist. Anders gesagt: das im **Recht realisierte Manifestieren** und **Offenbaren** als **Bestimmtheit** des Geistes geschieht in einem **Verhältnis** von **Selbstbewusstseinen**, in dem das **Selbstbewusstsein** nicht **bestimmungslos** und **unterschiedslos** seine Wahrheit im anderen Selbstbewusstsein findet, sondern in einer **Besonderung**, die das Selbstbewusstsein in ein **bestimmtes** Verhältnis zum anderen Selbstbewusstsein setzt. **Diese** Bestimmtheit ist nun mit dem **Manifestieren** und **Offenbaren** identisch, in dem die Bestimmtheit des Geistes mit ihm zusammenfällt. Also ist dasjenige **Verhältnis**, in dem ein Selbstbewusstsein in der **Vermittlung** durch das **Recht** für ein anderes Selbstbewusstsein ist, wodurch das allgemeine Selbstbewusstsein sich besondert, auch das **Verhältnis**, in dem der **Geist** seine **Bestimmtheit** als **Offenbaren** und **Manifestieren** hat.

Aber die Situation der **Besonderung**, in der ein **Selbstbewusstsein vermittelt** durch das **Recht** für ein anderes ist, muss sich ebenso als **aufgehobene Unmittelbarkeit**, d.h. als **Vermittlung** der **Unmittelbarkeit** des **Geistes** darstellen. Gerade das **rechtlich vermittelte** Verhältnis des Selbstbewusstseins zu anderen und über diese anderen zu sich muss demnach das **Begreifen** der **Wahrheit** als **Wissen** – also des Geistes – ermöglichen. Indem dieses Begreifen aber das **In-Beziehung-Setzen** des **Gedachten** zum **Begriff** darstellt, ist es eine **Reflexion** auf die Möglichkeit des **Begreifens** der **Wahrheit** als **Wissen**, also des **Geistes**. Das **rechtlich besondertete** Verhältnis des Selbstbewusstseins zu einem anderen Selbstbewusstsein muss es also erlauben, in ihm als ein solches Verhältnis die **verstandene Darstellbarkeit** des Gedankens des **Geistes** entdecken zu können, welche Darstellbarkeit ebenso die Reflexion der im ‚System' vorangegangenen Gedankenentwicklung enthalten muss.

Demnach ist das **Recht** nach Hegel zu verstehen als der **Geist** in seiner **Manifestation**, wie er sich mit dem Status eines **Ergebnisses** darstellt – eines Ergebnisses, das in sich die gedankliche **Entwicklung** vom **systematischen Beginn** des **Sprechens** bis hin zu dem Gedanken **aufbewahrt**, in dem das Sprechen wieder zu sich zurückkommt, d.h. bis zum **Geist**. Der Kreis der ‚Enzyklopädie' schließt sich also, indem am **Anfang** der systematische Anfang des Sprechens rekonstruiert wird, der durch jene Gedanken der Welt hindurch verfolgt wird, in denen sich seine **Unmittelbarkeit** durch die Integration seiner **Vermittlung**, d.h. durch die Aufnahme der Vorausgesetztheit in das Denken aufhebt, bis ein Gedanke der **Wirklichkeit** erreicht ist, in dem das **Sprechen** so **zu sich** kommt, dass es nunmehr die **Welt, von** der gesprochen wird, als **sprachliche zweite Wirklich-**

keit, die die erste – natürliche – Wirklichkeit in sich enthält, als seine **interne Differenz** in sich **enthalten** kann. Der **Geist** ist nur der **Begriff** einer vollständig **sprachlichen** Wirklichkeit, in die sich der systematische Anfang des Sprechens **entfaltet** hat. Aber der Geist ist selbst eine **Entwicklung** vom **subjektiven** über den **objektiven** zum **absoluten** Geist – also in das vollständig zur **Wirklichkeit** gewordene **Sprechen**. Insofern ist die **philosophische Bedeutung** des **Rechts** auch innerhalb der **Rekonstruktion** einer **systematischen** Entwicklung vom **Sprechen** zur **sprachlich vermittelten Wirklichkeit** verortet. Spezieller aber findet das Recht seinen **philosophischen Ort** als die **Gestalt der expliziten Vermittlung** der **sprachlichen** Wirklichkeit – also **nach** der Gestalt, in der der systematischen Rekonstruktion der Sprache noch nicht ihre **Entwicklung** und damit ihre Wirklichkeit integriert ist, und **vor** der Gestalt, in der die **Einheit** von **Wirklichkeit** und **Sprache** hergestellt bzw. **gewusst** ist.

Man kann hier darauf verweisen, dass das **Recht** eine **Sprache** ist, die sich gegenüber dem Subjekt mit **objektiver Macht** durchsetzt – insofern ist das Recht das erste **Paradigma** bzw. die **Darstellung** der **Wahrheit als Wissen**. Auf dieser Grundlage muss nun erklärt werden können, was sich daraus für die Bedeutung des **Rechts innerhalb** der Hegelschen Philosophie und deren **Systemzusammenhang** ergibt, warum also das Recht zum **Gegenstand** dieser **Philosophie** wird und was der Gedanke des **Rechts** innerhalb des **Aufklärungsprogramms** dieser **Philosophie** leistet. Das **Recht** ist **objektiv**, indem es **Sprache** ist, die sich von aller **Sprache** des **subjektiven** Geistes dadurch unterscheidet, dass ihr **nicht widersprochen** werden kann – der **Spruch** des **Gesetzes** sagt, was **geschieht**, wohingegen allem anderen widersprochen werden kann. Auch dem Gesetz der Natur kann **widersprochen** werden. Zum einen ist es menschlicher Gedanke und kann **falsch** sein, so dass ihm ständig widersprochen werden muss, damit es verifiziert oder falsifiziert werden kann. Zum anderen aber, und dies ist für die Entwicklung des objektiven Geistes noch wichtiger, wird ihm nicht durch eine **Handlung** widersprochen, sondern faktisch nur durch ein **Ereignis** in der naturwissenschaftlichen, objektiven Welt, also durch ein unpersönliches Geschehen, das keine Handlung ist (keine Tat), weil darin nicht die **Freiheit** des Subjekts beteiligt ist, sondern nur seine objektive Seite, nach der es im Zusammenhang der Naturgesetze steht, so dass hier nur natürliche Ereignisse kollidieren. Deshalb ist das **Subjekt** hier nur nach seiner **Phänomenalität**, nicht nach seiner **Intelligibilität** beteiligt. Genau deshalb kann das **abstrakte** Recht nicht das Recht **erschöpfen**, sondern muss als **Sprache**, die **Wirklichkeit** hat, weil sie sie **schafft**, zur **Moralität** übergehen, also zur **subjektiven Freiheit** des Handelnden, die dem **Spruch** des **Gesetzes** jene **Wirklichkeit** verschafft, die dieses Gesetz von den Gesetzen der Natur **unterscheidet**. Und entsprechend fortgeführt ist die Bedeutung des Rechts als **Sittlichkeit** für die **Sprache** zu sehen, die **Wirklichkeit** hat.

Dieser Gedanke verbindet sich bei Hegel mit der Herkunft des **Geistes** aus dem **Verhältnis** von **Selbstbewusstseinen** und zwar in der Besonderung als einem **bestimmten** Verhältnis. Das **Recht** ist eine **Sprache**, die **Wirklichkeit** schafft und objektiv ist, indem es das Verhältnis zwischen Selbstbewußtseinen so **ausspricht**, dass ihm **nicht widersprochen** werden kann; der Spruch des Gesetzes regelt dieses Verhältnis als eine **Wirklichkeit**, die **sprachlich** ist *und* objektiv. Wenn das **Recht** die **objektive Sprache** ist, die sich selbst **wirklich** macht, so ist erst mit dem Recht diejenige **Manifestation** und das **Offenbaren** erreicht, das nicht etwas **anderes** manifestiert und offenbart, sondern eine **Einheit** von **Manifestieren** und **Manifestiertem** ist, so dass der **Geist** sich darin als Manifestieren und Offenbaren **realisiert**. Mit der Sprache des **Rechts** haben wir also ein **Manifestieren** und **Offenbaren** als solches als einen Gedanken der **Wirklichkeit** entdeckt durch eine **Entwicklung**, die ihren Ausgang am systematischen Anfang des **Sprechens** nahm. Für den Hegelschen **Systemzusammenhang** ist es von entscheidender Bedeutung, dass dieses Offenbaren und Manifestieren in einem Gedanken der **Wirklichkeit** gefunden wird. Nur so kann sich die Argumentationsstruktur auch noch im **Geist** fortsetzen. Es wird das **Denken** der **Wirklichkeit** mit Hilfe der vorhandenen Gedanken des Wirklichen aufgeklärt, indem diese Gedanken so in einen **Zusammenhang** gebracht werden, dass sie eine **Entwicklung** darstellen, in der eine bessere Einsicht in das Denken der **Wirklichkeit** nicht durch den Philosophen entwickelt wird, sondern sich als **Selbstaufklärung** im Denken der Wirklichkeit ergibt. Darin ist die ‚**Geschichtlichkeit**' der vernünftigen Aufklärung über das Denken der Wirklichkeit angelegt – und nur von einer solchen Geschichtlichkeit kann im Zusammenhang von Hegels Denken sinnvoll die Rede sein.

Nur in der **Wirklichkeit**, wie sie in **Gedanken** zum Ausdruck kommt, kann die **Entwicklung**, die ebenso ein Argumentationsweg ist, stattfinden, die zur **Aufklärung** über eben diese Wirklichkeit führt. Dies impliziert die Behauptung, dass in einer Welt, in der der Gedanke des **Rechts** nicht existiert, eine **Aufklärung** über das **Denken** nicht den **Status** des **absoluten Geistes** gewinnen kann, also den Status des **Wahren** als **Gedanken**, dessen Notwendigkeit sich nur aus seiner **Entwicklung** nachweisen lässt, in der sich **zugleich** das **Wahre** und sein **Denken** erzeugt. Nur wenn die Welt sich also so weit **entwickelt** hat, dass das **Verhältnis** der **Selbstbewusstseine** durch das **Recht** eine **sprachliche Objektivität** angenommen hat, kann das **Wissen** von der Welt in seinem Status vollständig **verständlich** werden. Es ist also eine bestimmte Struktur des Verhältnisses ‚ein Selbstbewusstsein für ein Selbstbewusstsein', die die **Einsicht** in das Denken ermöglicht, welche mit dem Gedanken des **absoluten Geistes** erreicht wird, und diese Struktur ist die des **Rechts** als einem **Sprechen**, das als solches stets zugleich für seine **Wirklichkeit** sorgt. Nur wenn dieses Verhältnis sich also zu einem **rechtlichen** ausgebildet hat, kann der **Status** des **Denkens** und des **Wissens** *verstanden* werden.

4.3.4 Die Situierung des Rechts in der ‚Enzyklopädie'

Am Ende der Philosophie der **Natur** ist in Hegels ‚**System**' folgende Situation erreicht: „Die Natur ist damit in ihre Wahrheit übergegangen, in die Subjektivität des Begriffs, deren Objektivität selbst die aufgehobene Unmittelbarkeit der Einzelheit, die konkrete Allgemeinheit ist, so dass der Begriff gesetzt ist, welcher die ihm entsprechende Realität, den Begriff zu seinem Dasein hat, – der Geist." (E § 376, 375) Es ist also der **Begriff** (das Begreifen) so weit entwickelt, dass mit ihm seine ihm entsprechende **Realität** begriffen ist als sein **Dasein**, d.h. der Begriff hat den Begriff zu seinem Dasein: das Begreifen hat seine Realität im Begreifen. Der Begriff ‚Geist' bedeutet zunächst also generell das, was im modernen Begriff der ‚Geisteswissenschaften' gemeint ist, d.h. ein Ergebnis von Leistungen begrifflicher Tätigkeit, das nun selbst durch begriffliche Tätigkeit **begriffen** werden soll, so dass das Begreifen sich in seinen Leistungen, die ihm als eine eigene Welt gegenüberstehen, selbst zu begreifen sucht. Dieses **Selbstverhältnis** des **Begreifens** ist für Hegel nun die **Wahrheit** des **Wissens** von der **Natur**, und es wird beansprucht, dies als Wahrheit nachweisen zu können durch eine immanente **Entwicklung** des Wissens von der Natur, das sich dadurch selbst zeigt als ein **Wissen** von der **gleichen Struktur** wie das Sich-selbst-wissen des **begreifenden Denkens**, das als Geisteswissenschaft vor sich geht. Der Gegenstand der Geisteswissenschaften wird damit eingeführt als das **Paradigma** des Wissens, das unvollständig nur als Wissen von der Natur **aufgefasst** wurde. Es ist also das Paradigma des Wissens, das **Logik** und **Naturwissenschaft** zusammen darstellen, also der Naturwissenschaft (im Unterschied zu einer Naturlehre).

Dieses Paradigma alles wissenschaftlichen Wissens wird an der Stelle eingeführt, an der die **Natur** in die „**Subjektivität** des **Begriffs**" als in ihre **Wahrheit** übergegangen ist (E § 376, 375). Dies ist dann der Fall, wenn und indem die der **Subjektivität** des Begreifens entsprechende **Objektivität** des Begreifens **begriffen** ist als „die aufgehobene Unmittelbarkeit der Einzelheit" – wenn also verstanden ist, dass alle Erkenntnisgegenstände in ihrer **begrifflichen Bestimmtheit** und damit nach der Voraussetzung für ihre wissenschaftliche Erkennbarkeit über sich hinausweisen, indem sie nicht durch sich selbst und von sich selbst her bestimmt sind, sondern nur durch ein System des **Zuschreibens** und **Absprechens** von Begriffen, in dem sie durch genus proximum und differentia specifica klassifiziert werden. Darin gewinnen sie zwar eine Einzelnheit, aber nicht **unmittelbar**, sondern **vermittelt** durch die **Allgemeinheiten**, mit denen sie identifiziert und von denen sie unterschieden werden. Wenn ihre **Objektivität** also auf diese Weise als die „**aufgehobene Unmittelbarkeit** der Einzelnheit" begriffen ist, so ist ein Verständnis der Erkenntnisgegenstände im Status einer „**konkrete[n] Allgemeinheit**" (E § 376, 375) erreicht, einer Allgemeinheit also, die Einzelnheit als ‚zusammengewachsene' Allgemeinheit versteht (concrescere). Man könnte auch sagen, dass sie den **individuellen** Begriff als Schnittmenge vieler **Allgemeinbegriffe** versteht, der als solcher über sich hinausweist auf die Allgemeinheiten, durch die er negativ und positiv bestimmt wird. Also ist das **Paradigma** alles Wissens im Wissen des Geistes dann erreicht, wenn eine solche **Subjektivität** entwickelt ist, die zur **Objektivität** eine **konkrete Allgemeinheit** hat – so dass der **Begriff** seine **Realität** als **Begriff** hat.

Auf diesem Stand beginnt die **Philosophie** des **Geistes**. Sie beginnt also mit dem Begreifen, dass das Wissen der Geisteswissenschaft das Paradigma alles Wissens ist. Die Aufgabe lautet demnach nun, auf das Wissen zu **reflektieren**, das den **Geist** zum **Gegenstand** hat „als die zu ihrem Fürsichsein gelangte Idee ..., deren Objekt eben sowohl als das Subjekt der Begriff ist." (E § 381, 381) Diese **Reflexion** wird offensichtlich prinzipiell so vor sich gehen müssen wie diejenige auf das Wissen in der Naturwissenschaft, also als **Reflexion** auf die **Bestimmtheit** der Gegenstände, von denen in diesem Wissen Rechenschaft gegeben werden soll. Die Bestimmtheit des **Geistes** ist nun seine „**Manifestation**" – er offenbart nicht **etwas**, „sondern seine **Bestimmtheit** und Inhalt ist dieses **Offenbaren selbst**." (E § 383, 382) Er offenbart also nicht etwas anderes, sondern sich selbst, und wegen dieser **Identität** ist seine **Bestimmtheit** nur das **Offenbaren**. Die Bestimmtheit der Gegenstände ist mit dem Paradigma der Geisteswissenschaft nun gewusst als die **eigene Bestimmtheit** des **Begreifens**. Mit der **Reflexion** auf die Bestimmtheit des Geistes als Manifestation und Offenbaren wird demnach auf die **eigene Bestimmtheit** des Begreifens **reflektiert**. Also gewinnt auch das **Recht** sein Interesse im **Systemzusammenhang** nur insofern, als es die Bestimmtheit des Geistes als Offenbaren darstellt.

Damit ist eine folgenreiche Transformation der **Reflexion** auf das **Wissen** erreicht. Mit dem Geist wird nicht ein neuer und anders bestimmter Gegenstand auf die Herkunft seiner Bestimmtheit untersucht, sondern es findet ein **Wechsel der Fragerichtung** statt. Die Frage nach der **Genesis** der Bestimmungen, mit denen wir die Welt verstehen, ist ja im Grunde mit dem Übergang von der **Unmittelbarkeit** der Gegenstände der Natur zur **aufgehobenen Unmittelbarkeit** der Einzelnheit, also zur **konkreten Allgemeinheit**, bereits beantwortet, und diese Antwort unterscheidet sich nicht von derjenigen auf die Frage nach **solchen** Bestimmungen, die wir der **geistigen** Welt zuschreiben. In der Philosophie des Geistes muss nicht mehr nachgewiesen werden, dass es der **Geist** ist, der ihr Thema ist.

Indem der Geist als **Paradigma** der **Bestimmtheit** alles **Wissens** erreicht ist, ist gleichzeitig eine **neue Richtung** der **Reflexion** auf das Wissen eingeschlagen. Genau durch diese neue Richtung legitimiert sich überhaupt die Rede von einer **besonderen** Philosophie, nämlich als **Philosophie** des **Geistes** gegenüber der **Naturphilosophie**. Eine neue Gegenständlichkeit würde diese Unterscheidung gerade nicht als philosophische auszuzeichnen erlauben. Diese neue Richtung ist zunächst als Abkehr von der Frage nach der Genesis der Bestimmtheiten und als **Wendung** zu der Frage nach der **Manifestation** und dem **Offenbaren als solchem** in aller Genesis von Bestimmtheit charakterisiert. In der **Durchführung** der Philosophie des Geistes muss sich also ergeben, wie und mit welcher **Struktur** der Geist seine Manifestation und seine Offenbarung **zustandebringt**. Dementsprechend muss mit dem **absoluten** Geist als **Abschluss** des **Reflexionsgangs** verstanden sein, **wie** die Manifestation und das Offenbaren selbst zustande kommen. Dann ist die Position **verstanden**, die nach der Naturphilosophie als Paradigma des Wissens erreicht wurde, also das Wissen als „die zu ihrem Fürsichsein gelangte Idee". (E § 381, 381)

In diese neue Untersuchungsrichtung muss sich nun der **philosophische Begriff** des **Rechts** einfügen, wie er am **Beginn** der **Entwicklung** des **objektiven Geistes** die **erste** Form des Geistes „in der Form der Realität als einer von ihm hervorzubringenden und hervorgebrachten Welt" darstellt (E § 385, 383). Die Heranziehung des **Rechts** muss demnach eine **Notwendigkeit** für die **Aufklärung** der **Manifestation** und des **Offenbarens** besitzen, die die Bestimmtheit des **Geistes** ausmachen, und sie muss diese Notwendigkeit aus der vorangegangenen Erörterung des **subjektiven** Geistes beziehen, und sie muss sich selbst als eine **transitorische** Position auf dem **Weg** der Untersuchung der Manifestation und des Offenbarens erweisen, die gerade durch die **Reflexion** auf ihren **Manifestationsstatus** notwendig **übergeht** in die Erörterung der Manifestation in der **Moralität** und in der **Sittlichkeit**.

Wenn das **Recht** in Hegels ‚System' zusammen mit der Moralität und der Sittlichkeit seinen **philosophischen** Stellenwert als **Entwicklungsmoment** des **objektiven Geistes** gewinnt, so ist seine philosophische Bedeutung primär aus dem **Zusammenhang** bestimmt, der innerhalb der ‚Enzyklopädie' von der ‚Wissenschaft der Logik' über die ‚Naturphilosophie' bis zur Philosophie des Geistes führt. Aus der Entwicklung dieses **Zusammenhangs** ergibt sich der **Geist** als „die zu ihrem Fürsichsein gelangte Idee ..., deren Objekt eben sowohl als das Subjekt der Begriff ist." (E § 381, 381) Wenn das Wesen des Geistes deshalb „formell die Freiheit, die absolute Negativität des Begriffes als Identität mit sich" ist (E § 382, 382), so wird sich die **Freiheit**, die im **Recht** realisiert ist, nach ihrer weitesten gedanklichen Dimension gerade aus ihrem **Zusammenhang** mit eben **jener** Freiheit bestimmen müssen, die den **Geist** als höher entwickeltes Bewusstsein gegenüber der Logik und der Natur auszeichnet. Der **philosophische** Begriff des **Rechts** und der in ihm realisierten **Freiheit** ist demnach bei Hegel von Gedanken abhängig, die sich letztlich auf die **Selbsterkenntnis** als „Erkenntnis des Wahrhaften des Menschen, wie des Wahrhaften an und für sich" (E § 377, 379) beziehen.

Nun ist die **Bestimmtheit** und der **Inhalt** des Geistes die „**Manifestation**" – das „**Offenbaren selbst**" (E § 383, 382). Dieses Offenbaren ist in der Dimension, die insofern noch nicht selbst Geist ist, als sie in der Entwicklung der Verständlichkeit der Welt dem Niveau des Geistes vorangeht, das „**Setzen** der **Natur** als seiner Welt" (E § 384, 382). In der Dimension, in der das, was an sich das Wesen ist, „im Begriffe" als seinem eigenen Element gefasst wird (E § 384, 383), ist diese Manifestation des Geistes jedoch das Entwicklungs- und wechselseitige **Bestimmungsverhältnis** von **subjektivem**, **objektivem** und **absolutem Geist**. Damit wird das **Recht** mit seiner **realisierten Freiheit** in der nächsten gedanklichen Dimension unterhalb der Ebene des ‚Systems' der ‚Enzyklopädie' situiert, deren Reichweite geringer ist, die nichtsdestoweniger aber die Gedankenzusammenhänge in sich enthält und von ihnen bestimmt ist, die den **Zusammenhang** des Systems konfigurieren. In der Dimension des **Geistes** selbst geschieht die Manifestation des Geistes – sein Offenbaren – nun in Gestalt einer **Unterscheidung in sich**, mit Hilfe derer der Geist „in seiner absoluten Wahrheit" aufgefasst werden kann, nämlich als die an-und-für-sich-seiende und sich hervorbringende Einheit „der Objektivität des Geistes und seiner Idealität oder seines Begriffs". **Subjektiver** und **objektiver** Geist – damit **Recht/Moralität/Sittlichkeit** – bestimmen sich damit in ihrem **Wechselverhältnis** als **Formen**, in denen der „absolute Geist" zur **Manifestation** kommen kann, und in deren Begreifen demnach die **Selbstverständigung** über die Verständlichkeit der Welt ihren Höhepunkt findet, in dem sie sich selbst versteht.

Als **objektiver** Geist ist der Geist nun „in der Form der Realität als einer von ihm hervorzubringenden und hervorgebrachten Welt, in welcher die Freiheit als vorhandene Notwendigkeit ist" (E § 385, 383). In dieser Form ist er **endlicher** Geist. Indem der Geist aber die „unendliche Idee" ist, muss die **Endlichkeit** des Geistes von Recht/Moralität/Sittlichkeit und der in ihnen realisierten **Freiheit** als ein „**Scheinen** innerhalb seiner" verstanden werden, als ein Schein, „den an sich der Geist sich als eine Schranke setzt, um durch Aufheben derselben für sich die Freiheit als sein Wesen zu haben und zu wissen, d.i. schlechthin manifestiert zu sein." (E § 386, 384) Die Freiheit, die das Wesen des Geistes ist, kommt zur **Manifestation** also nur in der **Bewegung** der Formen des **endlichen** Geistes, d.h. in ihrem „Übergehen und Über-sich-hinausgehen" (E § 386, 384). **Innerhalb** der **Entwicklung** des **Geistes** aber situieren sich **Recht/Moralität/Sittlichkeit** und die in ihnen situierte Freiheit als **Formen** des **endlichen** Geistes durch ihre **Unterscheidung** von dem zweiten „Teil" der Geisteslehre. Der **objektive** Geist ist die **Entwicklung** des Geistes „in der Form der Realität als einer von ihm hervorzubringenden und hervorgebrachten Welt, in welcher die Freiheit als vorhandene Notwendigkeit ist" (E § 385, 383). Dieser Gestalt des Geistes in der „Form der Realität" steht der Geist „in der Form der Beziehung auf sich selbst" gegenüber, in der „das, was sein Begriff ist, für ihn wird, und ihm sein Sein dies ist, bei sich, d.i. frei zu sein", also als subjektiver Geist (E § 385, 383).

Insofern ist der **philosophische** Begriff des **Rechts** auch für Hegel nur aus dem Bezug auf den **„subjektiven Geist"** zu verstehen, nicht aber aus sich selbst heraus. Im Unterschied zu **Kants** Begriff ist das Recht jedoch hier nur zu verstehen aus einer Konstellation, in der es sich als **Teil** des **objektiven** Geistes von dem **subjektiven** Geist so **unterscheidet**, dass diese Unterscheidung ihre Bestimmtheit und zugleich Aufhebung – also ihren eigenen **Begriff** – nur aus **der** Gestalt des Geistes erhält, die in der **Entwicklung** des Geistes über die **beiden Formen** des **subjektiven** und des **objektiven** Geistes entsteht und damit die **reflektive** Grundlage **beider** Formen in ihrer Bestimmtheit darstellt: des **absoluten Geistes**. Der **philosophische Begriff** des **Rechts** kann demnach hier nur aus seiner Verortung in der Konzeption einer Philosophie des Geistes verstanden werden, die ihren höchsten reflektiven Standpunkt erst in dem **sich selbst begreifenden Gedanken des absoluten Geistes** erhält. Indem auch der dem **objektiven** Geist vorangehende **subjektive** Geist seine Bestimmung nur als Geist und damit vom **absoluten** Geist her gewinnt, ist die „Form der Beziehung auf sich selbst" nicht kongruent mit **Kants** Begriff der Moralität als Selbstbeziehung des sich verallgemeinernden praktischen Subjekts.

Die Kontrastierung von **Kant** und **Hegels** philosophischen Begriffen des **Rechts** scheint aufgrund der differierenden **Bestimmungszusammenhänge** größere Schwierigkeiten aufzuwerfen, als es die Vorstellung von der Abhandlung eines besonderen Gegenstandes einer besonderen philosophischen Disziplin zunächst vermuten lassen könnte. Natürlich ist dieses Problem darauf zurückzuführen, dass wir sowohl bei Kant als auch erst recht bei Hegel ein Bewusstsein darüber finden, dass die **philosophischen** Gegenstände nicht **vorhanden** sind, sondern sich nur in **philosophischen Gedankenzusammenhängen** als solche **bestimmen** und **ausweisen** lassen. In der **engeren** Bestimmungsdimension der Unterscheidung des **objektiven** Geistes **in sich** lässt sich diese **Bestimmung** des **Rechts** durch die **Entwicklung** seines philosophischen Begriffs innerhalb der Entwicklung des Geistes, der sich darin bestimmt und damit „manifestiert" und „offenbart", durch die bestimmende und manifestierende **Entwicklung** vom **Recht** über die **Moralität** zur **Sittlichkeit** angeben. Aus dem Zusammenhang dieser Phänomene bestimmt sich auch bei Kant der philosophische Begriff des Rechts. Deshalb ist der angemessene Ort der Kontrastierung bezüglich des Rechts, wenn von den größeren Zusammenhängen der Situierung der **Freiheit** in der philosophischen Konzeption abgesehen werden soll, die Unterscheidung der **Zusammenhänge** von Moralität und Recht (und weiter auch der Sittlichkeit), durch die sich bei Kant und Hegel der philosophische Begriff des Rechts bestimmt.

Das **Ergebnis** dieser Situierung des **Rechts** nach seinem **philosophischen Begriff** in der ‚Enzyklopädie' kann nun zunächst so zusammengefasst werden. Das Recht und seine in ihm **realisierte Freiheit** ist in Hegels Denken Teil einer **Aufklärung** der **Manifestation** und **Offenbarung** des **Geistes**, die sowohl auf das Verhältnis von ‚Wissenschaft der Logik' und Naturphilosophie Bezug nimmt als auch hingeordnet ist auf die **Artikulation** des **absoluten Geistes**, in dem die Selbstverständigung über das Begreifen der Welt nur dann zu einem Abschluss kommt, wenn dieser seine Artikulation so in sich enthält, dass seine Explikation nicht ein Tun **abstrakter** Subjektivität ist, sondern sich als **Selbstexplikation** des **Begriffs** ausweisen kann. Es wäre auf der Grundlage dieser Situierung ungenügend, zur Interpretation einen Begriff von Recht **vorauszusetzen**, nach dem es z.B. die Handlungsfreiheit in der Welt nach einem **vorgegebenen** Begriff von Freiheit realisieren kann.

Das freiheitsrealisierende **Recht** und die im Recht realisierte **Freiheit** müssen vielmehr als Begriffe aufgefasst werden, deren **Bedeutung** sich nur im **Zusammenhang** der **Systementwicklung** der ‚Enzyklopädie' angeben lässt. Das bedeutet auf der Grundlage der bisherigen Erörterung, dass die Freiheit im Recht in der Hegelschen Philosophie in einem extrem weiten gedanklichen Horizont situiert ist. Die **rechtliche** Freiheit gewinnt ihre philosophische Bedeutung hier letztlich aus **der Freiheit**, die in der artikulierenden **Unterscheidung** von **Logik** und **Natur** mit dem **Begriff** des **Geistes** zur Formulierung kommt, und damit aus **der Freiheit**, die sich in der **Differenzierung** von **subjektivem** und **objektivem** Geist darstellt, und die wiederum die **Artikulation** der ersteren Freiheit in der **Manifestation** des **Geistes** möglich macht. Freiheit im Recht, Freiheit des Geistes und Freiheit in der Wissenschaft stehen demnach offensichtlich in einem wechselseitigen **Begründungs-** und **Erklärungszusammenhang**, jenseits dessen keine Freiheit angemessen verstanden werden kann.

4.3.5 Die Entwicklung des Denkens und das Recht

Der **philosophische Begriff** des **Rechts** bestimmt sich für Hegel ursprünglich daraus, dass dem Menschen **Recht** und **Sittlichkeit** (ebenso wie Religion) nur deswegen zukommen, „weil er **denkendes** Wesen ist" (E § 2, 41). Das Recht gehört also dem durch **Denken** begründeten und deshalb menschlichen Gehalt des Bewusstseins an. Es erscheint aber „zunächst" nicht in Form des **Gedankens**, sondern als „Gefühl, Anschauung, Vorstellung". Die Philosophie ist mit diesem Bewusstsein verbunden, indem auch sie Denken ist, aber von ihm unterschieden als „eine eigentümliche Weise des Denkens, eine Weise, wodurch es Erkennen und begreifendes Erkennen wird" (E § 2, 40). Für den **selben Gehalt** gibt es also „zwei Sprachen", deren eine dem Gefühl, der Vorstellung und dem verständigen, abstrakten Denken zugehört, deren andere die des ‚konkreten Begriffs' ist. Die Transformation, die sie mit dem durch Denken begründeten menschlichen Gehalt des Bewusstseins vornimmt, besteht also nur darin, die **Form** des **Gedankens**, in der dieser Gehalt zunächst nicht erscheint, zu **explizieren**.

Der Anfang, den die Philosophie machen zu können beansprucht, besteht also nur darin, „das **Denken** zum **Gegenstande** des Denkens" zu nehmen (E § 17, 59). Diese Gegenständlichkeit aber ist die einzige, die keine **subjektive** Voraussetzung darstellt, sondern nur den **freien Akt** des Denkens, „sich auf den Standpunkt zu stellen, wo es für sich selber ist und sich hiemit seinen Gegenstand selbst erzeugt und gibt." (E § 17, 59) Es handelt sich also deshalb nicht um einen **subjektiven** Standpunkt der Wahl eines Gegenstandes, weil mit dem Denken des Denkens das **Subjektive** als solches und das **Gegenständliche** als solches **gedacht** werden sollen. Genau das heißt für Hegels Philosophie: **Denken des Denkens**. Wenn die Wahl eines Standpunkts ein Denken ist oder jedenfalls eine begriffliche Bestimmung, so ist mit dem Denken des Denkens auch alle **Standpunkthaftigkeit** als solche zum **Thema** genommen und die Wahl des Gegenstands kann deshalb nicht als subjektive Voraussetzung angesehen werden.

Letztlich wird dann auch das **Recht** seinen Stellenwert als **philosophischer** Gegenstand, der aufgrund der Notwendigkeit der **Sache** und nicht als Folge einer subjektiven Voraussetzung zum Thema wird, nur durch seine **Stellung** im **Denken** als **Gegenstand** des **Denkens** – im Denken des Denkens – nachweisen können. Damit wird dem **Recht** aber auch seine Bedeutung in der **Entwicklung des Denkens** bestimmt. Dass mit dem Denken des Denkens nämlich tatsächlich **der** Gegenstand der Philosophie gegeben ist, muss dadurch nachgewiesen werden, dass das Denken von dem **Anfang** im bloßen Denken des Denkens aus **weiterentwickelt** wird bis zu der Einsicht, dass das **Denken** die **Wirklichkeit** alles **Wirklichen** ist. Damit wird der zu Beginn eingenommene ‚Standpunkt' ein ‚Resultat', und die Philosophie zeigt sich als „ein in sich zurückgehender Kreis" (E § 17, 59). Sich auf den Standpunkt des Denkens zu stellen ist dann als der **absolute Standpunkt** aufgewiesen, der zu Beginn nur versuchsweise eingenommen werden konnte. Die andere Seite dieser Entwicklung ist das **Begreifen** der **Wissenschaft** in ihrem begrifflichen Status selbst. Von der Wissenschaft muss also der **Begriff** der **Wissenschaft** selbst erfasst werden, und Hegel bezeichnet dies als die Aufgabe, „zum Begriffe ihres Begriffes" zu gelangen – wir könnten auch sagen: zum **Begreifen** ihres **Begreifens**, und er nennt eben dies ihren einzigen „Zweck, Tun und Ziel" (E § 17, 59).

Zum **philosophischen Gegenstand** wird das **Recht** also ganz allgemein, weil im Rechtlichen ebenso wie im Sittlichen „das Denken überhaupt nicht untätig gewesen [ist]; die Tätigkeit und die Produktionen desselben sind darin gegenwärtig und enthalten." (E § 2, 41) Die Philosophie kommt aber zu einem **Bewusstsein** über den Geist und seine Wahrheit in der Gestalt und Weise der Wesenheit dieses Inhalts – also des Geistes und seiner Wahrheit. Die Aufgabe einer **philosophischen** Rechtslehre ist demnach, nicht nur die Gedanken herauszustellen, die dem Recht implizit zugrunde liegen, sondern das **Denken** des **Rechts** in der **Form** des **Denkens** aufzustellen, also ihm sein mit ihm selbst übereinstimmendes Selbstverständnis zu verschaffen. Man könnte sagen, dass sich **Hegels** Rechtsphilosophie darin von allen anderen Versuchen unterscheidet, die dem Phänomen des Rechts zugrundeliegenden **Gedanken** philosophisch zu untersuchen bzw. diesem Phänomen durch **philosophische** Gedankengänge eine normative Grundlage zu verschaffen. Das aber ist nur die andere Seite der anderen **Besonderheit** der **Hegelschen** Rechtsphilosophie, nämlich ihrer **Funktion** für das **Begreifen** des **Begriffs** in der **Form** des **Begriffs**. Nur wenn und indem sie also den Gedanken des **Rechts** in der Form des **Gedankens** herausstellt, kann die Philosophie des Rechts die **Funktion** erfüllen, vom gedanklichen Stand des subjektiven Geistes in Gestalt des „freien Geistes" der Psychologie aus, wie er sich aus dem theoretischen und praktischen Geist entwickelt hat, die **Entwicklung** des **Begreifens** des **Begriffs** in der **Form** des **Begriffs** weiterzutreiben bis zu der ihr entgegengesetzten Position der **Moralität**, so dass sich beide Phänomene – Recht und Moralität – dann im Gedanken der **Sittlichkeit** so zu einer **Einheit** bringen lassen. In dieser **Einheit** sind die Gedanken des **Rechts** und der **Mora-**

lität so vereinigt sind, dass sie darin (1) gerade als **Gedanken** in der **Form** des **Gedankens** auftreten, und dass sie (2) darin die Entwicklung zum Begreifen des Begriffs in der Form des Begriffs **weitertreiben** bis zur Stellung des **absoluten Geistes.**

Das **Problem** dabei ist allerdings, dass der „an sich" gleiche **Inhalt** des Vorstellens und des Denkens doch als Gegenstand des **Bewusstseins** nicht unberührt von diesen **Formen** bleibt: „In dieser Gegenständlichkeit schlagen sich aber auch die Bestimmtheiten dieser Formen zum Inhalte" (E § 3, 42). Wenn nun dem Menschen **Recht** und **Sittlichkeit** deshalb zukommt, weil er ein **denkendes** Wesen ist, so ist dieser Gehalt auch dadurch bestimmt, dass er **Produkt** des Denkens ist. In der Form des Vorstellens wird von dieser Formbestimmtheit abstrahiert, und das Recht erscheint nur abstrakt und nicht nach seinem konkreten Begriff, es erscheint also nicht nach seiner gedachten Bestimmtheit. Das **Recht** in seinem **philosophischen Begriff** zu bestimmen, kann also zunächst als die Aufgabe angesehen werden, diejenige **gedankliche Bestimmtheit** in ihm aufzudecken, die ihm im nicht-philosophischen Bewusstsein nur latent und implizit zukommt.

Mit dem Anspruch, den **Gedanken** in der **Form** des **Gedankens** zu fassen, ist bereits Hegels Verständnis von **Methode** angesprochen. Die Methode allein vermag den Gedanken zu „bändigen und zur Sache zu führen und darin zu erhalten". Dieses Fortführen des Gedankens zur Sache aber ist „nichts anderes als die Wiederherstellung desjenigen absoluten Inhalts [...], über welchen der Gedanke zunächst hinausstrebe und sich hinaussetzte, aber eine Wiederherstellung in dem eigentümlichsten, freiesten Elemente des Geistes." Deshalb kann die **Philosophie** beanspruchen, sich nicht im Gegensatze zu befinden gegen „die vernünftige Wirklichkeit des **Rechts**" – dessen Inhalt ist, „sofern er gedacht wird, die spekulative Idee selbst." (Vorrede zur 2. Ausgabe, 6) Die Methode aber ist die **„Selbstentwicklung"** des Begriffs, weshalb eine Beurteilung der in der ‚Enzyklopädie' entwickelten Wissenschaft – also auch der philosophischen **Rechtslehre** – nur als ein „Mitfortschreiten" mit dieser Entwicklung des Begriffs geschehen kann (Vorrede zur 2. Ausgabe, 21). Diese **Methode** soll sich nun als die einzig wahrhafte ausweisen können, weil sie mit dem **Inhalt** identisch ist (Vorrede zur 1. Ausgabe, 23).

Dass das **Recht** im Gang des ‚Systems' seinen Ort findet, begründet sich also aus seiner **Funktion** auf dem **Weg des Gedankens zu sich selbst**, d.h. zum Gedanken in der Form des Gedankens, also zum **begriffenen Begriff**. Wenn Hegel nun behauptet, der „wahrhafte Inhalt unsers Bewusstseins" bleibe „in dem Übersetzen desselben in die Form des Gedankens und Begriffs erhalten" und werde darin sogar erst „in sein eigentümliches Licht gesetzt" (E § 5, 43), so kann der philosophische Begriff des **Rechts** also gerade deshalb die **Entwicklung** zum **Begreifen** des **Begriffs** in der **Form** des **Begriffs** befördern, weil dieser philosophische Begriff nur die **Selbstverständigung** des **Rechts**, wie es in der Vorstellung ist, **über sich selbst** ist. Das Recht kommt in seinem philosophischen Begriff in sein „eigentümliches Licht" und kann deshalb die **Entwicklung** der Aufklärung über das „Manifestieren" und „Offenbaren" als Bestimmtheit und Inhalt des **Geistes** fortführen, in welcher Entwicklung sich auf dem Niveau der Einsicht, dass das Paradigma des Wissens die Geisteswissenschaft als Wissen des Geistes von sich selbst ist, die **Selbstaufklärung** des **Wissens** fortsetzt.

Das **Recht** wird in diese **Selbstaufklärung** dann eingeordnet und gewinnt einen **philosophischen Begriff**, wenn es als Teil der „denkende[n] Natur" des „lebendige[n] Geistes" aufgefasst werden kann, und diese denkende Natur ist es, „das, was er ist, zu seinem Bewusstsein zu bringen, und indem dies so Gegenstand geworden, zugleich schon darüber erhoben und eine höhere Stufe in sich zu sein." (E § 13, 55) Daraus ergibt sich aber vor allem, dass der philosophische Begriff des Rechts in Hegels Denken keine Bestimmungen **über** das Recht als Ergebnisse der philosophischen Bemühung zur Verfügung stellen wird können – jedenfalls **keine solchen**, denen nicht, indem sie als Bestimmungen aufgestellt sind, schon ihre **Aufhebung** als Bestimmungen **integriert** ist, weil der **denkende Geist** sie als **gedachte** Bestimmungen erkannt hat, diese Erkenntnis aber wiederum als **Denken** erkannt hat, was für das letztere Erkennen ebenso gilt, usw. prinzipiell in infinitum. Die schlechte Unendlichkeit wird aus dieser **Bewegung** nur dann ferngehalten, wenn sie als solche und als Auszeichnung des Begriffs verstanden wird.

Genau dann ist das **Begreifen** (der Begriff) in der **Form** des **Begreifens** begriffen. Dies gilt natürlich ebenso für den **philosophischen Begriff** des **Rechts**. Sofern in dieser Philosophie des Rechts also **Bestimmungen** über das Recht entwickelt werden, so können sie einen **philosophischen** Stellenwert nur beanspruchen, wenn in sie das Bewusstsein aufgenommen ist, dass sie nur vorübergehende ‚**Haltepunkte**' der **Bewegung** des **Begriffs** sind, die Geltung nur besitzen um den Preis des Verzichts auf die Bewegung des Begreifens, alles Begriffene wieder als Begriffenes zu begreifen und damit über das Begriffene als fixe Bestimmtheit **hinauszugehen**. **Wahrheit** kommt diesen **Bestimmungen** also nur zu durch das **Bewusstsein**, nicht die Wahrheit, sondern **Momente** eines **unendlichen Reflexionsprozesses** zu sein, in dem sie ständig neu als **Begriffe begriffen** werden. Daraus gewinnt Hegels Rechtsphilosophie offensichtlich einen ganz eigenartigen und von Kants Unternehmen dem argumentativen Zusammenhang nach verschiedenen Status. Darüber hinaus ist auch noch unter einem anderen Aspekt die Differenz des Status der Kantischen und der Hegelschen Rechtsphilosophie zu beachten, nämlich die vollständige **Vermitteltheit** auch **der** Begriffe, mit denen das **Recht philosophisch** zu **begreifen** gesucht wird: „Dieselbe Entwicklung des Denkens, welche in der Geschichte der Philosophie dargestellt wird, wird in der Philosophie selbst dargestellt, aber befreit von jener geschichtlichen Äußerlichkeit, rein im Elemente des Denkens." (E § 14, 56) Damit ist die Hegelsche Rechtsphilosophie auch dadurch charakterisiert, dass in ihr **alle Begriffe**, die zum Verständnis des **Rechts** dienen, begriffen sind als **bestimmt** durch ihren **Bezug** auf die Begriffe, die **zuvor** zum Begreifen des Phänomens Recht gedient haben.

Man könnte dies auch dadurch zum Ausdruck bringen, dass von einem **Phänomen** des **Rechts** in der Hegelschen Rechtsphilosophie im Grunde **nicht** die Rede sein kann. Das **Recht** stellt nicht einen **Gegenstand** dar, dessen **angemessene Bestimmungen** zu suchen sind, sondern im Grunde ist der ‚Gegenstand' der Hegelschen Rechtsphilosophie in ihr verstanden als der **Zusammenhang** von **Bestimmungen**, die in der **Entwicklung** des Denkens über diesen Gegenstand ausgearbeitet wurden – wobei es eigentlich kein ‚über' gibt, sondern nur den jeweiligen **Zusammenhang** von **Bestimmungen**, der **identisch** mit dem ist, was als Gegenstand bezeichnet werden kann. Es geht auch nicht um eine Weiterbestimmung oder Neubestimmung des Überkommenen. Genau dafür fehlt der **Maßstab**, wenn das Denken nicht mit einer ‚Sache' beschäftigt ist, sondern mit den **Bestimmungen**, die die Sache ausmachen und die sich in der Geschichte der Philosophie **entwickelt** haben.

Es legt sich die Frage nahe, womit sich die Hegelsche Rechtsphilosophie eigentlich beschäftigt. Die Antwort, die die angeführte Stelle nahe legt, lautet offensichtlich: mit der **Darstellung** der im **Begriff** des **Rechts** enthaltenen **Entwicklung** des **Denkens** aus der **Geschichte** der **Philosophie**, aber „rein im Elemente des **Denkens**." Damit unterscheidet sich dieses Unternehmen offensichtlich grundsätzlich von einer **begriffsgeschichtlichen** Untersuchung. Diese Unterscheidung manifestiert sich im Charakter des ‚Systems'. Wenn der **philosophische Begriff** des **Rechts** also im Zusammenhang eines **Systems** entwickelt wird und nur darin seine **Bedeutung** erhält, so dass auch das Recht nur **daraus** zu einem genuin philosophischen Thema werden kann, so ist der Gedanke des Systems eng mit dem Gedanken der **Einheit** der **Entwicklung** des Denkens einerseits in seiner Darstellung in der **Geschichte** der **Philosophie** und andererseits in seiner **Darstellung** in der **Philosophie** selbst – also rein im Elemente des **Denkens** – verbunden.

Zunächst ist jedoch zu beachten, womit die in der Philosophie selbst rein im Elemente des Denkens dargestellte **Entwicklung** des **Denkens** denn tatsächlich in der Einheit einer Selbigkeit steht. Es ist nicht gesagt: mit dem Denken, wie es in der objektiv und sub specie aeterni betrachteten Geschichte der Menschheit und ihres denkenden Selbstverhältnisses stattgefunden hat. In der Philosophie soll vielmehr rein im Elemente des Denkens **diejenige** Entwicklung des Denkens in Selbigkeit dargestellt werden, die auch in der **Geschichte** der **Philosophie** dargestellt wird. Hegel verweist damit auf den Zusammenhang zwischen der **Entwicklung** eines **Denkens** und dem **Selbstverständnis** dieses selben **Denkens** über die **Denkgeschichte**, als deren – zumindest vorläufigen – **Schlusspunkt** sich dieses Denken begreifen muss. Die **Darstellung** der **Entwicklung** des Denkens, wie sie in einer Geschichte des Denkens dargestellt wird, ist insofern nichts anderes als die **Konstruktion** eines **Spiegels**, in dem sich jenes **Denken** selbst bespiegeln kann, und dies so, dass es sich in dieser Bespiegelung gleichzeitig **rechtfertigen** und **begründen** kann als das gegenüber den dargestellten Positionen höhere und bessere Wissen, das alle vorangegangenen Positionen in sich **aufgenommen, aufgehoben** und damit **überwunden** hat. Insofern formuliert Hegel nur eine **Erfolgsbedingung** für ein **Philosophieren**, das sich explizit als ein **besseres Wissen** ausweisen können soll.

Auf dieser Grundlage muss nun verstanden werden können, dass der „freie und wahrhafte" Gedanke „in sich **konkret**" ist, und dass die Wissenschaft des **Absoluten** deshalb wesentlich ‚System' ist. Hegel drückt sich so aus: System ist die Wissenschaft, „weil das Wahre als konkret nur als sich in sich entfaltend und in Einheit zusammennehmend und haltend, d.i. als Totalität ist, und nur durch Unterscheidung und Bestimmung seiner Unterschiede die Notwendigkeit derselben und die Freiheit des Ganzen sein kann." (E § 14, 56) Dies muss auch für den **philosophischen Begriff** des **Rechts** gelten, so dass das **Recht** nur in einer **Einheit** von **System** des **Denkens** und **dargestellter Geschichte** des Denkens ein genuin **philosophisches** Thema werden kann. Gerade der **systematische** Charakter des philosophischen Umgangs mit dem **Recht** muss das Denken über das Recht nach seinem philosophischen Begriff also in das „Element" des reinen **Denkens** versetzen, so dass es sich **einerseits** um „dieselbe" Entwicklung des **Denkens** handelt, wie sie in der **Philosophiegeschichte** dargestellt wird, in der das im **System** zur Sprache kommende Denken sich so **bespiegelt**, dass es sich als das **bessere** Wissen gegenüber allem bisherigen darstellen kann, so dass diese **Entwicklung** im System also **erhalten** ist, dass es sich aber **andererseits** um eine **Entwicklung** im **reinen Denken** handelt, in dem freilich bewusst bleiben muss, dass die philosophischen Begriffe sich auch durch ihre **Darstellung** in einer **Entwicklung** des **Denkens** legitimieren müssen, die das im System **durchgeführte** Denken als die abschließende und höchste Position in dieser **Entwicklung** auszeichnet.

Die **Systematizität** der Gedankenentwicklung muss also die Gedanken im **philosophischen Begriff** des **Rechts** so mit der in der retrospektiv von der jetzt gegebenen Philosophie aus dargestellten **Philosophiegeschichte** versöhnen können, dass es sich bei der Philosophie des **Rechts weder** um eine **begriffsgeschichtliche Analyse** bzw. um einen Eklektizismus **noch** um einen **reinen Begriffszusammenhang** handelt, der seine Richtigkeit und Angemessenheit nicht durch die Integration anderer Positionen bzw. durch seine **Selbstdarstellung** als höchste Entwicklung aus den anderen Positionen der Philosophiegeschichte darstellen kann. Durch den **systemischen** Charakter muss die Hegelsche Philosophie also den **philosophischen Begriff** des **Rechts** als einen solchen ausweisen können, der die in ihm **bewahrten** Begriffe des Rechts von **geschichtlich** gewordenen Bestimmungen des Gegenstands in Bestimmungen **rein im Elemente des Denkens** transformiert.

Indem der **systemische** Charakter der **Philosophie** des **Rechts** dies leistet, wird jedoch noch mehr erreicht. Der **wahrhafte** Gedanke ist in Hegels Denken „in sich konkret", und er ist damit „**Idee**", also die **Einheit** des **Gedankens** und derjenigen **Realität**, die diesem Gedanken so **entspricht**, dass sie sich durch die **Gehalte** dieses Gedankens so vollständig **bestimmt**, dass ihr nicht mehr **nur** der Status des **Gedankens** zukommt, sondern dass sie auch die **Bedeutung** des **Gedankens** in sich aufgenommen hat, derzufolge der **Gedanke** nicht **bloßer Gedanke**, sondern **gedachte Realität** ist. Durch den systemischen Charakter wird die Gedankenentwicklung also nicht nur als solche **begründet**, sondern gleichzeitig mit dem **Index** der **Wirklichkeit** versehen. Die systemische Entwicklung muss also dazu führen, dass die entwickelten Begriffe nicht nur als bloß **subjektive** Gedanken mit einer jenseits und unabhängig von ihnen bestehenden **Wirklichkeit** aufgefasst werden können, sondern das „**Sein**" so **implizieren**, dass ihnen eo ipso nicht nur **subjektive Geltung**, sondern auch **objektive Wirklichkeit** zugeschrieben werden muss.

Eine solche **Geltung** der **Begriffe** – einschließlich derjenigen der Philosophie des **Rechts** – beansprucht Hegel nun gerade aufgrund der **Einheit** von **Geschichte** der **Philosophie** und **System**. Die **Behauptung** einer **Differenz** zwischen den systemisch entwickelten Begriffen und den ‚Gegenständen' in der Wirklichkeit, die mit ihnen begriffen werden sollen, **setzt** die Möglichkeit **voraus**, die Gegenstände **anders** als in jenen Begriffen, aber **richtiger** bestimmen zu können – die Differenz kann nicht als **Differenz** zwischen einem **begrifflich bestimmten Gegenstand** und einem ‚unaussprechlichen', nur angeschauten, **begrifflich unbestimmten**, aber dennoch als Maßstab gemeinten Gegenstand verstanden werden. Ein solcher könnte dem **begrifflich bestimmten** Gedanken **nicht** als eine **bessere gedankliche Bestimmung** entgegengesetzt werden. Genau **dies** muss aber **möglich** sein, wenn eine **Differenz** zwischen den **systemisch entwickelten** Begriffen und den mit ihnen als **bestimmt gemeinten** Gegenständen behauptet werden soll.

Die bessere Bestimmung kann ihre Begriffe aber genauso wenig aus dem **angeschauten** Gegenstand beziehen wie dies für die von ihr als schlechter behauptete Bestimmung möglich war. Auch die bessere Bestimmung bezieht sich also **positiv** und **negativ** auf **andere Begriffe**, von deren **Bedeutung** sie deshalb **abhängig** bleibt – auch sie ist ein ‚Schnittpunkt' vieler Begriffe, mit denen teils **Identität**, teils **Differenz** besteht. Insofern ist sie ebenso „konkret" wie die systemische Bestimmung: sie ist ‚zusammengewachsen' aus **Begriffen** und damit nichts selbständiges, sondern Teil einer **Totalität**, in der allein sie ihre **ganze Bestimmtheit** finden kann. Sie unterscheidet sich der ‚Form' nach also nicht von **der Bestimmtheit**, die von ihr als schlechter und weniger angemessen dargestellt wird.

Wenn die **systemische Bestimmung** sich nun gegen alle konkurrierenden Bestimmungen nicht als besser an die ‚Sache' angepasst ausweisen kann, sondern nur **durch das in ihr implizierte höhere Bewusstsein über ihre Bestimmtheit als solche**, also über den **Status** ihrer selbst **als Bestimmung**, so deshalb, weil sie sich als **Entwicklung** aus anderen Bestimmungen ergeben hat, die damit auch als in ihrer Wahrheit negierte Bestimmungen **gewusst** sind, die aber ebenso in der **Entwicklung** enthalten sind, insofern die **entwickelte** Bestimmung ihren Gehalt eben nur aus dieser **Entwicklung** gewinnt, also als **Negation** eben dieser **vorangegangenen** Bestimmtheit und nicht **irgendeiner**, so dass ihre **Bestimmtheit** stets von dieser **abhängig** bleibt. Damit enthält die **systemische** Entwicklung aber selbst schon eine ‚Geschichte' von **Begriffen**, die sich dann, wenn die einmal erreichte Bestimmung als richtig aufgefasst werden können soll, selbst als **richtig** darstellen müssen, insofern gerade aus ihnen und **nur** aus ihnen sich die ‚**richtige**' Bestimmung entwickeln konnte. Aufgrund der **systemischen** Entwicklung der Bestimmungen, wie Hegel sie vornimmt, stellt diese retrograde Zusprechung von **Richtigkeit** an alle **vorangegangenen** Bestimmungen ganz einfach eine **Bedingung** dafür da, die jeweils **erreichte Bestimmung** als **richtig** auszeichnen zu können.

Eine solche **systemische Entwicklungsgeschichte** ist aber noch nicht die Entwicklung des Denkens, wie sie in der Geschichte der Philosophie ‚**dargestellt**' wird bzw. werden muss, wenn das **durchgeführte** Denken sich durch diese **Darstellung** als das am weitesten fortgeschrittene **ausweisen** können soll. Aber wenn es sich um eine Geschichte der **Philosophie** handeln soll, und nicht um eine Kulturgeschichte dessen, was in vergangenen Zeiten jeweils als ‚Denken' **bezeichnet** wurde, so kann sie sich als eine **solche** Geschichte überhaupt nur **ausweisen**, wenn in ihr dieser Begriff **so** erreicht wird, dass sie sich von diesem **Ende her** als **Geschichte der ihren Begriff erfüllenden Philosophie** ausweisen kann – und nicht als Geschichte dessen, was im Laufe der Zeit von Menschen gedacht wurde, die sich selbst als Philosophen bezeichnet haben. Man könnte sich deshalb auch so ausdrücken: Hegels **Auffassung** von der **Einheit** von **System** und **Geschichte** des **Denkens** ist nur die Konsequenz der Auffassung, dass Philosophie nicht definiert werden kann als „Philosophy is what philosophers do". Sie ist also die Konsequenz der Auffassung, dass das, was jeweils als **Philosophie** bezeichnet werden kann, nur auf der Grundlage eines **philosophischen Begriffes** von **Philosophie** zu bestimmen ist.

Die **Entwicklung** des **Denkens**, die in einer **Geschichte** der **Philosophie** dargestellt wird, die tatsächlich eine Geschichte der **Philosophie** und nicht eine Kulturgeschichte solcher Vorkommnisse des geistigen Lebens ist, die eine Zeit als Philosophie zu bezeichnen pflegte, ist damit notwendig von dem **Begriff** abhängig, der in der **Philosophie**, von der aus diese Darstellung der **Geschichte** der Philosophie als Legitimation jener notwendig wird, als ihr **Selbstbegriff** entwickelt wird. Wenn Hegel aber mit der systemischen Entwicklung den Anspruch erhebt, die **richtigen** Bestimmungen so entwickelt zu haben, dass jede Entgegnung, es handele sich nicht um die richtigen Bestimmungen der Gegenstände, mangels anders ausweisbarer Bestimmungen der Gegenstände sich selbst zurücknimmt, so kann die entsprechende Geschichte der Philosophie nur gemäß dem in diesen **Bestimmungen** zum Ausdruck kommenden **Begriff** der **Philosophie** dargestellt werden.

4.3.6 Die Philosophie des Rechts und ihr ‚Gegenstand'

Dass **dieselbe** Entwicklung des Denkens, die in der **Geschichte** der **Philosophie** dargestellt wird, auch in der **Philosophie rein im Elemente des Denkens** und befreit von der geschichtlichen **Äußerlichkeit** dargestellt wird, dies erläutert Hegel damit, dass der wahrhafte Gedanke „in sich konkret" ist, bzw. dass die Wissenschaft des **Absoluten** deshalb wesentlich **System** sei, weil das Wahre „**konkret**" ist (E § 14, 56). Unter „Konkretion" sollte hier nicht das verstanden werden, was umgangssprachlich gerne der Abstraktion entgegengesetzt wird, obwohl diese Bedeutung in der Tat in Hegels Verwendung aufbewahrt ist. Das **Wahre** ist ‚**konkret**', weil es nur zum Ausdruck kommen kann in **Bestimmungen**, mit denen es sich auf **andere** Bestimmungen so bezieht, dass es sich von ihnen **unterscheidet** und ebenso mit ihnen **identisch** ist. In dieser ‚Zusammengewachsenheit' ist es eine **Fixierung** von **begrifflichen Relationen**, und es ist das Wahre gerade dann, wenn dieser Status in es **aufgenommen** ist und es damit nicht als **Begriff** der **Sache** erscheint, sondern **als Begriff begriffen** ist.

Die Entwicklung des Systems und die Darstellung der Geschichte der Philosophie finden ihre **Einheit** damit von diesem ‚**Fluchtpunkt**' her, in dem das **Begreifen** in der **Form** des **Begreifens** ist. Weil das Wahre in diesem Sinne ‚konkret' ist, deshalb ist seine Wissenschaft **System**, denn als **konkret** ist es „nur als sich in sich entfaltend und in Einheit zusammennehmend und haltend" – deshalb ist es „Totalität" (E § 14, 56). Es könnte scheinen, als ob eine **Rechtsphilosophie** darin nur als ein sich in die grenzenlose Bewegung des Begriffs bzw. in die endlose Identität und Differenz im Verhältnis zu anderen Begriffen auflösendes **Begriffskonstrukt** darstellen müsste. Die Bemerkung, dass ein **Inhalt** „allein als **Moment** des Ganzen seine Rechtfertigung" habe (E § 14, 56), scheint auch das **Recht** als **bestimmten philosophischen Gegenstand** nicht als wahrheitsfähig zulassen zu wollen. Nichtsdestoweniger soll die Philosophie doch auch nach Hegels Ansicht „Teile" haben können, also etwa eine Philosophie des **Rechts**. Damit stellt sich aber erneut die Frage, welchen **Status** ein solcher ‚Gegenstand' des Philosophierens im Denkzusammenhang der Hegelschen Philosophie einnehmen kann und warum gerade das **Recht** geeignet erscheint, zu einem solchen Gegenstand zu werden, also im Unterschied zu **anderen** Gegenständen als Teil der Philosophie zum Thema einer **eigenen** Philosophie werden zu können bzw. zu müssen.

Hegel erläutert dieses Verhältnis der **Teile** der Philosophie zu ihr als einem wesentlich **Ganzen** zunächst im Sinne einer **fraktalen Reproduktion**: jeder der Teile der Philosophie ist selbst ein **philosophisches Ganzes** und ein „sich in sich selbst schließender Kreis" (E § 15, 56). Ein solcher Zusammenhang muss offenbar für **jeden** Gedankenbereich behauptet werden, damit er überhaupt als **philosophisch** bezeichnet werden kann, wenn denn darin der Begriff als Begriff begriffen sein soll, also jeder Gedanke als ein Gebilde im **Medium** des **reinen Denkens** und nicht als Transformation einer anschaubaren oder sonst wie außer-begrifflich zugänglichen Wirklichkeit in die Welt der Begriffe und des Denkens eintreten können soll. Damit muss jeder **Teil** aber auch schon die **ganze** Wahrheit in sich schließen, nämlich den **begriffenen Begriff**, das **Denken** als **Denken**. Andererseits **unterscheiden** sich die Teile doch voneinander und sind insofern Repräsentationen **bestimmter** Begriffe, die sich gegen die Begriffe bestimmen, durch die andere Teile der Philosophie konstituiert werden. Daraus ergibt sich grundsätzlich, dass auch das **philosophische** Begreifen des **Rechts** als ein genuin philosophisches Unternehmen nur dann ausgezeichnet werden kann, wenn es den sein Gebiet konstituierenden Begriff als **Element** des **Ganzen** im Sinne eines **Systems** sich wechselseitig bestimmender Gedanken ausweisen kann. Mit dem **System** muss also eine **Stelle** für einen **Gedanken** angegeben sein, die nur durch den Gedanken des **Rechts** ausgefüllt werden kann, und sie muss **dadurch** angegeben sein, weil sich nur **so** das System zu einem **Ganzen** sich wechselseitig bestimmender Gedanken schließen kann. Wenn das System also aufgestellt ist, so muss eine **virtuelle Leerstelle** bleiben, die **nur** durch den **philosophischen Begriff** des **Rechts** geschlossen werden kann. Genauer aber kann eine solche Leerstelle deshalb nicht erscheinen, weil das System ohne diese Stelle überhaupt nicht als solches auftritt.

Auch damit aber ist das Problem einer Unterscheidung und Bestimmung verschiedener Teile der Philosophie noch nicht **ganz** gelöst. Das Gesagte gilt ja generell für **alle** Konzepte, die im System vorkommen. Über diese Konzepte hinaus soll die Artikulation des Systems aber auch durch eine Einteilung in **Teilphilosophien** strukturiert sein, die jeweils eine eigene **innere Totalität** von Konzepten enthalten, von denen der **Teil** seine **Bestimmtheit** aus sich heraus erhält, so dass er ein **sich selbst schließender Kreis** wird. Aber gerade weil er in sich **Totalität** ist, durchbricht der einzelne Kreis „auch die Schranke seines Elements und begründet eine weitere Sphäre". (E § 15, 56) Die **innere Totalität** des **Teils** ist also zu verstehen als seine **interne Verwiesenheit** auf die Bestimmungen, mit denen das konstituierende Konzept Beziehungen der Identität und Differenz unterhält, so dass es ein **bestimmtes** Konzept ist. Deshalb ist der Teil nur als ein „**Element**" bestimmt, und seine **Totalität** ist **einerseits** in sich nur die eines solchen **Elements** und sie ist **andererseits** dasjenige, was über das Element hinausweist auf die Bestimmungen, aus deren **Beziehungen** sich dieses Element als ein solches bestimmt.

Also stellt sich die Frage nach der Bestimmung des **Rechts** als Begriff, der eine **Teilphilosophie** konstituiert, nun als Frage nach der **Herkunft** von derjenigen Identitäten und Differenzen, durch die sich ein Begriff so in die **Totalität der Bewegung** des **Begriffs** einfügt, dass er auf andere Begriffe – letztlich auf alle – **verweist**, indem er sich **bestimmt** von ihnen unterscheidet. Damit kommt die Frage nach der Bestimmtheit des eine **Rechtsphilosophie** konstituierenden Begriffs zurück auf dessen **Entwicklung** aus dem Gang der Begriffe der ‚Enzyklopädie'. Das bedeutet, dass die Bestimmtheit des **Rechts** als eines genuin **philosophischen** Begriffs durch die **Entwicklung** aus dem der ‚Psychologie' angehörigen ‚Geist' und näher durch die Entwicklung vom ‚theoretischen Geist' über den ‚praktischen Geist' zum ‚freien Geist' angegeben wird. Damit ist ein **Zusammenhang** hergestellt, der den Begriff des Rechts in eine nähere Beziehung zum praktischen Geist stellt, die unseren Intuitionen näherkommen dürfte als eine Bestimmung durch die Notwendigkeit, eine **Stelle** in einem **System** ausfüllen zu müssen.

Aber auch der in der ‚Psychologie' erreichte **praktische Geist** hat seine Bestimmtheit nur aus der **Entwicklung**, die in der ‚Enzyklopädie' vorangegangen ist, hier also aus der Wechselbestimmung mit dem **theoretischen** Geist, die im ‚freien Geist' zum Ausdruck kommt. Der Geist der ‚Psychologie' ist aber selbst nur ein **Entwicklungsmoment** des **subjektiven Geistes** und bringt die Wechselbestimmung von Bewusstsein der ‚Phänomenologie des Geistes' und Seele der ‚Anthropologie' zur Artikulation. Der **subjektive Geist** aber bestimmt sich zum einen durch seine **Entwicklung** aus der **Naturphilosophie**, des näheren aus dem Begriff des ‚Gattungs-Prozesses', zum anderen aus dem Zusammenhang von ‚Wissenschaft der Logik' und Naturphilosophie, den die Philosophie des Geistes zum **Ausdruck** bringt, und schließlich aus dem **Zusammenhang** dieser Philosophie des Geistes selbst in der Wechselbestimmung von **subjektivem** und **objektivem** Geist, die im **absoluten Geist** ihre **Artikulation** findet. Daraus ergibt sich wiederum, dass das **Recht** zum genuinen Gegenstand einer **philosophischen** Untersuchung werden muss, weil sein Begriff sich in dem Gedankengang ergibt, der vom leeren Begriff ‚Sein' zum **Begreifen** des Status dieses leeren Begriffs im Gedanken des **absoluten Geistes** führt. Dass das Recht zu einem **philosophischen** Gegenstand werden muss, begründet sich demnach daraus, dass nur mit Hilfe des Begriffs des **Rechts** die philosophische **Aufgabe** erfüllt werden kann, den Anfang als Anfang zu einem **begriffenen Verständnis** zu bringen.

Es ergibt sich daraus, dass das **Recht** nicht deshalb zu einem genuin **philosophischen** Gegenstand wird, weil dieses Phänomen an sich so bestimmt ist, dass es eine philosophische Erörterung verlangt. Im Zusammenhang des Hegelschen Denkens ist das Recht überhaupt kein Phänomen, sondern ein **begriffliches Gedankengebilde**, und an sich kommen ihm überhaupt keine Bestimmungen zu, sondern was von ihm gesagt werden kann bzw. muss, dies entstammt einer **begrifflichen Entwicklung**, durch die es sich von anderen Begriffszusammenhängen durch begriffliche Beziehungen der Identität und Differenz unterscheidet und dadurch **bestimmt**. Indem es seine Bestimmtheit aber nur gegen andere Zusammenhänge von Begriffsbestimmungen gewinnt, wird es, was es ist, durch **Abgrenzungen** auf verschiedenen Ebenen, zum einen als **Recht** gegen die einzelnen Begriffe, aus denen es sich entwickelt hat, zum anderen durch seine innere Begriffsstruktur gegen die Begriffszusammenhänge, gegen die es sich bestimmt. Was ‚**Recht**' im **philosophischen** Sinne ist, kann also außerhalb **der** Begriffsentwicklung nicht gesagt werden, die sich als **philosophische** dadurch ausweist, dass mit ihr der **Anfang** als **Anfang begriffen** werden kann, so dass sich die ganze Entwicklung vom Anfang bis zu diesem **Begreifen** im **absoluten Geist** selbst als eine **philosophische** ausweisen kann. Hegels Begriff des **Rechts** ist ein **philosophischer** also nur, weil sich mit ihm und in ihm das **Philosophische** zum einen als solches und zum anderen in seiner Besonderung zur thematischen Philosophie **begründet** und **ausweist**.

Dass das Recht bei Hegel zum Thema einer **Philosophie** und in welcher **Bestimmtheit** es dies wird, begründet sich also durch die **Entwicklung** des **Denkens**, die in der Philosophie „rein im Elemente des Denkens" **dargestellt** wird. Wenn das Denken rein im Denken und durch Denken dargestellt werden soll, so können die Denkbestimmungen offensichtlich nicht von **außerhalb** des Denkens hergenommen werden. Die Darstellung des Denkens durch Denken bedarf demnach einer Fähigkeit des Denkens, rein in sich und durch sich zu einer **Selbstunterscheidung** zu kommen, in der es sich in sich und aus sich **artikulieren** kann. Der Anfang, den die Philosophie zu begreifen unternimmt, muss als begriffener zum Ausdruck kommen und sich in sich und aus sich artikulieren. Die **Artikulationen** des **Systems** müssen also als Bestimmtheiten **des** reinen Denkens **im** reinen Denken stattfinden. Demnach begründet das **Recht** sich als **philosophischer** Gegenstand, weil es eine der **Artikulationen** ist, in denen das **Denken** in sich eine **Selbstunterscheidung** findet, durch die es artikuliert und damit **darstellbar** wird – und zwar ohne aus dem „Elemente des Denkens" heraustreten zu müssen. Das **Recht** wird also zum **philosophischen** Gegenstand, weil es in **die Darstellung des Denkens im Denken** gehört.

Es reproduziert sich damit in der Situierung des Rechts innerhalb des objektiven Geistes die fundamentale **Artikulation**, die eine **Einteilung** der Wissenschaft begründet: in **Logik** als der „Wissenschaft der Idee an und für sich", **Naturphilosophie** als der „Wissenschaft der Idee in ihrem Anderssein", und Philosophie des **Geistes** als der „Idee, die aus ihrem Anderssein in sich zurückkehrt." Diese Teile entstehen aus der **Selbstartikulation** des Denkens, das nicht „Idee" bleiben kann als „das schlechthin mit sich identische Denken", sondern eine „Tätigkeit" sein muss, „sich selbst um für sich zu sein sich gegenüber zu stellen", so dass es ihm gelingen kann, „in diesem Andern nur bei sich selbst zu sen." (E § 18,59/60) Wir könnten darin eine **Bedingung** für das **Denken** des **Denkens** und zuvor für das Denken als solches sehen: nur ein Denken, das *etwas* denkt, kann Denken heißen – damit aber enthält es in sich eine **Unterscheidung**, die es ebenso machen wie aufheben muss, wenn es Denken sein soll. Bliebe es dagegen in sich, so könnte es **nichts** denken, käme es jedoch nicht zu sich zurück und könnte es sein Gedachtes nicht als solches erkennen, so hätte es nicht **gedacht**. Wenn das **Recht** nun gerade am Beginn der zweiten Abteilung der Philosophie des Geistes – also am Anfang der Behandlung des objektiven Geistes – seinen Ort findet, so ergibt sich daraus ein prominenter Ort in der **Selbst-Artikulation** des Geistes.

Indem das Recht aber so seinen **philosophischen** Begriff als **Artikulation** des reinen Denkens in der **Darstellung** dieses Denkens gewinnt, so bestimmt sich sein philosophischer Begriff auch aus seiner **Stellung** in der **Entwicklung** der **Darstellbarkeit** des reinen Denkens durch seine innere Artikulation. Die ‚Enzyklopädie' kann ja nur dann die Wissenschaft als **System** aufstellen, wenn das System in ihr seinen Status als **Ganzes** nicht dadurch zurücknimmt, dass es sich als ein **Gedankengebilde darstellt**, das zwar die Wirklichkeit der Gedanken in die Gedankenentwicklung integriert hat und deshalb die ‚Idee' darstellt, das aber seine **Darstellung** in dem **Bewusstsein**, in dem die Gedanken gedacht werden und damit überhaupt nur die ihnen entsprechende Wirklichkeit besitzen, nicht **selbst** in die **Artikulation** des reinen Denkens aufnimmt. Die **Artikulation** des reinen Denkens muss also, wenn das System seine Aufgabe erfüllen können soll, eo ipso eine Artikulation als **Gedachtes** in der Darstellung des reinen Denkens im Denken sein. Damit ist auch der Status des philosophischen Begriffs des **Rechts** in der Darstellung des Denkens im Denken näher angegeben. Das **Recht** muss im Hegelschen Denkzusammenhang deshalb zum **philosophischen** Thema werden, weil nur **mit ihm** das reine Denken sich **so** artikuliert, dass es **gedacht** werden kann, also nicht ein Zusammenhang von an sich bestehenden Gedanken ist, sondern einen Zusammenhang von **Gedachtem** darstellt – Denken, das sich **im Denken** als **Wirklichkeit** zeigt.

Die **Artikulation** in der Entwicklung des reinen Denkens, in der das **Recht** seinen **philosophischen Begriff** an der **Stelle** gewinnt, die ihm in der **Selbstentwicklung** des Denkens vom Beginn der Artikulation im leeren Begriff ‚Sein' bis zum Begreifen dieser Artikulation im absoluten Geist zugewiesen wird, muss dem Recht also **ebenso** und ohne zusätzliche gedankliche Bestimmungen eine solche Stelle anweisen, dass es in eben dieser **Selbstentwicklung** des Denkens auch eine **notwendige** und **unverzichtbare Funktion** für die **Darstellung** des **reinen Denkens** als Gedachtes eines Denkens gewinnt. Nun kann das reine Denken sich natürlich nicht **außerhalb** seiner selbst darstellen, andernfalls es gerade nicht als **Idee** mit seiner **Wirklichkeit** einig wäre. Sein Status als Gedachtes muss ihm also **inhärent** sein, und die **Artikulationen** des Denkens müssen **diesen** Status ebenso konstituieren wie den **Status als Totalität** des Denkens, in der sich das Denken als ein **Ganzes** mit seiner Wirklichkeit eint und so ‚Idee' wird. Das **Recht** muss infolgedessen seinen **philosophischen Begriff** aus seiner **Bedeutung** für diesen **doppelten**, aber in sich einigen **Status** des in der ‚Enzyklopädie' prozessierenden Denkens gewinnen. Die unter dem Titel ‚**Recht**' stattfindende **Artikulation des Denkens** ist also beides: **Darstellung** des reinen Denkens in der Entwicklung von Bestimmtheiten, in der es zu einer **bestimmten** Entwicklung wird, worin es als Denken bestimmt wird und so nicht nichts ist, und **Darstel-**

lung des reinen Denkens in der Entwicklung von Bestimmtheiten, durch die es zum Gedachten eines Denkens wird, in dem es **reines Denken** und doch artikuliert ist.

Dem **Recht** kommt demnach ein **philosophischer** Status nur deshalb zu, weil es in diejenige **Entwicklung** des **Begreifens** gehört, durch die das reine Denken so **artikuliert** wird, dass es zum **Gedachten** in einem notwendigerweise **bestimmenden** Denken werden kann und sich auf diese Weise **darstellen** kann, ohne in dieser bestimmenden Darstellung seinen Status als **reines** Denken „rein im Elemente des Denkens" zu verlieren. Damit sind **zwei** Determinanten eines genuin **philosophischen** Begriffs des **Rechts** ausgearbeitet. Das Recht muss sich **zum einen** so in den **Zusammenhang** der Bewegung des Begriffs einfügen, dass es sich als einen **Entwicklungsschritt** ausweisen kann, mit dem der Anfang im leeren Begriff zu seinem Begreifen gelangen kann; und das Recht muss **zum anderen** so in die **Artikulation** des reinen Denkens gehören, dass sich dieses Denken als **Gedachtes** darstellen kann, ohne dadurch seinen Status als **reines Denken** zu verlieren. Das Recht muss sich also so in die Wechselbestimmungsrelationen der ‚Enzyklopädie' eingefügt erweisen, dass mit ihm das **reine Denken** sich zu seinem **Selbstbegreifen** entwickeln kann und **artikuliert** im Denken **darstellbar** wird.

Beide **Funktionen** des **Rechts** im Gedankengang der ‚Enzyklopädie', aus denen sich sein philosophischer Begriff ergibt, müssen aber nur **eine** sein, die sich lediglich nach **zwei Hinsichten** unterscheiden lässt. Die **Selbstentwicklung** des Denkens zu seinem Selbstbegriff kann nirgends anders stattfinden als im **Denken**, so dass sie im gleichen Gedankengang als Selbstentwicklung von **Gedanken** und als Selbstentwicklung des **Gedachten** vor sich gehen muss. Indem dem **Recht** also eine Bedeutung für die **Artikulation** des reinen Denkens und damit für dessen Darstellung im Denken zukommt, gewinnt es auch seine Bedeutung für die **Entwicklung** des reinen Denkens zu seinem **Selbstbegreifen** – et vice versa. Damit zeigt sich erneut die ganze Bedeutung einer Begründung für gerade die Artikulation des reinen Denkens, die dem **Recht** seinen **philosophischen** Begriff bestimmt, indem es ihm seinen **Stellenwert** in dieser **Artikulation** anweist – indem das Recht in die **Artikulation** des reinen Denkens gehört, leistet es eine **Fortentwicklung** des reinen Denkens zu seinem Selbstbegreifen.

Diese Aufgabe einer **Artikulation** und damit **Fortentwicklung** des reinen Denkens zu einem im Denken stattfindenden Selbstbegreifen des Denkens kann das philosophische Begreifen des Rechts nun nur dann erfüllen, wenn es selbst ein „philosophisches **Ganzes**" ist – „ein sich in sich selbst schließender **Kreis**" (E § 15, 56). Offensichtlich ist darin die philosophische Idee „in einer besondern Bestimmtheit oder Elemente" (a.a.O.). Als solcher **Kreis** kommt die philosophische Idee offenbar in ihrer besonderen Bestimmtheit stets nur **auf sich selbst** zurück und die Bestimmungen der **Teilphilosophie** hängen wechselseitig nur von sich selbst ab. Die **Bestimmtheit**, die sie so zu einem ‚**Kreis**' macht, kann sie gerade deshalb nicht aus sich selbst erhalten, sondern nur in ihrer **Wechselbestimmung** mit Begriffen **jenseits** ihrer **Sphäre**, aber auf gleicher **Ebene** – also durch Begriffe, die eine andere Sphäre, also **Teilphilosophie**, bestimmen. Wenn es also **Teilphilosophien** auf dem Wege der **Entwicklung** des **Begreifens** geben muss, so können sie sich nur **wechselseitig** bestimmen und es kann nicht nur **eine** geben, sondern sie müssen selbst ein **System** bilden, in dem sowohl die **Entwicklung** des Begriffs über Teilphilosophien, als auch die **Artikulation** des reinen Denkens durch solche Teile der Philosophie geschieht.

Warum muss es aber überhaupt **Teile** der Philosophie geben als in sich selbst schließende **Kreise**, um das reine Denken durch **Artikulation** zur **Darstellung** bringen zu können? Der Grund dafür liegt letztlich in der **Unmöglichkeit**, eine **Artikulation** – die eine **Darstellung** ermöglicht – durch eine bloße Folge sich gegenseitig bestimmender Begriffe zu denken, auch wenn sich diese Begriffe zu einem **System** zusammenschließen. Wäre jeder **Begriff** durch **jeden** anderen bestimmt, so wäre er **identisch** mit allen, und da die anderen auch durch ihn bestimmt sind, wäre er ebenso **identisch** mit sich – es wäre jedoch eine **bestimmungslose Identität**, indem in ihr nur die wechselseitig bestimmten Begriffe bestimmend wirken könnten. Bildlich gesprochen: der Kreis würde nicht aus Kreisen, nicht einmal aus Punkten bestehen, sondern würde sich zur unartikulierten, d.h. ohne ‚Einschnitte' ununterschiedenen Kreislinie schließen; es wäre also der ‚unartikulierte' Kreis. Damit würde er nicht die **Darstellung** des reinen Denkens ermöglichen, und, vermöge der Gleichheit dieser **Darstellung** mit der **Entwicklung** des reinen Denkens zu seinem Selbstbegreifen, auch die ganze Aufgabe der ‚Enzyklopädie' verfehlen. Deshalb müssen die ‚**Einschnitte**', die eine Artikulation des reinen Denkens und damit seine **Darstellung** ermöglichen, durch Komplexe in sich **geschlossener** und als solche extern bestimmter **Verweisungszusammenhänge** von **Begriffen** geschaffen werden. Indem deren Begriffe in sich eine **Totalität** – „ein philosophisches Ganzes" – bilden, konstituieren sie zwar für diesen ‚**Teil**' eine **wechselseitige Referenz**, die jene geschlossene Kreislinie herstellt. Aber indem sie sich so **abgrenzen**, bilden sie ein **bestimmtes Ganzes**, das seinen Begriff nicht nur durch seine **internen** Relationen, sondern primär durch seine **externen** Relationen erhält. Damit ist die bloße **Folge** sich wechselseitig bestimmender Begriffe unterbrochen: die Begriffe innerhalb des geschlossenen Kreises einer **Teilphilosophie** bestimmen sich **wechselseitig**, deshalb ist ihre Bestimmtheit durch **alle** Begriffe **unterbrochen** bzw. durch den begrifflichen **Einschnitt** des Kreises einer **Teilphilosophie** angehalten. Diese Unterbrechung ist der Einschnitt der Artikulation, der in das System die **Bestimmtheit** einer **Darstellbarkeit** einführt.

Offenbar würde sich die **bestimmungslose Identität** der sich wechselseitig bestimmenden Begriffe nun innerhalb eines jeden sich in sich selbst schließenden Kreises als eines philosophischen **Ganzen**, also in jeder **Teilphilosophie**, reproduzieren, wenn nicht eine begriffliche Bestimmung von **jenseits** dieses Kreises gegeben wird. Nun ist der **Begriff**, der einen **Teil** der Philosophie kennzeichnet, in der ‚Enzyklopädie' in der Tat stets schon **entwickelt**, **bevor** die Entwicklung der Begriffe dieser Teilphilosophie beginnt. Wenn Hegel jede **Teilphilosophie** als in sich selbst schließenden **Kreis** und damit als **philosophisches Ganzes** bezeichnet, so handelt es sich offenbar jeweils um ein Ganzes gerade **des** Begriffes, der diese **Sphäre** bestimmt, indem er als **außerhalb** ihrer selbst entwickelter Begriff der **internen Totalität** eine **Bestimmtheit** verschafft, die sie sonst gerade wegen ihrer Totalität nicht erreichen könnte. ‚Außerhalb' ihrer selbst aber kann im Entwicklungsgang der ‚Enzyklopädie' nur heißen: innerhalb eines anderen **Teiles** der **Philosophie**, innerhalb eines anderen sich in sich schließenden **Kreises** als eines philosophischen **Ganzen**. Nun ist die Lage für diesen **Teil** aber offensichtlich nicht anders als für den **Kreis**, dessen **bestimmtheitsgebenden Begriff** er aus sich entwickelt. Nimmt er selbst keinen begrifflichen Input von ‚außerhalb' auf, so fällt er selbst in eine **bestimmungslose Identität** zusammen, in der in der ausschließlich wechselseitigen Bestimmung der Begriffe alle **Bestimmtheit** verloren geht. Wird die Lösung wie im ersten Fall ausgearbeitet, so reproduziert sich das Problem offensichtlich so lange, bis der **Anfang** des **Systems** wieder erreicht ist. Genau dieser **Rekurs** auf den **Anfang** besitzt in der Tat eine wichtige Bedeutung für die **Artikulierbarkeit** des Systems in einer bestimmtheitsfähigen Darstellung.

Zunächst muss der **Begriff**, der einer **Teilphilosophie** ihre **Bestimmtheit** gibt, jeweils aus der **vorangehenden** Teilphilosophie entwickelt werden, ohne dieser und jener den Status von sich in sich selbst schließenden **Kreisen** zu nehmen. Durch diese **Entwicklung** muss dieser Status damit vereinigt werden können, dass die philosophische **Idee** in jeder Teilphilosophie „in einer besondern Bestimmtheit oder Elemente" ist. Aufgrund jenes Status kann bereits ausgeschlossen werden, dass es sich um einen der **Begriffe** handeln kann, die sich innerhalb des **Kreises** wechselseitig bestimmen. Also muss der **vorangegangene** Kreis einen **Begriff** in sich und aus sich entwickeln, der ‚vor' dem **folgenden** Kreis situiert ist und ihm seine **Bestimmtheit** geben kann, der aber ‚nach' dem **vorangegangenen** Kreis liegt und in dem dieser in sich über sich hinaus führt. Da aber für den Begriff, der so den Einschnitt – die ‚**Artikulation**' nicht bezeichnet, sondern **darstellt**, auch gelten muss, dass seine **Bestimmtheit** nur aus dem **reinen Denken** genommen werden kann, so kann auch diese nur eine **Wechselbestimmtheit** aus seiner Relation auf **andere** Begriffe darstellen. Weil er dem folgenden Kreis erst die **Bestimmtheit** geben soll, die dessen Begriffe aus ihrer leeren und bestimmungslosen Identität in eine **gehaltvolle Entwicklung** führt, deshalb kann er sich nicht zuvor schon **gegen** diese **Bestimmtheit bestimmen.**

Für die **Bestimmtheit** des eine **Teilphilosophie** als solche bestimmenden **Begriffs** kann also nur der **vorangegangene** Kreis der Entwicklung von Begriffen herangezogen werden, der seine Bestimmtheit selbst aus dem ihm voranliegenden Teil der Philosophie bezogen hat. Wenn er jedoch „ein sich in sich selbst schließender Kreis" ist, so kann der ‚artikulierende' Begriff, der sich aus einer Teilphilosophie ergibt und die nächste nach ihrem Begriff bestimmt, nur der **Begriff** dieser **Totalität** sein – der also nicht aus ihr heraustritt, sondern sie in ihrer **Totalität** als solche **bestimmt**. Nun muss berücksichtigt werden, dass die **ganze Entwicklung** des **Systems** nur die **Bewegung** des **Begriffs** im reinen Denken zur **Darstellung** bringen soll, also zur Artikulation, in der das Denken ebenso Gedachtes ist. Deshalb muss der aus einem **Kreis** entwickelte **Begriff**, der zum leitenden Begriff der folgenden **Teilphilosophie** wird, sich auf den sich in sich selbst schließenden Kreis **insgesamt** beziehen, der durch diesen Bezug eine **Bestimmtheit** aus einer **Wechselbestimmung** erhält. Er wird also in der Absetzung von diesem Begriff und damit gegen den **Kreis** der folgenden Teilphilosophie bestimmt, die selbst ihre anfängliche Bestimmung durch eben **diese** Bestimmung gewinnt, von der her ihre **internen** Wechselbestimmungen einen ‚Input' erhalten, der verhindert, dass sie in **bestimmungsloser Identität** in sich zusammenfallen,.

Damit ist aber nun **jede Teilphilosophie** als solche durch **zwei externe Bestimmungen** charakterisiert, obwohl sie doch ein philosophisches **Ganzes** und ein sich in sich selbst schließender **Kreis** sein soll. Diese beiden Begriffe beschreiben nicht die ‚Einschnitte' – **Artikulationen** – zwischen den Teilphilosophien, durch welche Artikulationen das reine Denken sich selbst darstellt, sondern **sie stellen sie dar.** Es sind jene **Artikulationen**, in denen das **reine Denken** zum **Gedachten** eines reinen Denkens wird. Hegel formuliert diesen Zusammenhang etwas kryptisch so: „Der einzelne Kreis durchbricht darum, weil er in sich Totalität ist, auch die Schranke seines Elements und begründet eine weitere Sphäre" (E § 15, 56). Wir könnten diesen Zusammenhang also auch so ausdrücken: eine **Teilphilosophie** wird grundsätzlich dadurch begründet, dass ein **eigenständiger philosophischer Begriff** von ihr möglich ist, so dass es sich in der Tat um einen Teil der **Philosophie** handeln kann. Damit trägt Hegel zunächst dem Gedanken Rechnung, dass das **Philosophische** nur **philosophisch** bestimmt werden kann. Er entspricht damit aber auch der Überlegung, dass eine nähere **Bestimmung** der **Philosophie** in Teil- oder Bereichsphilosophien ebenfalls nur **philosophisch** vorgenommen werden kann. Man könnte auch sagen, dies ergibt sich aus dem fundamentalen Gedanken, dass alle Gegenstände **gedanklich** bestimmt sind und deshalb nicht durch ihr an sich und aus sich selbst bestimmtes Auftreten fordern können, zum Gegenstand **philosophischer** Untersuchung zu werden. Eine solche Forderung ist eine **philosophische** Forderung, und der **Gegenstand** ist damit immer schon in eine **philosophische Bestimmung seiner selbst** verwickelt.

Als philosophischer Gegenstand ist das **Recht** ein Gedanke, der angemessen zum philosophischen Gegenstand nur wird **zusammen** mit der **Reflexion** auf ihn als **Gedanken** und auf ihn als einen **solchen** Gedanken, der ihm seine **philosophische Thematisierbarkeit** zuschreibt, und, wie im Falle des Rechts, ihn sogar zu einem ‚**Moment**' in einer ‚Abteilung' einer **Spezialphilosophie** qualifiziert. Die ‚Enzyklopädie' ist in Bezug auf die **Einteilung** der Philosophie in **Teilphilosophien** die **Reflexion** auf diejenige Gedankenentwicklung, in der die **Gegenstände** einschließlich des ihnen zugeschriebenen **philosophischen Charakters** so aus dem **philosophischen Gedanken** entwickelt werden, dass in dieser **Entwicklung** ihr **philosophischer Status** begründet und verständlich wird. Diese Entwicklung nimmt selbst die Form einer **Reflexion** auf die **Philosophie** und ihr **Begründungsverfahren** und damit auf ihre **Selbstbegründung** an. Eine **Philosophie** des **Rechts** ist damit bei Hegel nur möglich als Begründung der **Notwendigkeit**, das **Recht** als **philosophischen Gegenstand** zu denken und damit als Begründung der Notwendigkeit einer Rechtsphilosophie. Eine solche **Begründung** erfordert zunächst, im **Denken** des Rechts selbst die **Notwendigkeit** seiner **philosophischen** Thematisierung auszumachen, so dass das Recht überhaupt nur **angemessen** gedacht werden kann, wenn es in den genuin **philosophischen** Gedankengang eingestellt wird. Eine solche Begründung erfordert des weiteren ihre **Fortführung** in der **Ableitung** einer **Rechtsphilosophie** aus der **Selbstbegründung** der **Philosophie**. Es wird von Hegel also die **Philosophie selbst** so expliziert, dass ihr Begriff – der ein philosophischer sein muss – nicht anders **entwickelt** werden kann als durch die **Integration** einer Philosophie des **Rechts**.

Insofern kann, was das **Recht** ist, nur begriffen werden vom Gedanken des **absoluten Geistes** her, wie aber auch der **Gedanke** des absoluten Geistes nur mit Hilfe des Gedankens vom **Recht** begriffen werden kann. Des näheren muss die Bestimmung der Philosophie des Rechts als dem **ersten** Moment des **objektiven** Geistes als der zweiten Abteilung der Philosophie des Geistes die **doppelte** Bestimmtheit einer jeden **Einteilung** der Philosophie in der ‚Enzyklopädie' nach dem Muster der Fraktalisierung **reproduzieren**. Wenn es eine **philosophische** Bestimmung sein soll, so muss sie ebenso das philosophische Wissen und den Status seiner Bestimmungen **reproduzieren**, d.h. sie muss es in der **faktischen** Entwicklung **darstellen**, so dass es zum einen aus der **Entwicklung** einleuchten kann und zum anderen die **philosophische Aufklärungskraft** dieser Entwicklung in sich reproduziert. Als **philosophische** Bestimmung kann sich die Bestimmung des Rechts und seiner Philosophie also **nicht** aus dem ‚Phänomen' oder Gegenstand des Rechts legitimieren, also nicht aus dem **Vorwissen** darüber, was das Recht ist. Ein solcher Gegenstand wäre selbst in einer **gedanklichen Bestimmtheit** vorgegeben, die sich erst **auszuweisen** hätte, und kann deshalb nicht als Maßstab dienen. Hegels Rechtsphilosophie scheint deshalb auf einer **konstruktivistischen** Grundlage entwickelt zu werden und keine **Rechenschaft** von dem tatsächlich vorkommenden Phänomen des Rechts geben zu können. Dem **ersten** Vorwurf kann Hegel begegnen, wenn es ihm in der **Durchführung** gelingt, den **Begriff** des **Rechts** und seiner Philosophie konsistent einer **Entwicklung** zu integrieren, in der sich das Recht so in die Selbstreflexion der Philosophie gehörig erweist, dass aus dieser Entwicklung ein **philosophischer** Begriff der **Philosophie** entsteht, der sich gegenüber allen Konkurrenzunternehmen durch sein höheres **Reflexionsniveau** als der **richtige** ausweisen kann, so dass sich die Kritik an dieser ‚Konstruktion' selbst aufhebt. Dem **zweiten** Vorwurf könnte Hegel entgegenhalten, ein **jeder** Begriff von einem tatsächlich vorkommenden Phänomen des **Rechts** sei eben – ein **Begriff**, und damit nur aus der **Entwicklung** des **Begreifens** und der ihm zugehörigen Begriffe zu verstehen.

4.3.7 Das Recht als Gedankenbestimmung

Dem Selbstverständnis des Hegelschen Unternehmens einer ‚Enzyklopädie' als **System** der **Philosophie** gemäß muss die Situierung des Rechts, wie es **philosophisch** zum Thema werden kann, demnach mit dem **Beginn** der **Logik** ansetzen und dem ganzen **Gang** des **Systems** folgen, bis am Ende die sich selbst begreifende Philosophie als abschließendes Moment des **absoluten Geistes** erreicht ist. Jede Situierung des Rechts mit Hilfe eines engeren Kreises fraktaler Reproduktionen des systemischen Prozessierens muss gegen die Wahrheit als ein **Ganzes** eine Abstraktion darstellen, die aus sachfremden Gesichtspunkten vorgenommen wird und deshalb nicht mit der Sache selbst zu tun hat, sondern nur mit einer subjektiven Konstruktion. Anderseits muss **jeder Entwicklungsschritt** innerhalb des Systems die **ganze Systementwicklung** in sich enthalten und ist nur deshalb ‚**konkret**'. Insofern ist die Beschränkung auf wenige Begriffe des Systems keine, da **jeder** einzelne mit **allen** anderen **kommuniziert**. Das Problem mit einer Situierung des Rechts im System, die nicht das ganze System darstellt, welche Darstellung mit dem System identisch sein müsste, lässt sich deshalb auch als **Verhältnis** des **explizit** und **implizit Dargestellten** auffassen. Die **explizite** Situierung des Rechts kann sich auf die Darstellung eines **Ausschnitts** aus der **Begriffsentwicklung** beschränken, wenn bewusst bleibt, dass es sich dabei um erklärungsbedürftige Begriffe handelt, die in der expliziten Darstellung nicht **vollständig** explizierbar sind, sondern bei Nachfrage auf ihre Bestimmungen in den nicht dargestellten Entwicklungen des **Systems** verweisen, die **implizit** in der Darstellung vorhanden sind, auch wenn sie nicht ‚patent' werden können, sondern für Darstellungszwecke in der **Latenz** bleiben.

Unter diesem Vorbehalt kann die Situierung des Rechts dort einsetzen, wo das **Bewusstsein** zu **Verstand** gekommen ist und die Reflexion auf diesen Vorgang die Struktur des **Selbstbewusstseins** hervorbringt und sich in ihr darstellt, oder auch dort, wo das **Selbstbewusstsein** zur **Vernunft** gelangt ist und die Reflexion auf diesen Vorgang die Struktur des **Geistes** erzeugt und darstellt. Das Recht wird nun tatsächlich entwickelt als die **erste einseitige** Gestalt des **objektiven** Geistes, während die Moralität die zweite ist; zu seiner **Einheit** findet der objektive Geist also erst in der **Sittlichkeit**. Damit wird aber jeweils eine **Unmittelbarkeit**, d.h. eine Voraussetzung in das Begreifen integriert, so dass die Moralität also das in seiner Vorausgesetztheit bzw. Unmittelbarkeit **begriffene** abstrakte Recht ist. Als ‚Geist' aber ist das Recht Teil jener von Menschen gemachten Wirklichkeit, in der ihm seine Hervorbringungen als eine **zweite** Wirklichkeit, als eine zweite Natur gegenübertreten. Die Nachforschung in die Konstitution dieser Wirklichkeit heißt bei Hegel in der ‚Enzyklopädie' „Philosophie des Geistes". Speziell dessen „Phänomenologie" führt vom Bewusstsein über das Selbstbewusstsein zur Vernunft, und die Einheit dieser Entwicklung ist der Geist der „Psychologie"; und der entscheidende Punkt darin ist das „allgemeine Selbstbewusstsein". Das Verhältnis des „Rechts" als **abstraktes** Recht zur **Moralität** ist also in gewissem Sinne umgekehrt wie bei Kant, insofern die ‚Persönlichkeit' des abstrakten Rechts nur der **einseitige objektive** Geist ist, der seine ebenso einseitige Ergänzung im ‚Subjekt' erfordert; also das **Dasein** der **Freiheit** in einer äußerlichen Sache muss **ergänzt** werden durch den „in sich reflektierten Willen", also die **Willensbestimmtheit** überhaupt als Dasein in ihm als die seinige (E § 503, 488). Dieser Weg von der **Willenspersönlichkeit** zum **Willenssubjekt** ist ein Reflexionsvorgang, in dem dem ersteren Begriff eine Unmittelbarkeit als Vermittlung integriert wird – d.h. es wird eine **Voraussetzung** als begriffliches Moment in die Bestimmung **aufgenommen**. Diese Voraussetzung ist eine **Unmittelbarkeit**, in der das **abstrakte** Recht eine Unvollkommenheit enthält, durch die es über sich hinausdrängt – also **von der Persönlichkeit zum freien Individuum** als **Subjekt** und damit vom abstrakten Recht zur Moralität. Bei **Kant** dagegen kommt die Freiheit in die Wirklichkeit, indem die moralisch konstituierte Freiheit im Recht über die Zurechnung von Handlungen als Taten anerkannt wird. Wirklich wird die Freiheit also, indem das moralische Subjekt im Recht zur Person wird.

Die „Form des Bewusstseins" jeder Geistigkeit (wie **Recht**, Staat, Familie) ist das „**allgemeine Selbstbewusstsein**": das Wissen seiner selbst im andern Selbst, „deren jedes als freie Einzelnheit absolute Selbständigkeit hat", aber sich nicht vom anderen unterscheidet und deshalb **allgemein** und **objektiv** ist (E § 436, 432). Es ist **anerkennend** und weiß sich **anerkannt**. Die Form des Bewusstseins der Substanz jeder wesentlichen Geistigkeit ist nun „dies allgemeine Wiederscheinen des Selbstbewusstseins". Dies aber soll damit gleichbedeutend sein, dass das Begreifen nun den Status erreicht hat, darin es sich in seiner Objektivität (also in einem anderen Selbstbewusstsein!) als mit sich identische Subjektivität (das andere Selbstbewusstsein als Objekt *und* Subjekt) weiß – und Hegel fügt hinzu: „und darum **allgemein** weiß" (E § 436, 433), d.h. der Begriff weiß sich darum allgemein.

Im Grunde geht es dabei stets um die Frage, was es für das Selbstverständnis bedeutet, wenn es etwas **Bestimmtes weiß**, m.a.W.: wie dies sein Selbstverständnis beeinflusst, wenn es ein Wissen von der Natur besitzt, vom Geist und speziell vom **Recht**. Jede neue Stufe ist dadurch bestimmt, dass das Selbstverständnis nun versteht, dass und wie sein Selbstverständnis durch das Wissen von der vorangegangenen Art **bestimmt** ist. Also muss mit ‚Geist' das Selbstverständnis verstanden sein, dem das Bewusstsein zum Gegenstand des Wissens geworden war – und dies dadurch, dass das Wissen vom **Bewusstsein** sich zum Wissen vom **Selbstbewusstsein** und zum Selbstverständnis als **allgemeines Selbstbewusstsein** entwickelt hat. Es muss also ein **neues Selbstverständnis** entstanden sein, das durch das Wissen von einem **neuen Gegenstand** bestimmt ist; dieser neue und das Selbstverständnis bestimmende und kennzeichnende Gegenstand ist nun der ‚**Geist**'. Aber der ‚Geist' ist zunächst ein Gegenstand des **Bewusstseins** unter anderen. Ein Selbstverständnis mit diesem Gegenstand in seinem Bewusstsein hat darin noch eine **Unmittelbarkeit** – weil er für es eine Unmittelbarkeit ist, solange es nicht auf eben diese seine Situation als Selbstverständnis mit dem Gegenstand ‚Geist' **reflektiert** hat, also weiß, dass es **sich** versteht als einen Gegenstand ‚Geist' wissend. Wenn es in sein Selbstverständnis aufgenommen hat, was es bedeutet, den ‚Geist' zum Gegenstand zu haben, dann hat es ein **neues Selbstverständnis** erreicht – das als ‚**absoluter** Geist' bezeichnet wird und **zunächst** auch in gegenständlicher Form auftritt, d.h. als ein weiterer Gegenstand des **Bewusstseins**.

Daraus ergibt sich für das **Recht**: wenn das **Selbstverständnis** den Gegenstand „Recht" (also in der Terminologie der Rechtsphilosophie im engeren Sinne den Gegenstand „abstraktes Recht", das erst in der Sittlichkeit – also nach dem Durchgang durch die Moralität – zum Recht als *Gesetz* wird (E § 211 ff), wo in der ‚Rechtspflege' dann außer dem Gesetz auch das Gericht zum Thema wird) in sein **Bewusstsein** aufgenommen hat, so hat es damit die Erhellung seines **Selbstverständnisses erweitert**. Die Behauptung der Hegelschen Rechtsphilosophie lautet also zunächst: ein **Bewusstsein**, dem der Gegenstand „**abstraktes Recht**" bzw. „Recht" bewusst ist, versteht sich in seinem **Wissen** von der natürlichen Welt und in seinem Wissen von sich als subjektivem Geist **besser**, was die Erhellung seines **Selbstverständnisses** als eines solchen betrifft. Dies gilt deshalb, weil es damit das **Selbstverständnis**, in dem es sich in der Gestalt des **subjektiven** Geistes zum Gegenstand genommen hat, besser versteht, also eine **Reflexion** auf dieses Selbstverständnis durchgeführt hat, die in Gestalt des abstrakten Rechts zum **neuen Gegenstand** seines **Bewusstseins** wird.

Dass sein Wissen von einem Gegenstand „abstraktes Recht" eine **Reflexion** auf seine **Bewusstseinsgegenstände** enthält, weiß das Bewusstsein aber nicht, das unter seinen **Gegenständen** nun auch noch das „Recht" hat – als einen Gegenstand mehr. Die Aufgabe der ‚Enzyklopädie' ist also dann, diese Gegenstände so in einen **Zusammenhang** zu bringen, dass in ihnen eine **Folge** von **Reflexionen** deutlich wird. Diese Folge rechtfertigt sich daraus, dass sie nicht eine Folge von Gegenständen bleibt, sondern sich zu einem **Abschluss** bringt, in dem das Selbstverständnis sich nicht mehr in der **Reflexion** auf das, was ihm zuletzt als Gegenstand geworden war, um das Wissen von einem **neuen** Gegenstand erweitert, sondern ihm in der Reflexion auf seinen ‚letzten' Gegenstand diese **Reflexion** als **Philosophie** selbst **integriert** wird. Dies sieht Hegel in der ‚Phänomenologie' in dem Gedanken gegeben, in dem der Gegenstand ‚geoffenbarte Religion' in der **Reflexion** auf den Status eines Bewusstseins mit einem solchen Gegenstand in einen ‚Gegenstand' umschlägt, der **kein Bewusstseinsgegenstand** mehr ist, sondern eine **Reflexionsform** und eine **Gedankenbewegung**, die Hegel als die **Philosophie** bezeichnet. Deshalb rechtfertigen sich aber **alle** Bewusstseinsgegenstände, die in der ‚Enzyklopädie' angeführt werden, nur dann als **philosophische** Gegenstände, wenn sie so in eine **Reflexionsfolge** eingestellt werden können, dass ihre Integration in das Bewusstsein als dessen Gegenstände gerade zu dem **Selbstverständnis** führt, das sich nicht in einem **neuen** Gegenstand des **Bewusstseins** manifestiert, sondern in der **Philosophie**. Das **Recht** also wird zu einem philosophischen Thema, weil es ein Bewusstseinsgegenstand ist, der mit den anderen Bewusstseinsgegenständen so in eine **Folge von Gedanken** gebracht werden kann, dass darin eine konstante **Reflexion** auf das **Selbstverständnis** stattfindet, die schließlich zur **Philosophie** führt.

Wenn in § 436 gesagt wird, dass die **Form** des **Bewusstseins** der Substanz jeder „Geistigkeit" das „allgemeine Wiederscheinen des Selbstbewusstseins" ist, so ist jedoch zu beachten, dass die ‚Enzyklopädie' hier eine **Realphilosophie** ist, die nicht nur – wie die ‚Phänomenologie des Geistes' – eine Abfolge von **Bewusstseinsgestalten** entwickelt. Nichtsdestoweniger wird in ihr eine Entwicklung der **Realität**, wie sie in **Gedanken** gefasst ist, durchgeführt, mit der das Denken der Wirklichkeit in einen gerichteten **Zusammenhang** gebracht wird, der als letztmögliche Reflexion der Gedanken, in denen die Wirklichkeit gefasst wird, zur **Philosophie** führt. Die **Wirklichkeit**, betrachtet wie sie in **Gedanken** gefasst ist, führt also – so könnte die zentrale Behauptung der ‚Enzyklopädie' lauten – notwendig in das **Denken**, das als Philosophie den **absoluten Geist** als **alle Wirklichkeit** denkt.

Als ein entscheidender Schritt auf diesem Wege hat sich nun gezeigt, dass das **allgemeine Selbstbewusstsein** die Form des Bewusstseins der Substanz jeder Geistigkeit ist, und dass die Wahrheit dieser **Einheit** von Bewusstsein und Selbstbewusstsein die **Vernunft** ist (E § 437, 433). Dass das **Wirkliche vernünftig** ist bedeutet dann, dass es, sobald es **gedacht** wird, eine **gedankliche Bewegung** in Gang setzt, die aus ihrer internen Logik den Gedanken der Vernunft entwickelt und damit in sich enthält. So wird das **allgemeine Selbstbewusstsein** zur **Vernunft**, weil der Unterschied zwischen den einzelnen (Selbstbewusstseinen) „eine ganz unbestimmte Verschiedenheit" ist und damit „ein Unterschied, der keiner ist" (E § 437, 433). Die Vernunft erscheint hier als die Intersubjektivität **ohne** Unterschied zwischen den Subjekten. Für das **Recht** bedeutet dies, dass sein **Gedanke** diese Struktur in sich enthält und die **Wirklichkeit** des Rechts insofern **vernünftig** ist. Es stellt aber einen Gedanken dar, in dem diese Struktur schon ‚vermittelt' integriert ist, d.h. dieser Gedanke der Vernunft ist nicht mehr der Gedanke der Wirklichkeit, sondern dieser Gedanke, wie er als **Verständnis** der Wirklichkeit als **Vernunft** (also als allgemeines Selbstbewusstsein ohne Unterschiede) Teil des Selbstverständnisses geworden ist. Dem Denken von der Wirklichkeit ist der Gedanke der **Vernunft** also schon **als Gedanke** integriert, und der Gedanke der Wirklichkeit ist fortgeschritten durch diese Reflexion zum ‚freien Geist' über den theoretischen und praktischen Geist.

Wenn also darauf reflektiert wird, **wie** der **Gedanke** der Wirklichkeit als Vernunft **als** Gedanke ist, so zeigt sich die Vernunft in ihrem Status als Gedanke der Wirklichkeit als **Geist**. Dies geht darauf zurück, dass die Allgemeinheit der Vernunft zwei Bedeutungen hat:

- die Bedeutung des im **Bewusstsein** gegebenen, aber **allgemeinen** Objekts, das das Ich ‚durchdringt und befasst' (E § 438, 433) – d.h. es hat im Selbstbewusstsein seinen Gegenstand im allgemeinen Andern, der ebenso nur als Selbstbewusstsein bestimmt ist – so hat es *sich* im allgemeinen Gegenstand, und es hat sich nur so und ist nichts anderes,
- die Bedeutung des **reinen Ich**: „der über das das Objekt übergreifenden und es in sich befassenden reinen Form" (E § 438, 434).

Die Vernunft ist damit „die **Wahrheit** des Wissens". Der Gedanke der **Wirklichkeit** hat zu seiner eigentümlichen Bestimmtheit und **immanenten Form** nun „den für sich selbst existierenden reinen Begriff, Ich, die Gewissheit seiner selbst als unendliche Allgemeinheit," und „diese wissende Wahrheit ist der Geist" (E § 439, 434). Also ist der **Geist** der **Gedanke** der **Wirklichkeit**, mit dem ihre Bestimmtheit von der **Allgemeinheit** des **Selbstbewusstseins** her verstanden wird – also von einem Selbstbewusstsein her, das seinen Gegenstand (Selbst) im anderen, aber **allgemeinen** Selbstbewusstsein findet, d.h. im allgemeinen, weil in den ganz unbestimmt voneinander unterschiedenen Selbstbewusstseinen. In diesem Sinne ist der Geist die Wahrheit *als Wissen*.

Die entscheidende Struktur des **Geistes** ist, dass das Wissen nun nicht mehr einem Gegenstand gegenüber steht, sondern „**unendliche Form**" ist, also ‚substantielle Totalität': weder subjektiv noch objektiv; weshalb Hegel sagen kann: „Der Geist fängt daher nur von seinem eigenen Sein an und verhält sich nur zu seinen eigenen Bestimmungen." (E § 440, 434) Das Wissen ist nun weder subjektiv noch objektiv; folglich müssen die Auffassungsweisen des Geistes als subjektiver bzw. objektiver Geist in ihren **Einseitigkeiten** entwickelt werden. Dies gilt auch für die Einseitigkeit des **Rechts** – und zwar sowohl des abstrakten Rechts als auch des Gesetzesrechts (RPh § 211 ff). Der Geist ist also nur als der angemessene **Gedanke** der **Wirklichkeit** begriffen, wenn er als weder subjektiv noch objektiv, sondern als ‚unendliche Form' entwickelt ist – dazu entwickelt werden aber muss er, weil er diese **Unterscheidung** benötigt, um seine **Unmittelbarkeit** zu verlieren, d.h. um **vermittelt** zu werden, also durch seine innere **Artikulation mitteilbar** zu werden, also als solcher und nicht als Gegenstand aufgefasst zu werden.

Insofern erscheint das **Recht** also als ein Moment der **Vermittlung** des Geistes – der Geist muss durch ein ‚Mittel', damit er ‚mitteilbar' wird, diese Vermittlung ist die **Artikulation**; aber die Artikulation muss sich aus dem zu Vermittelnden und Mitzuteilenden selbst ergeben: so gewinnt das **Recht** seinen Status als **notwendiges Moment** der **Artikulation** und **Vermittlung** des **Geistes**. Die Behauptung lautet demnach, dass das Recht seine **philosophische** Bedeutung gewinnt als notwendiges Moment der **Bestimmtheit** des Geistes, die nicht eine gegenständliche Bestimmtheit ist, sondern sein Offenbaren und Manifestieren selbst. Diese Aufhebung der **Form** der Unmittelbarkeit, also die **Selbstvermittlung** des Geistes, ist aber gleichbedeutend damit, „diesen Begriff seiner Freiheit zu realisieren" (E § 440, 435). ‚Realisieren' kann nun im Doppelsinn gelesen werden: als ‚**verwirklichen**', also aus dem Gedanken der Wirklichkeit zur Wirklichkeit machen, und ‚**wahrnehmen**', ‚erkennen', d.h. einen Sachverhalt bewusst zu machen, also ihn in den Status des ‚für-jemanden' zu versetzen. Den **Begriff** der Freiheit des **Geistes** als ‚unendliche Form' **realisieren** heißt also den Geist in seiner Freiheit in der Wirklichkeit **produzieren** (vgl. diesen Ausdruck in § 443, 437). Der Grund dafür muss in den **Vermittlungsbedingungen** des Gedankens der Wirklichkeit zu finden sein, der über das allgemeine Selbstbewusstsein und die Vernunft als ‚Wahrheit als Wissen' zum Geist führt. Vermittlungsbedingungen sind **Bedingungen** der Aufhebung der **Unmittelbarkeit**, also die Bedingungen der **Artikulation** und damit der **Mitteilbarkeit**, also Bedingungen eines Bewusstseins vom Geist **als Geist** – d.h. nicht als Subjekt oder Objekt, also eines Wissens, das „nicht im Verhältnisse zu ihm als Gegenstand steht" (E § 440, 434).

Dass diese produzierte und wahrgenommene Freiheit der ‚unendlichen Form' nun gerade als **Recht** auftritt bzw. als Entwicklung vom abstrakten Recht über die Moralität zur Sittlichkeit, dies bestimmt den **philosophischen Status** des **Rechts** in der Hegelschen **Systementwicklung**. Im Recht ist demnach die **Freiheit** des **Geistes** als der unendlichen Form, wie sie sich als ‚Wahrheit als Wissen' aus der Allgemeinheit des ‚intersubjektiven' Selbstbewusstseins mit seinen unbestimmt unterschiedenen Einzelnen entwickelt, **einerseits** als ‚**Produktion**' der Freiheit des Geistes und **andererseits** als ‚**Wahrnehmung**' der Freiheit des Geistes, und das Recht muss dementsprechend so gedacht werden können, dass sich Produktion und Wahrnehmung in der Tat als nur zwei **Seiten** des **einen** Sachverhalts zeigen. Das Hegelsche Philosophieren über das Recht impliziert also, dass das Recht sich als eine solche ‚**Realisierung**' erweisen lässt (Produktion und Wahrnehmung in Einheit), dass in ihm sich die **Freiheit** der unendlichen Form des zur Vernunft und zur Wahrheit als Wissen gewordenen **allgemeinen Selbstbewusstseins** artikulierend vermittelt, so dass sie aus sich selbst heraus zur ‚Mitteilung' in der aufgehobenen Form der Unmittelbarkeit wird.

Die Entwicklung der ‚Psychologie' in der ‚Enzyklopädie' ist nun, dass der Geist den Begriff seiner Freiheit **realisiert**, d.h. „die Form der Unmittelbarkeit, mit der er wieder anfängt, aufzuheben." (E § 440, 435) Dies geschieht durch die **Entwicklung** bis zum „freien Geist", der als „wirklich freier Wille" die Einheit des theoretischen und praktischen Geistes ist (E § 481). Dann ist der ‚Begriff' in die Wirklichkeit getreten, also zur ‚Idee' gekommen. Damit ist aber auch der Übergang zum **objektiven** Geist gemacht, also zu Recht, Moralität und Sittlichkeit. Es ist der Gedanke der Wirklichkeit zum Gedanken einer **solchen** Wirklichkeit entwickelt, in der der Gedanke einen vollständig **gedachten** Inhalt hat, so dass der Wille **wirklich** frei ist. Diese Wirklichkeit stellt die Abteilung „Objektiver Geist" durch die Entwicklung vom **Recht** über die **Moralität** zur **Sittlichkeit** dar. In der letzteren hat der vernünftige Wille seinen vernünftigen Inhalt und kann deshalb **wirklich** frei heißen. Bei Kant dagegen entsteht der ‚wirklich freie Wille' im Recht – was Hegels ‚abstraktem Recht' entspricht – durch die **Zuschreibung** der Fähigkeit zur gesetzesförmigen Willensbestimmung und damit zur Freiheitsdemonstration. Deshalb braucht Kant nicht die **Entwicklung** eines Gehalts der Freiheit als ebenso vernünftig wie die Form der Freiheit, d. h. er braucht nicht den Nachweis der Vernunft der Sittlichkeit, den **Hegel** nur durch den Schritt in die **Geschichtsphilosophie** mit dem Nachweis der **Vernunft** in der **Geschichte** erbringen kann. Der **wirklich** freie Wille ist für **Hegel** dann erreicht, wenn die **vernünftige** Form ihren **vernünftigen** Inhalt hat – und das ist der Fall, wenn der Inhalt vernünftig entwickelt wurde, also erst in der **Sittlichkeit**.

Was aber ist für Hegel ein **vernünftiger** Inhalt ? ‚Vernunft' wurde ja entwickelt als das **allgemeine Selbstbewusstsein**, damit als der „sich in seiner Objektivität als mit sich identische Subjektivität und darum allgemein" wissende Begriff, aber mit der ganz unbestimmten Verschiedenheit in der Einheit von Bewusstsein und Selbstbewusstsein (E § 436, 433). Deshalb kann der vernünftige Inhalt nun nur aus dem Status der ‚**Intersubjektivität**' entwickelt werden. Diese Determinante eines ‚wirklich freien' Willens muss sich also aus dem **Verhältnis** der ‚Selbstbewusstseine' ergeben, das aber nun nicht mehr in der **unbestimmten** Verschiedenheit sein kann, die nur ‚Vernunft' als Allgemeinheit ermöglicht, sondern das **allgemeine Selbstbewusstsein** muss in seiner Allge-meinheit zu **Bestimmtheiten** kommen, in denen der Wille einen **konkreten** und **allgemeinen** Inhalt gewinnt, in denen aber doch weiter das „allgemeine Wiederscheinen des Selbstbewusstseins" (E § 436, 433) stattfindet. Diese Erfüllung des **vernünftigen** Inhalts geschieht also selbst im Prozess der **Vermittlung**, also dem Sich-Artikulieren des Geistes zu seiner **Mitteilbarkeit** aus sich selbst heraus und damit zum **Geist** in seiner ‚Bestimmtheit' als Offenbaren und Manifestieren. Diese Erfüllung muss in die interne **Selbst-Strukturierung** des Geistes gehören, in der er sich über die Dialektik von subjektiver und objektiver Seite mit sich **vermittelt** und damit **mitteilbar** macht. Der Geist beginnt „ ... die Form der Unmittelbarkeit, mit der er wieder anfängt, aufzuheben": er „verhält sich nur zu seinen eigenen Bestimmungen" (E § 440, 434). Er muss sich intern **strukturieren**, damit er sich als seine eigene **Manifestation** zeigen kann, d.h. als das **Offenbaren**, das seine **Bestimmtheit** ist. Dazu muss er sich **differenzieren** (theoretisch – praktisch) und sich in dieser Differenzierung auf sich **beziehen** (freier Geist). Das **Recht** ist demnach die **Bestimmtheit** (d.h. das Offenbaren, Manifestieren) des **Geistes** – im Unterschied zum Geist der Psychologie (dem subjektiven Geist) aber nun bereits in sich **differenziert** durch die **aufgehobene Unmittelbarkeit**, wie es über theoretischen und praktischen Geist geschieht, d.h. nun schon in der Gestalt des Offenbarens bzw. des Manifestierens.

Auch der freie/objektive Geist aber erscheint zunächst in einer **Unmittelbarkeit**, deren Form aufgehoben werden muss. Diese Aufhebung der Form der Unmittelbarkeit ist ebenso wieder eine **interne Strukturierung**, damit sich nunmehr der objektive Geist in seinem Offenbaren und Manifestieren zeigen kann (sich ‚mitteilen' kann). Also heißt ‚Aufheben der Unmittelbarkeit': **mitteilbar** machen durch **Artikulation**, also durch eine interne **Differenzierung**, mit der der Geist bzw. der objektive Geist sich so bestimmt, dass er sich selbst **mitteilbar** macht, d.h. sich vermittelt, so dass das Wissen von ihm kein ihm fremdes Geschehen ist – der Geist ist die Wahrheit **als Wissen** (E § 439). Dieses Geschehen wird nun als gleichbedeutend mit dem Geschehen bezeichnet, in dem der Geist den **Begriff** seiner **Freiheit** realisiert (E § 440, 435). Aufgrund seiner „Unmittelbarkeit" ist der Geist **endlich**, obwohl er ein Wissen in ‚**unendlicher**' Form ist – und diese **Unmittelbarkeit** ist damit identisch, „dass er subjektiv oder als der Begriff ist" (E § 441, 435). Er ist **endlich**, weil er sich nicht endogen seine Mitteilungsfähigkeit bzw. Mitteilbarkeit gegeben hat – weil er sich nicht intern strukturiert und artikuliert hat, so dass das Wissen ihn als ‚Gegenstand' hat, d.h. er ist ein Gedanke der **Wirklichkeit**, ohne dass diese Wirklichkeit sich selbst zu diesem Gedanken als einem Gedachten gemacht hat. Insofern hat er „eine Bestimmtheit in seinem Wissen". Weil er sich nicht selbst ‚mitgeteilt' hat, deshalb hat er noch die Form der **Unmittelbarkeit** und ist insofern „subjektiv" bzw. „als der Begriff". Hegel drückt dies an dieser Stelle so aus: „Die Endlichkeit des Geistes besteht daher darin, dass das Wissen das An- und Fürsichsein seiner Vernunft nicht erfasst" – bzw. darin, dass seine Vernunft „sich nicht zur vollen Manifestation im Wissen gebracht hat". Und die Unmittelbarkeit des Geistes aufzuheben heißt für ihn, „sich selbst zu begreifen".

Die Vernunft ist also dadurch „**verendlicht**", weil sie sich „ihrem Wissen voraussetzt" (d.h. dem Wissen von ihr **voraussetzt**). Dies liegt letztlich daran, dass die Vernunft bis jetzt nur deshalb „**unendlich**" ist, weil sie die „**absolute Freiheit**" ist (E § 441, 436). Ihre ‚Unendlichkeit' aber ist die des Selbstbewusstseins, das allgemein geworden ist, aber so, dass die Differenz zwischen den Selbstbewusstseinen – und damit auch zwischen Bewusstsein und Wirklichkeit

– „die ganz **unbestimmte** Verschiedenheit" ist, also „ein Unterschied, der keiner ist." (E § 437, 433) Nun ist das Ziel des Geistes, „die objektive Erfüllung und damit zugleich die Freiheit seines Wissens hervorzubringen." Damit steht die **Freiheit** seines Wissens als objektive Erfüllung gegen die **absolute** Freiheit (E § 442). Die zentrale Frage für die Position von Moral und Recht in Hegels zentralem Gedankengang ist also der gedankliche Zusammenhang zwischen der **Freiheit** bzw. dem **Begriff** von **Freiheit**, die bzw. der ‚abstrakt' das Wesen des Geistes ausmacht („Das Wesen des Geistes ist … formell die Freiheit, die absolute Negativität des Begriffes als Identität mit sich." – § 382, 382), zu einem **Begriff** von **Freiheit**, der sich mit unseren Intuitionen über **menschliche** Freiheit verbinden lässt – oder doch wenigstens die Unangemessenheit dieser Intuitionen begründet nachweist und einen besseren Begriff entwickelt, der jene Intuitionen in ihrer begründeten Negation aufhebt. ‚Objektiver Geist' heißt ja zunächst, dass der **Geist** ist „in der Form der Realität als einer von ihm hervorzubringenden und hervorgebrachten Welt, in welcher die Freiheit als vorhandene Notwendigkeit ist." (E § 385, 383) In dieser „**objektiven Erfüllung**" entwickelt er sein **Wissen** von sich aus sich und hat darin die „**Freiheit** seines Wissens". Der Geist existiert im Wissen (E § 442, 436). Als Geist existiert er darin aber nur, wenn die Tätigkeit des ‚**Übersetzens**' (des Hinüber-setzens in das Wissen) „rein nur der formelle Übergang in die Manifestation und darin Rückkehr in sich ist" – wenn der Geist also seine eigene Manifestation ist. Die Vermögen des Geistes sind deshalb als „Stufen" der Befreiung des Geistes durch sich selbst zu sich selbst zu begreifen (E § 442, 437).

4.3.8 Vernunft und Wirklichkeit des Rechts

Nun soll der Inhalt der **Philosophie** aber kein anderer sein „als der im Gebiete des lebendigen Geistes ursprünglich hervorgebrachte und sich hervorbringende, zur Welt, äußern und innern Welt des Bewusstseins gemachte Gehalt", also „die Wirklichkeit" (E § 6, 44). Von anderem **Bewusstwerden** dieses Gehalts ist die Philosophie nur der **Form** nach unterschieden, weshalb ihre Übereinstimmung mit der **Wirklichkeit** und Erfahrung notwendig ist. Es soll geradezu für den „höchsten Endzweck der Wissenschaft" anzusehen sein, „durch die Erkenntnis dieser Übereinstimmung die Versöhnung der selbstbewussten Vernunft mit der seienden Vernunft, mit der Wirklichkeit hervorzubringen." (E § 6, 44) Also soll der **philosophische** Begriff des Rechts nicht mit dem übereinstimmen, was nur „**Erscheinung**" ist, also „vorübergehend und bedeutungslos", sondern mit dem, was im Recht **wirklich** ist. Einfach gesagt: der philosophische Begriff des Rechts muss nicht mit dem kongruieren, was „zufällig" ist, also ebenso sein wie auch nicht sein kann. Er muss nur mit dem im Recht übereinstimmen, was darin **wirklich** ist, also dem, was sein muss, was sich also **notwendig** zeigt. Daraus lässt sich auch verstehen, dass gerade für das Recht gelten soll: „was vernünftig ist, das ist wirklich, und was wirklich ist, das ist vernünftig." (E § 6, 44) Der Zusammenhang der **Vernunft** mit dem **Recht** stellt sich innerhalb der Philosophie des Geistes ja so dar: im **subjektiven** Geist bildet die **Vernunft** die dritte Stufe der „Phänomenologie des Geistes", in der das **Bewusstsein** als solches und das **Selbstbewusstsein** zur **Einheit** kommen und damit gleichzeitig der Übergang in den „**Geist**" als Gegenstand der **Psychologie** gemacht wird, der zunächst als **theoretischer** Geist auftritt, aus sich den **praktischen** Geist entwickelt und dann im „freien Geist" zu einer **Einheit** kommt, aus der der **objektive** Geist mit seinem **Anfang** im **Recht** entsteht. Insofern kann jener Satz auch sagen: was vernünftig heißen kann, **entwickelt** sich durch die **Bewegung** des **Begriffs** weiter zum **Recht**, und das Recht, das insofern jenseits des Zufälligen ist, weil es in eben dieser Bewegung des Begriffs sich entwickelt hat, enthält die **Vernunft** in sich, weil es sich aus der bzw. über die Vernunft **entwickelt** hat.

Das Recht hat deshalb nach seinem **Begriff**, den Hegel in der ‚Enzyklopädie' entwickelt, eine **aufklärende** Bedeutung für das **Selbstverständnis** des Menschen und für die Erhellung des Gedankens der **Wirklichkeit**. Zum **philosophischen** Thema wird das Recht bei Hegel also, weil in einer Welt, in der Menschen im **Rechtszustand** leben, eine **höhere** Erkenntnis über das **menschliche Wissen** in **Theorie** und **Praxis** möglich ist als jenseits des Rechtszustands. Hier ist von Bedeutung, dass die ‚Enzyklopädie' eine **Realphilosophie** ist, die zur Aufklärung über das Wissen nicht nur Bewusstseinsgestalten heranzieht, sondern Gedanken, die eine **Wirklichkeit** in der intersubjektiv geteilten Welt bedeuten. Deshalb hat das Recht auf dem Weg zum absoluten Geist, wie er in der Philosophie zum Ausdruck kommt, nicht den Status einer Bewusstseinsgestalt, sondern denjenigen einer **Wirklichkeit**, die durch ihren Ausdruck in Gedanken zu einer besseren Einsicht in das Wissen verhilft, das sich in eben diesem Gedanken repräsentiert.

Aufgrund seiner Stellung in der ‚Enzyklopädie' wird dem Recht jedoch auch eine zentrale Stellung auf dem Weg zur **Philosophie** als **Vollendungsgestalt** des **absoluten Geistes** zugeschrieben. Hegels Behauptung lautet demnach, erst in einer Welt, in der Menschen im **Rechtszustand** leben, kann ein **Selbstverständnis** im **absoluten Geist** erreicht werden, ähnlich wie dies – auf höherer Position – nur möglich ist in einer Welt, in der Menschen mit der Wirklichkeit der Kunst und der geoffenbarten Religion vertraut sind. Gerade die **Entwicklung** der Ge-

danken dieses Gegenstandes muss die **Entwicklung** zu einem Status ermöglichen, in dem ein **höchster** Standpunkt der **Einsicht** in den **Status alles Wissens** und aller Gedanken der Wirklichkeit erreicht wird. Für die ‚Ortsbestimmung' der Hegelschen Rechtsphilosophie ist also die Frage entscheidend, wie und warum die **Entwicklung** des **Gedankens** des **Rechts** zu jener **höchsten Einsicht** in den Status alles Wissens beitragen kann; und es ist gleichermaßen entscheidend, wie sich die durchgeführte **Entwicklung** des Gedankens des Rechts in jener Einsicht niederschlägt. Hegel stellt in der ‚Enzyklopädie' also die Frage, was es für den Gedanken der **Philosophie** als der Vollendung des absoluten Geistes bedeuten muss, dass diese Einsicht in den Status alles Wissens (was die Wahrheit als solche ist) gerade erreicht wird über die **Entwicklung** des **Gedankens** des **Rechts** – dass sie also erreicht wird über eine **Wirklichkeit**, in der Menschen im **Rechtszustand** leben, und über die Entwicklung des Gedankens einer solchen Welt.

Innerhalb dieser Entwicklung ist der **objektive** Geist „die absolute Idee aber nur an sich seiend" (E § 483, 478). Damit ist der **Geist** „in der Form der Realität als einer von ihm hervorzubringenden und hervorgebrachten Welt, in welcher die Freiheit als vorhandene Notwendigkeit ist" (E § 385, 383). Aber der objektive Geist ist die absolute Idee – also die in ihrem Begriffscharakter verstandene Wirklichkeit und die in ihrem wirklichkeitsbestimmenden Charakter verstandene Begrifflichkeit – nur „an sich seiend" und seine „wirkliche Vernünftigkeit" behält noch die Seite „**äußerlichen Erscheinens**" (E § 483, 478). Dies ist gleichbedeutend damit, dass für den freien Willen die Freiheit nur seine **innere** Bestimmung ist, die sich auf eine **äußerlich** vorgefundene **Objektivität** bezieht, welche dem **Subjekt** in drei Formen gegenübersteht: als **innere** Natur der Bedürfnisse und Neigungen, als **äußere** Natur und als **soziale** Welt. Eben in dieser Objektivität muss der Wille die Freiheit ‚realisieren', damit er in ihr bei sich selbst sein kann, und „der Begriff hiemit zur Idee vollendet sei." (E § 484, 478) Darin soll die **Unmittelbarkeit** aufgehoben und der Begriff – das Begreifen – vollendet sein. Hegels Gedanke ist also etwa so: solange der **Wille** formal bleibt und sein Inhalt nicht als solcher als **vernünftig** dargestellt werden kann, kann er nicht auf eine ihm entsprechende Weise in die **Realität** treten, damit bleibt er als rein ‚innerer' aber **unmitteilbar**, so dass der Mangel der **Unmittelbarkeit** auch unter dem Aspekt der **Unmitteilbarkeit** besteht; und dem Begreifen ist damit eine Schranke gesetzt, die nicht **begriffen** ist, obwohl sie doch behauptet wird, so dass diese Behauptung unvermittelt und nicht vernünftig mitteilbar bleibt und damit dem Selbstverständnis des Begreifens als beschränkt widerspricht.

Es ist deutlich, dass für Hegel auf dieser Grundlage keine andere Möglichkeit bleibt, als der zur Wirklichkeit einer Welt gestalteten **Freiheit** die Form der **Notwendigkeit** zuzuschreiben (E § 484, 478), nämlich ihren Gehalt als vernünftig auszuweisen – vernünftig in dem Sinn, wie er zuvor ausgewiesen wurde, nämlich als allgemeines Selbstbewusstsein ohne bestimmte Unterschiede zwischen den Selbstbewusstseinen, m.a.W.: der **Inhalt** des wirklich freien Willens muss der selben **Gedankenentwicklung** entstammen wie der freie Wille selbst, nur dann kann es sich um den Inhalt des freien Willens handeln. Es gibt demnach schon eine zweite **Determinante** dieser Entwicklung: jener Inhalt muss angegeben werden können, indem das Begreifen jene Schranke begreift, die einen nur **innerlich** freien Willen bestimmt, also indem es die dem Willen gegenüberstehende **Objektivität** als eine begriffliche – durch Begriffe bestimmte – begreift. M.a.W.: die Entwicklung zur **wirklichen** Freiheit kann nur durch das **Begreifen** und damit Aufheben jener **Unmittelbarkeit** (und damit Unmitteilbarkeit) geschehen, um deren Preis der Wille als bloß innerlich und einer unvernünftigen Objektivität gegenüberstehend aufgefasst werden konnte. Die Aufhebung der **Unmittelbarkeit** durch **Vermittlung** heißt ja, einfach formuliert, nichts anderes als dass jeder fixe Gedanke eine **Endlichkeit** darstellt, weil er **bestimmt** ist; weil er in dieser Endlichkeit und Bestimmtheit aber **gedacht** wird, deshalb ist das Denken dieses Gedankens selbst schon über ihn hinaus, gerade indem es ihn denkt. Die Vermittlung der Unmittelbarkeit ist nichts anderes als die **Explikation** dieses Darüber-hinaus-seins; es expliziert also nur etwas, was in diesem Denken schon implizit mitgedacht ist. Es wird also expliziert, dass der endliche und bestimmte Gedanke ein **Gedanke** ist, und die Vermittlung heißt demnach nichts anderes als das **Denken** dieses Gedankens zu explizieren, also die Tatsache, dass der vorangegangene Begriff **gedacht** war.

Dieses Begreifen der **Schranke** und damit der Überschritt zur **Wirklichkeit** des **Willens** kann aber nun nur mit den gedanklichen Mitteln gemacht werden, die **nun**, also auf dem gegebenen Stand der **Entwicklung** der Gedanken über die Wirklichkeit, als die **reflektierten** zur Verfügung stehen. Daraus ergibt sich, dass dieses Begreifen des freien aber innerlichen Willens als Begreifen der begrifflichen Bestimmtheit seiner Beschränktheit und Unmittelbarkeit nur mit **vernünftigen** Gedanken geleistet werden kann, also mit **Gründen**, die sich in den Status des **allgemeinen Selbstbewusstseins** fügen, seines allgemeinen Widerscheinens. Sie gehören also einer **gedanklichen** Welt an, die eine Welt von **Selbstbewusstseinen** ist und damit eine Welt, in der die ‚Idee' als **Verhältnis** ‚ein Selbstbewusstsein für ein Selbstbewusstsein' realisiert ist – in der jeder sich im anderen findet. Also muss das **Verhältnis** von einzelnen Willen zu einzelnen Willen für das die Beschränktheit des innerlichen freien Willens übersteigende

Begreifen dieser Beschränktheit einen weit bedeutenderen Status gewinnen als die erste und die zweite jener Formen von **Objektivität**, die einen **innerlich** freien Willen beschränken, also als die partikulären Bedürfnisse und die äußeren Naturdinge (vgl. § 483, 478). Wegen dieser Herkunft des **Willens** aus der **Vernunft** und damit aus dem allgemeinen Selbstbewusstsein muss die **Aufhebung** seiner Unmittelbarkeit, d.h. der Unbegriffenheit seiner doch begrifflich angegebenen Schranke nun als Entwicklung des **Jenseits** dieser Schranke mit dem Status eines Verhältnisses von Selbstbewusstseinen und der implizierten Vernunft geschehen. Dass der **objektive Geist** und nicht die innere Natur der Willenssubjekte oder die äußere Natur als **vernünftiger Gehalt** des **Willens** entwickelt wird, der damit **wirklich freier** Wille werden soll, ergibt sich also aus der **Herkunft** des Willens aus der **Vernunft** und damit dem allgemeinen Selbstbewusstsein.

Diese Herkunft aber hat sich am Beginn des **objektiven** Geistes bereits durch die Entwicklung über den **theoretischen** und **praktischen** Geist zum **freien** Geist näher bestimmt. Diese Entwicklung ist gleichzeitig die, in der der **Geist** das **Bewusstsein** zu seinem Gegenstande hat oder vielmehr **macht**. Das Bewusstsein war über Bewusstsein als solches und Selbstbewusstsein zur **Vernunft** entwickelt worden, die das allgemeine Selbstbewusstsein zum Ausdruck bringt. Dass der Geist das Bewusstsein zu seinem Gegenstand macht, bedeutet aber auch, dass das, was das **Bewusstsein** an sich ist, nun für den **Geist** ist. Also setzt der Geist die „**Identität des Ich mit seinem Andern**" für sich, so dass er sie als „konkrete Einheit" weiß (E § 443, 437). Also muss der Geist, indem er das Bewusstsein zu seinem Gegenstand hat, in seiner **Entwicklung** (die ja ebenso die seines Gegenstandes ist) auch die Entwicklung des **Bewusstseins** reproduzieren, allerdings nun nicht in der **Identität** des Ich mit seinem Andern an sich, sondern in dieser **Identität für** den Geist. Indem in dieser Entwicklung über das allgemeine Selbstbewusstsein und die Vernunft der **Geist** erreicht wird, so ist es auch eine Entwicklung zu sich selbst als **Gegenstand**. Genau dies aber entspricht dem **Begriff** des Geistes, der eingeführt wurde als die wissende Wahrheit, in der die Wahrheit als Wissen ist, weil sie zu ihrer eigentümlichen Bestimmtheit das „Ich, die Gewissheit seiner selbst als unendliche Allgemeinheit" hat (E § 439, 434). Damit ist am Ende des **subjektiven** Geistes mit dem **freien** Geist der ‚**wirklich freie** Wille' als Einheit des theoretischen und praktischen Geistes erreicht (E § 481, 476).

Indem der freie Wille so für sich als freier Wille ist, ist sein **Inhalt** genau so bestimmt wie der Wille in seiner formalen Bestimmtheit. Der Wille und sein Inhalt sind bestimmt durch ihre **Entwicklung** aus dem **allgemeinen Selbstbewusstsein** und seinem allgemeinen Widerscheinen und damit aus der **Vernunft**.

Nun soll sich die **Freiheit**, „die den Inhalt und Zweck der Freiheit hat", aber zu einer **Gegenständlichkeit** entwickeln, die zunächst die **rechtliche** und **sittliche** Wirklichkeit ist, weil jene Freiheit als ‚freier Geist' zunächst nur ‚Begriff' und Prinzip des Geistes ist (E § 482, 477). Der **vernünftige Gehalt** des Willens, also der Gehalt, der nur sein Anderes in der Form der Gegenständlichkeit ist, mit dem er **identisch** ist, indem er **wirklich** freier Wille ist, kann also nicht in den partikulären Bedürfnissen oder in der äußeren Natur gefunden werden, sondern nur in derjenigen Objektivität, die als **Verhältnis** „von einzelnen zu einzelnen Willen" existiert (E § 483, 478), und d.h. als Verhältnis von Selbstbewusstseinen. Dieses Verhältnis ist nun in seinem allgemeinen Widerscheinen und damit als **Vernunft** gedacht, und, nach der Entwicklung über theoretischen und praktischen Geist zum **freien** Geist, als **wirklich freier** Wille in einer Gegenständlichkeit, die dem freien Willen einen ihm gemäßen **Inhalt** geben kann. Der **Geist**, also die Wahrheit als Wissen, die zu ihrer Bestimmtheit „den für sich selbst existierenden reinen Begriff, Ich, die Gewissheit seiner selbst als unendliche Allgemeinheit" hat (E § 439, 434), kann deshalb nur im **Willen** erscheinen, weil der Wille die Tätigkeit ist, die **Idee** zu entwickeln „und ihren sich entfaltenden Inhalt als Dasein, welches als Dasein der Idee Wirklichkeit ist, zu setzen, objektiver Geist." (E § 482, 476)

Wenn erst der freie Wille, der für sich als freier Wille ist, **wirklich freier** Wille ist, so ist dieses Für-sich-sein auf dem erreichten Stand der Entwicklung zum einen ein **Verhältnis** von Selbstbewusstseinen, und zum anderen ist in ihm der praktische Inhalt **vernünftig**, und dies so, dass die Vernunft aufgefasst ist als eben jenes Verhältnis des allgemeinen Widerscheinens des Selbstbewusstseins ohne bestimmte Unterschiedenheit. Dieses Für-sich-sein ist aber auch die **Einheit** des **theoretischen** und **praktischen** Geistes, so dass das Sein-sollende, also die **Realisierung** des Willens, **identisch** ist mit dem, was ist, und was dem **theoretischen** Geist als das bewusst ist, das ihm seine **Bestimmungen** vorgibt. In dieser Einheit sind die **vorgegebenen** Bestimmungen also die zu **realisierenden** Bestimmungen. Wenn er darin für sich ist, also freier Wille für einen freien Willen, so geschieht dies nun in der in der Philosophie des Geistes bereits entwickelten Struktur. Damit ist das **Verhältnis** von Selbstbewusstseinen zu einem Verhältnis von freien **Willen** geworden, also von bewussten Wesen, die sich wechselseitig als frei wollend **anerkennen** und zwar so, dass dieses Wollen nun nicht mehr das subjektive Wollen mit beliebigem Inhalt ist, sondern ein Wollen mit **vernünftigem Inhalt**, der seine Vernünftigkeit durch die gleiche **Entwicklung** erweist, in der auch der freie Wille als solcher entstanden ist, also durch den Weg über das allgemeine Selbstbewusstsein und seine Vernunft und damit über die Einheit von **praktischer** und **theoretischer** Vernunft. Der für sich seiende freie

Wille, der erst **wirklich freier** Wille ist, ist also nun das **Anerkennungsverhältnis** der Selbstbewusstseine in der Gestalt einer wechselseitigen Anerkennung als ‚wirklich' frei wollend. Es ist Hegels Behauptung, dass ein solches Verhältnis nur möglich ist, wenn der **praktische** Inhalt nicht formal, zufällig und beschränkt ist, sondern selbst über die **Entwicklung** des Anerkennungsverhältnisses als **vernünftig** erwiesen ist.

Der Grund dafür, dass Hegel einen **wirklich freien** Willen nur in einem Verhältnis der ‚**Intersubjektivität**' mit einem **vernünftig** – also nach dem entwickelten Verhältnis des allgemeinen Widerscheinens des Selbstbewusstseins – bestimmten Inhalt als möglich ansieht, ist also in der durchgeführten **Reflexionsbewegung** zu sehen, also in dem „Aufheben der Vermittlung" (E § 481, 476). Es handelt sich demnach um die Integration des Gedankens, dass der **Inhalt** des Willens doch stets ein ‚**vermittelter**' ist, und zwar so, dass dieser Inhalt grundsätzlich genauso entstanden ist wie der **freie** Wille selbst, nämlich durch ein Verhältnis sich wechselseitig anerkennender **Selbstbewusstseine** und ihrer impliziten **Vernunft**. Der **Inhalt** des Willens kann also für die **Freiheit** des Willens deshalb nicht gleichgültig sein, weil zum einen die Form nur abstraktiv von ihrem Inhalt zu unterscheiden ist, und weil zum anderen vom **Inhalt** nun gewusst wird, dass er selbst ein **vermittelter** ist, d.h. in Wahrheit nicht zufällig, sondern durch eben jene Konstellation bestimmt ist, deren **Entwicklung** sich auch der Gedanke der Freiheit des Willens verdankt. Wir könnten dieses ‚Aufheben der Vermittlung' deshalb auch so zu verstehen suchen. Mit der Entwicklung bis zum **Verhältnis** des ‚Widerscheinens' des Selbstbewusstseins im Stande der Vernunft und zugleich als **Verhältnis** von freien Willen ist eodem actu der Gedanke der Wirklichkeit so entwickelt, dass alles Wirkliche als bestimmt durch eben das gleiche Verhältnis von **Selbstbewusstseinen** im Status der **Vernunft** und des Verhältnisses **freier Willen** bestimmt ist. Dass diese ‚Vermittlung' des Inhalts in dem erreichten Gedanken des freien Willens nur die ‚Aufhebung' der **Vermittlung** darstellt, die diese Vermittlung dem Gedanken des freien Willens integriert, kann demnach als Konsequenz aus dem erreichten Stand des philosophischen Denkens des Denkens angesehen werden.

In der Reflexion auf das **Denken** eines Gegenstands verändert sich nun der **Gegenstand**, indem in seinen Gedanken aufgenommen wird, wie er gedacht wird. Der **neue** Gedanke ist also der zuvor gedachte Gedanke zusammen mit dem ihm zugehörigen Denken. Insofern wird also sukzessive die **Form** dem **Inhalt** integriert – nämlich das **Denken** dem **Gedachten**, das damit neu gedacht und dadurch zu einem neuen Inhalt wird. Nun kann der freie Wille auf dem erreichten Stand der sukzessiven Integration des Denkens in das Gedachte ‚**für sich**' nur in einem **anderen** freien Willen sein. Der Wille hat die Freiheit damit nur als „seinen Gegenstand und Zweck" (E § 481), wenn er „sich denkt". Er denkt **sich**, wenn und indem er in dem Verhältnisse der **Selbstbewusstseine** ein **Verhältnis freier Willen** entdeckt. Damit wird ihm sein Gedanke gedachter Gegenstand, mit dem er sich denken kann, indem ihm dieses Verhältnis freier Willen zum Gegenstand wird. Genau dies geschieht nun mit dem **Recht** als **objektivem Geist**. Also ist mit dem Gedanken des Rechts einem **Gedachten** die **Form** seines **Denkens** integriert. ‚Recht' heißt der Gedanke, mit Hilfe dessen ein Gedanke **niedrigerer** Reflexionsstufe zusammen mit dem **Denken** dieses Gedankens **gedacht** werden kann.

Nun ist die **rechtliche** (ebenso wie die sittliche und religiöse und wissenschaftliche) **Wirklichkeit** dasjenige, zu dem als Gegenständlichkeit sich zu entwickeln die Freiheit, „die den Inhalt und Zweck der Freiheit hat" (E § 482, 477), **bestimmt** ist. Daraus lässt sich entnehmen, dass mit dem Gedanken des **Rechts** dem **Gedanken** einer Bestimmtheit der Wirklichkeit durch das zu einem Verhältnis freier Willen fortentwickelte Verhältnis der Selbstbewusstseine (also das allgemein widerscheinende und deshalb die Vernunft in sich enthaltende Selbstbewusstsein) sein **Gedachtsein** integriert wird. Demnach trägt der Gedanke des **Rechts** dazu bei, das **Denken** des Verhältnisses freier Willen besser zu verstehen (und damit auch dieses Verhältnis besser zu verstehen), indem dieses Denken darin selbst **gedacht** wird. Dafür spricht ja zunächst, dass mit dem Recht, bzw. mit dem Recht als Gedanken der Wirklichkeit, das **Verhältnis** freier Willen **gegenständlich** wird, und zwar als eine **Wirklichkeit** (und damit als Gegenstand einer **Realphilosophie**) und als der **Gedanke** dieser **Wirklichkeit** (als Gedanke dieser Realwelt). Dies aber muss damit verbunden werden, dass (1) der **wirklich freie Wille** durch das bewahrende Aufheben der Vermittlung, das in der formalen, zufälligen und beschränkten Natur des bisherigen praktischen Inhalts enthalten war, nun „die durch sich gesetzte unmittelbare **Einzelnheit**" (E § 481, 476) ist, und dass (2) der **wirklich freie Wille** die Freiheit als seine allgemeine Bestimmung nur als seinen **Gegenstand** und Zweck hat, indem er sich **denkt**, also seinen Begriff weiß und so „Wille als freie Intelligenz" ist (E § 481, 476).

Demnach muss sich die **philosophische** Bedeutung des **Rechts** und damit die Rechtsphilosophie daraus ergeben, dass mit seiner gedanklichen Entwicklung **expliziert** und gedanklich integriert (d.h. als Vermittlung aufgehoben) werden kann, was im **Denken** des **freien Willens** als der ‚unmittelbaren Einzelnheit' und der Auffassung des Willens als ein Sich-denken und damit als ‚freie Intelligenz' nur **implizit** mitgedacht wird – was also darin eine ‚**Unmittelbarkeit**' ist, d.h. eine nicht aufgehobene, nicht in das Denken integrierte **Vermittlung**. Der **objektive** Geist (als Recht, Moralität, Sittlichkeit) ist dann die **Entwicklung** des

Gedankens der **Wirklichkeit**, in dem sie als **bestimmt** durch ein Verhältnis von Selbstbewusstseinen gedacht wird, dem nicht nur die Vernunft, sondern auch das wechselseitige Anerkennungsverhältnis der freien Willen integriert wurde. Er ist aber gleichzeitig die Entwicklung der **Wirklichkeit** des freien Willens. Also muss sich die Entwicklung der Wirklichkeit des freien Willens und damit des **wirklich freien** Willens – auch dadurch ausweisen und in den **Entwicklungsgang** der ‚Enzyklopädie' einfügen, dass damit (und nur damit) der Gedanke der **Wirklichkeit** insofern weiter ‚expliziert' wird, als dasjenige an ihm, was in ihm als einem Gedanken noch nicht als **Gedachtes** ausgearbeitet wurde und deshalb weiter nur dem sich nicht denkenden Denken angehört, in einem weiteren Schritt in das **gedachte Denken** eingefügt wird.

Wenn aber auch der **objektive** Geist die absolute Idee nur „an sich seiend" (E § 483, 478) ist, so ist auch das **Recht** noch nicht der Gedanke, in dem das Denken des Denkens in sein **Ziel** kommen könnte. Er ist „auf dem Boden der **Endlichkeit**", und seine „wirkliche Vernünftigkeit" behält mit dieser Endlichkeit „die Seite **äußerlichen** Erscheinens an ihr." (E § 483, 478) Mit dem Gedanken des **Rechts** wird es also zwar möglich, das **Denken** angemessener zu denken als mit allen im ‚System' **zuvor** behandelten Gedanken der Wirklichkeit, aber doch immer noch nicht ganz angemessen. Der Grund dafür ist letztlich, dass zu der **Wirklichkeit** des Rechts – und damit auch zu der Wirklichkeit des **freien Willens** – konstitutiv ein Moment des **Nicht-Denkens** gehört, also des **Reflexionsverzichts**. Das Recht ist ‚**endlich**' und ‚**erscheint äußerlich**', so gehört zu ihm eine **Vermittlung**, die nicht ‚**aufgehoben**' ist, anders gesagt: das Recht hat eine **Herkunft** und damit eine **Bestimmtheit** (also Endlichkeit), die nicht aufgeklärt ist. Dieses Moment der **Unvermitteltheit** und der **Unaufgeklärtheit** ist für das **Recht** in der Hegelschen Rechtsphilosophie demzufolge **konstitutiv**. Zum Denken des Rechts, das diese Rechtsphilosophie vorlegt, gehört also auch der Gedanke, dass das **Denken** das Recht – bzw. den Gedanken des Rechts als einer Wirklichkeit – **nicht vollständig** aufklären kann, es sei denn um den Preis, das Recht als solches transzendieren und nicht das Recht, nicht den objektiven Geist, sondern den **absoluten Geist** denken zu müssen und damit nicht das Recht, sondern das **Denken** zu **denken**.

Diese dunkle Stelle im **Denken** des **Rechts**, also der **Reflexionsverzicht**, das nicht gedachte Denken darin, ist eines der wichtigsten Charakteristika der Hegelschen Rechtsphilosophie. Mit diesem Denken des **Rechts** als einem **nicht zu Ende gebrachten** Denken, einem nicht mit dem Denken **fertig gewordenen** Denken, ist das Recht allerdings auf keine Weise negativ ausgezeichnet. Es wird folglich behauptet, dass ein sich selbst begreifendes Denken das Recht in seinem **Gedanken** begreifen muss als bestimmt durch ein als solches **defizientes**

Denken, nämlich defizient im Sinne eines **nicht vollständig durchgeführten** Denkens, also eines **sich nicht denkenden** Denkens. In dieser Defizienz ist das Recht weiter **bestimmbar** durch dasjenige Denken, das die gedankliche Entwicklung vom Gedanken des Rechts bis zum **durchgeführten Gedanken** des **Denkens** ausmacht, also durch den ‚Mangel', das das Denken des Rechts vom vollständigen Denken des Denkens trennt und unterscheidet.

Offensichtlich ist es aber eben diese **bestimmte Mangelhaftigkeit** in Bezug auf das sich denkende Denken, die das **Recht** gerade als einen Gedanken in die **Systementwicklung** einstellt, der das Denken des Denkens seiner vollendeten **Durchführung** näher bringt. Der Mangel ist grundsätzlich, dass der Geist **objektiv** ist, also die Wahrheit als Wissen, wie sie als Verhältnis von Selbstbewusstseinen in der Struktur der Vernunft und darüber hinaus als Verhältnis freier Willen in der Einheit von subjektiv-theoretischem und subjektiv-praktischem Geist entwickelt wurde, dem **Bewusstsein** als eine **Macht** gegenübertritt, die **nicht vollständig in das Denken aufgelöst** ist – eine Wahrheit, die Wissen ist, das nicht zu Ende gedacht ist. Diese Situation gilt auch noch für den Status der **Sittlichkeit**, in dem die Vernunft zwar ‚wirklich' geworden ist, aber doch als **äußerliches** Erscheinen. Die Freiheit „bezieht" sich darin auf das Verhältnis der einzelnen Willen zueinander, und die Freiheit ist eine in der äußerlich objektiven Seite **zu realisierende**. Wenn im Status der Sittlichkeit dann diese ‚Seite' eine durch den Begriff des Willens – also durch die Freiheit – bestimmte Welt ist, so ist damit dieser Begriff zwar mit sich **zusammengeschlossen**, aber noch nicht **zu Ende gedacht**. Auf dem **Weg** dorthin wird jedoch die **Einheit** des **vernünftigen** Willens mit dem **einzelnen** Willen dadurch hergestellt, indem zunächst diese Einheit nach der Form der Allgemeinheit als Gesetz, und nach dem allgemeinen als „Sitte" gedacht wird, die nun die Allgemeinheit des Denkens dem subjektiven Willen „einbildet" (E § 485, 479). In seinem umfassenden Begriff ist diese ‚Einbildung' der Allgemeinheit dem Inhalte nach in den einzelnen Willen das **Recht**, also nicht nur das ‚juristische' Recht, sondern „das Dasein aller Bestimmungen der Freiheit" (E § 486, 479).

Diese Aufklärung über die **Wirklichkeit** der Freiheit ist damit ebenso eine **Weiterführung** des Denkens des Denkens. Darin wird reflektiert auf die ‚Einbildung' des allgemeinen Inhalts in das Denken als Tätigkeit des einzelnen Bewusstseins. Diese **Reflexion** findet nun allerdings statt auf dem erreichten Stand des Gedankens des Denkens, der durch das **allgemeine Selbstbewusstsein** mit der ihm eigenen vernünftigen Allgemeinheit und durch die Einheit von theoretischem und praktischem – wollendem – Geist bestimmt ist. Wir können den **Gedanken** des **Rechts** demnach als den Gedanken auffassen, der Hegel gerade **auf diesem Stand des Denkens des Denkens** geeignet und fähig erscheint, das

Denken weiter zu **reflektieren** und damit besser als bisher denken zu können. Auf diesem Stand des Denkens der Gedanken der Wirklichkeit muss das **Recht** ebenso der **Gedanke** sein, der die mit dem objektiven Geist erreichte **Richtung** der Entwicklung des Denkens des Denkens **so weiterführt**, dass in dieser Richtung das Denken zu Ende gedacht werden kann. In dieses Zu-Ende-denken des Denkens muss sich im Gedankengang der **Entwicklung** des objektiven Geistes gerade fügen, dass die Bestimmungen der Freiheit im subjektiven Willen **Sitte** als „Gewohnheit und Sinnesart" sein sollen (E § 486, 479). Das Anstößige der Hegelschen Rechtsphilosophie erschöpft sich also nicht darin, dass die **Freiheit** durch die gewohnheitsmäßige ‚Sinnesart' ihre **Wirklichkeit** finden soll, sondern dieser Zusammenhang soll auch noch geeignet sein, das **Denken** des **Denkens** voranzutreiben.

Nur wenn berücksichtigt wird, dass damit ein Unternehmen fortgesetzt wird, in dem das **Denken gedacht** werden soll, lässt sich demzufolge die **Gedankenentwicklung** vom formell-abstrakten **Recht** über die **Moralität** – die in diesem Zusammenhang zum Dasein der Bestimmungen der Freiheit gehört – zur **Sittlichkeit** als dem substantiellen Willen angemessen verstehen. Auf dem erreichten Stand der Entwicklung des Denkens des Denkens kann die **Wirklichkeit** der Freiheit ja nur in einem als **vernünftig** bestimmten **Verhältnis** von Selbstbewusstseinen zu finden sein, das sich bereits zu einem Verhältnis freier Willen fortgebildet hat. Damit ist das **Recht** zunächst bestimmt als die **gedachte Wirklichkeit**, die diesem **Verhältnis** seinen **eigenen Gedanken** integriert. Nun hat sich aber auch das, was **Denken** heißen kann, bis zu diesem Stand so entwickelt, dass es ebenso nur als ein **Verhältnis** von **Selbstbewusstseinen** aufgefasst werden kann. Hegel hatte dies schon dadurch zum Ausdruck gebracht, dass der Geist nicht ‚etwas' offenbart und darin seine Bestimmtheit findet, so dass sich seine Äußerung und seine Äußerlichkeit von einem Inhalt unterscheiden könnte, sondern dass die Bestimmtheit und der Inhalt des Geistes das „Offenbaren selbst" ist: „Die Bestimmtheit des Geistes ist daher die Manifestation." (E § 383, 382) Wenn dem **Verhältnis** freier Willen also der **Gedanke** des Verhältnisses freier Willen integriert werden soll, und so dieses Verhältnis als **Unmittelbarkeit** aufgehoben werden soll, indem ihm die Vermittlung integriert wird, so muss die genuine **Manifestation** dieses Verhältnisses deutlich werden. Auf dieser Grundlage muss dieses **Verhältnis** zusammen mit dem ihm zugehörigen **Denken** – also seinem Sich-offenbaren – **gedacht** werden können, woraus der neue Stand in der Entwicklung des Denkens des Denkens zu bestimmen sein muss. Das **Offenbaren** und **Manifestieren** des freien Willens ist demnach genau die **Reflexion**, die im objektiven Geist die **Gedankenbewegung** des Begreifens in der ‚Enzyklopädie' fortsetzt, und das **Recht** gewinnt seine Bedeutung **für das Denken des Denkens** gerade durch seine **Fähigkeit** des **Offenbarens** und **Manifestierens** eines **Verhältnisses freier Willen**.

5. Hegel und das ‚Zusammenfassen'

Es ist immer ein gefährliches Unternehmen, das Denken eines Philosophen in wenigen Sätzen zusammenfassen zu wollen. Sicherlich ist es möglich, Kants zentralen Gedanken darin zu sehen, dass die Bedingungen der Möglichkeit der Erfahrung gleichzeitig die Bedingungen der Möglichkeit der Gegenstände der Erfahrung sind. Man könnte dies auch damit erläutern, dass unsere Erkenntnis stets aus einer Einheit von Rezeptivität und Spontaneität entsteht – also aus der Anschauung, die uns über die Sinnlichkeit ein ‚Mannigfaltiges' gibt, und aus dem Verstand, der dieses Gegebene durch seine eigene Leistung zu Synthesen bringt, die Leistungen des Verstandes in Gestalt von Urteilsformen bzw. reinen Verstandesbegriffen (Kategorien) darstellen. Das Wissen, das über die nur technisch ‚brauchbaren' bzw. für die Zwecke der Herstellung einer kommunikativen Einheit unter Menschen zu verwendenden empirischen Erkenntnisse hinausgeht und objektiv gültig ist im Sinne eines notwendigen und allgemeinen Wissens – das also apriorisch-synthetisch ist, beschränkt sich auf der Grundlage dieses Denkens auf solche Urteile, die aus den reinen Urteilsformen abgeleitet werden können. Kant hat solche Erkenntnisse in seiner ‚Analytik der Grundsätze' aufgelistet als ‚synthetische Grundsätze des reinen Verstandes' (B 198ff), die „Regeln des objektiven Gebrauchs" der Kategorien darstellen. Auch hier ist der Gedankengang schon auf ein dürres Ergebnis reduziert, welches das Denken, das eigentlich die Philosophie Kants enthält, ohne die Argumentationen vorstellt, die doch eigentlich den Kern eines Denkens ausmachen.

Hegel hat sich explizit dagegen gewehrt, seine Philosophie auf eine Zusammenfassung bringen zu wollen. Anders als bei Kant hat dies sehr viel mit seinem zentralen Gedanken zu tun. Kein Begriff und kein Gedanke hat eine Wahrheit ohne die Geschichte seiner Entwicklung. Dass er wahr ist und was er an Wahrheit enthält, beruht gerade auf seiner Entwicklung. Er kann keine Bestimmtheit aus einer ‚Sache' außerhalb seiner selbst erhalten. Für philosophische Begriffe gilt, was Platon im Phaidros so ausdrückte: „Felder und Bäume wollen mich nichts lehren, wohl aber die Menschen in der Stadt" (230d), womit er sagen wollte, dass wir Erkenntnisse nicht durch die Wahrnehmung gewinnen, sondern durch das Denken, das in der kommunikativen Auseinandersetzung zwischen Menschen geschieht. Bei Hegel muss man zu den ‚Menschen in der Stadt' noch die Entwicklungsgeschichte des Denkens dieser Menschen ergänzen, das nicht bei einem Gegenstand in der Außenwelt ansetzt, sondern bei dem, was bereits gedacht wurde. Damit ist nicht ausgeschlossen, dass ein ganz anderer Gedanke entsteht. Man könnte allerdings sagen, *so* ganz anders kann er nun auch wieder nicht sein, denn auch wenn er sich gegen alle vorhandenen Gedanken zu einem Thema wendet, so ist er eben gerade durch diese Negation bestimmt. Was an Neuem entsteht, ist durch das geprägt, gegen das es sich entwickelt hat. Der Gedanke B, der sich von dem Gedanken A abheben will, indem er A für falsch erklärt, enthält auch den Gedanken Nicht-A und damit implizit in der Negation den Gedanken A. Man könnte auch sagen: das Denken fängt nicht bei Nichts an, sondern bei einem bestimmten ‚nicht'. Würde es bei Nichts anfangen, so könnte es auch nichts sagen; erst wenn und indem es einen bestimmten anderen Gedanken verneint oder ablehnt oder kritisiert, sagt es ‚etwas'. Damit aber enthält es aber eben diesen Gedanken implizit in sich und ist von ihm abhängig. Wäre der kritisierte Gedanke ein anderer gewesen, so wäre es selbst auch anders.

Fassen wir eine Philosophie also zusammen, so unterbrechen wir diesen Zusammenhang des Denkens. Wir beziehen uns auf Begriffe und Gedankengänge, indem wir von ihrer Entwicklung absehen. Den Vorgang des ‚Absehens-von' kann man auch als ‚abstrahieren' bezeichnen. Wenn wir Hegel folgen, so ist deshalb eine jede Zusammenfassung einer Philosophie ‚abstrakt'. Hegel beansprucht für sein Denken dagegen, dass es ‚konkret' sei, was wir üblicherweise einer Philosophie grundsätzlich absprechen. Aber die Anwendung dieser Unterscheidung hat bei Hegel durchaus einen guten Sinn, jedenfalls was den Anspruch dieses Denkens betrifft. Diesem zufolge rechtfertigt sich das bei Hegel in Erscheinung tretende Denken gerade dadurch, dass es eine solche Entwicklung des vorhandenen Denkens darstellt, in der dieses so auf sich selbst zurückkommt, dass es sich insgesamt darin begreifen kann. Wird nun dieses Begreifen des Denkens ‚abstrakt' als Ergebnis genommen und in einer Zusammenfassung vorgestellt, so geht genau das verloren, was es von einer ‚Abstraktion' unterscheidet: seine Entwicklung als Ergebnis der Geschichte des Denkens. Man könnte dies auch so ausdrücken: wenn wir Hegels Denken auf eine Zusammenfassung bringen, so trennen wir dieses Denken von seiner Entwicklung aus der Geschichte des Denkens und verstehen es deshalb gerade notwendig falsch.

Das Denken des Denkens ist ohne Inhalt, wenn das Denken, das darin begriffen wird, in der Darstellung des ersteren Denkens nicht mehr mitgedacht wird. Dieses Denken steht nicht für sich, sondern begründet sich nur aus eben diesem Denken. Das ‚Ergebnis' wäre also, gerade weil es ein Ergebnis ist, ohne

Begründung, und damit wäre es eigentlich überhaupt kein philosophischer Gedanke mehr. Wenn wir Hegel folgen wollen, dann enthält es gerade nicht seine Philosophie, weil es diese Philosophie von ihrer Entwicklung abtrennt, obwohl die Wahrheit dieser Philosophie doch gerade darin besteht, die zu sich gekommene Entwicklung des Denkens darzustellen. Anders als bei anderen Denkern muss der Versuch einer Zusammenfassung des Hegelschen Denkens also akzeptieren, dass sie nach dem radikalsten Gedanken seiner Philosophie diese Philosophie gerade nicht darstellt, sondern grundsätzlich verfälscht. Die angemessene Darstellung der Hegelschen Philosophie ist nur die systematische Entwicklung, in der das Wahre eigentlich ‚das Ganze' ist, d.h. der Begriff mit seiner Entwicklung und damit Begründung.

Insofern ist es im Hegelschen Sinne ‚abstrakt', wenn wir darauf verweisen, dass sein Denken uns erkennen lässt, dass wir *denken*, wenn wir behaupten, im Denken würden wir etwas außerhalb des Denkens erkennen. Die ‚Sache' ist „für uns nichts anderes als unsere Begriffe von ihr." (L 15) ‚Etwas außerhalb des Denkens' ist eben ein Gedanke, und die Behauptung, dies meine doch gerade etwas, das unabhängig vom Denken ist, ist ebenfalls ein Gedanke. Wir könnten hier von der ‚Dialektik der Grenze' sprechen: wer behauptet, das Denken sei begrenzt, der hat eben diese Grenze damit schon durch das Denken überschritten, weil er einen Gedanken verfolgt, demzufolge etwas außerhalb des Denkens sei, was doch nur gedacht ist. Wenn Kant das Denken also auf die Leistung beschränken wollte, durch reine Verstandesfunktionen (Urteilsformen bzw. Kategorien) das ‚Mannigfaltige' so zu synthetisieren, dass daraus das Bewusstsein von einem Gegenstand in der Welt entsteht, dem wir die Sinneseindrücke als seine Eigenschaften zuschreiben, so hat sich diese Struktur der Erkenntnis nicht selbst beschrieben, sondern sie wurde in einem Gedanken entwickelt, den es *als Gedanken* zu begreifen gilt.

Wenn wir den Begriff der Erkenntnis so beschreiben, dass darin ein Begriff in eine Beziehung zu Gegenständen oder Vorgängen in der wirklichen Welt tritt, dann erinnert uns Hegels Philosophie daran, dass diese Beschreibung eben ein Gedanke ist, d.h. ein Begreifen, das sich nicht prinzipiell von jener Erkenntnis unterscheidet, deren Begriff wir mit dem Verweis auf einen Bezug auf etwas außerhalb des Wissens erklären. In der ‚Logik' erklärte Hegel, „dass eben diese Sachen, die jenseits unser und jenseits der sich auf sie beziehenden Gedanken auf dem andern Extreme stehen sollen, selbst Gedankendinge" sind (L 15). Dass sich das Denken auf etwas außerhalb des Denkens bezieht, wenn es zu einer Erkenntnis führen soll, ist ein Gedanke. Man könnte darin die Philosophie des sog. ‚objektiven Idealismus' in nuce zusammengefasst sehen. Wir sollten gleich darauf hinweisen, dass dies nicht bedeutet, dass die Gegenstände der Erkenntnis und des

Denkens unserer Verfügung unterstehen und wir sie nach Belieben gestalten können. An die Stelle der Unverfügbarkeit der ‚Natur' oder der ‚Welt an sich' tritt bei Hegel die Widerständigkeit der geschichtlich gewordenen Begriffe, die nicht schwächer ist als diejenige, welche im Gedanken einer ‚Welt an sich' gedacht war. ‚Wir' verfügen nicht über die Begriffe, mit deren Hilfe wir die Welt verstehen, wenn mit ‚wir' gemeint ist ‚die jetzt lebenden Menschen' oder gar ‚die Menschen einer Kultur' oder sogar ‚ich', wenn wir das ‚wir' im Sinne des pluralis majestatis gebrauchen (‚Wir, von Gottes Gnaden König, geruhen hiermit zu wollen ...').

Dass dem so ist, ist übrigens gerade auf der Grundlage des Gedankens der Abhängigkeit der Begriffe und Gedanken von ihrer geschichtlichen Entwicklung notwendig der Fall. Wir hatten gesehen, dass ein Begriff nicht von dem Bezug auf eine ‚Sache' in der Welt an sich bestimmt wird, sondern durch seine Entwicklung, in der er auch in der Abgrenzung von anderen Begriffen doch von ihnen bestimmt bleibt. Ein neuer Begriff löst ein Problem, das durch die zuvor geltenden Begriffe entstanden war. Das ist durchaus ein Fortschritt und etwas Neues. Aber er wäre ein anderer Begriff, wäre er die Lösung eines anderen Problems. Die grundlegenden Begriffe der Quantenphysik wurden als Lösung schwerwiegender Probleme der Optik geprägt. Wären diese Probleme anders gewesen, so würden wir heute vermutlich mit anderen Begriffen die Welt des Subatomaren zu verstehen suchen. Weil die Begriffe aber abhängig von den bereits geltenden Begriffen sind, deshalb ist die Freiheit zur Begriffsbildung sehr beschränkt. ‚Wir' sind also gerade nicht frei im Entwerfen von Begriffen, sondern folgen dabei einer Notwendigkeit, die sich aus den in der Entwicklung des Denkens geprägten Begriffen ergibt. Allerdings ist diese Notwendigkeit beschränkt: im Rahmen der vorgegebenen Begriffswelt sind viele verschiedenen Lösungen für Probleme möglich, die sich in diesem Rahmen ergeben haben. Darin ist der Raum für eine Kreativität im Begriffsbilden, die wir als die Freiheit in der Wissenschaft und in unserem Verstehen der Welt auffassen können. Diese komplizierte Lage sollte berücksichtigt werden, wenn von Hegels ‚objektivem Idealismus' die Rede ist. Dieses ‚Schlagwort' bedeutet bei Hegel im Grunde nichts anderes als das, was er am Ende der ‚Wissenschaft der Logik' so zum Ausdruck bringt: „Der Gegenstand, wie er ohne das Denken und den Begriff ist, ist eine Vorstellung oder auch ein Name; die Denk- und Begriffsbestimmungen sind es, in denen er ist, was er ist. In der Tat kommt es daher auf sie allein an; sie sind der wahrhafte Gegenstand und Inhalt der Vernunft und ein solches, als man sonst unter Gegenstand und Inhalt im Unterschiede von ihnen versteht, gilt nur durch sie und in ihnen." (L II 493/494)

Hegel hat in der ‚Phänomenologie des Geistes' diese einfache Einsicht zu entwickeln und zu begründen gesucht. In der ‚Wissenschaft der Logik' hat er den gleichen Gedanken eingesetzt, um ein umfassendes System von Gedankenbestimmungen auszuarbeiten, die alles enthalten sollten, was für den Menschen als denkendes Wesen in einem radikalen Sinne gewusst werden kann, d.h. mit dem Status der Notwendigkeit und Allgemeinheit, also nicht nur mit dem Anspruch auf technisch-praktische Anwendbarkeit. Wir können darin die Fortsetzung des Unternehmens der Kantischen Aufstellung einer Urteils- bzw. Kategorientafel sehen. Im Unterschied zu Kant sind alle Gedankenbestimmungen der ‚Logik' jedoch auseinander entwickelt, und sie werden nicht mehr in einer Beziehung zu einem ‚Jenseits' des Denkens gedacht. Sie erhalten ihre Bedeutung nur aus ihrer Stellung innerhalb der Gedankenentwicklung in der ‚Logik', und Hegel erarbeitet damit ein umfassendes System der Gedanken, die wir a priori wissen können. In der ‚Logik' weist sich also die grundlegende Einsicht Hegels in ihrer Durchführung aus: der Begriff ist „nur Gegenstand, Produkt und Inhalt des Denkens und die an und für sich seiende Sache, der Logos, die Vernunft dessen, was ist, die Wahrheit dessen, was den Namen der Dinge führt." (L 18/19)

Wir haben darüber hinaus in verschiedenen Anläufen am Beispiel der Rechtsphilosophie (die bei Hegel die ganze praktische Philosophie umfasst) zu erklären versucht, wie Hegel auf der Grundlage seines zentralen Gedankens Spezial- bzw. Gebietsphilosophien nach ihren gedanklichen Strukturen ausarbeitet. Ein solches Denken erlaubt es nicht mehr, solche Teilphilosophien durch ihren Bezug auf einen ‚Gegenstand' außerhalb des Denkens zu begründen. Dies gilt jedenfalls dann, wenn es sich um Teile der einen Philosophie handeln soll, d.h. wenn in ihnen beansprucht wird, bestimmte Themen in einem *philosophischen* Zusammenhang zu untersuchen. Für Hegel bedeutet dies, dass die Grundbegriffe eines solchen Denkens über bestimmtere Gegenstände sich aus dem Zusammenhang des reinen Denkens entwickeln lassen müssen, da sie nur auf diese Weise ihre Rechtfertigung als Teile des notwendigen und allgemeinen Wissens gewinnen können, d.h. sich von dem Wissen über die ‚gleichen' Gegenstände unterscheiden können, das nur den Status technisch-praktischen Wissens besitzt, oder das sich aus dem Zweck der Verständigung einer Gesellschaft über die in ihr geltenden Regeln begründet. Die ‚konkreten' Wissenschaften haben demnach „das Logische oder den Begriff zum innern Bildner ..., wie sie es zum Vorbildner hatten", denn die Logik ist „allerdings die formelle Wissenschaft, aber die Wissenschaft der absoluten Form, welche in sich Totalität ist und die reine Idee der Wahrheit selbst enthält." Also kann auch der Inhalt der einzelnen Teilphilosophien nichts anderes sein „als solche Bestimmungen der absoluten Form, – der durch sie selbst gesetzte und daher auch ihr angemessene Inhalt." (L II 231)

Literaturhinweise

Arndt, Andreas, Hg., Hegels ‚Phänomenologie des Geistes' heute, Berlin 2004 *[Eine interessante Aufsatzsammlung vor allem zur Rezeption.]*
Arndt, Andreas/Iber, Christian, Hg., Hegels Seinslogik. Interpretationen und Perspektiven, Berlin 2000 *[Eine Aufsatz-Sammlung mit unterschiedlichen Positionen zu unterschiedlichen Fragen; insgesamt sehr hilfreich.]*
Bensch, Hans-Georg, Perspektiven des Bewußtseins. Hegels Anfang der ‚Phänomenologie des Geistes', Würzburg 2005 *[Ein Text für den fortgeschrittenen Hegel-Studenten, nicht für den Anfänger.]*
Burkhardt, Bernd, Hegels ‚Wissenschaft der Logik' im Spannungsfeld der Kritik, Hildesheim 1993 *[Hier muss der Leser wissen, was ihn erwartet: eine Darstellung der Auseinandersetzung mit Hegels Logik in der Zeit bis 1831; für dieses sehr spezielle Interesse ist es ein wichtiges Werk.]*
Claesges, Ulrich, Darstellung des erscheinenden Wissens. Systematische Einleitung in Hegels Phänomenologie des Geistes, Bonn 1981 *[Eine auch für den Anfänger mit Gewinn zu lesende Einführung in die ‚Phänomenologie'.]*
Cobben, Paul, Hg., Hegel-Lexikon, Darmstadt 2006 *[Dieses Buch enthält ein alphabetisches Verzeichnis der Hegelschen Begriffe; das kann hilfreich sein, allerdings sind die Zusammenhänge damit wenig berücksichtigt.]*
Daniel, Claus, Hegel verstehen. Eine Einführung in sein Denken, Frankfurt/Main 1983 *[Der Versuch einer Einführung aus soziologischer Perspektive; m.E. für den Anfänger verwirrend.]*
Düsing, Klaus, Das Problem der Subjektivität in Hegels Logik. Systematische und entwicklungsgeschichtliche Untersuchungen zum Prinzip des Idealismus und zur Dialektik, Bonn 1995 *[Ein umfassendes Werk, das sicher nicht zur Einführung im engeren Sinne dienen kann, das aber danach sehr hilfreich ist.]*
Düsing, Edith, Intersubjektivität und Selbstbewußtsein, Köln 1986 *[Das Buch enthält ein interessantes Kapitel über Hegel Anerkennungsbegriff.]*
Eley, Lothar, Hegels Wissenschaft der Logik. Leitfaden und Kommentar, München 1976 *[Eine auch für den Anfänger geeignete Einführung in die ‚Logik'.]*
Emundts, Dina/Horstmann, Rolf-Peter, G.W.F. Hegel. Eine Einführung *[Eine sehr knapp gefasste Einführung zu einem sehr günstigen Preis, allerdings teilweise zu kompliziert.]*
Enskat, Rainer, Die Hegelsche Theorie des praktischen Bewusstseins, Frankfurt/Main 1986 *[Interessant zur praktischen Philosophie.]*
Fulda, Hans Friedrich, G.W.F. Hegel, München 2003 *[Auch dieses Werk befasst sich ausführlich mit Hegels Leben. Zwei Drittel des Textes stellen aber das Werk dar, wobei das Schwergewicht auf die ‚Enzyklopädie' gelegt wird. Darin liegt der Wert des Buches.]*

Fulda, Hans Friedrich, Hg., Vernunftbegriffe in der Moderne, Stuttgart 1994 *[Texte zu einem Hegel-Kongreß. Wichtig zum größeren Zusammenhang Kant-Hegel-Vernunftkritik.]*
Fulda, Hans Friedrich/Henrich, Dieter, Hg., Materialen zu Hegels ‚Phänomenologie des Geistes', Frankfurt/Main 1973 *[Eine Sammlung von sehr wichtigen Aufsätzen.]*
Gessmann, Martin, Hegel, Freiburg/Br. 1999 *[Eine Einführung, die Hegels Bildungsweg nachzeichnet und dabei die Philosophie erzählend zu erläutern versucht.]*
Gethmann-Siefert, Annemarie, Einführung in Hegels Ästhetik, München 2005 *[Ein Standardwerk zu diesem Thema; auch für den Anfänger verständlich.]*
Guzzoni, Ute, Hegels Denken als Vollendung der Metaphysik, Freiburg 2005 *[Ein interessanter Text aus einem speziellen Blickwinkel.]*
Hackenesch, Christa, Die Logik der Andersheit. Eine Untersuchung zu Hegels Begriff der Reflexion, Frankfurt/Main 1987 *[Eine Dissertation, aber trotzdem interessant und lesenswert.]*
Halbig, Christoph, Hg., Hegels Erbe, Frankfurt/Main 2004 *[Eine interessante Aufsatzsammlung mit wichtigen Texten.]*
Halbig, Christoph, Objektives Denken. Erkenntnistheorie und Philosophy of Mind in Hegels System, Stuttgart 2002 *[Ein interessanter Versuch, Hegel aus einer anderen Perspektive zu verstehen, aber sicher nicht für den Anfänger.]*
Hansen, Frank-Peter, G.W.F. Hegel: ‚Wissenschaft der Logik'. Ein Kommentar, Würzburg 1997 *[Ein Kommentar, der hilfreich sein kann, aber auch kritisch gelesen werden sollte.]*
Hansen, Frank-Peter, Georg W.F. Hegel: ‚Phänomenologie des Geistes'. Ein einführender Kommentar, Paderborn 1994 *[Für einen einführenden Kommentar etwas komplizierter, aber für manchen Leser kann es hilfreich sein.]*
Hansen, Frank-Peter, Hegels ‚Phänomenologie des Geistes'. ‚Erster Teil' des ‚Systems der Wissenschaft' dargestellt an Hand der ‚System-Vorrede' von 1807, Würzburg 1994 *[Ein ausführlicher Kommentar zu dieser Vorrede, für den Anfänger weniger geeignet.]*
Hartmann, Klaus, Hegels Logik, Berlin/New York 1999 [Ein Werk mit systematischem Anspruch, das aus dem Nachlass des Autors herausgegeben wurde; für den Hegel-Forscher unverzichtbar; für den Anfänger weniger geeignet.]
Hartnack, Justus, Hegels Logik. Eine Einführung, Frankfurt/Main 1995 *[Die Übersetzung eines dänischen Buches, das an manchen Stellen nützlich sein kann, allerdings nirgends in die Tiefe geht.]*
Heidemann, Dietmar, Hg., Hegel und die Geschichte der Philosophie, Darmstadt 2007 *[Eine Aufsatzsammlung zu diesem Thema, die am Schluß auch einige Texte zur gegenwärtigen Bedeutung von Hegels Philosophie enthält.]*
Heinrichs, Johannes, Die Logik der ‚Phänomenologie des Geistes', Bonn 1974 *[Das ist eigentlich kein Kommentar, sondern eine Untersuchung zu den ‚logischen' Grundlagen der Phänomenologie, also nicht für den Anfänger.]*
Helferich, Christoph, Georg Wilhelm Friedrich Hegel, Stuttgart1979 *[Das ist keine Einführung in Hegels Philosophie, sondern ein Überblick über Hegels Leben und die Rezeption im 19. und 20. Jahrhundert. Vor allem zur Rezeption ist dieser Text hilfreich.]*

Henrich, Dieter, Fixpunkte. Abhandlungen und Essays zur Theorie der Kunst, Frankfurt/Main 2003 *[Aufsätze, die zu Hegels Ästhetik gut als Ergänzung zu dem Werk von Gethmann-Siefert dienen können.]*
Henrich, Dieter, Hg., Kant oder Hegel? Über Formen der Begründung in der Philosophie, Stuttgart 1983 *[Die Band enthält die Texte eines sehr wichtigen Kongresses; er ist jedem zu empfehlen, der sich für die weiteren Zusammenhänge der Philosophie Hegels interessiert.]*
Hilmer, Brigitte, Scheinen des Begriffs. Hegels Logik der Kunst, Hamburg 1997 *[Ein interessantes Werk zu Hegels Kunstphilosophie.]*
Hoffmann, Thomas Sören, Georg Friedrich Wilhelm Hegel. Eine Propädeutik, Wiesbaden 2004 *[Eine Gesamtdarstellung mit vielen Vorzügen; allerdings muss man etwas Geduld mit bisweilen langatmigen Ausführungen mitbringen; aber durchaus empfehlenswert.]*
Honneth, Axel, Kampf um Anerkennung. Zur moralischen Grammatik sozialer Konflikte, Frankfurt/Main 1992 *[Dieses Buch geht weit über Hegel hinaus; zum größeren Zusammenhang ist es aber interessant, auch wenn die Perspektive speziell ist.]*
Hösle, Vittorio, Hg., Die Rechtsphilosophie des deutschen Idealismus, Hamburg 1989 *[Hier finden sich einige interessante Aufsätze zur praktischen Philosophie.]*
Hüffer, Wilm, Theodizee der Freiheit. Hegels Philosophie des geschichtlichen Denkens, Hamburg 2002 *[Nützlich zu Hegels Geschichtsphilosophie.]*
Jaeschke, Walter, Die Religionsphilosophie Hegels, Darmstadt 1983 *[Standardwerk zu diesem Thema.]*
Jaeschke, Walter, Hegel-Handbuch. Leben – Werk –Schule, Stuttgart/Weimar 2003 *[Hier findet sich alles Wissenswerte über Hegels Leben und die historische Entwicklung seines Werkes.]*
Kaehler, Klaus Erich/Marx, Werner, Die Vernunft in Hegels Phänomenologie des Geistes, Frankfurt/Main 1992 *[Eine eingehende Darstellung dieses Kapitels, hilfreich.]*
Karásek, Jindřich/Kuneš, Jan/Landa, Ivan, Hg., Hegels Einleitung in die ‚Phänomenologie des Geistes', Würzburg 2006 *[Eine Aufsatzsammlung mit wichtigen Texten.]*
Kettner, Matthias, Hegels ‚sinnliche Gewissheit'. Diskursanalytischer Kommentar, Frankfurt/Main 1990 *[Ein Kommentar zum Anfang der ‚Phänomenologie', der hilfreich sein kann.]*
Koch, Anton Friedrich/Oberauer, Alexander/Utz, Konrad, Hg., Der Begriff als die Wahrheit. Zum Anspruch der Hegelschen ‚Subjektiven Logik', Paderborn u. a. 2003 *[Eine Aufsatzsammlung, die für das Verständnis der Begriffs-Logik sehr nützlich ist.]*
Lütterfelds, Wilhelm, Das Erklärungsparadigma der Dialektik. Zur Struktur und Aktualität der Denkform Hegels, Würzburg 2006 *[Ein interessantes Werk, allerdings nicht für den Anfänger.]*
Majetschak, Stefan, Die Logik des Absoluten. Spekulation und Zeitlichkeit in der Philosophie Hegels, Berlin 1992 *[Kein Text für Anfänger, sondern für Fortgeschrittene, aber für diese lohnt sich die Lektüre mit Sicherheit.]*
Marx, Werner, Das Selbstbewußtsein in Hegels Phänomenologie des Geistes, Frankfurt/Main 1986 *[Immer noch eine der besten Arbeiten zu diesem Thema, auch für den Anfänger.]*
Menegoni, Francesca/Illetterati, Luca, Hg., Das Endliche und das Unendliche in Hegels Denken, Stuttgart 2004 *[Eine Sammlung von interessanten und wichtigen Aufsätzen.]*

Menke, Christoph, Tragödie im Sittlichen. Gerechtigkeit und Freiheit nach Hegel, Frankfurt/Main 1996 *[Ein sehr interessanter und anspruchsvoller Text zur praktischen Philosophie.]*
Pierini, Tommaso, Theorie der Freiheit. Der Begriff des Zwecks in Hegels Wissenschaft der Logik, München 2006 *[Eine hilfreiche Untersuchung zu diesem Spezialthema.]*
Pleines, Jürgen-Eckardt, Von Kant zu Hegel. Grundlegung und Kritik der Philosophie des deutschen Idealismus, Hildesheim 2007 *[Der Titel ist ein wenig irreführend; es geht hier nur um die praktische Philosophie.]*
Pöggeler, Otto, Hg., Hegel. Einführung in seine Philosophie, Freiburg/München 1977 *[Eine Aufsatzsammlung mit sehr hilfreichen Texten für den Anfänger.]*
Rademaker, Hans, Hegels ‚Wissenschaft der Logik'. Eine darstellende und erläuternde Einführung, Wiesbaden 1979 *[Die Darstellung hält sich überaus eng an den Text; ich bin nicht sicher, ob der Leser daraus einen Nutzen ziehen kann.]*
Riedel, Manfred, Zwischen Tradition und Revolution. Studien zu Hegels Rechtsphilosophie, Stuttgart 1982 *[Eine interessante Aufsatzsammlung.]*
Römpp, Georg, Kant leicht gemacht. Eine Einführung in seine Philosophie, 2. Auflage Köln/Weimar 2007
Sans, Georg, Die Realisierung des Begriffs. Eine Untersuchung zu Hegels Schlusslehre, Berlin 2004 *[Wichtig für dieses spezielle Thema, das sonst kaum irgendwo zum Thema wird.]*
Schaber, Peter, Recht als Sittlichkeit. Eine Untersuchung zu den Grundbegriffen der Hegelschen Rechtsphilosophie, Würzburg 1989 *[Zur praktischen Philosophie interessant, wenn auch ein wenig umständlich.]*
Schaefer, Rainer, Die Dialektik und ihre besonderen Formen in Hegels Logik. Entwicklungsgeschichtliche und systematische Untersuchungen, Hamburg 2001 *[Ein interessantes Buch, aber nicht für den Anfänger.]*
Schalhorn, Christof, Hegels enzyklopädischer Begriff von Selbstbewußtsein, Hamburg 2000 *[Ein interessanter Text zur Bedeutung des Selbstbewußtseins im System – also nicht in der ‚Phänomenologie'.]*
Scheier, Claus-Artur, Analytischer Kommentar zu Hegels Phänomenologie des Geistes, Freiburg/München 1980 *[Für den Phänomenologie-Forscher wichtig; aber oft ist die Lektüre des Originalwerkes leichter und erhellender.]*
Schmidt am Busch, Hans-Christoph, Hegels Begriff der Arbeit, Berlin 2002 *[Zu diesem Spezialthema aus der ‚Phänomenologie' ein interessanter Beitrag.]*
Schmidt, Josef, ‚Geist', ‚Religion' und ‚absolutes Wissen'. Ein Kommentar zu den drei gleichnamigen Kapiteln aus Hegels ‚Phänomenologie des Geistes', Stuttgart 1997 *[Das Buch bietet einen kurzen Kommentar zu den Kap. I bis V und einen ausführlichen – und sehr guten – Kommentar zu den im Titel genannten Kapiteln.]*
Schmidt, Klaus J., Georg W. F. Hegel. Wissenschaft der Logik – Die Lehre vom Wesen. Ein einführender Kommentar *[Einer der ganz wenigen Texte, die sich mit der Wesens-Logik beschäftigen, die aber als Einführung zu Hegel überhaupt nicht geeignet ist.]*
Schmitz, Hermann, Hegels Logik, Bonn 1992 *[Ein schwierig zu lesendes Buch, das für den fortgeschrittenen Studenten aber interessant sein kann; es wird aber nicht jedem weiterhelfen.]*

Schnädelbach, Herbert, G.W.F. Hegel zur Einführung, Hamburg 2007 *[Gediegen und eine große Hilfe, unbedingt empfehlenswert.]*
Schneider, Helmut, Hg., Sich in Freiheit entlassen. Natur und Idee bei Hegel, Frankfurt/Main 2004 *[Eine Aufsatzsammlung mit Texten zu Hegels Naturphilosophie.]*
Siep, Ludwig, Praktische Philosophie im deutschen Idealismus, Frankfurt/Main 1992 *[Eine Aufsatzsammlung, die interessante Texte bietet.]*
Stekeler-Weithofer, Pirmin, Philosophie des Selbstbewußtseins. Hegels System als Formanalyse von Wissen und Autonomie, Frankfurt/Main 2005 *[Ein wichtiges Buch, das auch für den fortgeschrittenen Anfänger interessant sein kann.]*
Wahsner, Renate, Hg., Die Natur muß bewiesen werden. Zu Grundfragen der Hegelschen Naturphilosophie, Frankfurt/Main 2002 *[Eine Aufsatzsammlung zu Hegels Naturphilosophie.]*
Wandschneider, Dieter, Grundzüge einer Theorie der Dialektik. Rekonstruktion und Revision dialektischer Kategorienentwicklung in Hegels ‚Wissenschaft der Logik', Stuttgart 1995 *[Das ist nichts für den Anfänger; es handelt sich um eine eigenständige Auffassung und Auswertung der Logik, die für den fortgeschrittenen Studenten der ‚Logik' interessant ist.]*
Welsch, Wolfgang, Hg., Das Interesse des Denkens. Hegel aus heutiger Sicht, München 2003 *[Eine wichtige Aufsatzsammlung vor allem zur neueren Rezeption Hegels.]*
Werner, Jürgen, Darstellung als Kritik. Hegels Frage nach dem Anfang der Wissenschaft, Bonn 1986 *[Ein interessanter Text zum Anfang der ‚Logik'.]*
Wildt, Andreas, Autonomie und Anerkennung. Hegels Moralitätskritik im Lichte seiner Fichte-Rezeption, Stuttgart 1982 *[Ein wichtiges Buch zur praktischen Philosophie auch für jemanden, der sich nicht für Fichte interessiert.]*

Register

A

Absolute, das 7, 24, 131, 132, 138, 146, 152, 153, 173, 174, 175, 176, 177, 178, 179, 180, 183
absoluter Begriff 61, 62
absoluter Gegensatz 44, 47
absoluter Geist 87, 88, 90, 119, 120, 237, 261
absolute Idee 189, 191, 193, 194, 195, 196, 197, 270, 276
absoluter Wechsel 57, 58
absolutes Wissen 7, 9, 22, 32 44, 68, 69, 87, 90f, 97, 109, 115, 119f, 121ff, 124f, 127ff, 131, 133f, 158, 227
absolute Idee 9, 188, 190, 193, 194, 195, 196
abstrakt 94, 157, 206, 209, 210, 229, 242, 268, 282, 283
Abstraktion 63, 80, 94, 113, 139, 145, 157, 187, 196, 248, 259, 282
Abstraktionen 34, 44, 100, 112
affiziert 16, 21, 86
Allgemeine, das 33, 34, 36, 37, 41, 45, 46, 48, 51, 53, 57, 96, 97, 101, 103, 104, 106, 111, 133, 191, 229
allgemeine Unmittelbarkeit 37, 43
Allgemeine, das 33, 34, 36, 37, 45, 46, 48, 57, 97, 101, 103, 104, 106, 111, 133, 191
Allgemeinheit 34, 36, 37, 38, 43, 44, 46, 49, 96, 100, 103, 104, 105, 106, 107, 108, 109, 110, 111, 177, 185, 190, 191, 192, 194, 228, 229, 234, 235, 236, 263, 264, 265, 266, 272, 273, 277, 285
Allgemeinheiten 35, 36, 39, 95, 101, 105, 106, 235

Andersheit 72, 73, 77, 89, 135
Anerkennen 78, 79, 81, 84
Anerkennung 68, 75, 81, 87, 274
Anerkennungsverhältnis 274, 276
Anschauung 13, 14, 16, 17, 21, 35, 85, 144, 182, 202, 203, 240, 281
An-sich 107, 122, 123, 124, 125, 138
Ansichsein 94, 108, 155, 164, 170
Apperzeption 7, 20, 22, 40, 92, 127, 184, 185, 192, 231
apriorisch 12, 14, 15, 16, 17, 18, 21, 24, 92, 129, 177, 182, 183, 184, 281
apriorisch-synthetisch 14, 92, 177, 281
Arbeit 7, 68, 85, 86
Artikulation 239, 250, 252, 253, 254, 255, 256, 257, 264, 265, 267
Attraktion 55, 56, 157
Auch, das 28, 35, 38ff, 47f, 50, 57, 60, 62, 68
aufgehoben 10, 37, 43, 45, 46, 47, 49, 55, 56, 59, 64, 65, 77, 78, 90, 103, 104, 109, 110, 111, 117, 120, 159, 160, 162, 164, 179, 186, 193, 199, 200, 201, 212, 245, 267, 270, 275, 276, 278
aufheben 35, 66, 75, 77, 96, 115, 154, 170, 199, 201, 206, 213, 252
Aufheben 63, 75, 77, 78, 162, 169, 187, 238, 267, 271, 274, 275
Aufhebung 44, 46, 49, 58, 64, 66, 67, 75, 78, 90, 139, 154, 168, 186, 192, 196, 201, 238, 243, 264, 267, 271, 272, 274
Aufklärung 69, 76, 89, 93, 95, 116, 128, 143, 217, 218, 230, 233, 236, 239, 243, 269, 277
Äußerung 48, 49, 50, 173, 278

B

Bedingungen der Möglichkeit 7, 13, 15, 17, 18, 19, 20, 21, 92, 124, 131, 133, 136, 182, 183, 184, 281
Bedürfnisse 136, 219, 221, 226, 270, 272
Befriedigung 65, 76
Begierde 64, 66, 72, 73, 74, 75, 80
Begreifen 91, 98, 99, 121, 127, 134, 141, 153, 184, 185, 186, 187, 191, 194, 195, 231, 234, 235, 237, 239, 241, 242, 243, 244, 249, 251, 253, 254, 260, 261, 270, 271, 272, 282, 283
begreifendes Wissen 122, 123, 124
begreifendes Bewusstsein 46, 47
begreifender Begriff 64
beobachtende Vernunft 99
Beobachtung 99, 100, 101, 102
Besonderheit 185, 191, 229, 241
bestimmte Negation 30, 31, 32, 133, 142, 201
Bestimmtheiten 38, 44, 50, 59, 61, 63, 96, 134, 166, 181, 230, 236, 242, 252, 253, 254, 266
Bewusstsein 7, 14, 17ff, 24ff, 34, 36f, 39ff, 44ff, 50ff, 59, 62ff, 70ff, 75ff, 82ff, 121ff, 127ff, 134, 137, 143, 152, 156, 164, 173, 203f, 206, 208, 213f, 223, 227f, 237f, 240ff, 247, 250, 253, 260ff, 266f, 269, 272, 277, 283
Bewusstseinsgestalten 29, 30, 64, 130, 131, 263, 269
Bildung 26, 115, 116, 212

C

Chemismus 183, 185, 187, 188, 189
Christentum 119, 227

D

Dasein 80f, 95, 110, 118, 119, 154f, 156ff, 163f, 184, 187, 191, 219ff, 225f, 228f, 234, 260, 273, 277f
Denkbestimmungen 129, 131f, 134f, 136f, 141, 184, 252
Denkformen 127, 181, 183, 185

Dialektik 29, 35, 36, 72, 73, 76, 77, 133, 134, 150, 152, 196, 266, 283
dialektisch 47, 71, 133, 160
Differenz 27, 71, 84, 89, 109, 122, 129, 139, 144ff, 152f, 158, 218f, 231, 244, 246, 247, 249, 250f, 267
Ding 36ff, 64, 67, 101f, 121, 159f, 168ff, 182
Dingheit 38, 40, 47f, 50, 83, 90, 120
Dynamik 70, 74, 82, 142, 146, 152

E

Eigendünkel 104, 105
Einfachheit 34, 37, 54, 56, 58, 60, 71, 100, 134, 165
Einzelheit 37, 44, 185ff, 194
Einzelne, das 34, 45ff, 53, 227
Elektrizität 56, 57
Elektrizitätsgesetze 56
Endlichkeit 62, 108, 154f, 157, 229, 237, 267, 271, 276
Entäußerung 90, 120, 128f, 134f
Entwicklungsgeschichte 67, 121, 247, 282
Entwicklungsprinzip 30, 32, 140
Entzweiung 50, 63, 73
Erfahrung 7, 12, 13, 14, 15, 16, 17, 18, 19, 20, 21, 26, 27, 28, 32, 36, 39, 40, 43, 53, 67, 72, 73, 75, 82, 85, 89, 92, 124, 127, 129, 131, 133, 136, 177, 182, 183, 184, 202, 268, 281
Erkennbarkeit 96, 98, 139, 190, 234
Erkennen 23ff, 96, 98, 132, 138f, 163, 177, 184, 190f, 193f, 202, 240, 243
Erkenntnis 12ff, 21, 23f, 26, 33, 67, 92, 96, 138f, 140, 142, 144, 152f, 163, 177f, 180, 182, 190, 192f, 195, 202f, 237, 243, 268f, 281, 283
Erkenntnistheorie 68, 138
Erklären 57, 58, 63, 133
Erklärung 63, 97, 127, 161, 184
Erscheinung 17, 19, 44, 51ff, 65, 73, 80, 98, 101, 130, 160, 161ff, 167ff, 182, 184, 228, 268, 282
Ethik 112, 199, 201, 205f, 212, 215f, 224
Ethos 204, 207

Etwas 28, 154ff, 159, 161f, 170, 173, 203, 283
Existenz 163, 167, 168ff, 174f, 188, 211, 227
Exteriorität 77, 81, 83

F
Familie 204, 210ff, 216, 219, 220ff, 226f, 261
Formen 14ff, 19, 21, 24, 39, 56f, 71, 85, 92f, 97, 122f, 180f, 183, 185ff, 199, 202f, 205, 213, 237f, 242, 270, 272
Formen der Anschauung 14, 16, 17, 21
Freiheit 79, 81, 86, 93, 95, 179, 206f, 209ff, 215ff, 225ff, 232, 237ff, 245, 260f, 264ff, 270ff, 277f, 284
Fürsichsein 42ff, 55f, 65, 70, 73f, 79f, 82, 84, 85f, 94, 103, 108, 121, 155ff, 164, 235ff, 267

G
Gattung 56, 74f, 100, 183, 191f
Gedankenbestimmung 36, 52, 91, 132f, 137, 155ff, 161f, 167ff, 181ff, 187ff, 191, 195f, 259
Gedankending 44, 46, 51, 140, 144, 147, 151, 283
Gegensatz 44, 47, 53, 56, 65, 72, 96, 100, 108, 166, 172, 200, 209, 212
Gegenständlichkeit 16, 18f, 51f, 70f, 74, 76, 80ff, 102, 119f, 128, 236, 240, 242, 273, 275
Geist 7, 25, 62, 65, 76, 87f, 89ff, 97ff, 107ff, 125, 130ff, 192, 220, 223ff, 228f, 230ff, 241, 243, 250f, 253, 260ff, 272f, 275ff
Gemeinschaft 39, 205, 207ff, 214
Genesis 129, 140ff, 147f, 218, 235f
Gerechtigkeit 213, 214
Geschichte 25f, 30, 36, 64, 66ff, 83, 98, 113, 116, 205, 229, 244ff, 266, 281f
geschichtlich 64, 115f, 207f, 246, 284
Geschichtlichkeit 66, 233
Geschichtsphilosophie 9, 266

Gesellschaft 110, 112, 204, 210ff, 216, 219, 221f, 225ff, 285
Gesetz 54ff, 102ff, 109, 111f, 171f, 188, 214, 219, 221f, 232, 262, 277
Gesetz der Kraft 54, 58f
Gesetzesrecht 222, 225
gesetzgebende Vernunft 108f
Gestalten 29ff, 64, 66f, 77, 79, 83, 114ff, 130f, 166, 185, 225, 229
Gewissheit 20, 26, 31, 33ff, 43f, 64ff, 71, 79f, 84, 86ff, 90, 92ff, 96ff, 101ff, 107, 112f, 130, 182, 206f, 264, 272f
Glück 102ff
Gott 117ff, 122, 164
Größe 156ff
Grund 28, 37, 43, 52, 58, 109, 129, 165ff, 193, 255, 265, 274, 276
Gute, das 105f, 193, 204ff

H
Handeln 69, 106, 110, 193, 200, 204f
Herr 77, 79, 82ff, 95
Herrschaft 72f, 76f, 79, 93ff
Hier, das 16, 20, 34f, 88, 122, 124, 130, 156, 164, 176, 185, 221, 269
historisch 67, 116, 205

I
Ich 7, 20f, 33ff, 39, 41, 64, 71f, 74ff, 85f, 92f, 127f, 184ff, 192, 194, 212, 264, 272f
Idealismus 8, 30, 97, 138, 182, 189, 203, 217, 222, 283f
Idee 9, 130, 137, 160, 174, 188ff, 206, 235ff, 242, 246, 252ff, 266, 270ff, 276, 285
Identität 20, 22, 59ff, 71f, 88f, 92, 112, 127ff, 131ff, 144, 148, 152f, 155, 160f, 165ff, 171ff, 179, 182, 184, 185f, 190, 193, 215, 229f, 235, 237, 247, 249, 250f, 255ff, 268, 272
Individualität 99ff, 110, 185, 192
Individuum 101ff, 110, 112, 114, 183, 185, 191, 207, 210, 261
Institutionen 205, 207, 208ff

intersubjektiv 70, 269
Intersubjektivität 221, 263, 266, 274

K
Kampf 79ff, 106
Kampf auf Leben und Tod 79ff
Kategorien 19f, 92, 136, 178, 182, 281, 283
Kausalität 130, 133, 135f, 178f
Knecht 77, 79, 82ff, 94f
Knechtschaft 72f, 76f, 79, 93ff
Kraft 29, 44, 48ff, 54ff, 63, 65, 73, 93, 127, 132, 173, 199
Kräfte 50ff, 59, 63, 107
Kritik 8, 10f, 13ff, 24, 30, 138, 181, 199, 200f, 207f, 215f, 259
Kunst-Religion 119

L
Leben 14, 73ff, 79ff, 95, 100, 102f, 107f, 114ff, 118, 135f, 183, 188, 190ff, 194, 200, 204f, 207, 209, 210, 216ff
Lebensformen 205, 207ff
Lebensprozess 183, 191
Lust 102f

M
Manifestation 177, 179f, 227, 230f, 233, 235ff, 267f, 278
Manifestieren 177, 230ff, 243, 264, 266f, 278
Maß 158ff, 211
Materie 14, 17, 40, 48, 167, 170
Materien 40f, 47ff, 170f
Mechanismus 183, 185, 187ff
Mitteilbarkeit 265ff
Moralität 115f, 199, 201, 204ff, 212ff, 219ff, 224, 226, 229, 232, 236ff, 241, 260ff, 265f, 275, 278
Moralphilosophie 217f, 220

N
Natur 23, 26, 32f, 52, 84, 94, 99f, 117, 132, 135, 138ff, 146, 156, 163f, 172, 180, 184, 189, 192, 232, 234f, 237, 239, 243, 260f, 270, 272f, 275, 284
Naturwissenschaft 11, 234f
Negation 30ff, 34f, 38, 43, 54, 75f, 80, 82, 95, 133, 142, 148, 154ff, 164, 175, 201, 247, 268, 282
Negative, das 51, 64, 73, 75, 133, 142, 166, 196
Negativität 39, 76, 86, 142, 146, 162, 164ff, 168, 185, 187, 196, 229, 237, 268
Nichts 30, 37, 53ff, 65, 77, 133, 142, 146ff, 160, 162f, 177, 181, 190, 196, 282
Notwendigkeit 12, 21, 31, 66, 82, 98, 102ff, 143, 158, 165, 177ff, 186, 209, 219, 224, 226, 233, 236ff, 240, 245, 250, 258, 268, 270f, 284f

O
Objekt 39, 52, 70, 84f, 114, 183, 189f, 223, 235, 237, 261, 264f
Objektivität 22, 78, 89, 110, 129, 183, 185ff, 188ff, 223, 225f, 233ff, 237, 261, 266, 270ff
offenbare Religion 88, 119
Ökonomie 211, 219ff, 225f
organische Welt 99

P
Person 119f, 185, 194, 210, 225f, 261
Persönlichkeit 106, 185, 194, 260f
Pflicht 206, 219
Physiognomik 101
positives Recht 219, 221, 226f
Psychologie 224, 241, 250, 260, 265, 267, 269

Q
Qualität 133, 154ff, 159ff, 216
Quantität 156ff
Quantum 158f

R
Raum 17ff, 21, 35, 53, 185, 284

Realität 18, 36, 48, 51f, 96ff, 101ff, 105, 107, 109, 112, 137, 154, 185ff, 193, 194, 202, 234ff, 246, 263, 268, 270
Realphilosophie 263, 269, 275
Rechtspflege 221f, 225f, 262
Rechtszustand 116, 269f
Reflexion 20, 22, 40, 46, 50, 52, 72f, 114, 121f, 127, 132, 138f, 148f, 160ff, 173, 175ff, 179, 184, 186, 196, 219, 226, 228, 229, 231, 235f, 258, 260, 262f, 274, 277f
Religion 76, 87f, 97, 100, 109, 115ff, 121f, 240, 262, 269
Rezeptivität 16, 21f, 281

S
Schädellehre 101
Schein 52, 163, 165ff, 171, 176, 179, 216, 237
Scheinen 165, 169f, 237
Schicksal 95, 103, 132
Schluss 53, 120, 122, 134, 156, 161, 186f, 189
Schlusslehre 186
Selbst 28, 31, 76, 79, 110ff, 127, 134f, 178, 180, 211, 228, 252, 261, 264, 266
Selbstbewusstseinsrelation 69f, 76f, 85ff
Selbstbewusstseinsstruktur 68, 70, 73, 75ff, 80, 82, 84, 86, 87ff, 93, 127f
Sinn 8, 25, 30, 40, 71f, 86, 90, 107f, 111, 116, 128f, 145, 158, 189, 197, 199ff, 206, 213, 218, 221f, 230, 271, 282
sinnliche Gewissheit 33ff, 39, 43f, 66f, 93, 130
Sinnlichkeit 15ff, 21f, 43f, 281
Sitten 10, 100, 205, 207ff, 222, 224
Sittlichkeit 108ff, 116, 199, 204ff, 233, 236f, 260, 262, 265f, 275, 277f
Skeptizismus 94f
Sollen 44, 109, 193, 201, 203ff, 209, 212f, 215f, 219
Spontaneität 16, 21, 281
Sprache 7, 24f, 33f, 36, 128f, 135f, 138, 145, 151, 232f, 245
Staat 204, 210ff, 227, 261

Stoiker 94, 95
Stoizismus 94
Subjekt 33, 35, 70, 74, 84f, 114, 184ff, 190f, 193, 195, 205ff, 209f, 218f, 223, 232, 235, 237, 260f, 265, 270
Subjektivität 20, 22, 78, 110, 169, 179, 186, 189, 194, 203, 223, 224ff, 228, 234f, 239, 261, 266
System 9, 32, 69, 90, 142, 152, 216f, 219, 221ff, 231, 234ff, 245f, 248ff, 253, 255f, 259f, 276, 285

T
Teleologie 183, 185, 187ff
Tod 79ff
Totalität 90f, 121, 171ff, 189, 226, 245, 247, 249, 250, 253, 255, 256f, 264, 285
transzendental 14f, 89, 91, 135
Tugend 102, 106f

U
Unendlichkeit 61ff, 94, 154f, 243, 267
unglückliches Bewusstsein 94f
Unmittelbarkeit 33f, 37, 43, 66, 114f, 160f, 165, 168ff, 180, 187f, 190f, 196, 208, 211f, 226f, 229ff, 234f, 260f, 264ff, 270ff, 275, 278
Unselbständigkeit 72, 76, 86, 94
Ursache 11f, 178f
Urteil 130, 185ff, 189
Urteilsformen 19f, 92, 182f, 185f, 281, 283

V
Vermittlung 24, 34, 37, 54, 68, 85, 103, 105, 107, 110f, 160f, 164f, 167, 169f, 186f, 190ff, 196, 208, 215, 226, 228f, 230ff, 260, 264, 266, 271, 274ff, 278
Vernunft 8, 10ff, 24, 29, 53, 76, 92ff, 107ff, 121, 132ff, 139, 181, 199ff, 204f, 213, 216, 223, 228f, 260, 263ff, 272ff, 284f
Verstand 16, 18f, 22, 44, 51, 53ff, 61, 65ff, 73, 133f, 139, 184, 188ff, 202, 260, 281
Verstandesbegriffe 16, 19ff, 26, 124, 131, 135f, 182, 184, 187, 192, 202

Verstandesbewusstsein 51f, 56f, 66
Volk 110, 212

W
Wahnsinn 102f
Wahre, das 24f, 27ff, 32, 34, 39f, 51f, 54ff, 60, 71, 108, 110, 113, 118, 131, 138, 183, 184, 189, 233, 245, 248, 249, 283
Wahrnehmung 11, 19, 26, 29, 31, 36ff, 43f, 49, 52, 65ff, 99, 134, 182, 191f, 265, 281
Wahrnehmungsbewusstsein 41, 43f, 46, 49, 55
Wechselwirkung 108, 178ff
Weltlauf 102, 105ff
Werden 33, 46, 63, 113, 149ff, 158, 181, 183, 194, 197

Werk 8f, 24, 108, 112, 216f
Wesenheit 165, 241
Widerspruch 42f, 45f, 62, 124, 128, 139, 165ff, 171
Wille 207ff, 215, 226, 228, 265f, 270ff
Wirkung 48, 50, 57, 178f

Z
Zahl 158
Zeit 11, 17ff, 35, 116, 248
Zwang 212, 214
Zweck 103f, 107f, 188ff, 193, 241, 273, 275, 285

Georg Römpp
Kant leicht gemacht
Eine Einführung in seine Philosophie

(UTB für Wissenschaft 2707 M)
2007, 2. Aufl. 301 Seiten.
64 s/w-Abb. Br.
ISBN 978-3-8252-2707-4

Zweifellos zählt Immanuel Kant zu den größten Philosophen in der Geschichte des Abendlandes. Seine Schriften erschließen sich jedoch dem nicht fachkundigen Leser in ihrer theoretischen Komplexität nur schwer.

Mit ihrem besonderen didaktischen Konzept eröffnet diese Einführung einen neuen Zugang in die philosophischen Denkwelten Kants. Anschaulich formuliert und durch zahlreiche Illustrationen aufgelockert, bietet sie vor allem Studienanfängern eine wertvolle Einstiegshilfe. Sie führt an die zentralen Passagen seines Werkes heran und erläutert diese ausführlich. Komplizierte Gedankengänge werden anhand konkreter Beispiele verdeutlicht, und im Übrigen so zerlegt, dass ihre Struktur durchschaubar wird. Auf diese Weise werden die wesentlichen Dimensionen des kantischen Denkens nachvollziehbar: das Wahre in den Erläuterungen zur theoretischen Philosophie, das Gute in der Darlegung der praktischen Philosophie und das Schöne in der Deutung der Ästhetik. Zudem werden alle markanten Begriffe erklärt, so dass sich dem Leser insgesamt ein umfassendes Kompendium bietet, das ihm die weiterführende Lektüre der Schriften Kants ermöglicht.

Ursulaplatz 1, D-50668 Köln, Telefon (0221) 91390-0, Fax 91390-11

Margot Berghaus
Luhmann leicht gemacht
Eine Einführung in die Systemtheorie

(UTB für Wissenschaft 2360 M)
2., durchges. Auflage 2004.
302 S. 167 s/w-Abb. Br.
ISBN 978-3-8252-2360-1

Luhmanns Theorie zu kennen ist ein Gewinn – sowohl für das wissenschaftliche Denken als auch für das Verständnis von Kommunikation und Medien im Alltag. Diese Einführung ermöglicht einen Zugang in unkomplizierter Form, gerade auch für Leser ohne Vorkenntnisse. Die didaktisch klare und einfach zu erfassende Aufteilung des Stoffes hilft auch all denen, die sich mit dem Original auseinandersetzen wollen. Kommentare und Erläuterungen erschließen dem Leser die enthaltenen Zitate von Luhmann. Eine zusätzliche Verständnishilfe liefern zahlreiche Schaubilder, Karikaturen und Cartoons.

»*[Diese Einführung] sollte man aber auch jedem im Mediensystem praktisch Tätigen in die Hand drücken. Berghaus macht es [...] dem Leser tatsächlich leicht, aber nicht zu leicht.*« *literaturkritik.de*

»*Es gehört schon Mut dazu, [...] den Titel ›Luhmann leicht gemacht‹ zu wählen. Doch, dies sei vorweggenommen, der Anspruch wird eingelöst. In 21 übersichtlich strukturierten und sinnvoll aneinander anschließenden Kapiteln gelingt es Berghaus, den Kern der Systemtheorie samt Anwendung auf Kommunikation, Medien und Massenmedien so aufzuschließen, dass der Zugang einfach und einladend wird.*« *IASLonline*

URSULAPLATZ 1, D-50668 KÖLN, TELEFON (0221) 91390-0, FAX 91390-11

Georg Römpp
Platon
(UTB Profile 3007)
2008. 118 S. Br.
ISBN 978-3-8252-3007-4

Am Anfang der philosophischen Tradition Europas steht Platon, der wie kaum ein anderer deren Entwicklung geprägt hat. Seine Bedeutung beschränkt sich jedoch nicht auf die Geschichte der Philosophie, sondern ist im Grunde in allen Bereichen der abendländischen Kultur wirksam. Knapp und anschaulich wird in dem vorliegenden Band das Profil Platons skizziert. Beleuchtet wird seine Philosophie hinsichtlich der Aspekte, unter denen sie noch im Denken unserer Gegenwart fortwirkt. Dargestellt werden die Lehren vom »Wahren Wissen«, vom »Wahren Guten« und vom »Wahren Staat«. Die zentralen Gedankengänge werden in klarer und verständlicher Sprache erklärt, ohne die Probleme zu vernachlässigen, die sich dem Nachvollziehen platonischen Denkens heute stellen. Der Band schließt mit einer knappen Skizze kritischer Auseinandersetzungen mit den Grundgedanken Platons. Für Studierende und alle philosophisch Interessierten bietet dieses Profil einen kompakten und dennoch zuverlässigen Überblick über die platonische Philosophie.

Ursulaplatz 1, D-50668 Köln, Telefon (0221) 91390-0, Fax 91390-11

Athina Lexutt
Luther
(UTB Profile 3021)
2008. 143 S. Br.
ISBN 978-3-8252-3021-0

Martin Luther gehört ohne jeden Zweifel zu den Gestalten, die die Geschichte des Abendlandes in so nachhaltiger Weise beeinflusst haben wie nur wenig andere. Er hob Weltbilder aus den Angeln, provozierte und begeisterte, er kämpfte mit Welt und Teufel und führte das Christentum in eine neue Zeit. Luther gab der Reformation ihr eigentliches und wesentliches Profil und ist in seinem theologischen Denken auch heute noch wegweisend für den Protestantismus, der auf seinen Schultern steht. Luther sowohl als historische Person und als solche, die weit über ihre Zeit hinaus wirkt, zu verstehen und dabei sowohl das Profil seiner Persönlichkeit zu erfassen als auch das seiner Theologie, gehört zu dem Wichtigsten und Spannendsten, was einem im Verlauf eines geisteswissenschaftlichen Studiums begegnen kann. In diesem Sinne entfaltet der vorliegende Band anschaulich den Menschen und Denker Luther vor seinem historischen Hintergrund, um zugleich nach der Gegenwartsbedeutung seiner Aussagen zu fragen. Damit bietet er nicht nur einen Überblick über das Leben einer prominenten Gestalt des 16. Jahrhunderts, sondern eröffnet einen Dialog zwischen den Fragen der Gegenwart und den fundamentalen Einsichten Luthers in das Verständnis von Gott, Welt und Mensch.

URSULAPLATZ 1, D-50668 KÖLN, TELEFON (0221) 91390-0, FAX 91390-11